Arnulf Rainer (geb. 1929): Christus blau verschmiert, Ölfarbe, Schwarzstift auf Foto, 1980.
Das Bild Christi ist heute vielfach entstellt, so dass ein »Durchblick« auf ihn schwierig oder unmöglich geworden ist.
Der Künstler sagt zu seinen Werken (→ S. 69): »Mit meinen Übermalungen will ich den Bildern das zurückgeben, was sie verloren haben – das Geheimnis. … Aus der Lösung ein Rätsel zu machen …, das im Hintergrund die Worte Heimat, daheim sein bei Gott buchstabiert.«

Die vielen Kirchen

Umschlag: Max Beckmann (1884–1950): Christus und die Ehebrecherin, Öl auf Leinwand, 1917 (→ S. 4 f.).

Auf dem Weg in die Zukunft

Liebe Schülerinnen und Schüler,

wer heute in der Schule vom Christentum spricht, muss mit unterschiedlichen Reaktionen rechnen, weil die Einstellung zum Christentum in unserer Gesellschaft unterschiedlich ist. Für die einen ist das Christentum die wichtigste Sache der Welt, weil sie im christlichen Glauben beheimatet sind, für andere ist es ein Ärgernis, weil es sich so häufig in Geschichte und Gegenwart selber diskreditiert hat und Positionen vertritt, die heute als unzeitgemäß und unzumutbar gelten. Manche schätzen das Christentum wegen seiner überragenden kulturellen und sozialen Leistungen, andere sehen nicht, dass es zur Lösung wichtiger Gegenwartsfragen Entscheidendes beitragen kann. Wer kennt nicht Christen, die faszinierende Persönlichkeiten sind? Und wer kennt nicht auch Christen, deren Leben verkümmert und darum nicht nachahmenswert erscheint? Viele dürften im wahrsten Sinn des Wortes gemischte Gefühle haben, wenn sie vom Christentum hören. Zuneigung und Ablehnung, Aufmerksamkeit und Gleichgültigkeit sind gleichermaßen Einstellungen, die sich möglicherweise auch bei Ihnen finden.

Wie Sie auch immer zum Christentum stehen mögen – eine Beschäftigung mit diesem Thema kann aus mehreren Gründen wichtig sein.

- Wenn Sie sich mit dem Christentum befassen, können Sie *Kenntnisse* gewinnen, die für das Verständnis unserer Welt unerlässlich sind, weil das Christentum eine der stärksten Kräfte in ihr ist. Etwa 1, 8 Milliarden Menschen werden ihm heute zugerechnet. Wer die Vergangenheit und Gegenwart, wer Kultur und Politik verstehen will, muss Grundeinsichten in den Glauben der Christen gewinnen und die leitenden Ideen der Christenheit kennen.
- Sie können im Gespräch mit dem Christentum *Erfahrungen* machen, die Ihr persönliches Leben anregen und bereichern. Hier finden Sie Perspektiven für menschliches Hoffen und Handeln, die oft quer zu den gängigen Auffassungen stehen. Sie können darüber auch dann mit Gewinn nachdenken, wenn die Grundentscheidungen Ihres Lebens anders ausfallen als es das Christentum rät.
- Niemand kann sich mit dem Christentum befassen, ohne sich nicht auf geistige *Auseinandersetzungen* einzulassen. Das Christentum steht mit seiner Theologie und Anthropologie, mit seiner Ethik und Geschichtsdeutung im Widerspruch zu vielen konkurrierenden Auffassungen unserer Zeit. Darum steht ein Dialog des Christentums mit Philosophie und Ethik, mit Politik und den Wissenschaften, mit anderen Religionen und Weltanschauungen auf der Tagesordnung. Er kann zu einem spannenden geistigen Abenteuer werden.
- Wer über das Christentum nachdenkt, denkt über *Fragen* nach, die im alltäglichen Leben oft zurücktreten. Hier wird die Ahnung von einer Dimension wachgehalten, die bei uns nicht selten verdrängt wird. Wenn das Christentum von Gott und Erlösung, von Heil und Ewigem Leben spricht, berührt es Fragen, die unser Leben in einem letzten Sinn betreffen. Für jeden hängt viel davon ab, wie er zu diesen Fragen steht, auch wenn er denkt, sie seien letztlich nicht beantwortbar.

Vielleicht kann Ihnen das Bild, das Sie auf dem Umschlag dieses Arbeitsbuches finden, exemplarisch einen ersten konkreten Eindruck von der Sache des Christentums vermitteln. Im Hintergrund sehen Sie ein Kreuz, das ein Grundsymbol des Christentums ist, weil es als kosmisches Zeichen in alle vier Dimensionen unserer Welt weist und als Heilszeichen an das Leiden und den Tod, aber auch an die Hoffnung über den Tod hinaus erinnert. Darüber befindet sich ein Bild, das der bedeutende deutsche Maler Max Beckmann 1917 in expressiver Sprache geschaffen hat. Es trägt den Titel »Christus und die Ehebrecherin« (118 x 150 cm; → Joh 8, 3–11). Der Christus dieses Bildes ist weit ent-

Für meine Patenkinder Benedikt und Lucas
und für Phillip, Florian, Johannes, Sebastian,
Theresa, David und Ester

fernt von all den vielen typischen Christusbildern der europäischen Kunst. Er entspricht nicht unseren verbrauchten Sehgewohnheiten. Dies ist weder der erhabene König der byzantinischen Mosaiken noch der gotische Leidensmann noch auch der gute Heiland auf sanften Andachtsbildern. Auf dem Bild ist Christus eine strenge Gestalt, ohne den sonst üblichen Bart und ohne Haar. In seinem Äußeren erinnert er an Beckmann selbst, wohl weil der Künstler sich mit ihm zu identifizieren sucht. Unverkennbar nimmt dieser Christus die ganze Mitte des Bildes ein, seine weiß gekleidete Gestalt erstreckt sich bis an die Bildgrenzen. An seinen Händen wird ablesbar, was er zu geben hat. Seine Linke weist mit einem Gestus, der Gefahr abwehrt, symbolträchtig nach oben. Die Rechte, die weit hinabreicht, ist tief geöffnet, als wollte sie etwas aufnehmen, um es zu schützen. Seine ganze Energie und Kraft wendet sich gegen die Gestalten rechts, links und hinter ihm, von denen etwas Bedrohliches ausgeht. Ihre Brutalität und ihr Spott richten sich gegen eine Frau, die beim Ehebruch ertappt wurde und der nun die Steinigung droht. Wahrscheinlich war ihr Partner einer derer, die sich nun so entrüstet geben. Die ganze Aufregung dieser Männerwelt gilt der Frau im Vordergrund, die kniend und mit erhobenen Händen bei Jesus Schutz sucht. Ihr rotes Haar, der auffälligste Farbfleck des Bildes, erinnert an Liebe und Blut, die entblößte Brust weist sie als Ehebrecherin aus. Die ängstlichen Züge der hilflosen kleinen Frau sind ein wirkungsvoller Kontrast zu der übermächtigen Gewalt ihrer Umwelt. Mit geschlossenen Augen wendet sie sich an Jesus, von dem sie sich die Rettung ihres Lebens und die Vergebung ihrer Schuld erhofft. Noch erinnert der große Stein auf ihrem Gewand an die Last, die auf ihr ruht. Aber sie hat auch die berechtigte Hoffnung, dass dieser Jesus für sie eintritt. Was er damals gesagt hat, überträgt Beckmann in unsere Zeit. Es ist ein Wort an die Umstehenden: »Wer von euch ohne Sünde ist, werfe den ersten Stein.« Es ist ein Wort an die Frau: »Ich verurteile dich nicht. Geh und sündige von jetzt an nicht mehr.«

Das Bild kann einiges von dem sagen, was das Christentum will: Widerstand gegen die Mächte des Bösen in uns selber und in anderen – Hilfe für die Schwachen und Leidenden – Ablehnung von Vorurteilen und Verurteilungen – Vertrauen – Hoffnung auf ein neues Leben – Identifikation mit dem, der wirklich ein Mensch geworden ist.

Ein Arbeitsbuch wie dieses, das auf engem Raum einen Gesamtblick auf das Christentum versucht, ist ein Experiment, für das es bislang im Raum der Schule kaum Parallelen gibt. Der Aufbau des Ganzen und die Auswahl der einzelnen Themen beruhen auf Entscheidungen, die oft schwer gefallen sind, weil auch andere Akzentsetzungen möglich gewesen wären und viele Details nicht berücksichtigt werden konnten. Jeder aufgenommene Text bedeutete den Verzicht auf einen anderen Text und ebenso standen für jedes berücksichtigte Bild gute Alternativen zur Verfügung. Jeder einzelne Abschnitt hätte leicht erweitert werden können. Aber dann wäre der Umfang dieses Arbeitsbuches gesprengt worden. Weil das so ist, sind Sie zusammen mit Ihren Lehrern/innen dazu eingeladen, überall da in eigener Regie zu ergänzen und zu erweitern, wo Interesse, Aufmerksamkeit und Neugier geweckt werden konnten.

Sollten Sie Anregungen für dieses Arbeitsbuch haben oder Kritik daran üben wollen, so lassen Sie es den Autor oder den Verlag wissen. Die Adresse: Patmos Verlag, Postfach 104064, 40031 Düsseldorf. Wir werden über alle Ihre Äußerungen und Hinweise nachdenken, Ihnen antworten und gegebenenfalls in einer nächsten Auflage auch Änderungen vornehmen. Mögen Sie mit Gewinn für sich das Christentum studieren und Freude an der Arbeit finden.

Bonn, den 4. Oktober 1998

Werner Trutwin

Anregungen für die Arbeit

Das Christentum im Fächerkanon der Schule

Das Christentum hat in der Schule vor allem im Religionsunterricht seinen angestammten Platz. Es kann aber auch im Philosophie- und Ethikunterricht zum Thema werden. Dabei ist der Zugang jeweils unterschiedlich.

- Der *Religionsunterricht* sichert das Recht der Schüler/innen, etwas über Leben und Lehre, Ursprung, Geschichte und Gegenwart des Christentums zu hören und zu wissen. Sie können hier erfahren, dass das Christentum der Ort ist, an dem die Grundfragen nach Gott und Welt lebendig sind. Im Religionsunterricht stellen sich die Fragen vor allem auf dem Boden eines Bekenntnisses, des katholischen oder evangelischen Glaubens. Von hier aus kommen alle Themen in den Blick, von hier aus werden sie gewürdigt. Das lässt diejenigen zu ihrem Recht kommen, die sich als Christen verstehen, ermöglicht aber auch engagierte Arbeit und spannende Auseinandersetzungen mit denen, die dem Christentum kritisch oder ablehnend gegenüberstehen. Durch den Unterricht sollen alle Schüler/innen zu einem begründeten Urteil kommen und zu einer freien Grundentscheidung in Lebensfragen fähig werden. Er soll ihnen helfen den eigenen Glauben tiefer zu verstehen, eine eigene Identität zu finden und zu einem Verständnis religiöser Überzeugungen zu gelangen.
- Das Christentum gehört traditionellerweise kaum zum Repertoire des *Philosophieunterrichts* oder des Ethikunterrichts. Erst seitdem die beiden Fächer die Alternative zum Religionsunterricht sein können, ist ihnen die Aufgabe zugewiesen, auch dieses Themenfeld zu berücksichtigen. Sonst würde es kein Schulfach geben, in dem das Christentum in einem größeren systematischen Zusammenhang vorkäme. Diese Aufgabe sollte aber keine Zumutung für den Philosophieunterricht sein, weil er nicht davon absehen kann, dass im Christentum viele Themen eine wichtige Rolle spielen, die in der Philosophie immer bedacht worden sind und auch heute zum Grundbestand philosophischer Fragen gehören. Einige der bedeutendsten Philosophen der Menschheit waren im Christentum tief verwurzelt. Sie haben sich in engagiertem Denken den Grundfragen nach Gott und Welt, Mensch und Geschichte, Erkenntnis und Wahrheit, Gut und Böse gestellt. Der Philosophieunterricht wird diese Themenfelder vor dem Forum der Vernunft befragen, die Vernunft aber auch vom Christentum befragen lassen. Auch er muss sich – wie der Religions- und Ethikunterricht – seine eigene Standortgebundenheit bewusst machen.
- Der *Ethikunterricht* konzentriert sich auf einen wichtigen Teilbereich der Philosophie. Bei ihm steht vor allem die Lebenspraxis der Menschen im Vordergrund des Interesses. Da es weltweit nur wenige Institutionen gibt, die so stark wie das Christentum konkretes Ethos einfordern und das Verhalten der Menschen bestimmen, darf es im Themenkatalog der Ethik nicht fehlen. Kein einzelnes Buch der philosophischen Ethik, und mag es noch so bedeutsam sein, übt den Einfluss auf das Handeln der Menschen aus, wie es die Ethik des Christentums mit den »Zehn Geboten« oder dem Liebesgebot getan hat und tut. Hier wird man darüber nachdenken, auf welche Ziele das Christentum das Leben der Menschen lenkt und welches Handeln es anstrebt. Wie im Philosophieunterricht verbietet sich auch hier methodisch ein religiöser Glaube als Ausgangspunkt und als Maßstab der Kritik. Aber auch der Ethikunterricht muss offen legen, von welchen Prämissen er ausgeht und urteilt. Es ist ein Unterschied, ob er vom Idealismus oder Positivismus, von der Wertphilosophie oder Existenzphilosophie, von der kritischen Theorie oder der Postmoderne bestimmt ist. Eine frei über allen Positionen schwebende Neutralität gibt es nicht. Bei seiner Arbeit wird der Ethikunterricht Methoden einüben, die in der Philosophie zu Hause sind: Information, Analyse, Reflexion und Kritik.

Georg Baselitz (geb. 1928): Tanz ums Kreuz, Öl auf Leinwand, 1983. Das Christentum,. seine Ursprungsgestalt und das Kreuz stehen in der Sicht des Malers und vieler Zeitgenossen buchstäblich auf dem Kopf.

- Auch in Fächern wie *Politik, Geschichte, Sozialwissenschaft* und *Kunst* wird das Christentum einbezogen werden müssen, weil Politik, Geschichte, Gesellschaft und Kunst in hohem Maß vom Christentum bestimmt sind und darum ohne es nicht hinreichend verstanden werden können. Manche wechselseitige Klärungen sind ohne fachübergreifende Verbindungen kaum möglich.

Die Grenzlinien zwischen den Fächern sind bei dieser Thematik nicht immer scharf zu ziehen. Sachlich und methodisch/didaktisch braucht sich der Religionsunterricht nicht in jeder Hinsicht vom Ethik- oder Philosophieunterricht zu unterscheiden. Das ist keineswegs ein Nachteil, weil es offenkundig macht, dass sich ein so weit gespanntes Thema wie das Christentum nicht in kleine Fachabgrenzungen einzwängen lässt. Von daher ergibt sich auch, dass gerade das Christentum zum idealen Thema für einen fächerverbindenden *Projektunterricht* werden kann.

Gemeinsam muss aller Arbeit sein, dass sie sich immer (1) um verlässliche *Information,* (2) um engagierte *Würdigung* und (3) um Einübung einer kritischen *Toleranz* bemüht.

Das Christentum im Kursunterricht

Es gibt eine Vielfalt von Zugängen zum Christentum, so dass die schulische Arbeit mit diesem Thema in unterschiedlicher Weise Gestalt gewinnen kann. Hier werden nur einige Anregungen gegeben, die bei der Kursarbeit selbst ergänzt und abgeändert werden können. Die Unterrichtsarbeit wird einmal die Elemente dieses Arbeitsbuches berücksichtigen.

- Der *laufende Text* hat mehrere Funktionen.
  - Er kann einen ersten Überblick über das Christentum, über seine Entstehung und seinen Glauben, über Theologie, Ethik und Anthropologie, Kosmologie und Metaphysik, über christliche Kirchen und Gegenwartsprobleme geben. Wird das Heft zu Anfang der Kursarbeit z. B. als häusliche Aufgabe im Zusammenhang durchgesehen, dann ergibt sich ein weiter Rahmen für die Erarbeitung von Zusammenhängen, Details, Bewertungen usw.
  - Ein methodisch anderer Einstieg kann von konkreten Problembereichen ausgehen und von da aus weitere Fragerichtungen aufgreifen. Interessiert sich eine Kursgruppe vorrangig z. B. für existentielle Themen (ethische Probleme, Ich, Gott), wird der Unterricht hier einsetzen. Er kann von da aus nach den anthropologischen und metaphysischen Voraussetzungen der christlichen Lehre fragen. Interessant könnte für den Kurs auch der Beginn bei Gegenwartsproblemen (z. B. Ökumene, Rolle der Frau, Weltethos) sein, um von da aus zu Grundfragen an das Christentum vorzustoßen. Der Ausgang von jeweils verschiedenen Fragestellungen lässt sich auch als Partner- oder Gruppenarbeit organisieren.
- Das Arbeitsbuch enthält viele *Originaltexte* aus der Welt des Christentums. Man findet hier z. B. Passagen aus dem Alten und Neuen Testament, Legenden und historische Quellen, Texte aus Mystik und Theologie, Gebete, Dichtung und Reflexionen aus Philosophie und Ethik. Oft handelt es sich um Auszüge aus umfangreicheren Werken. Kürzungen innerhalb der Texte sind durch drei Punkte (…) markiert. Die Überschriften stammen fast immer vom Herausgeber. Der Umgang mit diesen Quellen kann nicht anders sein als die Textarbeit sonst im Religions-, Philosophie- oder Ethikunterricht. Dabei ist gelegentlich mit erheblichen Schwierigkeiten zu rechnen und eine intensive Hilfe durch die Fachlehrer/innen geboten.
- Die *Bilder* des Arbeitsbuches dienen nicht in erster Linie der Dekoration oder Illustration. Soweit es sich nicht um Personenfotos oder Landschaftsaufnahmen handelt, sondern um Werke, die aus dem Geist des Christentums geschaffen wurden, sind sie Elemente, die eine vergleichbare Bedeutung wie die Texte haben. Sie ebnen über die Anschauung einen anderen Zugang zur christlichen Lebenswelt als es Wort und Text können. Auf konkrete Weise sind sie zugleich Themen und Zeugen des Glaubens.

  Für die Arbeit mit den Bildern gelten die gleichen Prinzipien wie im Kunst- oder Geschichtsunterricht. Man wird vor allem (1) nach dem Künstler und seiner Zeit, (2) nach dem Bildinhalt und (3) der Form und schließlich (4) nach der Wirkung des Bildes fragen. Bei vielen Bildern wird sich, ähnlich wie bei den Texten, ein Verständnis erst nach einer intensiven Betrachtung und Auseinandersetzung ergeben.

Wenn es die Situation im Kurs zulässt (Stille, Aufgeschlossenheit, innerer Zugang), kann auch gelegentlich eine *Bildmeditation* versucht werden. Sie wird solchen Bildern am ehesten gerecht, die aus einer religiös-geistlichen Erfahrung des Christentums entstanden sind. In der Bildmeditation werden die Bildelemente im religiösen Kontext wahrgenommen und mit all ihren Einzelheiten aus diesem heraus gedeutet. Sie erfordert eine starke Konzentration und eine große Offenheit. Eine gelungene Meditation kann sich tief in das Innere des Betrachtenden einprägen.

- Die *Arbeitsaufgaben* sind als Anregungen gedacht. Sie sollen in der Regel weder vollständig noch in der vorgeschlagenen Reihenfolge bedacht werden. Vor allem wollen sie die Suche nach eigenen Aufgaben nicht behindern. Bei manchen Aufgaben, die Schüler/innen zunächst überfordern, ist vorausgesetzt, dass sie im Unterricht gemeinsam mit den Lehrer/innen angegangen werden.
- Im Schlussteil des Buches befindet sich ein *Glossar* mit wichtigen Fachbegriffen. Es soll nach Art eines Lexikons Hinweise zum ersten Verständnis der fremden Ausdrücke und Fremdwörter geben.
- Die Arbeit darf sich nicht nur mit den Elementen begnügen, die dieses Buch bietet. Je mehr *andere Impulse* in die Kursarbeit aufgenommen und weitere Materialien einbezogen werden, umso besser wird der Unterricht verlaufen. Auch dazu nur ein paar Anregungen:
  - Informationen über das Christentum aus den Medien sammeln. Dabei kritisch auf die vorgegebene Auswahl und Wertung achten.
  - Christliche Kirchen und Akademien besuchen; ein Gespräch an einer theologischen Fakultät einer Universität oder Hochschule arrangieren; kirchliche Einrichtungen in der Stadt in den Blick nehmen; Politiker/innen nach ihrer Beziehung zum Christentum befragen.
  - Bilder aus der Welt des Christentums suchen und zu einer Ausstellung im Kursraum zusammenstellen. Diareihen und Folienmappen sind in der Regel leicht zu beschaffen.
  - Beispiele aus dem Bereich der Musik (CDs, Kassetten) entdecken und in einer Aufführung zu Gehör zu bringen.
  - Weitere Materialien aus Lexika, Schulbüchern, Sachbüchern usw. sichern. Manchmal ist ein Gang in die Schülerbücherei oder die Stadtbibliothek ergiebig.
  - Wenn möglich Kontakte mit Pfarrer/innen, Künstler/innen, Wissenschaftler/innen u. ä. herstellen und mit ihnen ein Gespräch suchen.
- Besonders ergiebig wird ein Unterricht sein, der auch die *anderen Arbeitsbücher dieser Reihe* in Betracht zieht. Dies gilt vor allem für den Band »Judentum«, weil hier die Religion zur Sprache kommt, mit der das Christentum am meisten verwandt ist. Im Judentum liegen viele Wurzeln des Christentums, die jüdisch-christlichen Geschichte weist viele, allzu oft schmerzliche Berührungspunkte auf. Der Band »Islam« widmet sich der Religion, die heute wegen ihrer religiösen und politischen Dynamik für das Christentum von höchster Aktualität ist. Für die Zukunft der Menschheit wird es wichtig sein, wie sich diese beiden größten Religionen der Welt zueinander verhalten. Im Band »Hinduismus« wird die Religion vorgestellt, deren religiöse Bandbreite am größten ist und die eine Fülle religiöser Phänomene aufweist, die es im Christentum nicht gibt. Schließlich ist der ursprüngliche Buddhismus mit seinen andersartigen Vorstellungen von Welt und Mensch eine Alternative zum Christentum, zumal seine Gründergestalt, der »Buddha« (d. h. »Erwachter«, »Erleuchter«), in seiner Güte und Klarheit jeden Betrachter faszinieren muss. In diesen vier anderen Arbeitsbüchern werden ähnliche Schwerpunkte gesetzt wie hier. Wo eine Einbeziehung möglich ist, werden die Schwierigkeiten und Chancen interreligiöser Vergleiche leichter erkennbar. Vielleicht ergeben sich dabei auch weitere Ansätze zu einem interreligiösen Gespräch.

Eine erste Annäherung

Die bleibende Mitte

Das Wort »Christentum« leitet sich *Jesus Christus* her, der vor zwei Jahrtausenden im Land Israel gelebt hat. Er steht am Anfang des Christentums, ist seine bleibende Mitte in der Gegenwart und wird auch die Erfüllung all seiner Hoffnungen am Ende der Zeit sein. Das Christentum verkündet die Botschaft Jesu Christi und hält das Andenken an seine Person wach. An ihm muss es sich immer wieder messen lassen. Darin liegt die zugleich herausragende und schwierige Aufgabe des Christentums. Durch ihn ist es gefordert, herausgefordert und immer auch überfordert.

Jesus Christus – das ist kein Doppelname wie Franz-Josef oder Vor- und Nachnahme wie Horst Müller, sondern ein *Glaubensbekenntnis*. In dieser Kurzformel des Glaubens begegnen sich *Geschichte* und *Glau-be*, also zwei Bereiche, die schon im Judentum eng zusammenhängen.

- Wer von *»Jesus«* (hebr: »Joschua«) spricht, nennt einen weit verbreiteten jüdischen Namen, der im Hebräischen »Gott ist Heil«, »Gott rettet« bedeutet. Mit diesem Namen wurde er zu seinen Lebzeiten von Freund und Feind gerufen. »Jesus von Nazaret« präzisiert diesen Namen und bezeichnet als seine historische Herkunft eine kleine Stadt in Galiläa, die damals kaum von Bedeutung war. Ohne Einbindung in seine Zeit ist Jesus nicht zu verstehen.
- Wer von *»Christus«* spricht, benutzt nicht einen Namen, sondern einen jüdischen Ehrentitel. Das griechische Wort »Christus« ist die Übersetzung des hebräischen Wortes »Messias« und bedeutet »der Gesalbte«. Der Messias hat im Judentum die Würde eines gesalbten Königs und Priesters. An ihm hängen die Hoffnungen auf die Rettung des Volkes Israel, auf eine gerechte Welt, auf Frieden und auf Erlösung bei Gott.

Die vorhergehende Doppelseite zeigt die Landschaft, in der Jesus sich oft aufhielt: den See Gennesaret in Galiläa mit der Anhöhe, auf die die Überlieferung die Bergpredigt (→ S. 132) verlegt. Hier ist das Ursprungsland des Evangeliums. Darum ist der Ort für die Christenheit heilig. Im Vordergrund ist die Kapelle der Seligpreisungen zu sehen, die 1937 erbaut wurde.

Das unterscheidend Christliche

Walter Kasper, katholischer Theologe, Professor für Dogmatik in Münster (1964–70) und Tübingen (1970–89), seit 1989 Bischof von Rottenburg-Stuttgart schreibt in einem Artikel »Christentum«:

Das Christentum kommt nie als »reines« Christentum zur Darstellung; es lässt sich nur von seiner Geschichte her als lebendige Geschichte beschreiben.
Aufgrund dieser geschichtlichen Verfasstheit ist allen, die sich Christen nennen, eines gemeinsam: Sie berufen sich auf die Geschichte und das Geschick von Jesus Christus und beanspruchen, seine Person und seine »Sache« zu vergegenwärtigen. Auch wenn sie dabei zu kontroversen Ergebnissen kommen, haben sie doch einen gemeinsamen Ausgangspunkt und eine gemeinsame Mitte. Nur dadurch, dass Jesus Christus nicht nur der einmalige Anfang, sondern das bleibende Fundament und gleichsam die Seele des Christentums ist, wird dieses davor bewahrt, zu einem synkretistischen Phänomen zu werden. Mit Jesus Christus bewahrt das Christentum eine »gefährliche Erinnerung« (J. B. Metz), die nicht nur seiner Legitimation, sondern auch der Kritik seiner jeweiligen geschichtlichen Verwirklichungsformen dient. Das entscheidend und unterscheidend Christliche ist deshalb nicht eine Idee oder ein Prinzip, sondern ein Name und eine Person.

Walter Kasper (geb. 1933)

Die hebräische Schreibweise des Namens Jesu zur Zeit Jesu, daneben der Titel Christus in griechischen Buchstaben.

- Die Wortfolge *»Jesus Christus«* oder auch *»Jesus, der Christus«* spricht Jesus die Ehrenwürde des Messias/Christus zu. Sie besagt im Glauben der Christen, dass Jesus von Nazaret mehr ist als nur eine historische Gestalt. Person und Wirken Jesu von Nazaret reichen demzufolge in das übergeschichtliche Geheimnis Gottes. In ihm ist den Menschen Gottes Heil gegeben. Durch ihn hat sich Gott den Menschen liebend zugewandt. Auf ihn können sie im Leben und im Tod vertrauen. Er ist für Christen der Retter der Welt, der Erlöser der Menschen, der Sohn Gottes.

- Zum Messias/Christustitel: → S. 66 f.
- »In Antiochia nannte man die Jünger (Jesu) zum ersten Mal Christen« (Apg 11,26). Überlegen Sie, warum das so war und welche Bedeutung diese Bezeichnung hat.
- Wonach benennen sich Juden, Muslime, Hindus und Buddhisten?
- Was bedeutet es, wenn im Mittelpunkt des Christentums eine Person und nicht eine Idee oder ein Gedanke steht?

Eine komplexe Vielfalt

So einfach auch im Blick auf Jesus Christus das Zentrum des Christentums anzugeben ist, so komplex ist das »Christentum« selbst. Es gibt kein einheitliches Profil des Christentums, weil es viele Dimensionen umfasst und unterschiedliche Strukturen aufweist. Dafür ein paar erste Hinweise:

- *soziologisch:* Das Christentum ist keine gesellschaftliche Einheit. Es besteht aus vielen Millionen Menschen, zahlreichen Kirchen und heterogenen Gruppen. Zu ihm zählen sich Menschen aus allen Völkern und Nationen, Frauen und Männer jeglichen Standes und Berufes. Kaiser und Könige, Wissenschaftler und Ungebildete, Stars und kleine Leute nennen sich Christen. Es umfasst sowohl Randgruppen der Gesellschaft als auch die Etablierten.

- *kulturell:* Niemand kann die politischen, sozialen und wissenschaftlichen Kräfte, die vom Christentum ausgegangen sind, überblicken. Darin übertrifft das Christentum alle anderen Institutionen und Religionen der Welt. Hochkulturen und Kulturen, die zu den ärmsten der Welt zählen, sind christlich geprägt oder beeinflusst. Man kann keine Geschichte der Philosophie oder der Kunst schreiben, ohne über ein Grundverständnis des Christentums zu verfügen.
- *historisch:* Das Christentum kann auf eine zweitausendjährige Geschichte zurückblicken, in der hervorragende und schreckliche Dinge geschehen sind. Im Buch seiner Geschichte finden wir zu allen Zeiten unzählige bewundernswerte Frauen und Männer: Heilige, Mystiker, Reformer, Kämpfer gegen Unrecht und Gewalt, Propheten, Philosophen,

Zweimal Kirche.

Oben: New York: Von Banken umstellt, von Wolkenkratzern überragt.
Unten: Jugendliche aus aller Welt zelten in Taizé, einem kleinen Ort in Burgund (→ S. 182).

Weise, Narren, Liebende. Aber auch von erschreckenden Gestalten ist dort zu lesen: Heuchler, Machtgierige, Inquisitoren, Kreuzfahrer, Verbrecher, Bürokraten, Reformverweigerer, Verdummer, Angepasste, Neurotiker, Feiglinge, Fundamentalisten. Jeder kann sich für sein Bild vom Christentum fast nach Belieben aus dieser Geschichte bedienen.

- *religiös:* Auch die religiöse Differenzierung des Christentums ist bunt wie das Spektrum der Farben. Wir finden einfache Frömmigkeit und tiefe Mystik, erstarrte und lebendige Rituale, festen und angefochtenen Glauben. Ein Jünger aus der Zeit Jesu hat einen anderen Zugang zum Christentum als ein heutiger Bischof oder Papst. Der deutsche Protestantismus, das katholische Polen oder das orthodoxe Russland sind unterschiedlich geprägt. Das Christentum in den USA sieht anders aus als in Südamerika oder in Israel.

Jeder, der das Wort »Christentum« benutzt, hat andere Assoziationen. Man kann sich ihm nicht nähern, ohne dass man mit weit auseinander liegenden oder gar gegensätzlichen Vorstellungen zu tun bekommt. Dabei hat niemand einen völligen Überblick. Immer bleibt ein beachtlicher Rest von Unübersichtlichkeit. Aufgrund dieser komplexen Vielfalt ist es ein vergebliches Unterfangen, das Christentum *definieren* zu wollen. Das Christentum entzieht sich allen exakten Bestimmungen und Festlegungen.

Erst recht sind eindeutige *Bewertungen* des Christentums problematisch. Wer nur die positiven Seiten nennt, entwirft ein *Idealbild*, das der Wirklichkeit nicht entspricht. Wer nur die negativen Seiten beachtet, kommt zu einem *Feindbild*, das der Wirklichkeit nicht entspricht. Allein richtig wäre es, ein *Realbild* zu entwerfen, das so weit wie möglich die positiven und negativen Seiten umfasst. Dieses Realbild

Christentum und Christen

Solange ich nicht sehe, dass man eins der vornehmsten Gebote des Christentums, seinen Feind zu lieben, nicht besser beobachtet, so lange zweifle ich, ob diejenigen Christen sind, die sich dafür ausgeben.

Gotthold Ephraim Lessing (1729–1781), deutscher Schriftsteller

Schandfleck der Menschheit

In seiner 1888 verfassten Schrift »Der Antichrist – Versuch einer Kritik des Christentums« rechnet Nietzsche, wie in vielen seiner früheren Werke, mit dem Christentum ab. Zwar zeigt er an manchen Stellen einen gewissen Respekt für Jesus (→ S. 76), aber nach seiner Meinung ist die christliche Kirche schon früh dekadent geworden, weil sie sich für das Schwache, Niedrige und Unedle einsetzte, den Begriff der Sünde einführte und zu einer lebensfeindlichen Macht wurde. Am Ende seiner Schrift heißt es:

Ich verurteile das Christentum, ich erhebe gegen die christliche Kirche die furchtbarste aller Anklagen, die je ein Ankläger in den Mund genommen hat. Sie ist mir die höchste aller denkbaren Korruptionen, sie hat den Willen zur letzten auch nur möglichen Korruption gehabt. Die christliche Kirche ließ nichts mit ihrer Verderbnis unberührt, sie hat aus jedem Wert einen Unwert, aus jeder Wahrheit eine Lüge, aus jeder Rechtschaffenheit eine Seelen-Niedertracht gemacht. Man wage es noch, mir von ihren »humanitären« Segnungen zu reden! Irgendeinen Notstand abschaffen ging wider ihre tiefste Nützlichkeit, sie lebte von Notständen, sie schuf Notstände, um sich zu verewigen. ... Der Wurm der Sünde zum Beispiel: mit diesem Notstande hat erst die Kirche die Menschheit bereichert! – Die »Gleichheit der Seelen vor Gott«, diese Falschheit, dieser Vorwand für Rankünen aller Niedriggesinnten, dieser Sprengstoff von Begriff, der endlich Revolution, moderne Idee und Niedergangs-Prinzip der ganzen Gesellschaftsordnung geworden ist, – ist christlicher Dynamit. ... »Humanitäre« Segnungen des Christentums! Aus dieser humanitas einen Selbstwiderspruch, eine Kunst der Selbstschändung, einen Willen zur Lüge um jeden Preis, eine Verachtung aller guten und rechtschaffenen Instinkte herauszuzüchten! Das wären mir Segnungen des Christentums. – Der Parasitismus als einzige Praxis der Kirche; mit ihrem Bleichsuchts-, ihrem Heiligkeitsideale jedes Blut, jede Liebe, jede Hoffnung zum Leben austrinkend; das Jenseits als Wille zur Verneinung jeder Realität; das Kreuz als Erkennungszeichen für die unterirdischste Verschwörung, die es je gegeben hat, – gegen Gesundheit, Schönheit, Wohlgeratenheit, Tapferkeit, Geist, Güte der Seele, gegen das Leben selbst. ...

Diese ewige Anklage des Christentums will ich an alle Wände schreiben, wo es nur Wände gibt, – ich habe Buchstaben, um auch Blinde sehend zu machen... Ich heiße das Christentum den einen großen Fluch, die eine große innerlichste Verdorbenheit, den einen großen Instinkt der Rache, dem kein Mittel giftig, heimlich, unterirdisch, klein genug ist, –

ich heiße es den einen unsterblichen Schandfleck der Menschheit.

Friedrich Nietzsche (1844–1900), deutscher Philosoph (→ S. 76; 87 f.)

Unbegrenzte Möglichkeiten

Der Religionswissenschaftler Friedrich Heiler (1892–1967), der seit 1920 in Marburg vergleichende Religionsgeschichte und Religionsphilosophie lehrte, gehört zu den Koryphäen seines Faches. Er verband in seinen Schriften umfassende Gelehrsamkeit mit tiefer Einfühlsamkeit. In seinem Standardwerk »Die Religionen der Menschheit in Vergangenheit und Gegenwart« (1958) fasst er am Ende seine Darlegungen über das Christentum so zusammen:

Das Christentum weist in der Vielgestaltigkeit seiner Ausprägungen die reichste Entfaltung auf, welche die Religion in der Geschichte der Menschheit gefunden hat. Es ist nicht nur von seiner Ursprungszeit bis in die Gegenwart immer wieder in enge Berührung mit den anderen Religionen getreten; es stellt vielmehr einen Mikrokosmos im religionsgeschichtlichen Makrokosmos dar. Der Reichtum seiner Spielarten beruht vor allem darauf, dass in ihm die beiden Haupttypen der hohen Religion, die mystische Erlösungsreligion und die prophetische Offenbarungsreligion, sich gekreuzt haben. … Diese Universalität, welche die Fülle der religiösen Erscheinungsformen und Entwicklungsstufen umschließt, zeigt sich vor allem in dem umfassenden Offenbarungsbegriff: das Christentum verkündet eine Grundoffenbarung Gottes in der ganzen Schöpfung, sowohl in der Natur wie in der Menschenseele, die Gottes Bild widerspiegelt, eine Geschichtsoffenbarung im Verlauf der gottgelenkten Ereignisse der Welt, eine heilsgeschichtliche Offenbarung in dem Christusdrama, dessen Einzelakte die Inkarnation, der Opfertod und die Auferstehung Christi bilden, und eine Endoffenbarung, welche den Sieg der göttlichen Wahrheit, Gerechtigkeit und Liebe über alle widergöttlichen Mächte bedeutet – »Gott alles in allem« (1 Kor 15, 28). Das Christentum hat darum von seiner Urzeit an die Tendenz, »allen alles zu werden« (1 Kor 9, 22) und so mit allen Nationalcharakteren sich zu verbinden. Und schließlich ist das Christentum trotz aller Tendenz zur Erstarrung in einem Dogmatismus und Biblizismus keine abgeschlossene Religion, sondern besitzt als Religion des Geistes unbegrenzte Möglichkeiten.

Friedrich Heiler (1892–1967)

müsste man mit dem *Sollbild* vergleichen, das dem Christentum von seinem Ursprung und von seinem Wesen her vorgeben ist und dem es nach dem Willen Jesu von Nazaret entsprechen sollte.

- Warum kann niemand kann das Ganze des Christentums im Blick haben?
- Diskutieren Sie die Begriffe Idealbild, Feindbild, Realbild und Sollbild und suchen Sie Beispiele dafür.
- Wie sieht das Bild des Christentums in den Medien – bei jungen Leuten – bei Alten aus?

- Das Christentum ist differenziert zu betrachten, weil es bei uns in verschiedenen Bereichen vorkommt, z. B. in der Öffentlichkeit, in den Kirchen, in einzelnen Christen/innen. Versuchen Sie diese Aussage zu konkretisieren.
- Einzelheiten zu den verschiedenen Seiten des Christentums: → S. 155 f.; 177 f.
- Kennen Sie religiöse Klischees, Vorurteile und Stereotypen über das Christentum?

Verschiedene Zugänge

Probleme des Zugangs zum Christentum ergeben sich auch aus der *Person des Betrachters*. Jeder, der sich mit dem Christentum befasst, bringt – bewusst oder unbewusst, gewollt oder ungewollt – eine Einstellung mit, die zumeist in sein Bild des Christentums eingeht. Die Betrachtung der unterschiedlichen Voraussetzungen zeigt, dass ein Zugang zum Christentum mit grundsätzlichen Schwierigkeiten verbunden ist.

- Wer als gläubiger *Christ* vom Christentum spricht, ist davon überzeugt, in der wahren Religion zu leben, die auf Jesus Christus zurückgeht. Er glaubt, dass die Hoffnung seines Lebens in dem Gott begründet ist, den Jesus seinen Vater nannte und dass nichts im Leben wichtiger ist als Gott, den Nächsten und sich selbst zu lieben. Das schließt nicht aus, dass Christen ihr Christentum auch kritisieren und andere Religionen hoch schätzen können. Sie müssen nicht alles bejahen, was im Namen des Christentums geschehen ist und brauchen nicht alles zu verneinen, was außerhalb des Christentums liegt. Aber letztlich können Christen die Wahrheit ihres Glaubens nicht zur Disposition stellen, weil die Wahrheit des Christentums für sie nicht Menschenwerk ist, sondern von Gott kommt. Für Christen ist das Christentum nicht eine beliebige Position unter vielen, die man akzeptieren oder ignorieren kann, sondern Heimat und Zuflucht. Selbst wenn sie vieles in ihren Kirchen kritisieren müssen, fühlen sie sich hier geborgen und sind dankbar, dass sie in dieser Gemeinschaft leben dürfen. Harte Kritik am Christentum, selbst wenn sie berechtigt ist, schmerzt sie. Gefragt, warum sie sich dem Christentum so verbunden fühlen, werden sie besonders auf die Grundzüge hinweisen, die das Christentums kennzeichnen: die Sehnsucht nach Gott, die Frohe Botschaft Jesu Christi, die

Gebete und Feiern, die Betonung der Würde des Menschen, das menschenfreundliche Ethos der Liebe, die Hoffnung auf Überwindung allen Leidens unserer Welt. Christen sind davon überzeugt, dass niemand diese Innenseite des Christentums letztlich verstehen kann, der nicht im Christentum lebt. Außenstehende könnten immer nur ein distanziertes Bild vom Christentum, eine Außensicht, gewinnen.

• Wer als *Jude, Muslim oder Angehöriger einer anderen Religion* das Christentum betrachtet, befasst sich mit einer anderen Welt. Die religiösen Überlieferungen, die Bilder und Ideen des Christentums sind ihnen eher fremd, weil sie ihr Leben nicht bestimmen. Bisweilen stehen einem angemessenen Verständnis auch Unkenntnis und Vorurteile im Weg. Die Unkenntnis zu mindern und die Vorurteile auszuräumen ist möglich, aber mühsam. Angehörige anderer Religionen werden vor allem den hohen Anspruch des Christentums Gottes maßgebliche Offenbarung zu sein nicht anerkennen, weil sie selbst davon überzeugt sind in ihrer Religion den richtigen Weg ihres Lebens gefunden zu haben. Das kann, muss aber nicht zu erheblichen Spannungen führen. Es gab und gibt die Ablehnung des Christentums im Vertrauen darauf selbst im alleinigen Besitz der religiösen Wahrheit zu sein (z. B. in Teilen des Islam). Es gab und gibt aber auch die religiöse Anerkennung des Christentums als eines Weges neben anderen Wegen zu Gott (z. B. im Judentum und Islam) bzw. zur Erlösung (z. B. im Buddhismus).

Dieser Einstellung liegt der Glaube zugrunde, dass sich Gott auf verschiedene Weise in der Menschheit kundtut und dass Erlösung sich auf verschiedenen Wegen finden lässt. Zwischen diesen beiden Polen gibt es in den meisten Religionen weitere Differenzierungen, die von einem rabiaten Fundamentalismus bis zu einer toleranten Offenheit reichen. Diese Grundeinstellungen wirken sich auf das Bild des Christentums erheblich aus.

• Wer keine Religion in ihrem Anspruch gelten lässt, als *Atheist* an Gott oder Göttliches nicht glaubt oder als *Agnostiker* sich jedes Urteil über religiöse Wahrheiten versagt, wird noch einmal zu einer anderen Einschätzung des Christentums kommen. Er wird von dem religiösen Anspruch des Christentums nichts halten und sich eher mit den historischen, ethischen, kulturellen und psychologischen Auswirkungen des Christentums befassen.

• Wer als *Religionswissenschaftler, Philosoph, Ethiker, Historiker oder Politiker* den Zugang zum Christentum sucht, setzt in der Regel für seine Arbeit ein religiöses Bekenntnis nicht voraus, wenn er sich auch in seiner Privatsphäre als Christ verstehen kann. Er wird sich bemühen, das Christentum genau zu betrachten, richtig zu beschreiben, kompetent zu vergleichen und fair zu würdigen. Aber auch er wird bei der Beurteilung seinen eigenen Wertmaßstab zugrunde legen, von dem seine Akzentsetzung, seine Ablehnung und Zustimmung abhängt. So wird ein eher distanziertes Bild vom Christentum entstehen, in dem Züge der inneren Verbundenheit und der äußeren Ablehnung nicht dominieren.

- Welche Schwierigkeiten bei der Beschäftigung mit dem Christentum sind vermeidbar, welche unvermeidbar? Warum kann keine Darstellung des Christentums es allen recht machen?
- Wie wirken sich die folgenden Faktoren auf eine Beschäftigung mit dem Christentum aus:
  - die momentane Interessenslage
  - die eigene Einstellung zum Christentum
  - der persönliche Werthorizont
  - die innere Offenheit
  - die historische und gesellschaftliche Situation
  - das schon vorhandene Wissen
  - die Fähigkeit zu sachlicher Kritik
  - die zur Verfügung stehende Zeit
  - ...?
- Zum Zugang über Religion, Ethik und Philosophie: → S. 6.

Erstaunliche Zahlen

Heute ist das Christentum die größte Religion der Welt. Eine genaue Angabe über die Zahl aller Christen ist nicht möglich, da es in vielen Ländern keine exakten Statistiken gibt. Nach den Erhebungen aus dem Jahr 1999 gibt es etwa *1,8 Milliarden* Christen. Knapp ein Drittel (33,1%) der Weltbevölkerung ist christlich. Dieser Prozentsatz ist im Unterschied zu früheren Zeiten im 20. Jahrhundert kaum mehr gewachsen, sondern in etwa konstant geblieben. In der großen Zahl sind die Anteile der ver-

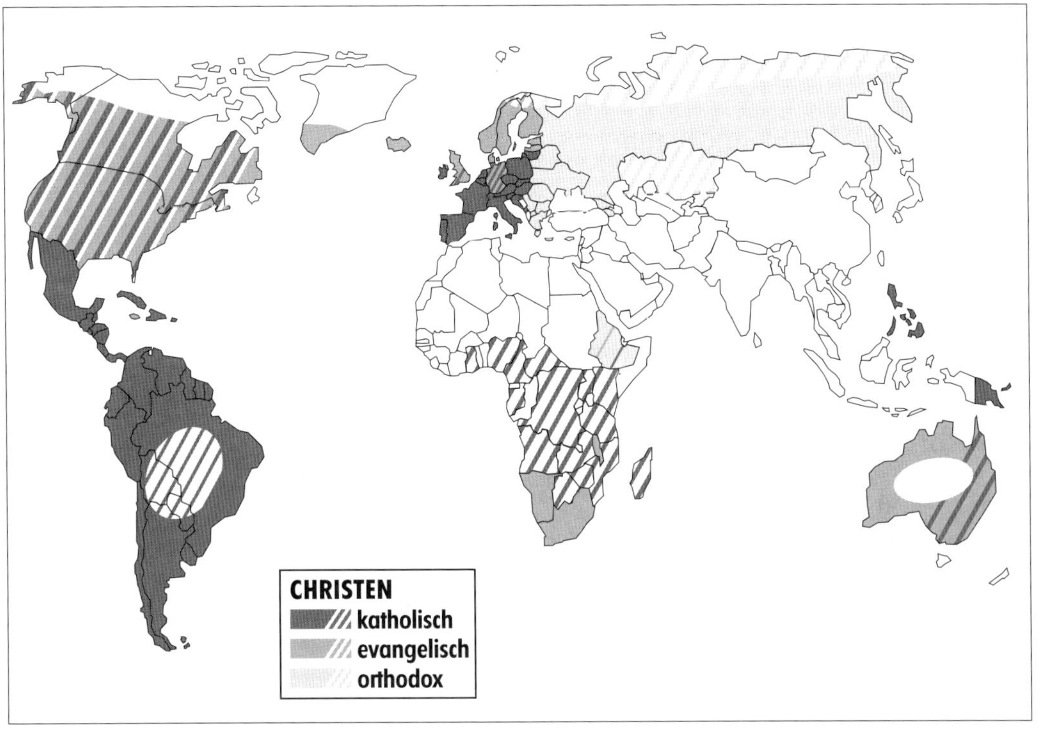

schiedenen Kirchen enthalten. Im Einzelnen gibt es danach

- ca. 1050 Millionen *römisch-katholische* Christen (→ S. 161 ff.)
- ca. 400 Millionen *Protestanten* verschiedener Art (→ S. 169 ff.)
- ca. 300 Millionen *Orthodoxe* (→ S. 165 ff.)
- ca. 50 Millionen Christen, die zu *anderen* christlichen Gemeinschaften und Kirchen gehören.

Die hauptsächlichen *Verbreitungsgebiete* der Christenheit sind Europa, Nord- und Südamerika, Mittel- und Südafrika, Australien und die Philippinen.

Die zweitgrößte Religion der Welt ist der Islam mit einer Gesamtzahl von etwas mehr als einer Milliarde Muslime. Es folgt der Hinduismus mit 700–850 Millionen Anhängern, der Buddhismus mit 330 Millionen Menschen. Zum Judentum zählen sich etwa 18 Millionen Anhänger. Auch diese Zahlen beruhen weithin auf Schätzungen, nicht auf exakten statistischen Erhebungen.

In *Deutschland* ist der Anteil der Christen an der Bevölkerung nach der Wiedervereinigung erheblich zurückgegangen. Während vor 1989 etwa 88 Prozent der Deutschen im Westen einer der beiden großen Kirchen angehörte – es gab je 44 Prozent Katholiken und Protestanten – gehören 1999 im vereinten Deutschland etwa 38 Prozent der evangelischen und 32 Prozent der katholischen Kirche an. In diesen Zahlen sind die Engagierten und Distanzierten enthalten. Etwas mehr als ein Viertel der deutschen Bevölkerung ist konfessionslos. In Ostdeutschland bezeichnen sich ca. 65 Prozent der Bevölkerung als areligiös oder atheistisch. Etwa 4–5 Prozent der Deutschen gehören anderen Religionen an, darunter sind ca. 2,5 Millionen Muslime, 65 000 Juden und 40 000 Buddhisten.

- Was besagen diese Zahlenangaben über die Bedeutung des Christentums, der Kirchen und der anderen Religionen? (→ S. 178 ff.)
- Welche Kriterien kann man anlegen, um von einem Menschen sagen zu können, er sei Christ/in?

Neuer Zweig auf edlem Ölbaum

Das Christentum geht auf Jesus von Nazaret zurück. Aber Jesus von Nazaret ist nicht nur ein Neubeginn, er steht auch selbst in einer langen Geschichte. Er ist Jude und sieht sich in der Überlieferung seines Volkes. Ohne den Gott Israels, ohne die Geschichte Israels, ohne die Thora, ohne das Land Israel ist Jesus nicht zu verstehen. Er ist von der jüdischen Tradition, in der er lebte, ganz geprägt. Sie ist durch ihn in das Christentum eingegangen. Ohne das *jüdische Erbe* gäbe es kein Christentum. Es beginnt nicht nur geographisch, sondern auch religiös mit dem Judentum.

Das Neue Testament bestätigt diesen Sachverhalt an vielen Stellen. *Jesus* wird wie alle jüdischen Jungen beschnitten, spricht die Sprache seines Volkes, feiert die jüdischen Feste, geht in die Synagoge, betet die Psalmen Israels und stirbt am Kreuz mit einem jüdischen Gebet. Seine Mutter Maria ist eine jüdische Frau, alle seine Apostel und Jünger/innen sind Juden. Jesus hat die Grenzen seiner jüdischen Heimat nicht überschritten.

Auch *Paulus*, der erste bedeutende Theologe der Christenheit, kam aus dem Judentum. Nachdem er Christ geworden war, hat er das zeitgenössische Judentum oft scharf kritisiert. Er hatte ein anderes Verständnis der Thora als die meisten Juden seiner Zeit und war enttäuscht, dass nicht alle Juden Anhänger Jesu von Nazaret wurden. Aber er wusste auch, dass sich Christen nie vom Judentum lösen dürfen, weil sie sich sonst von ihren eigenen Wurzeln abschneiden würden.

- Kennen Sie Texte des Neuen Testaments, die Jesus als einen Juden zeigen? Lesen Sie z. B. Lk 2, 21–24.41–52; 4, 16–23; Mt 1, 1; 5, 17–20; Mk 14, 12–16; 15, 33–38.
- Können Sie – evtl. in Gruppen – Röm 9–11 lesen und dabei herausarbeiten, wie Paulus das Verhältnis der Kirche zum Judentum/zu Israel sieht. Zu Paulus: → S. 159 f.
- Zum Verhältnis der Christenheit zum Judentum in Geschichte und Gegenwart: → S. 152 ff.

Marc Chagall (1887–1985): Der Prophet Jeremia umarmt eine Thorarolle, Lithographie, 1960.

Das Bild vom Ölbaum

In seinem wichtigsten Brief, der an die Gemeinde von Rom adressiert ist (57 nC), gebraucht Paulus ein eindrucksvolles Bild für die Verbundenheit der Christen mit den Juden. In dem größeren Zusammenhang von Röm 9–11, der von der bleibenden Erwählung Israels handelt, kommt er auf die im Orient übliche Methode des Einpfropfens zu sprechen, bei der wilde Zweige auf edle Bäume gesetzt werden, um sie zu veredeln. Vom edlen Ölbaum des Judentums wurden einige Zweige herausgebrochen. Dafür wurden die Christen, die nicht aus der jüdischen Tradition kommen, als Zweige aus einem wilden Ölbaum auf den edlen Ölbaum des Judentums gepfropft, so dass sie jetzt aus dessen Wurzeln leben.

Ist die Wurzel heilig, so sind es auch die Zweige. Wenn aber einige Zweige herausgebrochen wurden und wenn du als Zweig vom wilden Ölbaum in den edlen Ölbaum eingepfropft wurdest und damit Anteil erhieltest an der Kraft seiner Wurzel, so erhebe dich nicht über die anderen Zweige. Wenn du es aber tust, sollst du wissen: Nicht du trägst die Wurzel, sondern die Wurzel trägt dich.

aus dem Brief des Paulus an die Römer 11, 16–18 (→ S. 153; 159 f.)

Die Bibel

Wie eng die Verwandtschaft zwischen Judentum und Christentum ist, zeigt die Tatsache, dass beide Religionen die gleiche Sammlung von Büchern zu ihren heiligen Schriften zählen. Sie bilden den Teil der Bibel, den die Juden oft »Gesetz und Propheten« oder »Hebräische Bibel«, die Christen »Altes Testament« oder »Erstes Testament« nennen. Die *gemeinsame Bibel* ist sowohl für Juden wie für Christen eine Quelle ihres Selbstverständnisses, ihres Glaubens und ihrer Hoffnung, wenn auch zwischen beiden um ihre Auslegung im Lauf der Zeit oft heftig gestritten wurde. Juden lesen ihre Bibel vor allem als die Geschichte des Gottes Israels mit seinem Volk. Christen lesen das Alte Testament als Voraussetzung ihres Verständnisses von Jesus Christus. Zwischen beiden Lesarten gibt es Gemeinsamkeiten und Differenzen.

Die heiligen Schriften des Judentums stehen in einer *langen Geschichte*. Ihre Anfänge reichen bis ins zweite Jahrtausend vC, während die jüngsten Schriften etwa 1000 Jahre später

entstanden sind. Darum ist die Bibel nicht aus einem Guss, sondern ein Werk aus ganz *unterschiedlichen Zeiten*. Viele alte Texte stützen sich noch auf mündliche Erzählungen der Nomadenkultur. Sie wurden irgendwann gesammelt und aufgeschrieben. In altertümlichen Liedern und Gedichten sowie in Erzählungen, die den »Mythen« und »Sagen« anderer Völker entsprechen, konnte das Gottesverständnis Israels aufscheinen. Könige ließen Zeugnisse aus der Vergangenheit sammeln und Chroniken über ihre Regierungszeit anfertigen. Von Priestern und Lehrern stammen Gesetzestexte und Anordnungen zu Gottesdienst und Lebensführung. Schüler der Propheten schrieben deren Worte und Visionen auf und fügten Details über deren Leben an. Geistbegabte Männer verfassten Gedichte und Erzählungen, die das Volk trösten und mahnen sollten. In den Psalmen liegen uns die Gebete Israels vor. Weisheitslehrer dachten über Gott und die Welt nach. Sammler stellten Sprichwörter zusammen und Geschichtsschreiber deuteten, was geschehen war.

Zur Zeit Jesu war noch nicht endgültig festgelegt, welche jüdischen Texte, Sammlungen und Bücher zu den heiligen Schriften gehören sollten. Der Prozess der »Schriftwerdung« zog sich bis ins 3./4. Jahrhundert nC hin. Seitdem zählt das Judentum 39 Bücher zu seinen heiligen Schriften. Schon im 4. Jahrhundert vC gewannen die Bücher, die *»Thora«* (d. h. »Lehre«, »Unterweisung«) genannt werden, verbindliche Autorität, später dann die *»Nebiim«* (d. h. »die Propheten«), schließlich in langem zeitlichen Abstand die *»Ketubim«* (d. h. »die übrigen Schriften«).

• Die *Thora* ist die wichtigste Quelle jüdischen Lebens. Sie umfasst die 5 Bücher/Schriftrollen (griech.: »Pentateuch«) des Mose, deren bei uns üblichen griechischen Titel lauten: »Genesis« (»Schöpfung«), »Exodus« (»Auszug«), »Levitikus« (»Priestertum und Gottesdienst in der Zuständigkeit des Stammes Levi«), »Numeri« (»Zählungen«) und »Deuteronomium« (»Zweites Gesetz«). Kein anderes Werk hat im Judentum eine gleich hohe Autorität. Es führt in gewaltigen Erzählungen von der Schöpfung der Welt und des Menschen über die Berufung des Abraham bis zu Mose und der Einnahme des gelobten Landes. Wichtiger als die Erzählungen sind für die Juden die Gebote und Gesetze der Thora, die als der absolut verbindliche Wille Gottes gelten.

• Die Schriften der *Propheten* bilden die zweite Gruppe der Jüdischen Bibel. Zu den »frühen Propheten« gehören die Bücher Josua, Richter, 1 und 2 Samuel, 1 und 2 Könige, weil man deren Verfasser als Propheten ansah. Diese Bücher beschreiben die lange Zeit und den komplizierten Prozess der Landgabe unter Josua, dem Nachfolger des Mose, und den Richtern (um 1200 vC). Sie erzählen vom neu errichteten Königtum unter Saul (1020–1004), von Israels größtem König David (1004–965) und seinem Sohn Salomo (965–928) sowie der weiteren Königszeit bis zur Babylonischen Gefangenschaft (586–538). In den genannten Büchern kommen schon manche Propheten zu Wort, z. B. Natan, Elija und Elischa. Zu den »späten Propheten« zählen die Bücher Jesaja, Jeremia, Ezechiel und das Zwölfprophetenbuch mit Hosea, Joel, Amos, Obadja, Jona, Micha,

Nahum, Habakuk, Zefanja, Haggai, Sacharja und Maleachi.

• Die *»übrigen heiligen Schriften«* (griech. »Hagiographen«) bilden den dritten Teil der Jüdischen Bibel. Es sind die Psalmen, Ijob, die Sprüche Salomos, Rut, das Hohelied, der Prediger Salomo (»Kohelet«), die Klagelieder des Jeremia, Ester, Daniel, Esra und Nehemia, 1 und 2 Chronik. In diesen Schriften werden die Anfänge der Nachexilszeit (6.–4. Jh. vC) erzählt. Zugleich finden wir Gebete, Erzählungen, Spekulationen der Weisheit, Deutungen des Gesetzes, Sprichwörter und eine Apokalypse (Daniel). Die ganze Gruppe hat eine etwas geringere Autorität als die Thora oder die Prophetenbücher.

In diesen Schriften kommen Grunderfahrungen des Menschen zur Sprache. Das *Hohelied* preist in sinnesfrohen Gedichten die Schönheit der Liebe zwischen einer jungen Frau und einem jungen Mann. Seine erotisch getönten Liebeslieder sind von hohem poetischen Reiz. Der *Prediger Salomo* ruft aus dem Geist düsterer Resignation zu Lebensfreude und Genuss auf. Das Buch *Ijob* denkt in unerhörter Intensität über das Leiden der Menschen nach und klagt Gott unumwunden an, weil er das Leid nicht verhindert (→ S. 92).

Die 150 *Psalmen* haben das höchste Ansehen dieser Gruppe, da man sie früher für authentische Gebete vor allem des Königs David, aber auch des Mose und Salomo hielt. In ihnen liegt uns eine Gebetssammlung aus dem 2. Jahrhundert vC vor, deren einzelne Stücke z. T. viel früher entstanden sind. Die Psalmen sind Verherrlichungen Gottes und Preis seiner Wundertaten in Natur und Geschichte, Lieder des Dankes für erfahrene Rettung, Lobpreisungen eines Königs aus Anlass seiner Thronbesteigung, Festlieder, Bitte um Hilfe und Aufschrei in Not und Verzweiflung. Zu ihrer poetischen Qualität und ihrem menschlichem Erfahrungsreichtum gibt es in der Weltliteratur nur wenig Vergleichbares.

In der Zeit der geschichtlichen Katastrophen des 2. und 1. Jahrhunderts vC ist auch die religiöse Bewegung entstanden, die man *Apokalyptik* (d. h. »Offenbarung«, »Enthüllung«) nennt. Zu der apokalyptischen Literatur zählt das biblische *Danielbuch*, aber auch andere Schriften, die keinen Eingang in die Bibel gefunden haben. Die weitgehende Nichtbeachtung der Thora, der Verlust der nationalen Selbständigkeit, die geistige Bedrohung des Judentums durch den Hellenismus und die innerjüdischen Streitigkeiten hatten zu einer tiefen geistigen, politischen und religiösen Verunsicherung im religiösen Judentum geführt. In dieser bedrohlichen Situation erwarteten die Frommen Rettung und Heil nur noch von Gott. Die apokalyptische Literatur dieser Zeit ist davon überzeugt, dass das, was Gott tun wird, nur wenigen geoffenbart ist. In gewaltigen Bildern, Enthüllungen und Berechnungen beschreibt sie den Verlauf und das Ende der Geschichte. Danach werden in den letzten Tagen große Drangsale über die Menschen kommen. Krieg, Mord und Totschlag breiten sich aus. Naturkatastrophen wie Erdbeben, Hungersnöte, Sonnenfinsternis, Brand, Überschwemmungen und der Einsturz des Firmaments werden eintreten. Am Ende wird der Menschensohn auf den Wolken des Himmels erscheinen (Dan 7, 13), die Guten werden im Himmel belohnt, die Bösen in der Hölle bestraft. So hat auch die jüdische Apokalyptik mit dem Theodizeeproblem zu tun. Sie will dazu beitragen, den Gedanken an die Gerechtigkeit Gottes auch in schweren Zeiten aufrechtzuerhalten, indem sie von Gottes nahe bevorstehendem Gericht über die Geschichte spricht.

- Was bedeutet es, wenn Juden und Christen einen Teil ihrer heiligen Schriften gemeinsam haben?
- Kennen Sie andere Schriften, die für das Judentum hohe religiöse Autorität haben?
- Zur Thora: → S. 19; zum Anfang der Thora mit den Erzählungen von Gottes Schöpfung: → S. 110 ff.
- Dichtung in der Hebräischen Bibel: Suchen Sie je einen Text, der Ihnen etwas sagt, aus dem Hohen Lied, aus dem Prediger Salomo, aus dem Buch Ijob und aus den Psalmen. Psalmtexte: → S. 104 f.; 107.
- Zur Apokalyptik in Qumran: → S. 30; bei Jesus: → S. 61; über die christliche Apokalypse, die »Offenbarung des Johannes«: →S. 50 ff.

Eine lange Geschichte

Am Anfang der Geschichte Israels steht *Abraham*, eine Gestalt, die aus der fremden Kultur und götterreichen Religion Mesopotamiens kommt. Er vernahm einen Ruf Gottes und erhielt den Auftrag aus seiner Heimat wegzuziehen in das Land, das Gott für ihn bestimmt hatte (Gen 12, 1–4). In Kanaan sollte er eine reiche Nachkommenschaft bekommen, zu einem Volk werden und für alle Völker ein Segen sein. Abraham wurde zum Stammvater, seine Frau Sara zur Stammmutter des Judentums. Die historische Gestalt des Abraham ist für uns nicht mehr fassbar. Heute wird angenommen, dass er irgendwann zwischen 1800 und 1400 vC im Zug einer großen Nomadenbewegung nach Kanaan kam. Zu seinen Nachkommen zählt die Bibel vor allem Isaak, *Jakob*, der nach einem geheimnisvollen nächtlichen Kampf den Namen *Israel* erhielt (Gen 32, 23–31), und seine zwölf Söhne, unter diesen Juda, Benjamin und Josef.

Die alles überragende Gestalt des Judentums ist *Mose*. Von dem Mose der Geschichte wissen wir nicht viel. Manche Gelehrte nehmen an, dass er im 13. Jahrhundert vC in Ägypten geboren wurde und zu der ethnischen Gruppe der »Hebräer« gehörte, die in Ägypten Sklavendienste leisteten, als Ramses II. (1290–1224) als mächtiger Pharao im Land herrschte. Für das Judentum ist das vielgestaltige Bild, das die Bibel, die »Thora des Mose«, von ihm entwirft, maßgeblich geworden. Danach widerfuhr ihm eine außerordentliche Berufung, als Gott ihm in einem brennenden Dornbusch erschien, ihm seinen Namen JHWH offenbarte und den Auftrag gab die Israeliten aus dem Land der Ägypter zu befreien und in das Land der Väter zu führen (»Exodus«). Am Sinai war Mose der Mittler, als Gott Israel zu seinem Volk erwählte, seinen Bund mit ihm schloss und ihm die Thora mit den »Zehn Worten« gab. In der jüdischen Tradition ist Mose der größte aller Propheten. Nur mit ihm hat Gott »von Mund zu Mund gesprochen«.

Die Israeliten kamen etwa um 1200 vC nach Kanaan in das *Land, das ihnen von Gott verheißen war*. Zunächst hatten die nur locker miteinander verbundenen zwölf Stämme dort mit vielen Schwierigkeiten zu kämpfen. Besonders gefährlich wurden ihnen hier die Philister, nach denen später das Land »Palästina« genannt wurde. Um eine größere Einheit der Stämme zu erzielen, wurde das Königtum eingeführt. Samuel war es, der *Saul* zum ersten König von Israel (1020–1004 vC) salbte. Er war eine unglückliche Gestalt und hatte keinen Erfolg. Ihm folgte Israels größter König *David* (ca. 1004–965), eine charismatische Persönlichkeit, auf der viel Licht und mancher Schatten liegt. Seine Regierungszeit gehört zu den Höhepunkten der jüdischen Geschichte. Er besiegte die Feinde Israels und einigte die zwölf Stämme. Von großer Bedeutung für die Zukunft war seine Entscheidung, die alte Jebusiterstadt Jerusalem zur Hauptstadt seines neues Reiches zu machen. Sein Sohn *Salomo* (965–928), dem überragende Weisheit zugeschrieben wird, baute den ersten Tempel in Jerusalem. Er regierte mit großer Pracht und hatte viele Frauen. Am Ende führte er wegen seiner Überheblichkeit das Königtum in eine tiefe Krise, so dass nach seinem Tod das noch nicht lange geeinte Reich wieder zerfiel. Von 928/26 an gab es ein Nordreich »Israel« mit der Hauptstadt Sichem, später Samaria, und ein Südreich »Juda« mit der Hauptstadt Jerusalem, wo das »Haus David« regierte. Beide Reiche standen sich meist feindlich gegenüber. Das Nordreich Israel hatte bis 722 vC Bestand, als der assyrische König Sargon II. Samaria eroberte und Israel zur assyrische Provinz machte. Die Bewohner kamen in die assyrische Gefangenschaft. Das Südreich Juda bestand noch bis zur Eroberung Jerusalems und Zerstörung des Salomonischen Tempels durch die Babylonier im Jahr 586 vC. Damals wurde vor allem die jüdische Oberschicht nach Babylon deportiert. Diese Zeit der *Babylonischen Gefangenschaft* (586–538 vC) war für das Judentum eine furchtbare Katastrophe. Es hätte möglicherweise damals seine Identität verloren, wenn es sich nicht auf die alten Traditionen besonnen hätte. Nun begannen die Juden wieder sich an die alten Verheißungen Gottes zu erinnern, die Geschichten von dem Handeln Gottes mit seinem Volk neu zu erzählen, sich in Synagogen zu Gottesdienst und Disput zu versammeln und auf eine neue Rettung des Volkes zu hoffen. Diese Erwartungen erfüllten sich, als 538 vC der Perserkönig Kyros das Babylonische Reich eroberte und den verbannten Juden die *Rückkehr* in ihre Heimat erlaubte (»Toleranzedikt des Kyros«).

Schocken-Bibel, Titelblatt zur Genesis, Südwestdeutschland, 14. Jh.
Diese Titelblatt-Miniatur besteht aus 46 Rundbildern, die das Rahmenfeld mit dem Anfangswort »bereschit«, d. h. »Im Anfang«, dem Versbeginn des Buches Genesis, einfassen.

Von rechts nach links folgen in der ersten Reihe aufeinander:
1. Adam und Eva mit der Schlange. 2. Die Vertreibung aus dem Paradies. 3. Kain erschlägt Abel.
4. Die Arche Noach. 5. Noach beschneidet den Weinstock.
6. Der Turm zu Babel.
In der zweiten Reihe:
7. Zerstörung von Sodom und Gomorra. 8. Opferung Isaaks.
9. Isaak segnet Jakob. 10. Esau kehrt von der Jagd zurück.
11. Jakobs Traum zu Betel.
12. Jakobs Kampf mit dem Engel.
In der dritten Reihe: 13. und 14. Die beiden Träume Josefs. 15. Josef trifft den Engel Gabriel (eine außerbiblische Legende).
16. Josefs Brüder hüten ihre Herden. 17. Josef wird seines Rockes entkleidet. 18. Josef wird an die Ismaeliter verkauft.
In der vierten Reihe: 19. Josef und Potiphars Weib. 20. Die Träume des Bäckers und des Kellermeisters.
In der fünften Reihe: 21. Josef legt die Träume des Bäckers und Kellermeisters aus. 22. Pharaos Träume.
In der sechsten und siebenten Reihe: 23. Josef deutet die Träume Pharaos. 24. Josef als Vizekönig von Ägypten. 25.–31. Josef und seine Brüder. 32.–33. Knechtschaft in Ägypten (?). 34. Auffindung des Moseknaben. Die Hand von Pharaos Tochter ist auf wunderbare Weise verlängert (Legende).
In der achten Reihe: 35. Pharaos Tochter übergibt Mose seiner Mutter. 36.–37. Mose und der brennende Dornbusch. 38. Mose und Aaron vor dem Pharao. 39. Der Auszug. 40. Mose teilt das Rote Meer.
In der neunten Reihe: 41. Ertrinken der Ägypter. 42. Mirjam und die israelitischen Frauen feiern. 43. Die Erscheinung Gottes am Sinai.
44. Die Kundschafter tragen die Trauben aus Kanaan. 45. Korach und seine Rotte von der Erde verschlungen (?). 46. Bileam und sein Esel.

Die Königszeit, das Babylonische Exil und die nachexilische Epoche ist auch die Zeit der jüdischen *Propheten*. Man würde sie völlig verkennen, wenn man sie für Wahrsager oder Hellseher hielte. Sie sind nicht in erster Linie Deuter der Zukunft. Viel häufiger verkünden sie Königen und Priestern, Reichen und Armen das Wort Gottes. Unerwartet und ohne die Legitimation eines Amtes traten sie an Wendepunkten der Geschichte auf. In unerhörten Drohsprüchen kündeten sie Gottes Gericht an, wenn sie auf Unrecht gegenüber den Armen stießen und Forderungen des Bundes verletzt sahen. In Zeiten der Not hatten sie Worte des Trostes und der Hoffnung für ihr Volk. Manche weisen auch in einer Vielfalt von Bildern auf den Messias hin.

Als die nach Babylon Deportierten nach 538 vC wieder nach Hause konnten, begannen sie sofort mit dem Bau des zweiten Tempels in Jerusalem (520–515). Ab 400 vC. breitete sich das Judentum stärker in der *Diaspora* aus. In der großen Politik spielte Israel in der Nachexilszeit keine maßgebliche Rolle mehr. Meist war es ein *Spielball der jeweils herrschenden Großmächte*. Unter den Makkabäern (Hasmonäern) gab es noch einmal eine kurze Zeit der jüdischen Souveränität (141–63), in der erstmals die Gruppe der Pharisäer auftrat, die Thora stark in den Mittelpunkt des Lebens rückte und der Tempelkult blühte. Die jüdische Freiheit fand ihr Ende, als 63 vC der römische Feldherr Pompejus Jerusalem eroberte und die *Oberherrschaft Roms* über das Land etablierte. Unter römischer Oberhoheit herrschte 37–4 vC der Idumäer Herodes der Große als König, der sich durch einen großzügigen Neubau des Tempels von Jerusalem bei den Juden beliebt zu machen suchte. In seiner Zeit wurde Jesus von Nazaret geboren. Damals war Augustus römischer Kaiser (31 vC–14 nC). Unter Pontius Pilatus, einem römischen Prokurator in Judäa (26–36 nC), wurde Jesus um 30 nC in Jerusalem zum Tode verurteilt und gekreuzigt. Die Herrschaft der Römer war bei den meisten Juden verhasst. Oft gab es Aufstandsbewegungen, die eine Befreiung von der römischen Besatzung anstrebten. Im Jahr 66 nC kam es zum Jüdisch-Römischen Krieg, der 70 mit der Zerstörung Jerusalems und seines Tempels endete.

- Haben Sie die Möglichkeit sich über die ein oder andere Angabe zur Geschichte des biblischen Judentums nähere Informationen zu besorgen?
- Judentum, Christentum und Islam werden die »abrahamitischen Religionen« genannt, weil Abraham in diesen drei monotheistischen Religionen einen wichtigen, wenn auch unterschiedlichen Platz einnimmt. Abraham ist für das Judentum der Stammvater des Volkes (Gen 12 u. ö.). Das Christentum sieht in ihm den Ahnherrn Jesu (Mt 1,1) und den »Vater des Glaubens« (Röm 4; Gal 3,6–9), der auf Christus hinweist. Dem Islam ist er der »erste Muslim« (»Hanif«), der, ohne Jude und Christ gewesen zu sein, zuerst die Einzigkeit Gottes erkannt hat (Sure 2, 118–146 u. ö.). Warum könnten von der Besinnung auf Abraham in Zukunft wichtige Impulse für das wechselseitige Verhältnis dieser drei Religionen ausgehen?
- Große Frauengestalten der Hebräischen Bibel: Eva (→ S. 112 ff.), Sara, Rebekka, Rachel, Hagar, Tamar, Lea, Debora, Rut, Noemi, Michal, Batseba, Schulamit, Ester, Judit, Susanna. Können Sie herausfinden, was von ihnen überliefert ist?

Der Gott Israels

Der jüdische Gottesglaube ist auch zum Glauben der Christenheit geworden, weil der Gott Israels der Gott Jesu ist. Das spezifische Profil des jüdischen Gottesglaubens wird am ehesten deutlich, wenn man ihn mit anderen Formen des Gottesglaubens vergleicht. Viele Menschen suchen und erfahren Gott in der *Natur*. Der Himmel und die Gestirne, das Meer, Berg und Fluss, Pflanzen und Tiere zeigen ihnen Gottes Herrlichkeit. Andere entdecken Gott im *Menschen*, in der Weite seines Geistes, im Reichtum seiner Ideen, in der Tiefe der Liebe oder in der Stimme des Gewissens. Das Judentum kennt alle diese Spuren Gottes auch, ist aber seinem Gott vor allem in der *Geschichte* begegnet. Es gibt angebbare Zeiten, Orte und Menschen, die mit Gottes Handeln an Israel zu tun haben. Da aber die geschichtlich-kulturellen Situationen wechseln, sind auch die Gotteserfahrungen Israels unterschiedlich.

• Am Anfang dieser Geschichte hören einzelne Menschen Gottes Ruf. *Abraham, Isaak* und *Jakob* werden von ihm zuerst angesprochen. Sie erfahren ihn als den *Gott ihres Stammes*, während andere Stämme und Völker ihre eigenen Götter haben (Gen 31, 30–32). Ihr Gott ist der »Gott Abrahams, Isaaks und Jakobs«, von dem sie Segen, Schutz und Rettung erwarten, ohne dass sie schon die Existenz anderer Götter in ihrer Umwelt leugnen (»Polytheismus«).

• Bei *Mose* erscheint Gott als der Gott Israels, d. h. als der *Gott des Volkes*. Mit den Israeliten schließt er am Sinai einen Bund, in dem er sich Israel zu seinem Volk erwählt. Im Dekalog wird dem Volk verboten andere Götter neben dem Gott Israels zu haben (Ex 20, 3). Ein eindeutiger Monotheismus liegt auch hier noch nicht vor, da das Gebot mit anderen Göttern rechnet und auch Mose in seinen Reden oft vor den anderen Göttern warnt (Dtn 4, 7; 6, 14; 32, 8).

• Aus der Abwehr fremder Götter durch die *Propheten* und aus einem vertieften Nachdenken über Gott hat sich das Bekenntnis zu dem *Einen Gott* entwickelt, wie es seit dem Babylonischen Exil für das Judentum maßgeblich wurde. Von jetzt ab gibt es im Glauben Israels keine anderen Götter mehr. Sie sind nach dem Wort der Propheten und Psalmisten »Götzen« und »Nichtse« (Jes 41, 21–29; Ps 115). JHWH allein ist Gott.

• Damit verbunden war ein weiterer Schritt, der zur Universalisierung des jüdischen Gottesglaubens führte. Der erste Satz der Bibel am Anfang der gewaltigen Schöpfungserzählung (Gen 1–9) lautet lapidar: »Im Anfang schuf Gott Himmel und Erde.« Hier liegt das Bekenntnis vor, dass Israels Gott kein Nationalgott ist, sondern der *Schöpfer der ganzen Welt* und aller Menschen. In dem Text sind Gedanken lebendig, die die Propheten Israels zuerst äußerten, wenn sie vom *Gott aller Völker und Menschen* sprachen (Jes 40, 28; 43, 10–13; Jer 32, 27).

JHWH

Da sagte Mose zu Gott: Gut, ich werde also zu den Israeliten kommen und ihnen sagen: Der Gott eurer Väter hat mich zu euch gesandt. Da werden sie mich fragen: Wie heißt er? Was soll ich ihnen darauf sagen? Da antwortete Gott dem Mose: Ich bin der »Ich bin da« (JHWH). Und er fuhr fort: So sollst du den Israeliten sagen: Der »Ich bin da« hat mich zu euch gesandt. Weiter sprach Gott zu Mose: So sag zu den Israeliten: JHWH, der Gott eurer Väter, der Gott Abrahams, der Gott Isaaks und der Gott Jakobs, hat mich zu euch gesandt. Das ist mein Namen für immer und so wird man mich nennen in allen Generationen.

Exodus 3, 13–15

Das Bilderverbot

Du sollst dir kein Gottesbild machen und keine Darstellung von irgendetwas am Himmel droben, auf der Erde unten oder im Wasser unter der Erde.

Exodus 20, 4

• Eine nochmals neue Dimension Gottes hat das Judentum in der Zukunft entdeckt. Er erwies sich in seinen Verheißungen als ein *Gott der Hoffnung*, der am Ende alles Unglück und alle Schuld überwindet. Dann wird er ein gerechter *Richter* sein und eine *neue Schöpfung* ins Dasein rufen (Jes 40, 1–11; 43, 19; 65, 16–18).

Wenn vom Gott Israels die Rede ist, fallen vor allem zwei Aussagen der Bibel auf:

(1) Das *Bilderverbot*, das am Anfang der Zehn Worte steht, ist in der alten Welt einmalig. Überall in der Umwelt Israels, z. B. in Ägypten und Babylon, gab es Gottesbilder, die hoch geschätzt waren. Israel waren Gottesbilder untersagt. Dem Verbot liegt nicht eine Verachtung des Bildes zugrunde und es ist erst recht keine Absage an die Kunst. Es kommt auch nicht aus der Angst, man könne die Gebilde aus Stein oder Ton, Holz oder Erz anbeten. Das taten nicht einmal die besonnenen Frommen der anderen Völker. Wahrscheinlich steht die Sorge dahinter, dass Bilder in die Versuchung führen können, sich mit ihrer Hilfe göttlicher Kräfte zu bemächtigen und sie für menschliche Interessen einzuspannen. Man sollte mit einem Gottesbild nicht Fruchtbarkeit über die Äcker, Glück über sein Haus, Erfolg in der Liebe oder Fluch über die Feinde herabflehen. Niemand durfte versuchen das Geheimnis Gottes in den Alltag zu ziehen und durch magische Praktiken Gott in seinen Dienst zu nehmen. Erst in späterer Zeit begründete man das Bilderverbot auch damit, dass kein noch so erhabenes Bild den unsichtbaren Gott wiedergeben könne.

(2) Während es Israel nicht erlaubt ist sich ein Gottesbild zu machen darf es den *Namen Gottes* wissen. Wenn Gott einen Namen hat, ist er nicht nur das unsagbare Geheimnis, sondern eine lebendige Person, mit der man sprechen kann. Die Bibel erzählt, wie der Gottesname dem

Wie eine Mutter

Von liebevollem Zutrauen zu Gott zeugt das Wort des Propheten, der im Babylonischen Exil (586–538 vC) gewirkt und dort das Volk Israel im Leid aufgerichtet hat. Wir kennen seinen Namen nicht, seine Worte sind in der Schriftrolle des Propheten Jesaja überliefert. Hier vergleicht er Gott mit einer Mutter.

Kann denn eine Frau ihr Kindlein vergessen, eine Mutter ihren leiblichen Sohn? Und selbst wenn sie ihn vergessen würde: Ich vergesse dich nicht: Siehe her: Ich habe dich eingezeichnet in meine Hände.

Jesaja 49, 15

Mose in der Wüste an einem brennenden Dornbusch offenbart wurde. Damals wurde Mose beauftragt die Kinder Israels aus der Macht des Pharao zu befreien und aus Ägypten herauszuführen. Mose fragte Gott nach seinem Namen, um den Israeliten sagen können, wer ihn schicke. In einer großartigen Szene nennt Gott seinen Namen *»JHWH«* (»Jahwe«; → Ex 3,14). Um das richtige Verständnis dieses Namens ist lange gerungen worden.

Die Übersetzung *»Ich bin, der ist«* (oder: »Ich bin, der ich bin«) entspricht eher einer philosophische Definition, nach der Gott als der »Seiende« oder »das Sein« bezeichnet wird. Eine solch abstrakte Bedeutung des Gottesnamens wäre von Mose und von den unterdrückten Israeliten kaum verstanden worden. Erst recht hätte sie die helfende Nähe Gottes nicht erkennen lassen. – Manche Ausleger übersetzen den Namen JHWH: *»Ich werde sein, der ich sein werde«*. Gemeint ist, dass Gott erst in Zukunft zeigen wird, wer er für Israel ist. Jetzt kann und darf es niemand wissen. Gott behält sein Geheimnis für sich. Er verweigert für den Augenblick eine Antwort. Eine solche Antwort wäre in der damaligen Situation wenig hilfreich gewesen, weil sich Gott mit einem solchen Namen eher verborgen hätte. – Am ehesten überzeugt die Deutung, die in dem Namen eine Hilfe und einen Trost für das Volk sieht: »Ich bin der ›Ich bin da‹ «, d. h. *»Ich bin der, der für euch da ist«*. Gott will für das Volk Israel in schwerer Zeit der Nahe und der Retter sein. Sein Name ist nicht Definition, Information oder Antwortverweigerung, sondern Zusage und Programm.

Für Israel war und ist der Name JHWH immer ein guter Name, der Zutrauen verdient. Aber auch der Gottesname muss vor Magie und Missbrauch geschützt werden. Darum heißt es zu Beginn des Dekalogs: »Du sollst den Namen des Herrn, deines Gottes, nicht missbrauchen« (Ex 20,7). Den Juden war es verboten, diesen Namen auszusprechen. Jesus steht ganz in jüdischer Tradition, wenn er seine Jünger im Vaterunser so beten lehrt: »Geheiligt werde dein Name« (Mt 6, 9).

Die Bibel hat Gott auch Eigenschaften zugesprochen, die uns heute anstößig erscheinen. Sie nennt ihn nicht selten mit militärischen Metaphern »Herr der Heerscharen« (Ps 24, 10) und *»Krieger«* (Ex 15, 3). Gott scheut nicht einmal davor zurück, sich für die Tötung von Menschen aktiv einzusetzen, z. B. wenn er in der Pesachnacht alle Erstgeborenen Ägyptens umbringt (Ex 12, 29–30) oder wenn er bei der Landgabe die Feinde Israels tötet. Auch übt er oft *Rache* für sein ohnmächtiges Volk. Solche Aussagen klangen in der alten Welt nicht anstößig, weil sie damals zum üblichen Sprachschatz aller Religionen gehörten. Aber sie wurden nicht zum dauernden Maßstab jüdischer Gottesrede. Immer deutlicher setzte sich die

Sch'ma Israel

Der jüdische Glaube an Gott findet vor allem im wichtigsten Gebet Israels, dem »Höre, Israel!« (hebr.: »Sch'ma Israel«), seinen Ausdruck. Fromme Juden beten es jeden Tag. Auch für Jesus war es ein Grundgebet.

Höre, Israel!
Der Ewige, unser Gott, der Ewige ist einzig.
Darum sollst du den Herrn, deinen Gott, lieben
mit ganzem Herzen, mit ganzer Seele
und mit ganzer Kraft.
Diese Worte, auf die ich dich heute verpflichte,
sollen auf deinem Herzen geschrieben stehen.
Du sollst sie deinen Söhnen wiederholen.
Du sollst von ihnen reden, wenn du zu Hause sitzt
und wenn du auf der Straße gehst,
wenn du dich schlafen legst und wenn du aufstehst.
Du sollst sie als Zeichen um das Handgelenk binden.
Sie sollen zum Schmuck auf deiner Stirn werden.
Du sollst sie auf die Türpfosten deines Hauses
und in deine Stadttore schreiben.

Deuteronomium 6, 4–9

Erkenntnis durch, dass Gott eher im Kontext von *Frieden, Trost, Versöhnung, Barmherzigkeit und Liebe* zu sehen ist (Ps 46, 10; 103; Jes 49,15). Daran vor allem hat Jesus von Nazaret angeknüpft. Heute zeigt sich bei einer genaueren Analyse der gewalttätig klingenden Texte, dass sie meist nicht von der Gewalt um der Gewalt willen sprechen. Sie verkünden Gott als mächtigen Helfer Israels, der für Gerechtigkeit kämpft und das Recht der Armen und Schwachen auch gegen Widerstände durchsetzt.

- Auch Israel hatte an Gottesbildern Gefallen. Als Mose auf dem Berg Sinai weilte, um die Zehn Worte Gottes aufzuschreiben, fertigte sich das Volk am Fuß des Berges ein goldenes Kalb an und verehrte es ähnlich enthusiastisch, wie auch die Leute in Kanaan ihren Stierbildern huldigten. Lesen Sie dazu den dramatischen Text Ex 32.
- Immanuel Kant (1724–1804; → S. 97 ff.) hat in seiner »Kritik der Urteilskraft« gesagt, es gebe »keine erhabenere Stelle im Gesetzbuch der Juden« (AT) als das Bilderverbot. Welche Gründe kann er dafür haben?
- Das Christentum hat das Bilderverbot übernommen. Aber die Kirchen haben aus ihrem Glauben, dass Gott Mensch und damit sichtbar geworden ist, die Erlaubnis abgeleitet Gottesbilder zuzulassen. Im Islam ist das Bilderverbot eine strenge Verpflichtung bis heute. Wie erklären Sie sich diese verschiedenen Einstellungen zum Bilderverbot? Was bedeuten sie für die Religionen?
- Denken Sie über die Bedeutung eines/Ihres Namens nach. Warum sprechen Juden den Gottesnamen in der Regel nicht aus, sondern brauchen Umschreibungen wie »Herr« oder »Name«?
- Die Jüdische Bibel macht verschiedenartige und sogar gegensätzliche Aussagen von Gott. Er ist nah und fern, streng und gütig, erhaben und verletzbar, redend und schweigend u. v. a. Wie erklären Sie sich diese Unterschiede?
- Gott hat viele Namen und ist doch auch der Namenlose. Was bedeutet es, dass er für das Judentum einen bestimmten Namen hat?
- Zum Gottesverständnis Jesu und des Christentums: → S. 80 ff.

Sarajewo-Haggada, Die Gesetzgebung auf dem Berg Sinai, Katalonien, 14. Jh.

Jüdisches Ethos

Das Judentum ist eine Religion des Ethos. Erstmals in der Geschichte hat es den Monotheismus mit einer Ethik verknüpft. Die wichtigste Quelle des jüdischen Ethos ist die schriftliche *Thora*, d. h. die fünf Bücher des Mose, und die mündliche Thora, die sich von der Gesetzgebung am Sinai ableitet. Hier finden die Juden die guten Weisungen Gottes zu einem sinnvollen und glücklichen Leben. In ihrer Fülle entzieht sich die Thora jeder Systematisierung. Alle Weisungen der Thora werden vom Judentum religiös verstanden. Sie haben die höchste Form der Verbindlichkeit, weil sie von Gott kommen. Darum schuldet der Mensch ihnen Gehorsam. Viele Weisungen sind im engeren Sinn religiöser Art. Sie haben zu tun mit Bund, Gebet, Bild, Heiligung, Priestertum, Heiligtum, Kult, Opferwesen, Reinheitsvorschriften, Sabbat, Festen, Beschneidung, Speisen u. v. a. Viele Weisungen haben den Menschen im Blick: Eltern und Kinder, Landsleute und Fremde (Ausländer), Frauen und Männer, Kranke und Alte. Wichtige Bereiche sind Land, Volk, Ehe, Familie, Heer, Sexualität, Arbeit, Ruhe, Essen, Krankheit, Tod. Auch Tiere kommen in den Weisungen oft vor.

Im jüdischen Ethos gibt es einige besonders geschichtsmächtige Weisungen:

- Der *Dekalog* mit den »Zehn Geboten« enthält die Bestimmungen, die für das Volk Israel gelten sollen. Israel soll ihnen gehorchen, weil sie von Gott kommen. Sie sind Bedingungen für ein Leben in Glück und Freiheit.

Die Zehn Worte

Dann sprach Gott alle diese Worte:
Ich bin der Herr, dein Gott,
der dich aus dem Lande Ägypten geführt hat,
aus dem Sklavenhaus.
Du sollst neben mir keine anderen Götter haben.
Du sollst dir kein Gottesbild machen
und keine Darstellung von irgendetwas
am Himmel droben, auf der Erde unten
oder im Wasser unter der Erde.
Du sollst dich vor ihnen nicht niederwerfen
und ihnen nicht dienen;
denn ich, der Herr, dein Gott, bin ein eifervoller Gott,
der die Schuld der Väter an den Kindern ahndet
bis in das dritte und vierte Geschlecht derer,
die mich hassen,
aber Gnade erweist bis ins tausendste Geschlecht derer,
die mich lieben und meine Gebote halten.
Du sollst den Namen des Herrn, deines Gottes,
nicht missbrauchen;
denn der Herr lässt den nicht ungestraft,
der seinen Namen missbraucht.
Gedenke des Sabbattages, ihn zu heiligen.
Sechs Tage sollst du arbeiten und all dein Werk verrichten.
Aber der siebte Tag ist ein Sabbat dem Herrn,
deinem Gott.
Da sollst du keinerlei Werk verrichten –
weder du noch dein Sohn oder deine Tochter,
noch dein Knecht oder deine Magd, noch dein Vieh,
noch der Fremde, der in deinen Toren ist.
Denn in sechs Tagen hat der Herr
Himmel und Erde gemacht,
das Meer und alles, was in ihnen ist;
aber am siebten Tag hat er geruht.
Daher hat der Herr den Sabbattag gesegnet
und ihn geheiligt.
Ehre deinen Vater und deine Mutter,
auf dass deine Tage lang werden auf dem Boden,
den der Herr, dein Gott, gibt.
Du sollst nicht morden.
Du sollst nicht die Ehe brechen.
Du sollst nicht stehlen.
Du sollst wider deinen Nächsten
kein falsches Zeugnis ablegen.
Du sollst nicht begehren das Haus deines Nächsten.
Du sollst nicht Gelüste tragen
nach der Frau deines Nächsten,
nach seinem Knecht, nach seiner Magd,
nach seinem Ochsen, nach seinem Esel
und allem, was deinem Nächsten gehört.

Exodus 20, 1–17

Nächstenliebe

Du sollst deinen Nächsten lieben wie dich selbst.
Wenn bei dir ein Fremder in eurem Land lebt, sollt ihr ihn nicht unterdrücken. Der Fremde, der sich bei euch aufhält, soll euch wie ein Einheimischer gelten und du sollst ihn lieben wie dich selbst; denn ihr seid selbst Fremde in Ägypten gewesen.

Levitikus 19, 18.33–34

Wer gegen sie verstößt, schädigt sich selbst, seine Mitmenschen und sein Volk. Wer sie befolgt, wandelt auf den Wegen Gottes. Der Dekalog ist vom Christentum übernommen worden und in vielen Teilen der Welt zur Grundlage für ein menschenwürdiges Lebens geworden. In diesem alten Dokument sind wichtige Menschenrechte schon früh formuliert worden, die in der Moderne neu entdeckt wurden und heute weltweit um Anerkennung ringen.

• Im Dekalog selbst ist das Gebot der *Gottes- und Nächstenliebe* nicht genannt. Ihm kommt aber im Judentum eine nicht zu überschätzende Bedeutung zu. Die Gottesliebe ist im »Sch'ma Israel« (Dtn 6, 4–9), die Nächstenliebe an anderer Stelle in der Thora (Lev 19,18) erwähnt. Das Christentum hat diese beiden Gebote vom Judentum übernommen.

• Ein Leitmotiv jüdischer Ethik ist die *»Gerechtigkeit«*. Im Judentum ist »Gerechtigkeit« zunächst eine Eigenschaft Gottes, weil Gott immer recht handelt. Gerecht ist auch ein Mensch, wenn er sich nach dem Willen Gottes richtet. Gerecht soll die Herrschaft des Königs sein, wenn er seine Entscheidungen trifft. Sie sollen nicht der Entfaltung seiner Macht dienen, sondern das Wohl des Volkes im Auge haben.

- Der Dekalog steht heute im Kreuzfeuer der Meinungen, z. B.
  - altes jüdisches Sippenethos gegen universale Grundlage für die Menschenrechte;
  - Begrenzung menschlicher Freiheit gegen Voraussetzung für menschliche Freiheit;
  - Heteronomie gegen Autonomie;
  - Gängelung des Gewissens gegen Übereinstimmung mit dem Gewissen;
  - lebensfeindliche Gebote gegen lebensnotwendige Weisungen.
- Im Judentum gibt es gegensätzliche Äußerungen zum Dekalog. Für Schalom Ben-Chorin ist er »Kern und Stern der Thora«, für Spötter enthält er eher »Zehn Plagen«. Was meinen Sie dazu?

Eine Kurzformel des jüdischen Ethos

Es ist dir gesagt worden, Mensch, was gut ist
und was der Herr von dir erwartet:
Nichts anderes als dies:
Recht tun, Güte und Treue lieben,
in Ehrfurcht den Weg gehen mit deinem Gott.

Micha 6, 8 (→ S. 57)

Wenn er sich am Leben oder am Hab und Gut seiner Untertanen vergreift, verletzt er die Gerechtigkeit. Gerechtigkeit muss der Richter zeigen, wenn er sein Amt ausführt. Er darf sich nicht bestechen lassen und muss auch der Sache des Armen und Schwachen zum Recht verhelfen. Gerecht muss jeder Mensch im Umgang mit seiner Familie und mit seinen Mitmenschen sein, damit nicht Unglück, Betrug und Hass von ihm ausgehen. Gerechtigkeit erhöht auch ein Volk (Spr 14, 34).

Das Land Israel

Das Land Israel (»Erez Israel«) ist für das Judentum nicht allein eine geographische, sondern vor allem eine religiöse Größe. Es ist das heilige Land, das Gott dem Abraham erstmals verheißen und dem Volk nach dem Auszug aus Ägypten endgültig gegeben hat. Als eine vorzügliche Gabe Gottes spielt das Land im Judentum bis heute eine herausragende Rolle. Zur Zeit Jesu war das Land in drei Regionen aufgeteilt. Sie waren von unterschiedlicher religiöser Qualität.

- Im Norden liegt *Galiläa*, dessen Einwohner zur Zeit Jesu nicht sonderlich geachtet waren. Hier lebten neben den Juden viele Heiden (Mt 4, 15). Kein Jude betrat damals die Hauptstadt Tiberias, weil sie auf einem alten Friedhof errichtet und darum »unrein« war. Die Galiläer galten als sehr gewalttätig und darum bedeutete der Ausdruck »Galiläer« oft nichts anders als »Räuber« oder »Mörder«. Andererseits versuchten in den vielen Synagogen des Landes die Pharisäer, oft arme, fleißige Männer, die Weisungen Gottes für den Alltag zu deuten und nach dem Gesetz Gottes zu leben. Dieses Galiläa war die Heimat Jesu. In der unbedeutenden Ortschaft Nazaret wuchs er auf, in Kafarnaum am Ufer des Sees Gennesaret lernte er in der Synagoge die heiligen Schriften seines Volkes kennen. Hier begann er auch sein öffentliches Leben, in Kana und Nain hielt er sich auf, den Berg Tabor (562 m) hat er bestiegen. Weil Jesus in Galiläa zuerst das Reich Gottes ankündigte, hier seine Jünger berief und viele wunderbare Taten vollbrachte, nennt man Galiläa auch die »Heimat des Evangeliums«.
- Im südlicher gelegenen *Samaria* wohnte das Mischvolk der Samariter, das aus der Verbindung der Israeliten mit den heidnischen Assyrern im 8. Jahrhundert vC hervorgegangen war. Die orthodoxen Juden nahmen es den Samaritern übel, dass sie manche Sitten der Heiden übernahmen und nichtjüdische Frauen heirateten. Darum waren die Samariter nicht zum Gottesdienst im Tempel von Jerusalem zugelassen. So bauten sie sich selbst auf dem Berg Garizim einen kleinen Tempel, wo sie Gott anbeteten. Zur Zeit Jesu war der Ausdruck »Samariter« ein Schimpfwort. Wenn Jesus mit einer Samariterin in Sychar spricht (Joh 4) und einen Samariter in seinem berühmten Gleichnis (Lk 17, 11–19) zum nachahmenswerten Beispiel macht, zeigt er eine ganz ungewöhnliche Einstellung zu den Diskriminierten seiner Zeit.
- Im Süden des Landes liegt *Judäa*. Das Gebiet erstreckt sich vom Mittelmeer im Westen bis zum trostlosen Toten Meer im Osten, in dem wegen des hohen Salzgehalts Tiere und Pflanzen nicht leben können. In der Hauptstadt Jerusalem gab es nicht nur, wie auch sonst überall im Land, viele Synagogen, sondern den einen Tempel, der den Anspruch erhob, die religiöse Mitte des Judentums zu sein. Hier waren der Hohepriester und der Hohe Rat tätig, dessen Mitglieder meist aus der politisch einflussreichen Gruppe der Sadduzäer kamen. Für viele Juden war und ist Jerusalem die heilige Stadt, zu der am Ende der Tage alle Völker pilgern und wo die Auferweckung der Toten beginnt. Jesus selbst hielt sich mehrfach vor allem zum Pesachfest in Jerusalem auf, hier hielt er wichtige Reden und vollbrachte Aufsehen erregende Taten. Es war eine öffentliche Provokation, als er den Vorhof des Tempels von Händlern und

Geldwechslern reinigte. Am Ende seines Lebens zog er demonstrativ auf einem Esel, dem Messiastier, in Jerusalem ein, hier wurde er zum Tod verurteilt und gekreuzigt. Von Jerusalem aus erging die Botschaft von seiner Auferweckung in alle Welt.

- Suchen Sie auf einer geographischen Karte die Landschaften, Städte und Orte, die im Leben Jesu eine Rolle spielen.
- Was bedeuten die unterschiedlichen Namen des Landes, z.B. Kanaan, Palästina, Israel, Judäa, heiliges Land, Verheißungsland, gelobtes Land, das Land, wo Milch und Honig fließen?
- Welche politischen und sozialen Probleme gibt es heute in Israel und Palästina?

Religiöse Gruppen

Im Judentum gab es immer Richtungen, die religiös und politisch verschiedene Akzente setzten. Auch in der Zeit zwischen dem Ende des Babylonischen Exils und der Zerstörung Jerusalems durch die Römer (538 vC–70 nC) finden wir Gruppen mit einem eigenständigen Profil, die sich teilweise heftig befehden. Einige von ihnen kommen im Neuen Testament vor.

- Die *Sadduzäer*, wahrscheinlich nach einem Hohenpriester namens »Sadek« benannt, waren einflussreiche und mächtige Leute. Sie kamen aus reichen Familien und hatten einen überproportional hohen Anteil am Priester- und Landadel. Weil sie sich bei den Römern anbiederten und mit ihnen kollaborierten, sahen es die Römer gern, wenn der Hohepriester aus ihrer Mitte gewählt wurde. Die Sadduzäer widersetzten sich allen Aufstandsversuchen gegen die Römer. Vom Volk waren sie wegen ihres Hochmuts verachtet. Theologisch waren die Sadduzäer konservativ. Die meisten hielten sich nur an die schriftliche Thora. Mit den Pharisäern lebten sie oft in Konflikt. Nach der Zerstörung des Tempels im Jahr 70 nC verschwanden sie aus der Geschichte.
- Die Gruppe der *Pharisäer* (d.h. die von Nichtjuden »Abgesonderten«) entstand im 2. Jahrhundert vC. Reinheitsvorschriften, Speisegebote, die Heiligung des Sabbats und die Abgabe des Zehnten waren ihnen selbstverständliche Pflicht. Die Freude an Gottes Gesetz bestimmte ihr Leben. Sie hielten sich nicht nur an die schriftliche, sondern auch an die mündli-

che Thora. Priesterliche Ämter übten sie in der Regel nicht aus, hatten aber im Hohen Rat viele Mitglieder. Meist waren sie Handwerker, Kaufleute und Bauern. Ohne Reichtum lebten sie von der Arbeit ihrer Hände. Sie lehrten und lernten in den Synagogen. Die meisten Pharisäer waren beim Volk beliebt. Es gab aber auch solche, die mit Hochmut auf die einfachen Leute herabblickten, weil diese nicht alle Weisungen der Thora kannten und befolgten.

Mit keiner anderen Gruppe hatte Jesus so viel zu tun wie mit den Pharisäern. Im Neuen Testament erscheinen sie oft als seine Widersacher, weil sie seine Thora-Auslegung und seinen Anspruch nicht billigten. Sie werden dort als Heuchler hingestellt, die sich selbst für gerecht halten, sich über andere erheben und zu sehr auf Kleinigkeiten achten. Diese Charakterisierung ist einseitig und trifft bei weitem nicht alle Pharisäer. Sie erklärt sich nur aus der Hitze der Auseinandersetzung zwischen ihnen und den Anhängern Jesu. Die meisten Pharisäer waren fromme Männer, die von Liebe zu Gott und dem Nächsten erfüllt waren. Nach der Zerstörung des Tempels von Jerusalem überlebten die Pharisäer. Sie hielten in schwierigen Zeiten die alten Überlieferungen aufrecht, so dass es im Wesentlichen ihr Verdienst war, wenn das Judentum nach dieser Katastrophe nicht aus der Geschichte verschwand und seine Identität bewahren konnte.

- Die *Zeloten* (d. h. »Eiferer«, auch »Fanatiker«) waren die Widerstandskämpfer gegen die römische Herrschaft. Sie glaubten die Königsherrschaft Gottes mit Gewalt herbeiführen zu können und sie hofften, der Messias werde sich an die Spitze ihres Kampfes stellen. Voll Leidenschaft setzten sie sich für die nationale Unabhängigkeit ihres Volkes ein. Oft töteten sie im Getümmel des Marktes oder auf einsamer Straße römische Soldaten und jüdische Kollaborateure. Sie lehnten es ab den Römern Steuern zu zahlen. Im Jüdisch-Römischen Krieg (66–70 nC), den sie anzettelten, stellten sie die meisten Kämpfer. Ihre Uneinigkeit ist für die schwere jüdische Niederlage mitverantwortlich. Damals fand ihre Bewegung ein Ende.
- Die Gemeinschaft von *Qumran* war eine Gruppe frommer Juden, die sich an das Tote Meer zurückgezogen hatte, um in der Wüste fernab von dem religiös-politischen Establishment des Judentums den baldigen endzeitlichen Kampf zu erwarten, wie es für die apokalyptischen Vorstellungen der damaligen Zeit typisch war. Sie gehören wohl weitgehend zu den *»Essenern«* (syr.: die »Frommen«), die schon im Altertum neben den Sadduzäern und Pharisäern als dritte und größte jüdische Religionspartei gezählt werden. Qumran stand in heftiger Opposition zur Tempelhierarchie von Jerusalem. In den Hohenpriestern sahen die Qumran-Leute Abtrünnige. Auch eine radikale Feindschaft allen Nichtjuden (»Heiden«) gegenüber ist für sie typisch. Sie glaubten, dass in naher Zukunft die »Söhne des Lichtes« (d. h. sie selbst und alle umkehrwilligen Juden) die »Söhne der Finsternis« (d. h. die Heiden und alle abtrünnigen Juden) besiegen würden. Zwei Messiasse, ein königlicher und ein priesterlicher, würden die volle Wiederherstellung des Volkes Israel in seinen 12 Stämmen ankündigen. An der Spitze der Qumran-Gemeinde stand der »Lehrer der Gerechtigkeit«. Allen war die Befolgung der Thora die wichtigste Lebensaufgabe. Mit ihrer Thora-Auffassung lebten sie strenger als die anderen jüdischen Gruppen. So ließen sie nach einer Scheidung eine Wiederverheiratung nicht zu und duldeten keine Ausnahme von der streng einzuhaltenden Sabbatruhe, nicht einmal zur Rettung eines Menschenlebens.

Zum frühen Christentum gibt es manche Querverbindung in Lehre und Ritus. Auch in Qumran kannte man eine Taufe, feierte man ein heiliges Mahl und lebte in der Erwartung der Endzeit. Doch ist die Einstellung Jesu in wichtigen Punkten mit den Lehren der Qumran-Leute unvereinbar. Er zieht sich nicht aus der Öffentlichkeit zurück, predigt einen gütigen Gott, fordert Barmherzigkeit und Gewaltverzicht, lässt mit den Sündern Milde walten und macht selbst die Feindesliebe zum Gebot. Die Thora legt er großzügig zugunsten der Menschen aus. Im Gegensatz zur Qumran-Gemeinde wandte sich das Christentum an die heidnische Umwelt, überschritt die Grenzen des Judentums und verzichtete auf die volle Beachtung der Thora.

Seit 1947 sind in Qumran am Toten Meer Gebäudeanlagen der Gemeinde ausgegraben und sensationelle Schriftfunde gemacht worden, unter ihnen die ältesten Handschriften zu Bibeltexten und viele Regeln und Gebete der Gemeinde. Sie werden heute als unschätzbare Kostbarkeiten im atombombensicheren Museum »Schrein des Buches« in Jerusalem aufbewahrt, erforscht und gezeigt (→ S. 34; 37).

- Welche Rolle spielten die Sadduzäer im Prozess Jesu nach Mk 11, 15–18; 14, 1.53; 15, 1.10 f.?
- Im Neuen Testament ist von Freunden Jesu die Rede, die sicher oder doch wahrscheinlich zu den Pharisäern gehörten: Joh 3, 1–2; Lk 23, 50; Mk 5, 21–24.
- Woran nahmen die Pharisäer bei Jesus Anstoß? Woran nahm Jesus bei den Pharisäern Anstoß? Lesen Sie dazu Lk 14, 1–6; 18, 9–14; Mk 2, 13–20; 7, 1–8.
- Heute wird das Wort »Pharisäer« oft gedankenlos als Schimpfwort gebraucht (»Negativ-Image«). Warum tut man vielen Pharisäern damit Unrecht?
- Warum hat Jesus die Zeloten abgelehnt?

Jerusalem, Miniatur aus dem 15. Jh. Das Bild ist ein Traum von Jerusalem, eine Vision der heiligen Stadt. In festlicher Kleidung ziehen Reisende ein. Das blaue, mit Minaretten geschmückte Jerusalem weist einige realistische Details auf. So war die Kuppel der christlichen Grabeskirche (links oben) damals offen. Der Felsendom (oben rechts) ist eher ein Gebilde der Phantasie.

Die eine Bibel und die vielen biblischen Bücher

In der *»Bibel«* hat die Christenheit ihr heiliges Buch. Hier liest sie von dem Grund ihres Glaubens und von den Anfängen ihrer Geschichte. In einem unerhörten Bogen verbindet die Bibel den Anfang der Welt über das Wirken Gottes in der Zeit bis zum Ende der Tage. Gottes Schöpfung und seine Geschichte mit dem Volk Israel sind ihre ersten Themen. Sie führen weiter zum Leben und Werk Jesu Christi und den Anfängen der Kirche. Von der Zukunft der Welt und von dem Ende der Zeiten erzählt das letzte biblische Buch.

Für Christen/innen hat die Bibel einen einzigartigen Rang. In ihrem *menschlichen Wort* hören sie *Gottes Wort.* Sie ist Gottes Offenbarung, in der Gott aus seiner Verborgenheit heraustritt und um des Heiles der Menschen willen spricht und seinen Willen kundtut. Dabei enthüllt er nicht sein eigenes Geheimnis, sondern nur das, was die Menschen von ihm wissen sollen. Vor allem deckt er die Wahrheit des Menschen auf, indem er zeigt, wie es um den Menschen steht.

Unzählige Menschen haben aus der Bibel Belehrung und Trost, Mut zum Leben und Hoffnung für die Zukunft geschöpft. Christen sind davon überzeugt, dass sie sich im Leben und Tod auf die Bibel verlassen können. Auch für Nichtchristen kann die Bibel eines der wichtigsten Bücher der Weltliteratur sein, weil sie exemplarisch von menschlichen Erfahrungen erzählt und in vielen Passagen von hoher literarischer Qualität ist. Selbst für viele Muslime, Hindus und Buddhisten gehört die Bibel zu den heiligen Büchern der Menschheit.

Die *eine Bibel* umfasst *viele einzelne Bücher* in *zwei großen Testamenten.* Die ältesten Schriften des Alten Testaments entstanden im 2. vorchristlichen Jahrtausend, die jüngsten des Neuen Testaments im 2. nachchristlichen Jahrhundert. So ist die Bibel wie eine kleine Bibliothek, deren Bestand in einem Zeitraum von mehr als einem Jahrtausend zusammengewachsen ist. Sie kann darum nicht so einheitlich sein wie eine Schrift, die von einem einzigen Autor stammt. Bei vielen biblischen Büchern wissen wir nicht, wer sie geschrieben hat. Ihre Ursprünge verlieren sich für uns im Dunkel der Geschichte. Bei einigen kennen wir die Namen der Verfasser, z. B. Jesaja, Paulus oder Lukas.

Von Gottes Geist erfüllt

Jedes Buch der Schrift ist von Gottes Geist erfüllt und daher nützlich zur Belehrung, zur Widerlegung, zur Zurechtweisung, zur Erziehung in der Gerechtigkeit; so wird der Mensch Gottes zu jedem guten Werk bereit und gerüstet sein.

aus dem 2. Brief des Paulus an Timotheus 3, 16

Die christliche Kirche und der Vorrang der Bibel

Im Jahr 1530 hat Martin Luther (→ S. 169 f.) 40 Artikel veröffentlicht, die als Parallele zu den 95 Thesen angesehen werden können, mit denen er 1517 in Wittenberg großes Aufsehen erregt hatte und die für die Entwicklung der Reformation in Deutschland wichtig wurden. In diesen 40 Artikeln wendet er sich gegen seine katholischen Gegner und formuliert zugleich seine eigene Lehre. Die ersten 7 Thesen beschreiben sein Verständnis der Heiligen Schrift, der eine herausragende Stellung gegenüber der Kirche zukommt (»sola scriptura«, d. h. »die Schrift allein«).

Folgende Stücke will D. (für »Dominus«, d. h. »Herr«) Martinus Luther, der heiligen Kirche zu Wittenberg Prediger, mit Gottes Gnade erhalten, wider die ganze Satansschule und alle Pforten der Höllen:

3. Alle Artikel des Glaubens sind genugsam in der heiligen Schrift festgesetzt, so dass man keinen mehr festzusetzen braucht.
4. Alle Gebote guter Werke sind genugsam in der heiligen Schrift aufgestellet, so dass man keine mehr aufzustellen braucht.
5. Die christliche Kirche hat keine Macht Artikel des Glaubens oder guter Werke oder die Evangelien und die heilige Schrift zu bestätigen als ein Richter oder Oberherr, hats auch noch nie getan, wirds auch nimmermehr tun.
6. Die christliche Kirche wird aber wohl umgekehrt von dem Evangelium und von der heiligen Schrift bestätigt als vom Richter und Oberherrn.
7. Die christliche Kirche bestätigt das Evangelium und die heilige Schrift als ein Untertan, bezeugt und bekennet (sie), gleichwie ein Knecht seines Herrn Farbe und Wappen.
16. Christliche Kirche aber heißt die Zahl oder der Haufen der Getauften und Gläubigen, die zu einem Pfarrherrn oder Bischof gehören, es sei in einer Stadt oder in einem ganzen Land oder in der ganzen Welt.
17. Solcher Pfarrherr oder Bischof hat keinerlei Macht etwas festzusetzen, denn er ist nicht die christliche Kirche.

Martin Luther (1483–1546),
»Artikel wider die ganze Satansschule und alle Pforten der Hölle«

Andere Bücher wurden berühmten Männern wie Mose, David oder Johannes zugeschrieben. Diese Zuschreibungen kommen aus der Überzeugung, dass die betreffenden Bücher im Geist dieser Männer verfasst sind.

Im Gottesdienst hören die Christinnen und Christen die Bibel als Gottes Wort. Ihre Auslegung für die Gegenwart ist Sache des Predigers.

Göttliche Inspiration

Das 2. Vatikanische Konzil hat die katholische Auffassung der Heiligen Schrift lehramtlich formuliert.

Das von Gott Geoffenbarte, das in der Heiligen Schrift enthalten ist und vorliegt, ist unter dem Anhauch des Heiligen Geistes aufgezeichnet worden; denn aufgrund apostolischen Glaubens gelten unserer heiligen Mutter, der Kirche, die Bücher des Alten wie des Neuen Testamentes in ihrer Ganzheit mit allen ihren Teilen als heilig und kanonisch, weil sie unter der Einwirkung des Heiligen Geistes geschrieben (vgl. Joh 20, 31; 2 Tim 3, 16; 1 Petr 1, 19–21; 3, 15–16) Gott zum Urheber haben und als solche der Kirche übergeben sind. Zur Abfassung der Heiligen Bücher hat Gott Menschen erwählt, die ihm durch den Gebrauch ihrer eigenen Fähigkeiten und Kräfte dazu dienen sollten, all das und nur das, was er – in ihnen und durch sie wirksam – geschrieben haben wollte, als echte Verfasser schriftlich zu überliefern.

Da also alles, was die inspirierten Verfasser oder Hagiographen aussagen, als vom Heiligen Geist ausgesagt zu gelten hat, ist von den Büchern der Schrift zu bekennen, dass sie sicher, getreu und ohne Irrtum die Wahrheit lehren, die Gott um unseres Heiles willen in heiligen Schriften aufgezeichnet haben wollte.

2. Vatikanisches Konzil (1962–65), Dogmatische Konstitution über die göttliche Offenbarung »Dei Verbum« (d. h. »Gottes Wort«) 11–12

Weil die Bibel aus einer lange vergangenen Zeit stammt, ist sie heute in vieler Hinsicht nicht unmittelbar verständlich und akzeptabel. Ihre Auslegung bereitet oft große *Schwierigkeiten*. Es bedarf intensiver Anstrengungen die zeitbedingten Barrieren aus dem Weg zu räumen, um ihre Botschaft zu verstehen.

- Ihre Bücher sind in uns fremden *Sprachen* – in Hebräisch, Aramäisch und Griechisch – geschrieben. Wer diese Sprachen nicht versteht, dem sind die biblischen Bücher nur in Übersetzungen zugänglich, die das Original nicht ersetzen können, da alle Übersetzungen immer schon Interpretationen sind.
- Erst recht gibt es in der Bibel viele für uns fremde Vorstellungen. Sie kommen aus einer religiösen, geistigen und kulturellen Umwelt, die heute vergangen ist. So ist z. B. das antike biblische *Weltbild* (Aufbau, Dauer, Größe) mit der neuzeitlichen Auffassung der Welt nicht vereinbar.

Gottes wort bleibt ewig.

Biblia/das ist/die gantze Heilige Schrifft Deudsch.
Mart. Luth.
Wittemberg.
Begnadet mit Kürfurstlicher zu Sachsen freiheit.
Gedruckt durch Hans Lufft.
M. D. XXXIIII.

Die Bibel kann auf eine lange Überlieferungsgeschichte zurückblicken. In unzähligen Ausgaben wurde sie ganz oder in Auszügen zuerst von Hand abgeschrieben und später auch gedruckt.
Oben links: Jesajarolle aus Qumran (→ S. 31). Sie wurde vor mehr als 2000 Jahren geschrieben.
Unten: Der Codex Sinaiticus, Handschrift der ganzen Bibel, 4. Jh.
Oben rechts: Prachtevangeliar mit dem Text der vier Evangelien, Lüttich, 12. Jh. Email mit den vier Evangelisten und Kardinaltugenden (→ S. 134 f.), Elfenbein mit Kreuzigung.
Unten: Lutherbibel, 1534.

- Viele *historische Angaben* z. B. für die Zeit des Abraham oder Mose (→ S. 20 f.) entsprechen dem Verständnis der alten Welt, nicht aber heutigen Ansprüchen.
- Manches, was die Bibel über den *Menschen*, z. B. über die Frauen oder die Krankheiten, sagt, hat heute keine Gültigkeit mehr.
- Selbst das biblische *Gottesbild* weist zeitbedingte Züge auf (→ S. 25 f.).

Ehrwürdig und anwendbar

Deshalb ist die Bibel ein wirksames Buch, weil, solange die Welt steht, niemand auftreten und sagen wird: Ich begreife es im Ganzen und verstehe es im Einzelnen. Wir aber sagen bescheiden: Im Ganzen ehrwürdig und im Einzelnen anwendbar.

Johann Wolfgang von Goethe (1749–1832)

Eine unerwartete Antwort

Als Bertolt Brecht, der als Marxist alle Religion scharf kritisiert hat, gefragt wurde, was seine liebste Lektüre sei, antwortete er:

Sie werden lachen, die Bibel.

Bertolt Brecht (1898–1956), Dichter und Regisseur

Lebensfrage der kommenden Zeit

Karl Jaspers, zuerst Psychiater und Psychologe, ist einer der Hauptvertreter der deutschen Existenzphilosophie. Er hat sich oft zu Fragen von Religion und Theologie geäußert und versucht einen philosophischen Glauben zu entfalten, der nicht auf übernatürlicher Offenbarung beruht, sondern in menschlichen Grenzsituationen wie Schuld, Leiden und Tod (Erfahrungen der »Existenz«) Transzendenz sucht und erfährt. An der Bibel entdeckt er wichtige Dimensionen.

Es ist in der Tat so: ohne Bibel gleiten wir in das Nichts. Wir können unseren geschichtlichen Ursprung nicht preisgeben.... Die Metamorphose der biblischen Religion ist die Lebensfrage der kommenden Zeit. – Woraus kann die Verwandlung geschehen? Nur aus dem ursprünglichen Glauben, aus dem schon die Bibel hervorgegangen ist, aus dem Ursprung, der zu keiner Zeit war, sondern immer ist, dem Ewig-Wahren: Mensch und Gott, Existenz und Transzendenz ... – Was in neuer Aneignung aus der biblischen Religion in den Kirchen und in der Philosophie wird, das kann dem Sinn dieses Glaubens entsprechend jederzeit nur an der Grenze des Äußersten geschehen. Die Verwandlung wird daher nicht gelingen, wenn wir nicht das Äußerste in unserer Seele rückhaltlos zur Wirkung bringen. Heute ist eine große Sorge: Es geht durch die Welt ein schreckliches Vergessen.

Karl Jaspers (1883–1969), Philosoph

- Warum ist es heute so schwierig einen Zugang zur Bibel zu finden? Was müsste man tun, um diese Schwierigkeiten zu vermindern?
- Was kann die Bibel einem Juden, einem Christen, einem Muslim, einem Historiker, einem Freund der Literatur, einem Religionswissenschaftler, einem skeptischen Zeitgenossen, einem Atheisten usw. bedeuten? Welchen Stellenwert hat sie bei jungen Leuten?

Unmittelbarer Zugang

Es gibt ein Bibelverständnis, das *ohne gelehrte Studien* auskommt. Viele Menschen lesen die Bibel als ein Buch, aus dem Gott unmittelbar zu ihnen spricht. Sie brauchen zur Lektüre keine langen Erklärungen, sondern verlassen sich darauf, dass ihnen das richtige Verständnis des jeweiligen Textes geschenkt wird. Dabei kann die Bibel ihnen Anregungen zum Selbstverständnis und zur Meditation, zu sozialem und politischen Handeln geben. Heute gibt es überall in der Welt Gemeinden (»Basisgruppen«), die eine solch *spontane Bibellektüre* praktizieren. In der Familie, im Gottesdienst und in der Liturgie hat dieses Bibelverständnis seinen Ort. Immer häufiger werden auch biblische Szenen gespielt oder getanzt (»Bibliodrama«), damit die Beteiligten sich ganz unmittelbar in die Rolle der biblischen Personen einfühlen und die biblischen Situationen verstehen können. Ein

Vincent van Gogh (1853–1890): Stilleben mit Bibel, Öl auf Leinwand, 1885.

besonderer Umgang mit der Bibel liegt da vor, wo die Bibel Anregungen zu Bildern, Texten, Skulpturen und musikalischen Erfindungen gibt. Diese Arbeit mit der Bibel zielt sowohl auf ein lebendiges Textverständnis wie auch auf eine neue Selbsterfahrung.

In den *Kirchen* ist seit langem die Auffassung verbreitet, es gebe einen dreifachen *Schriftsinn*.

(1) Einmal kann man einen Text *wörtlich* verstehen und dabei seinen »Literalsinn« herausstellen. Das geschieht z. B., wenn man bei der Erwähnung Jerusalems an die Stadt in Israel denkt.

(2) Die *allegorische* (ähnlich: *symbolische* oder *typologische*) Deutung unterstellt dem Text einen Sinn, der sich hinter dem »Buchstaben« verbirgt, aber dem »Geist« erschließt. Dann wird »Jerusalem« zum Bild der Kirche. – Christen haben viele Texte des Alten Testaments allegorisch gedeutet. So wird z. B. der Durchzug der Israeliten durch das Schilfmeer (→ S. 21) zum Bild der Taufe. Deutungen dieser Art werden von Juden nicht akzeptiert. Eine Chance der allegorischen Deutung besteht darin, dass sie manche Texte erst sinnvoll und verständlich macht. Eine Gefahr der allegorischen Schriftdeutung besteht darin, dass sie manchmal in den Text mehr hineinliest als aus ihm herausgelesen werden kann.

(3) Die *praktische* (oder *aktualisierende*) Interpretation fragt, was der Bibeltext für den Glauben und das Ethos des Christen heute bedeutet. Sie verknüpft den Text mit gegenwärtigen Situationen und sucht eine »Anwendung« für das Leben im Alltag. Dann wird »Jerusalem« zum Bild der menschlichen Seele, die heimgesucht wird wie die Stadt, ihre Pflichten erkennen muss, aber auch zur himmlischen Herrlichkeit bestimmt ist.

- Haben Sie schon einmal eine spontane Bibellektüre, eine Bibelmeditation oder ein Bibliodrama versucht?
- Die meisten Fundamentalisten sind der Ansicht, neben der wörtlichen Auslegung der Bibel sei keine andere Deutung erlaubt. Noch heute gibt es – vor allem in den USA – starke christliche Gruppen, die z. B. streng daran festhalten, die Welt sei in sechs Tagen (Gen 1, 1 ff.) geschaffen worden und diese Auffassung werde durch die modernen Wissenschaften bestätigt. Lesen Sie dazu → S. 110 ff.
- Die Bibel und die Kunst – ein weites Feld. Kennen Sie Beispiele aus Vergangenheit und Gegenwart?

Methoden der Wissenschaften

Es gibt auch ein Bibelverständnis, das sich auf gelehrte Studien stützt. Dabei hat sich gezeigt, dass jeder, der die Bibel verstehen will, auf drei verschiedene Dimensionen achten muss.

Literarisch: Die Bibel ist einen Textkomplex, der im Ganzen und in seinen Details nach allen Regeln der Textauslegung (»Hermeneutik«) zu betrachten ist.

Historisch: Die Bibel ist ein Dokument der Geschichte, dessen Texte in einer ganz bestimmten Situation entstanden sind, im Lauf der Zeit nicht einheitlich verstanden wurden und unterschiedliche Wirkungen hatten.

Theologisch: Die Bibel ist die Heilige Schrift der Christenheit, die eine Botschaft Gottes für die Menschen hat.

Seit mehr als drei Jahrhunderten werden die beiden Testamente von den *Wissenschaften* systematisch untersucht. Sie gehen mit Methoden an die Bibel heran, die auch sonst bei der Erforschung von Texten, historischen Dokumenten und religiösen Urkunden üblich sind. Dabei haben sich verschiedene Arbeitsrichtungen entwickelt, die sich ergänzen und gelegentlich auch überschneiden.

(1) Die *Textwissenschaft* bemüht sich darum, durch Untersuchung der vielen alten Bibelhandschriften (Codices, Rollen) und einzelner Papyri den ursprünglichen Bibeltext, so weit das möglich ist, zu rekonstruieren. Dabei hat sich zweifelsfrei herausgestellt, dass wir trotz vieler Textvarianten im Einzelnen einen verlässlichen Text im Ganzen haben.

(2) Die *biblische Einleitungswissenschaft* erforscht u. a. die Entstehung der einzelnen biblischen Bücher und den Prozess, der allmählich zu ihrer »Kanonisierung«, d. h. zur Anerkennung ihrer Verbindlichkeit für die Christenheit, geführt hat. Sie sucht z. B. zu erklären, wann das Johannesevangelium entstanden ist und warum und seit wann das Neue Testament als Sammlung von 27 unterschiedlichen Schriften zusammengestellt wurde.

(3) Die *historisch-kritische Methode* will herausfinden, was aus einem Text in geschichtlicher Hinsicht zu erkennen ist. Sie fragt z. B., warum das Königtum in Israel eingeführt

wurde, wie der Prozess Jesu verlaufen ist oder ob die Davidsstadt Betlehem wirklich der Geburtsort Jesu war.

(4) Die *Archäologie* kann das Verständnis der Bibel erleichtern, wenn sie biblische Städte ausgräbt, Spuren der alten Kulturen im Boden entdeckt und auf Münzen, Mosaiken oder Skulpturen Personen findet, die in der Bibel erwähnt werden. So haben z. B. die Ausgrabungen in Jerusalem, Jericho oder Ugarit unser Bild von den Lebensverhältnissen zur Zeit der Bibel konkretisiert. Viele Angaben der Bibel wurden durch sie bestätigt.

(5) Mit *philologisch-literaturwissenschaftlichen Methoden* wird die Bibel als Text analysiert. Dabei wird z. B. gefragt, welche Struktur und Aufbau ein Text hat und welche literarische Form jeweils vorliegt. Man untersucht, ob der Text ein historisches Dokument oder eine Erzählung, ein Mythos, eine Legende oder eine Chronik, ein Gedicht oder eine Reflexion ist. Überdies findet die Quellenlage der einzelnen biblischen Bücher und die Zusammensetzung der Quellen durch die Endredaktion Beachtung. Das ist z. B. für das Verständnis der Thora oder der Evangelien wichtig.

(6) Die *Rezeptionsgeschichte* interessiert sich für die beabsichtigte Wirkung der Texte auf ihre Adressaten. Wie mussten die ersten Leser, die von gelehrter Bibelwissenschaft nichts verstanden, z. B. das Matthäusevangelium (→ S. 42 ff.) verstehen? Wie wurde ihr Verständnis durch die verwendeten Begriffe, Zitate sowie durch den Rahmen und den Aufbau des ganzen Evangeliums gelenkt?

(7) Die *Wirkungsgeschichte* versucht herauszustellen, welche Auswirkungen ein Text im Lauf der Geschichte hatte und ob diese Wirkungen den Absichten des Autors entsprechen. Drei Beispiele bedeutsamer Wirkungsgeschichte: Das Papsttum der katholischen Kirche stützt sich bis heute auf Mt 16, 16–19 (→ S. 162). Martin Luther ist ohne Röm 1,17 (→ S. 169) nicht zu verstehen. Die Christenheit hat durch viele Jahrhunderte ihre Judenfeindlichkeit mit Mt 27, 25 (→ S. 72) begründet. Zur Wirkungsgeschichte der Bibel gehört auch ihr vielfältiger Einfluss auf Literatur, Philosophie, Politik, Kunst und Musik.

Ein Forscher untersucht alte Papyrusfunde zur Bibel (→ S. 31).

(8) Die *Soziologie* fragt danach, welche gesellschaftlichen Verhältnisse sich in den Texten spiegeln. Kommen sie aus einer Nomadenkultur oder einer höfischen Gesellschaft? Sind sie aus der Perspektive einer Priesterschicht oder einer Armutsbewegung entstanden? In welchem Licht erscheinen die Herrschenden, die Ausländer, die Andersgläubigen, die Frauen? Was bedeutet diese soziale Prägung für das heutige Verständnis?

(9) Die *tiefenpsychologische* Interpretation versteht die biblischen Texte als Verhaltensmuster, die aus Lebenserfahrung, aber auch aus dem Unbewussten des Menschen gespeist sind. Bilder seines Inneren (»Archetypen«) und religiös bedeutsame Symbole spielen dabei eine wichtige Rolle. So werden der Durchzug der Israeliten durch das Schilfmeer oder die Sturmstillung Jesu auf dem See Gennesaret zu Bildern des immer von tödlichen Gefahren bedrohten Lebens, dem von Gott Rettung zugesagt ist. Symbole wie Wasser, Wüste, Berg, Wolke, Sturm und Boot sind zu erschließen. Dabei kann die Bibel auch ihre heilende (»therapeutische«) Kraft entfalten. In den biblischen Texten geht es daher weniger um vergangene historische Ereignisse, sondern mehr um beständige psychische Prozesse, die sich in der Spannung zwischen Unfreiheit und Freiheit, Angst und Hoffnung, Scheitern und Gelingen, Sinnlosigkeit und Sinn bewegen.

(10) Der *feministische Zugang* kritisiert in seiner radikalen Form, dass die Bibel fast ausschließlich ein Produkt von Männern sei und nur den Zweck habe, die Männerherrschaft zu sichern. Weniger radikale Formen sehen, dass

die Bibel oft für die Schwachen, also auch für die Frauen, Partei ergreift und so zur Befreiung der Frauen beiträgt. Sie untersuchen z. B. die Rolle der Frauen im frühen Judentum oder in der Jesusbewegung stärker und unter differenzierteren Fragestellungen, als es die Exegese früherer Jahrhunderte getan hat, die selbst vorwiegend von Männern betrieben wurde.

(11) *Religionswissenschaftliche Methoden* vergleichen die Bibel und ihre Aussagen mit den Heiligen Schriften anderer Religionen, z. B. mit den altorientalischen Mythen, dem Talmud (Judentum), den ägyptischen Hymnen, dem Koran (Islam), der Bhagavadgita (Hinduismus) oder mit dem Pali-Kanon (Buddhismus).

(12) Der *kanonische Zugang* zur Bibel geht davon aus, dass historische, literarische und soziologische Methoden zwar die Texte im Einzelnen besser verständlich machen, sie aber oft aus dem biblischen Zusammenhang herauslösen. Vor allem führen diese Methoden oft nicht zu einem religiös-theologischen Ergebnis. Darum sucht man neuerdings wieder mehr die ganze Bibel im Blick zu behalten und sie im Licht des »Kanons« der Heiligen Schrift zu lesen, um ihren religiösen Gehalt nicht aus dem Auge zu verlieren.

(13) Die biblische *Theologie* ist die Krönung aller Bibelwissenschaften. Sie behält stets im Blick, dass die Bibel das heilige Buch der Christenheit ist. Ihr Ziel ist eine Auslegung (»Exegese«), die dem Glauben dient und ihn besser verständlich macht. Viele Kirchenväter und mittelalterliche Theologen haben Abhandlungen zu biblischen Büchern und Themen geschrieben. Heute gibt es auf protestantischer und katholischer Seite bemerkenswerte Versuche einer biblischen Theologie. Sie bemüht sich um das biblische Gottesverständnis, um die richtige Einschätzung Jesu Christi und der Kirche, um das Verhältnis der Kirche zum Judentum und zu anderen Religionen, um die biblische Anthropologie und Ethik sowie um ein zeitgemäßes Verständnis von der Schöpfung und Vollendung der Welt. Die verschiedenen wissenschaftlichen Methoden zur Erforschung der Bibel werden von der biblischen Theologie längst nicht mehr abgelehnt. Sie haben hier einen festen Platz gefunden.

- Bei vielen Bibeltexten gibt es nicht nur eine »objektive« Deutung, sondern mehrere, die nebeneinander berechtigt sind. Das schließt nicht aus, dass es auch eindeutig falsche Auslegungen gibt. Wie erklären Sie sich diesen Befund? Gibt es eine ähnliche Offenheit auch sonst in der Literatur?
- Zur Leben-Jesu-Forschung als einem Teilbereich der Bibelwissenschaften: → S. 56 f.; zur Redaktionsgeschichte der Evangelien: → S. 40 ff.; zur literarischen Form der biblischen Schöpfungserzählungen: → S. 110; 114 f.; ein Beispiel biblischer Theologie: → S. 91 ff.

Das Erste Testament

Die eine Bibel der Christenheit ist zweigeteilt. Sie umfasst das *»Alte Testament«* und das *»Neue Testament«*. Das Alte Testament haben Christen mit den Juden gemeinsam, das Neue Testament ist für Christen allein ein heiliges Buch.

Der Begriff »Altes Testament« ist missverständlich. Er ist eine Übersetzung für »Alter Bund« und kann unterstellen, dass der Bund Gottes mit Israel ein Ende gefunden habe und darum veraltet sei. An seine Stelle sei der »Neue Bund« getreten, den Christus gestiftet habe. Dieses verbreitete Missverständnis ist mit dem Neuen Testament unvereinbar. Jesus hat den (alten) Bund Gottes mit Israel nicht aufgehoben, sondern erneuert. Paulus besteht im Römerbrief energisch auf dem Fortbestand des Bundes, den Gott mit Israel geschlossen hat (→ S. 18). Um alle Missverständnisse mit dem Begriff »alt« auszuräumen, spricht man heute auch vom *»Ersten Testament«* und in den Religionswissenschaften mit einem neutralen Begriff von der *»Jüdischen«* oder der *»Hebräischen Bibel«*.

Zum Alten/Ersten Testament gehören (1) die Bücher der *Thora*, (2) die Schriften der *Propheten* und (3) die *übrigen heiligen Schriften*. Sie sind von Juden und Christen gleichermaßen anerkannt. Es gibt aber auch einige Bücher, die relativ spät in hellenistischer Zeit (3.–1. Jh. vC) entstanden und wie das Neue Testament in griechischer Sprache verfasst sind. Es sind die *»deuterokanonischen«* Schriften« Tobit, Judit, 1 und 2 Makkabäer, Weisheit, Jesus Sirach, Baruch, Teile des Danielbuches. Sie werden von Juden nicht zur Bibel und von den Kirchen der Reformation nicht zum biblischen Kanon gezählt. Demgegenüber gehören sie für Katho-

Thora und Propheten

In der Lehre Jesu auf dem Berg (Mt 5–7; → S. 132 ff.) nimmt Jesus eindeutig Stellung zu den Traditionen und Schriften Israels:

Denkt nicht, ich sei gekommen, um das Gesetz und die Propheten aufzuheben. Ich bin nicht gekommen, um aufzuheben, sondern um zu erfüllen. Amen, das sage ich euch: Bis Himmel und Erde vergehen, wird auch nicht der kleinste Buchstabe des Gesetzes vergehen, bevor nicht alles geschehen ist.
Wer auch nur eines von den kleinsten Geboten aufhebt und die Menschen entsprechend lehrt, der wird im Himmelreich der Kleinste sein. Wer sie aber hält und halten lehrt, der wird groß sein im Himmelreich.

aus dem Evangelium nach Matthäus 5, 17–19

liken zum Alten Testament. Für sie enthält daher die ganze Bibel 73 Bücher, 46 gehören zum Ersten, 27 zum Neuen Testament, während die Kirchen der Reformation insgesamt 66 Schriften zur Bibel (39 + 27) zählen.

Jesus hat die Schriften seines Volkes nie »Altes Testament« genannt, weil es zu seiner Zeit ein »Neues Testament« noch nicht gab. Die jüdischen »Schriften« waren für ihn ohne jede Einschränkung Gottes Wort. Er bezog sich oft auf sie und legte sie aus, ohne ihre Autorität auch nur andeutungsweise in Frage zu stellen. Auch für die frühen Christengemeinden waren die Schriften Israels solange die alleinigen heiligen Schriften, bis allmählich die neuen Schriften entstanden, die von Jesus Christus handelten. Sie wurden weitgehend schon im 2. Jahrhundert zum »Neuen Testament« zusammengefasst und galten nun neben dem »Alten Testament« als verbindliche Richtschnur (»Kanon«) der jungen Kirche. Auch diese neuen Schriften bezogen sich ständig auf die Schriften Israels. Alles, was sie von Jesus verkünden, ist gültig, weil es »gemäß den Schriften« Israels ist. Diese Schriften legitimieren ihn und bieten die Perspektiven, um ihn verstehen zu können. Die Besonderheit seiner Person wird mit Titeln ausgesagt, die in der jüdischen Tradition viel gelten: Messias, Menschensohn, Emmanuel, Prophet, König, Hoherpriester, Sohn Gottes. Jesus steht im Zusammenhang mit der Geschichte von Abraham und Mose, von David und Elija, den Großen des Judentums. Die Thora hat er immer als Gottes Weisung für sich und seine Freunde angesehen. Wo er Neues sagt, geschieht dies in Anknüpfung an die jüdischen Überlieferungen.

Die *Christenheit* hat immer an der Verbindlichkeit des Alten Testaments festgehalten und alle Versuche zurückgewiesen, es aus der Sammlung ihrer heiligen Schriften zu verbannen. In der alltäglichen Praxis hat sie aber dem Alten Testament oft die Hochschätzung verweigert, die ihm zusteht. Sie übertrug ihre feindselige Einstellung zum Judentum auch auf dieses Buch. So wurde das Alte Testament zu einer heiligen Schrift minderen Ranges. Christen markierten *Gegensätze* zwischen dem Alten und Neuen Testament, die es in Wirklichkeit nicht gibt. Der Gott des Alten Testaments war nun der Gott der Rache und des Hasses, während der Gott des Neuen Testaments der Gott der Versöhnung und Liebe wurde. Man stellte die unvollkommene Thora des Alten Testaments dem vollkommenen »Evangelium« des Neuen Testaments gegenüber. Auf der einen Seite gab es nur sklavischen Gehorsam gegenüber dem Gesetz, auf der anderen den Ruf zur Freiheit. Dort sah man nur nationale Begrenztheit und Enge, hier universale Offenheit und Weite. Mit dieser Abwertung des Alten Testaments wurde die religiöse Würde des Judentums verletzt, aber auch die Kirchen selbst nahmen dabei Schaden, weil sie sich damit von den eigenen geistlichen Wurzeln abschnitten, aus denen sie in Glauben, Ethos und Liturgie leben. Heute lesen Christen die Hebräische Bibel in dreifacher Bedeutung. Sie ist (1) das Grunddokument Israels, (2) die heilige Schrift Jesu und (3) das Fundament für das Neue Testament als Buch der Kirche.

Die *Themen* des Ersten Testaments sind von einer *unerschöpflichen Vielfalt*. Alle Versuche, ein einziges Grundthema des Ersten Testaments zu benennen, sind bisher gescheitert. Gott erscheint hier in fast widersprüchlicher Weise als Schöpfer und Zerstörer, als Befreier und Richter, als Liebender und Zorniger, als Kriegsherr und Friedensfürst, als Gesetzgeber und Garant der Freiheit, als Naher und Ferner, als Freund Israels und Herr aller Völker. Auch die Anthropologie des Ersten Testaments ist äußerst komplex. Die vielen unterschiedlichen Seiten des Menschen lassen sich in den Erzählungen an großen Gestalten plastisch ablesen und werden in der Weisheitsliteratur zum Gegenstand grundsätzlicher Überlegung. Wir lesen von Glück und Leid, von Angst und Hoffnung, von Feigheit und Mut, von Krieg und Frieden, von Heimat und Fremde, von Schuld und Vergebung, von Rache und Versöhnung, von Hass und Liebe, von Tod und Leben. Die Gottesrede, die Sicht vom Menschen, das Weltverständnis und die Weisungen des Ersten Testaments haben in dieser Fülle im Neuen Testament keine Entsprechung.

- Zur Bibel Israels: → S. 18 ff.
- Was wissen Sie vom Alten Testament? Welche Einstellung haben Sie zu diesem Buch? Können Sie jeweils eine Stelle heraussuchen, die Ihnen bedeutsam erscheint?

Das Neue Testament

Das Neue Testament hat demgegenüber *nur ein Thema: Jesus Christus*. Diese Beschränkung war möglich, weil die Verfasser des Neuen Testaments das Alte Testament immer voraussetzten und als ihre Heilige Schrift nie zur Disposition stellten. Was dort gesagt war, blieb auch hier gültig und brauchte deshalb nicht wiederholt zu werden. Das Neue des Neuen Testaments ist die Botschaft von Jesus Christus. Sein Leben und seine Lehre, vor allem sein Tod und seine Auferweckung bestimmen alle 27 Bücher des Neuen Testaments.

Man teilt diese Bücher oft, wenn auch nicht ganz sachgemäß, in Bücher der Geschichte, der Lehre und der Prophetie ein.

- Die *5 geschichtlichen Bücher* enthalten vor allem erzählende Traditionen. Die vier Evangelien nach Matthäus, Markus, Lukas und Johannes handeln in vierfacher Perspektive von der Botschaft und vom Wirken, vom Tod und von der Auferweckung Jesu. Die Apostelgeschichte zeigt, wie sich die Botschaft Jesu rasch in der antiken Welt ausbreitete und wie die frühe Kirche aus dem Glauben an Jesus lebte.
- Die *21 Bücher der Lehre* sind ausnahmslos Briefe, die ihre Entstehung meist einem bestimmten Anlass in einer Gemeinde verdanken (»Gelegenheitsschriften«). 8 Briefe stammen von Paulus: der Brief an die Römer, der erste und zweite Brief an die Korinther, der Brief an die Galater und an die Philipper, der erste und zweite Brief an die Thessalonicher und der Brief an Philemon. Weitere 6 Briefe stammen wahrscheinlich nicht oder nicht ganz von ihm, werden ihm aber zugeschrieben: der Brief an die Epheser, der Brief an die Kolosser, der erste und zweite Brief an Timotheus, der Brief an Titus und der Brief an die Hebräer. Die restlichen 7 »katholische« Briefe gelten als die Briefe des Jakobus (1), des Petrus (2), des Johannes (3) und des Judas (1).
- Am Ende des Neuen Testaments steht als einziges *prophetisches Buch* die Offenbarung des Johannes, ein geschichtstheologisches Buch in der Sprache der jüdischen Apokalyptik.

- Über die drei Stadien der Entstehung der Evangelien: → S. 53.

Das Evangelium nach Markus

Das älteste Evangelium, das um das Jahr 70 nC entstand, wird Markus zugeschrieben. Nach einer alten, eher unwahrscheinlichen Überlieferung war Markus der Begleiter des Petrus, so dass sich seine Schrift auf die Autorität dieses wichtigen Apostels stützen könnte. Ebenfalls unsicher sind alte Angaben, wonach sich Markus mit seiner Schrift an die Gemeinde von Rom gewandt habe. Im Grund wissen wir von dem *Verfasser* und seinen Adressaten kaum etwas. Ob er Jesus noch selbst gekannt hat, ist fraglich. Er war wohl kein Zeitzeuge Jesu, wohl aber der erste Redakteur von Jesusüberlieferungen, die es in den frühen Gemeinden schon länger gab. Er fand eine Passionserzählung vor, ordnete die ihm zugänglichen Sammlungen von Gleichnissen, Wundern und Streitgesprächen und fügte diese Texte als erster in einen *historischen Rahmen* ein, der den Eindruck vermittelt, die einzelnen Texte stünden in einem chronologischen Zusammenhang. Als das älteste der vier Evangelien ist das Markusevangelium heute besonders wichtig, wenn man historische Rückfragen nach Jesus stellt und die Entwicklung der beiden Evangelien nach Matthäus und Lukas in den Blick nimmt, die sich weitgehend auf das Markusevangelium als Quelle stützen.

Markus war der erste, der eine ganze Schrift *»Evangelium«* (1, 1; d. h. »gute Nachricht«, »frohe Botschaft«) nannte. Damit schuf er eine neue literarische Gattung, die bald Nachahmer fand und zur wohl wichtigsten Textsorte der Christenheit wurde. Die hebräische Entsprechung des griechischen Wortes »Evangelium« findet sich schon im Alten Testament (Jes 52, 7). In der griechisch-römischen Welt bezeichnet der Begriff oft eine gute Nachricht, die dem Volk von einem Herrscher/Kaiser übermittelt wird, z. B. eine Siegesbotschaft oder die Ankündigung eines Thronfolgers. Jesus selbst hat sein Programm »Evangelium« genannt. Markus nimmt diesen Begriff von Jesus für sein Werk auf. Er macht mit der Bezeichnung seinen Lesern deutlich, dass sie in seiner Schrift die frohe Botschaft von Jesus hören, der als »Sohn Gottes« von Gottes Gerechtigkeit und Güte Zeugnis ablegt. Auf diese Botschaft kommt es ihm an. Die innere oder die äußere Entwicklung Jesu hat er nicht beschrieben. Er liefert weder eine Biographie noch eine Historie noch eine Charakterstudie Jesu.

Der Evangelist hat seiner Schrift eine einfache *Gliederung* gegeben. Dabei beginnt er nicht mit Erzählungen von der Kindheit Jesu, weil ihm davon wohl nichts bekannt war.

- Nach einem Prolog (1, 1–13) folgt der erste Hauptteil in *Galiläa*, wo Jesus am Jordan getauft wird, das Reich Gottes verkündet, den Zwölferkreis beruft, Gleichnisse erzählt, machtvolle Taten wirkt, Zustimmung und Ablehnung findet und sein Leiden voraussagt. Dieser Abschnitt endet mit einer Erzählung von der Verklärung Jesu (1, 13–10, 52).
- Der zweite Hauptteil führt nach *Jerusalem*. Er beginnt mit dem Einzug Jesu in die Stadt und mit der Tempelreinigung. Es folgen Streitgespräche und eine apokalyptisch akzentuierte Rede von der Endzeit. Höhepunkt und Abschluss des ganzen Evangeliums ist die Passionsgeschichte mit Abendmahl, Verrat des Judas, Prozess vor dem jüdischen Hohen Rat und vor dem römischen Statthalter Pontius Pilatus, Kreuzweg, Kreuzigung und Tod am Kreuz. Dieser Abschnitt endet mit der Botschaft von der Auferweckung und den Erscheinungen des Auferstandenen (11–16).

In der geographischen Anordnung liegt ein theologischer Sinn. Jesus musste von Galiläa nach Jerusalem ziehen, um in der wichtigsten Stadt des Judentums das zu vollbringen, was ihm von Gott aufgetragen war.

Das *Jesusbild* des ersten Evangeliums ist voll Kraft und Entschiedenheit. Jesus kämpft hier so heftig gegen die Mächte des Bösen wie in keinem anderen Evangelium. Die vielen Dämonenaustreibungen, die als dramatische Kämpfe geschildert werden, und die Krankenheilungen sind dafür ein lebendiges Zeugnis. Selbst gegenüber gefährlichen Naturkräften wie Wasserfluten und Stürmen erweist er sich als starker Retter (4,39). Wenn er in seinem Leben lehrt, heilt oder die Dämonen besiegt, leuchtet in ihm schon die Herrlichkeit der Auferstehung auf. Jesus muss auch gegen Widerstand kämpfen. Er erregt bei den Super-Frommen Anstoß, weil er sich mit Zöllnern und Sündern einlässt und mit diesen sogar zu Tisch sitzt (2, 15–17). In so

Der Sturm auf dem See

Am Abend dieses Tages sagte er zu ihnen: Wir wollen ans andere Ufer hinüberfahren. Sie schickten die Leute fort und fuhren mit ihm in dem Boot, in dem er saß, weg; einige andere Boote begleiteten ihn. Plötzlich erhob sich ein heftiger Wirbelsturm und die Wellen schlugen in das Boot, so dass es sich mit Wasser zu füllen begann.
Er aber lag hinten in dem Boot auf einem Kissen und schlief. Sie weckten ihn und riefen:
Meister, kümmert es dich nicht, dass wir zugrunde gehen? Da stand er auf, drohte dem Wind und sagte zu dem See: Schweig, sei still! Und der Wind legte sich und es trat völlige Stille ein. Er sagte zu ihnen: Warum habt ihr solche Angst? Habt ihr noch keinen Glauben? Da ergriff sie große Furcht und sie sagten zueinander: Was ist das für ein Mensch, dass ihm sogar der Wind und der See gehorchen?

aus dem Evangelium nach Markus 4, 35–41

wichtigen Fragen wie Sabbatheiligung, kultische Reinheit und Speisevorschriften legt er sich mit denen an, die eine strengere Auslegung der Thora für richtig halten. Bittere Auseinandersetzungen mit den Pharisäern durchziehen dieses Evangelium. Sie finden ihren Höhepunkt, als Jesus in seinem Prozess vor dem Hohenpriester Israels steht und sich dort auf dessen Frage hin offen zu seiner Messianität bekennt (14, 64). Jesus stirbt am Kreuz mit dem jüdischen Sterbegebet (Ps 22) als einer, der sich von Gott verlassen fühlt. In seinem Tod wird offenbar, dass er der »Sohn Gottes« (15, 39) ist. Am Ende heißt es vom Gekreuzigten lapidar: »Er ist auferstanden« (16, 6).

Der *Stil* des Evangeliums ist nicht einheitlich, weil es nicht ein Werk aus einem Guss ist. Die vom Evangelisten benutzten Quellen sind bisweilen in kräftigen Farben gemalt. Viele Perikopen sind von lebhafter Anschaulichkeit. Fast immer hat Markus seine Quellen kunstlos verknüpft. Oft liest man bei ihm »Und dann …«, »Und sofort …« (zeitlich) oder »Von da aus …« (räumlich). Viele Angaben bleiben allgemein, z. B. »im Haus«, »auf dem Berg«, »in der Synagoge«. Eine genauere Charakterisierung der vorkommenden Personen gelingt ihm kaum. Im Allgemeinen bevorzugt er eine einfache, volkstümliche Sprache. Eine besondere Darstellungskunst lässt sich in seiner Schrift nicht erkennen.

- Warum nennt Markus seine Schrift nicht »Leben/Geschichte/Biographie Jesu«, sondern »Evangelium Jesu Christi« (1, 1)?
- Was bedeutet es für das Christentum, wenn seine wichtigsten Schriften »Evangelium« heißen?
- Eine Stelle, die so in den anderen Evangelien nicht vorkommt und daher typisch für dieses Evangelium ist: Mk 5, 1–21.

Die vier Evangelisten. Blatt aus einem Aachener Evangeliar, um 800. Hier sind die vier Evangelisten beim Schreiben der Frohen Botschaft dargestellt. Sie sind an ihren vier Symbolen erkenntlich. Diese werden oft, vielleicht etwas äußerlich, von den Anfängen ihres Evangeliums, abgeleitet. Weil Matthäus mit der Kindheitsgeschichte Jesu beginnt, weist man ihm den Menschen zu. Markus erzählt zuerst vom Auftreten des Täufers in der Wüste, dem der Löwe als König der Wüste entspricht. Lukas beginnt mit einer Szene im Tempel, wo oft Stiere geopfert wurden. Johannes schaut in seinem Prolog wie mit den Augen eines Adlers das Geheimnis Christi. Eine andere Deutung sieht in den vier Symbolen Hinweise auf das Leben Jesu. Er ist Mensch in seiner Geburt, Stier in seinem Opfertod, Löwe in seiner Auferstehung und Adler in der Himmelfahrt.

Das Evangelium nach Matthäus

Das Matthäusevangelium, das in den Ausgaben des Neuen Testaments an erster Stelle steht, dürfte um 80 nC geschrieben worden sein. Der uns unbekannte *Verfasser*, in dem man früher den Apostel Matthäus sah, ist ein christlicher Schriftgelehrter, der wohl für eine Gemeinde in Palästina oder Syrien schreibt. Seine Schrift versteht er als ein *Zeugnis jüdischer Frömmigkeit* und jüdischen Glaubens (3, 15; 5, 17). Er selbst steht ganz in der Tradition der jüdischen Schriften und er deutet die Geschichte ähnlich, wie es im Judentum üblich war. Kein anderer neutestamentlicher Schriftsteller hat diese Kontinuität so betont wie er. Matthäus war davon überzeugt, dass Gott die Geschichte bestimmt und zielvoll lenkt. Sie beginnt für ihn lange vor Jesus bei Abraham und führt über das Wirken Jesu hinaus bis zum Ende der Welt. Der erste und der letzte Vers seines Evangeliums verdeutlichen dieses Programm (1,1; 28, 20). Inmitten dieser kontinuierlichen Geschichte steht die relativ kurze Zeitspanne des Lebens Jesu, der der Immanuel, d. h. der »Gott ist mit uns« (1, 23) ist. Jesus verkündet und repräsentiert die Königsherrschaft/die Wirklichkeit Gottes.

Das Markusevangelium hat Matthäus gekannt und mit einigen Erweiterungen und neuen Akzenten als Gerüst für seine Schrift übernommen. Die *Gliederung* des Markusevangeliums ist auch im Matthäusevangelium noch erkennbar. Jesus hält sich im ersten ausführlicheren Hauptteil (3–20) in Galiläa, im zweiten Hauptteil (21–28) in Jerusalem auf. Diese vorgegebene Gliederung ist nun stark erweitert.

- Am Anfang steht eine *Kindheitserzählung* (1–2), die nicht zuerst den historischen Rahmen der Jesus-Überlieferung erweitert, sondern wichtige Glaubensperspektiven eröffnet. Jesus wird hier in einem theologischen Stammbaum (1, 1ff.) als »Sohn Abrahams« und »Sohn Davids« in die große Geschichte Gottes mit dem Volk Israel integriert. Weise Männer aus dem Morgenland huldigen ihm. Was einmal bei dem großen Mose geschah, geschieht auch hier und wird nun überboten: Kindermord, Flucht nach Ägypten und wunderbare Rettung des Kindes.

- Am Ende ist das Evangelium durch neue *Auferstehungszeugnisse* ausgeweitet. Zuletzt gibt der Auferstandene als Zusammenfassung des Evangeliums seinen Jüngern den Auftrag »zu allen Völkern« gehen, damit alle Menschen seine Jünger werden und sich seiner Lehre, d. h. seiner Thora, anschließen können.
- Innerhalb dieses neuen Rahmens hat der Verfasser Texte aus einer alten Quelle von Jesusworten (Abk.: »Q«) eingebaut, die das Markusevangelium nicht kennt, wohl aber im Lukasevangelium nachweisbar ist. Sie ist vor allem in den 6 umfangreichen *Redekomplexen* nachweisbar, die für dieses Evangelium typisch sind: die Lehre auf dem Berg (»Bergpredigt«; 5–7); eine Sendungsrede für die Jünger (10); eine Gleichnissammlung (13); Weisungen für das Leben in der Gemeinde (18), eine Pharisäerkritik (23) und die Ankündigung der nahen Endzeit (24).

Das Evangelium stellt *Jesus* als den Gottgesandten dar, der eine bessere Gerechtigkeit fordert. Schon das erste Wort, das er in diesem Evangelium spricht, handelt von der Gerechtigkeit (3, 15). Er ist der neue Lehrer Israels und der Kirche. Für ihn ist das jüdische Liebesgebot in seiner Ausrichtung auf Gott, den Menschen und sich selbst das wichtigste Gebot (22, 34–40). Beim Gericht wird der Menschensohn alle danach beurteilen, ob sie sich dem geringsten seiner Brüder zugewandt und ihm Barmherzigkeit erwiesen haben oder nicht (25, 31–46). Taten der Liebe sind das wichtigste Kriterium eines Lebens nach den Vorstellungen Jesu.

Im Verhältnis zum *Judentum* nimmt das Evangelium eine erstaunliche Stellung ein. Es kommt aus einer Gemeinde, die sich noch an die Thora hält und in Jesus einen Thoralehrer sieht, der als »neuer Mose« einen neuen Höhepunkt der jüdischen Tradition bildet. Er hält den kleinsten Buchstaben der Thora für wichtig (5, 18) und betont, dass er die ganze Thora erfüllen will (5, 17). Nur aus den jüdischen Schriften ist er zu verstehen. In ihm erfüllen sich viele alttestamentliche Verheißungen und mit ihm sprechen Mose und Elija (17, 3). In der Lehre am Berg gibt er seine Auslegung der Thora und am Ende des Evangeliums erhalten seine Jünger den Auftrag diese Thora allen Völkern zu verkündigen (28, 20). Zwar stößt er Drohworte gegen Jerusalem und den Tempel aus und entfaltet eine ungewöhnliche Polemik gegen die Pharisäer, betont aber, dass ihre Lehre weiterhin gültig ist (23, 3). Aus manchen Stellen des Evangeliums kann man schließen, dass die judenchristlichen Gemeinde des Matthäus dabei ist sich zu einer Gemeinde zu erweitern, in der auch Nichtjuden (»Heiden«) leben dürfen. Dafür spricht die Tatsache, dass in keinem anderen Evangelium die *Kirche* eine so wichtige Rolle spielt. Sie wird die neue Heilsgemeinde, die gleichermaßen Juden und Nichtjuden umfassen kann. Als Petrus bei wichtiger Gelegenheit Jesus als den Messias bekennt, nennt Jesus ihn programmatisch den Felsen, auf den er seine Kirche bauen will (16, 16). Die Selbstverfluchung der Juden beim Prozess Jesu (»Sein Blut komme über uns und unsere Kinder«, 27, 25) ist für Jahrhunderte zum Vorwand für die Verfolgung der Juden verwandt worden. Am Ende gibt der Auferstandene seiner Botschaft eine universale Ausweitung (28, 19 f.).

Die *Sprache* des Evangeliums ist ruhiger und verhaltener als die des Markusevangeliums. Die farbige Anschaulichkeit der Markus-Vorlage ist oft in hoheitsvolle Feierlichkeit verwandelt. Nebensächlich erscheinende Züge sind weggelassen. Das Christusbild des Evangeliums verträgt nicht mehr so starke Gemütsbewegungen, unehrerbietige Fragen und peinliche Situationen. Im Übrigen liebt der Evangelist Zahlenschemata, Wiederholungen und Reihungen, wie sie in der rabbinischen Tradition üblich waren.

- Die Lehre auf dem Berg (5–7) kommt in den anderen Evangelien so nicht vor wie bei Matthäus und ist daher typisch für dieses Evangelium (→ S. 132 ff.). Ziehen Sie auch Lk 6, 20–49 zum Vergleich heran.
- Zum Kindheitsevangelium des Matthäus: → S. 58 f.; Jesu Stellung zur Thora und den Propheten: → S. 39; 132 f.

Michelangelo (1475–1564): Matthäus, Marmor, 1506. Die unvollendet gebliebene Skulptur (»Torso«) ist ein vollendetes Kunstwerk geworden.

Das Evangelium nach Lukas

Das dritte Evangelium, das Lukas zugeschrieben wird, dürfte um 90 nC entstanden sein. Es führt uns in eine nochmals andere geistige Welt. Der *Verfasser*, in dem man früher einen Arzt aus dem syrischen Antiochien sah, stammt wahrscheinlich nicht aus dem Judentum, fühlt sich aber dem hellenistischen Judentum verbunden. Der gebildete Autor hat Jesus nicht mehr persönlich gekannt und war mit den Verhältnissen im Land Israel nicht sonderlich vertraut. Sein Adressaten sind Christen der griechisch-römischen Welt. Lukas will für sie nicht allein die Geschichte Jesu Christi, sondern auch die der frühen Kirche schreiben. Darum gehört zu seinem *Evangelium* unlösbar auch seine zweite Schrift, die *Apostelgeschichte*, in der die erste Zeit »nach Christus« aufgeschrieben ist. Beide Bücher bilden eine Einheit. Sie erwarten nicht mehr, wie noch die Evangelien nach Markus und Matthäus, das nahe Ende der Zeit, sondern stellen sich auf einen längeren Zeitraum bis zur Wiederkehr Christi ein.

Wie kein anderer Evangelist versteht sich Lukas als *Historiker*. Am Anfang seines Evangeliums gibt er nach antikem Muster Rechenschaft von seinen Zielen (1, 1–4). Er widmet seine Schrift einem Christen namens Theophilus, damit dieser sich von der Zuverlässigkeit der Lehre, in der er unterwiesen wurde, überzeugen kann. Lukas schreibt auch, dass er Quellen zu Rate gezogen hat. Doch ist auch sein Evangelium keine Geschichtsschreibung im heutigen Sinn oder gar eine Biographie Jesu. Es

Das Vorwort

Schon viele haben es unternommen, einen Bericht über all das abzufassen, was sich unter uns ereignet und erfüllt hat. Dabei hielten sie sich an die Überlieferung derer, die von Anfang an Augenzeugen und Diener des Wortes waren. Nun habe auch ich mich entschlossen allem von Grund auf sorgfältig nachzugehen, um es für dich, hochverehrter Theophilus, der Reihe nach aufzuschreiben. So kannst du dich von der Zuverlässigkeit der Lehre überzeugen, in der du unterwiesen wurdest.

aus dem Evangelium nach Lukas 1, 1–4

ist ein Zeugnis des christlichen Glaubens, das nicht so sehr Wissen vermitteln als Glauben erwecken will.

Lukas stützt sich, ähnlich wie Matthäus, auf das Markusevangelium mit dessen beiden Hauptteilen »Galiläa« und »Jerusalem« und erweitert und verändert es nochmals in anderer Weise, als es Matthäus getan hatte.

- Zu seinem Sondergut gehört eine völlig andere *Kindheitserzählung* (1–2) als die des Matthäus. Sie stellt einen Vergleich der Kindheit Jesu mit der Kindheit Johannes des Täufers her, den viele Juden für den Messias gehalten haben. Bei Lukas wird er zum Vorläufer Jesu. Weithin bekannt geworden sind die Erzählungen von der Ankündigung der Geburt Jesu in Nazaret und von der Geburt Jesu in der Krippe in Betlehem.
- Das Evangelium enthält wichtige *Erweiterungen* zum Markusevangelium. In der »kleinen Einschaltung« (6, 20–8, 3) findet sich die »Feldrede« (6, 20–49), die der Rede Jesu auf dem Berg im Matthäusevangelium entspricht. Die»große Einschaltung«, die auch »lukanischer Reisebericht« heißt (9, 51–18, 14), enthält einige der schönsten Gleichnisse des Neuen Testaments, z. B. das vom barmherzigen Samariter (10, 25–37) und vom verlorenen Sohn (15, 11–32) .
- Am Ende des Evangeliums erfahren wir wieder exklusiv bei Lukas von wunderbaren Erscheinungen des *Auferstandenen*, von dem Gespräch, in dem Jesus zwei Jüngern auf deren Weg von Jerusalem in das nahe Emmaus den Sinn seines Leidens und Sterbens erklärt (24, 1–49), und von seiner *Himmelfahrt* (24, 50–53).

Die *Geschichte* teilt der Evangelist in zwei Abschnitte ein. Die Zeit vor Jesus ist die Zeit von »Gesetz und Propheten«. Sie reicht bis zum Auftreten Johannes des Täufers (16, 16). Es folgt die Zeit Jesu, in dessen Kirche neben Juden auch Nichtjuden Platz haben. Diese Epoche entfaltet sich von den kleinen An-fängen in Galiläa, öffnet sich für Judäa und Jerusalem und weitet sich schließlich über weite Teile des Mittelmeergebietes bis nach Rom und »die Grenzen der Erde« (Apg 1, 18). In der Kirche setzen die Apostel nach dem Pfingstfest das Werk Jesu fort, unter diesen besonders Paulus, der nach einer wunderbaren Berufung zum großen Missionar der Kirche wurde.

Lukas hat sein *Jesusbild* mit starker innerer Sympathie entworfen. Die Legende hat darum in ihm einen Maler sehen wollen, der mit seinen Worten gleichsam ein Porträt Jesu angefertigt habe. Jesus ist hier vor allem Heiland und Retter, voll Menschlichkeit für die Armen und Ausgestoßenen, voll Verständnis auch für die Sünder und Schwachen. Nirgends ist die Liebe

Das Gleichnis vom gütigen Vater und verlorenen Sohn

Weiter sagte Jesus: Ein Mann hatte zwei Söhne. Der jüngere von ihnen sagte zu seinem Vater: Vater, gib mir das Erbteil, das mir zusteht. Da teilte der Vater das Vermögen auf. Nach wenigen Tagen packte der jüngere Sohn alles zusammen und zog in ein fernes Land. Dort führte er ein zügelloses Leben und verschleuderte sein Vermögen.

Als er alles durchgebracht hatte, kam eine große Hungersnot über das Land.

Und es ging ihm sehr schlecht. Da ging er zu einem Bürger des Landes und drängte sich ihm auf; der schickte ihn aufs Feld zum Schweinehüten. Er hätte gern seinen Hunger mit den Futterschoten gestillt, die die Schweine fraßen; aber niemand gab ihm davon.

Da ging er in sich und sagte: Wie viele Tagelöhner meines Vaters haben mehr als genug zu essen und ich komme hier vor Hunger um. Ich will aufbrechen und zu meinem Vater gehen und ihm sagen: Vater, ich habe mich gegen den Himmel und gegen dich versündigt. Ich bin nicht mehr wert dein Sohn zu sein; mach mich zu einem deiner Tagelöhner. Dann brach er auf und ging zu seinem Vater.

Der Vater sah ihn schon von weitem kommen und er hatte Mitleid mit ihm. Er lief dem Sohn entgegen, fiel ihm um den Hals und küsste ihn.

Da sagte der Sohn: Vater, ich habe mich gegen den Himmel und gegen dich versündigt; ich bin nicht mehr wert dein Sohn zu sein. Der Vater aber sagte zu seinen Knechten: Holt schnell das beste Gewand und zieht es ihm an, steckt ihm einen Ring an die Hand und zieht ihm Schuhe an. Bringt das Mastkalb her und schlachtet es; wir wollen essen und fröhlich sein. Denn mein Sohn war tot und ist wiedergefunden worden. Und sie begannen ein fröhliches Fest zu feiern.

aus dem Evangelium nach Lukas 15, 11–24

Gottes so eindringlich verkündet wie in den nur von Lukas erzählten Gleichnissen. Mit großer Liebe nimmt sich Jesus auch der Kranken an. In keinem anderen Evangelium wendet sich Jesus so den Frauen zu. Ihnen gilt auf ganz unkonventionelle Art die besondere Zuneigung Jesu.

Mehr als die anderen Evangelisten zeigt Lukas auch, wie Jesus betet. Er weiß sich als »Sohn Gottes« in besonderer Weise mit seinem Vater im *Gebet* verbunden (10, 21 f.). Vor allen wichtigen Entscheidungen und besonders während seines Leidens und Sterbens sucht er bei seinem Vater Kraft und Schutz (22, 39–46; 23, 46). Auf Gott setzt er sein ganzes Vertrauen. So ist Jesus schon bei Lukas zum Vorbild für die Gemeinde geworden. Bei der Betrachtung der Gebete gewinnt man nicht den Eindruck, dass in Jesus Gottheit und Menschheit eine Einheit bilden. Jesus ist hier ein Frommer, der sich ganz seinem Vater unterordnet und sich von ihm abhängig weiß. Seine besondere Aufgabe liegt darin den Auftrag Gottes zum Heil aller Menschen zu erfüllen.

Der *Stil* des Evangelisten ist klar und durchsichtig. Sein Wortschatz ist reich und seine Satzperioden sind kunstvoll. Die Vorlage des Markus glättet er da, wo diese rauh und kunstlos ist. Er schreibt das beste Griechisch des Neuen Testaments.

- Vergleichen Sie das Vorwort Lk 1, 1–4 mit Apg 1, 1–3. Was besagen die geschichtlichen Angaben Lk 1, 5; 2, 1f.; 3, 1f.?
- Zur Erzählung des Lukas von der Kindheit Jesu: → S. 60 f.
- Bei keinem anderen Evangelisten wird Maria, die Mutter Jesu, so oft und so respektvoll erwähnt: 1, 26–2, 51; 11, 27; Apg 1, 14. Der Text ihres »Magnificat«: → S. 105; zur Stellung Marias in der Christenheit: → S. 119 ff.
- Jesus und die Frauen: Lk 7, 11–17; 7, 36–50; 8, 2f.; 10, 38–42; 23, 27–31: → S. 65.
- Eine Stelle, die so in den anderen Evangelien nicht vorkommt und daher typisch für dieses Evangelium ist: Lk 10, 25–37.

Das Evangelium nach Johannes

Man nimmt an, dass das vierte und letzte Evangelium des Neuen Testaments am Ausgang des ersten Jahrhunderts entstanden ist, obwohl es auch vereinzelte Stimmen für eine erheblich frühere Datierung gibt. Wir wissen nicht, wer sein *Verfasser* ist. Die alte Annahme, es handle

Ich-bin-Worte Jesu

Auffällig sind im Johannesevangelium die »Ich bin«-Worte Jesu, die an die Offenbarung des Gottesnamens JHWH am brennenden Dornbusch erinnern (Ex 3, 14; → S. 24 f.)

Ich bin das Brot des Lebens.
Ich bin das Licht der Welt.
Ich bin die Auferstehung und das Leben.
Ich bin der Weg und die Wahrheit und das Leben.

aus dem Evangelium nach Johannes 6, 35; 9, 5; 11, 25; 14, 6

sich um Johannes, den Lieblingsjünger Jesu, findet heute kaum mehr Zustimmung. Wahrscheinlich war der Evangelist im hellenistischen Judentum, vielleicht in Ephesus, zu Hause. Die religiösen und philosophischen Strömungen seiner Umwelt kennt er gut.

Das Johannesevangelium unterscheidet sich nicht nur graduell von den anderen Evangelien. Es lebt aus einem anderen Geist, hat eine gehobenere Sprache und setzt neue Akzente. Während die drei anderen Evangelien Jesus, seine Worte und Taten, zwar immer aus dem Glauben, aber in farbiger Lebendigkeit schildern, finden sich hier theologische und christologische Reflexionen, die die anderen Evangelien kaum kennen. Diese gehen gleichsam »von unten« vom irdischen Jesus aus und erschließen von da aus seine Bedeutung für den Glauben. Demgegenüber zeigt das vierte Evangelium Jesus mehr »von oben« aus der Perspektive Gottes. Ständig kreist es um den Kern des christologischen Geheimnisses. Es stellt die Gestalt Jesu so dar, dass sie auf Gott hin durchsichtig wird. In Jesus wird Gottes Heil präsent. Er verkündet nicht nur Gottes Wort, sondern er ist Gottes Wort. Wer ihn hört, hört Gott. Damit ergänzt das Johannesevangelium die drei anderen Evangelien. In ihrer Komplementarität bestimmen beide Typen des Evangeliums den christlichen Glauben bis heute.

Die Zeitabfolge ist im Johannesevangelium anders dargestellt. Seine Angaben legen den Schluss nahe, dass Jesus nicht ein Jahr, sondern zwei bis drei Jahre öffentlich gewirkt hat, da er dreimal zum Pesachfest in Jerusalem geweilt hat. Streckenweise stützt sich der Verfasser auf ältere Traditionen und registriert manches Detail historisch genauer als seine Vorgänger.

Die *Gliederung* ist nicht mehr von geographischen, sondern von theologisch-christologischen Gesichtspunkten bestimmt.

- Der Prolog (1,1–18) ist ein Hymnus auf Jesus, das *Wort Gottes, das in die Welt kommt.*
- Der erste Hauptteil (1,19–12,50) zeigt das *Wirken Jesu in der Welt* und seine Selbstoffenbarung in Wort und Zeichenhandlung. Wichtige Perikopen: Berufung der Jünger, Hochzeit zu Kana, Tempelreinigung, Gespräch mit Nikodemus und einer Frau aus Samaria, Krankenheilungen, Speisung der Fünftausend, Seewandel und Brotrede, Verteidigung einer Ehebrecherin, Auseinandersetzung mit den Juden, Heilung eines Blindgeborenen, Auferweckung des Lazarus.
- Der zweite Hauptteil (13–17) zeigt *Jesus im Kreis der Seinen*: Fußwaschung, Abschiedsreden, Verheißung des Geistes und letztes Gebet vor dem Tod.
- Der dritte Hauptteil (18–21) beschreibt *Jesu Rückkehr zum Vater*: Passion, Auferstehung, Erscheinungen.

Das Johannesevangelium beginnt in einem höchst konzentrierten *Prolog* (1, 1 ff.) mit der zeitlosen Existenz Jesu Christi bei Gott (»Präexistenz«). Er ist das ewige Wort, kommt von Gott, bei dem er schon vor der Erschaffung der Welt war (17, 5. 24) und hat als göttliches Wort Fleisch angenommen (1, 14). In Jesus leuchtet Gott auf. Er ist vom Himmel herabgekommen und steigt auch wieder zum Himmel auf (3, 13; 6, 62). So hat er Gott verherrlicht (17, 4) und ist zum »Retter der Welt« (4, 42) geworden.

Vor allem die Aufsehen erregenden Wunder Jesu sind *»Zeichen«* für die Herrlichkeit, die ihm vom Vater gegeben wurde: die Verwandlung von Wasser in Wein (2, 1–12), die wunderbare Speisung mit Brot (6, 1–15), ein Gang über die Untiefen des Wassers (6, 16–20), die Heilung eines Blindgeborenen (9, 1–42) und die Erweckung des schon drei Tage toten Lazarus zum Leben (11, 1–53). In diesen ungewöhnlichen Texten liegt eine symbolische Christologie vor, die zeigen will, in welche Dimensionen Jesus hinaufreicht. Die Texte sind nicht historische Reportagen, die erzählen, was Jesus einmal getan hat, sondern Glaubenszeugnisse, die für alle Zeiten sagen, wer Jesus ist.

Dem Christus dieses Evangeliums geht die warme Menschlichkeit der anderen Evangelien eher ab. Die Worte »Erbarmen« und »Mitleid« kommen hier nicht vor. Dieser Jesus imponiert nicht deshalb, weil er voll Zuneigung zu den Menschen ist. Stattdessen rückt ihn der Evangelist in ein erhabenes, hoheitsvolles Licht. Er ist der Gesandte Gottes für diese Welt und das Lamm Gottes, das sich für die Menschen opfert. Oft wird er ohne jeden Zusatz nur der *»Sohn«* genannt und damit in ein einzigartiges Verhältnis zum *»Vater«*, d. h. zu Gott gerückt. Jesus ist der, der sich und den Vater den Menschen offenbart und ihnen ewiges Leben schenkt, wenn sie an ihn glauben. Er hat sich und seinen Vater zuerst der Welt und, als diese ihn ablehnt, seinen Jüngern offenbart. Die Endzeit ist schon jetzt da. Sie ist Entscheidungszeit für oder gegen ihn. Den »Seinen«, die auf ihn hören und ihn sehen, gibt er ein *neues Gebot*: »Wie ich euch geliebt habe, so sollt auch ihr einander lieben« (13, 34). Dieses Gebot geht einher mit der schroffen Abweisung derer, die nicht an ihn glauben. In diesem Zusammenhang finden wir harte Worte über die Juden (8, 44), obwohl der Evangelist anerkennt, dass von ihnen das Heil ausgeht (4, 42). In der johanneischen Kritik an den Juden spiegelt sich die vollzogene Trennung der Kirche vom Judentum wider.

In der *Passion* setzt das Johannesevangelium ebenfalls neue Akzente. Auch hier erscheint Jesus in einem überaus hoheitsvollen Licht. Überall wird seine Würde mehr als sein Leiden betont. Seine Kreuzigung ist seine »Erhöhung« vor Gott. In seinem Tod am Kreuz hat er sein Werk »vollbracht« (19, 30). Dies bekräftigen die Erscheinungen und Worte des *Auferstandenen.* Selbst der Zweifler Thomas muss am Ende vor dem Auferstandenen ein unerhörtes Bekenntnis ablegen: »Mein Herr und mein Gott« (20, 28).

Die *Sprache* des Evangelisten ist nicht so anschaulich und konkret wie die in den drei ersten Evangelien. Eher ist sie feierlich, hintersinnig und lehrhaft. Ständig kreisen die großen Reden Jesu wie in mystischen Meditationen um so bedeutungsvolle Begriffe wie Erkenntnis, Wort, Weg und Welt. Gegensatzpaare wie Leben und Tod, Licht und Finsternis, Wahrheit und Lüge, Oben und Unten haben einen hohen

Stellenwert und zeigen etwas von dem geistigen Kampf, in dem Jesus und die Seinen stehen.

- Eine Stelle, die so in den anderen Evangelien nicht vorkommt und daher typisch für dieses Evangelium ist: Joh 11, 1–53.
- Auszüge aus dem berühmten Prolog des Johannesevangeliums: → S. 84.

Die Briefe des Neuen Testaments

Die in Sprache, Umfang und theologischer Perspektive so unterschiedlichen *21 Briefe des Neuen Testaments* stimmen mindestens in einem Punkt überein: Sie sind lebendiges *Zeugnis von Jesus Christus*. Die frühesten Briefe an die Thessalonicher dürften schon in den vierziger Jahren oder um 50 entstanden sein. Sie sind die ältesten Dokumente des Neuen Testaments, die schon Jahrzehnte vor den Evangelien verfasst wurden. In ihnen spiegelt sich die erste Zeit der Kirche wider, die noch ganz auf die baldige Wiederkehr Christi ausgerichtet war. Die späten Briefe an Timotheus und Titus dürften am Anfang des 2. Jahrhunderts verfasst worden sein, also zu einer Zeit, in der die Kirche schon auf eine erfolgreiche Ausbreitung zurückblicken konnte. Damals ist sie schon eine Institution mit vielen Ämtern geworden und rechnet nicht mehr mit der unmittelbar bevorstehenden Wiederkunft Christi. Der wohl jüngste Brief ist der zweite Petrusbrief, den man heute um die Zeit von 130–140 datiert. In ihm haben wir die zuletzt entstandene Schrift des Neuen Testaments vor uns.

Die Briefe sprechen fast nie so anschaulich über die Lebensumstände Jesu, wie es die Evangelien tun. In ihnen geht es mehr um die *Praxis des christlichen Lebens* und die Entfaltung des *Glaubens an Jesus Christus*. Ein Thema wird vielfach variiert: Der gekreuzigte Jesus von Nazaret wurde von Gott auferweckt. Christen dürfen die Hoffnung haben, dass sie im Glauben an ihn auch auferweckt werden. Denn sie sind durch die Taufe vom Tod zum Leben übergegangen. Wichtigstes christliches Kennzeichen ist die Liebe.

Einige Schriften wie der umfangreiche Paulusbrief an die Römer, die beiden Briefe an die Korinther oder der Hebräerbrief kommen aus einer systematischen Absicht und bieten erste theologische Reflexionen über Glaube und Rechtfertigung, über Taufe und Eucharistie, über die Thora und das Verhältnis zum Judentum, über Hoffnung und Liebe, über Tod und Auferstehung und immer wieder in neuen Varianten über Jesus Christus. In manchen Briefen sind ältere Hymnen und Lieder, Gebete und Bekenntnisse aus dem frühen Gemeindeleben zitiert. Sie sind als alte Quellen von hohem Wert. Hier erscheint der geschichtliche Jesus von Nazaret als der kosmische und präexistente

Jesus Christus ist der Herr

Seid untereinander so gesinnt, wie es dem Leben
in Christus Jesus entspricht:
Er war Gott gleich, hielt aber nicht daran fest
wie Gott zu sein,
sondern entäußerte sich und wurde wie ein Sklave
und den Menschen gleich.
Sein Leben war das eines Menschen;
er erniedrigte sich und war gehorsam bis zum Tod,
bis zum Tod am Kreuz.
Darum hat ihn Gott über alle erhöht
und ihm den Namen verliehen,
der größer ist als alle Namen,
damit alle im Himmel, auf der Erde und unter der Erde
ihre Knie beugen vor dem Namen Jesu
und jeder Mund bekennt:
»Jesus Christus ist der Herr« –
zur Ehre Gottes, des Vaters.

aus dem Brief des Paulus an die Philipper 2, 5–11

Liebe zu Gott – Liebe zum Bruder

Gott ist die Liebe und wer in der Liebe bleibt, bleibt in Gott und Gott bleibt in ihm.
Wir wollen lieben, weil er uns zuerst geliebt hat. Wenn jemand sagt: Ich liebe Gott!, aber seinen Bruder hasst, ist er ein Lügner. Denn wer seinen Bruder nicht liebt, den er sieht, kann Gott nicht lieben, den er nicht sieht. Und dieses Gebot haben wir von ihm: Wer Gott liebt, soll auch seinen Bruder lieben.

aus dem 1. Brief des Johannes 4, 16.19–21

Das Hohelied der Liebe

Wenn ich in den Sprachen der Menschen
und Engel redete,
hätte aber die Liebe nicht,
wäre ich dröhnendes Erz oder eine lärmende Pauke.
Und wenn ich prophetisch reden könnte
und alle Geheimnisse wüsste
und alle Erkenntnisse hätte;
wenn ich alle Glaubenskraft besäße
und Berge damit versetzen könnte,
hätte aber die Liebe nicht,
wäre ich nichts.
Und wenn ich meine ganze Habe verschenkte
und wenn ich meinen Leib dem Feuer übergäbe,
hätte aber die Liebe nicht, nützte es mir nichts.
Die Liebe ist langmütig, die Liebe ist gütig,
sie ereifert sich nicht, sie prahlt nicht,
sie bläht sich nicht auf.

aus dem 1. Brief des Paulus an die Korinther 13, 1–4

Christus, der bei der Schöpfung Gottes mit am Werk ist und der nun sein universales Heilswerk begonnen hat. Diese Briefe sind zusammen mit dem Johannesevangelium zur Basis der späteren kirchlichen Christologie geworden.

Andere Briefe oder Abschnitte in ihnen sind eher *Zufallsschriften*. Paulus und die anderen Autoren nehmen darin Stellung zu konkreten Problemen und Fragen der Gemeinden. Sie machen deutlich, wie Christus im Mittelpunkt des Glaubens steht und welche Perspektiven sich von ihm aus für das Leben der Gemeinden und für das Handeln des einzelnen Christen herleiten. So sagt Paulus dem Philemon und seiner Schwester Aphia in wenigen Zeilen, wie sie es mit ihrem Sklaven Onesimus halten sollen. Die Korinther erfahren Belehrung darüber, ob sie das Fleisch von heidnischen Opfertieren essen dürfen (1 Kor 10, 14 f.), was es mit der Ehe auf sich hat (1 Kor 7) und wie die Rolle der Frau zu sehen ist (1 Kor 11, 1–13). Oft finden sich in den Briefen zentrale Glaubensperspektiven, gelegentlich auch zeitbedingte Belanglosigkeiten.

Die Offenbarung des Johannes

Ein nochmal anderes Christusbild findet sich im letzten Buch des Neuen Testaments. Man nimmt heute an, dass die Offenbarung des *Johannes* etwa um 95 geschrieben wurde. Damals verfolgte der römische Kaiser Domitian die Christen, weil sie sich dem von ihm angeordneten Kaiserkult widersetzten und dem Kaiserbild keine quasi-göttliche Verehrung zugestehen wollten. Johannes, dem diese Apokalypse (grch.: »Enthüllung«, »Offenbarung«) zugeschrieben wird, ist wohl kaum mit dem Jünger Jesu oder dem Verfasser des vierten Evangeliums gleichzusetzen. Wir wissen von dem Autor selbst nichts, können uns aber aus seiner Schrift ein Bild von seinen Absichten machen. Er wollte den Christen Mut und Zuversicht schenken, indem er ihnen ihre Zeit als Endzeit deutet, deren Schrecken in gewaltigen Bildern beschrieben werden. In jenen Tagen werden Himmel und Erde erschüttert. Man würde die Texte allerdings missverstehen, wenn man sie

● Über Paulus, den Autor mehrerer neutestamentlicher Briefe: → S. 159 f.; zu seiner theologischen Einschätzung des Judentums in Röm 9–11: → S. 18.
● Über die Bedeutung des Römerbriefs für Martin Luther: → S. 169.

Paulus, Mosaik, Ravenna, 6. Jh.

für Reportagen des Endes ansähe. Ähnlich wie die Schöpfungserzählungen am Anfang der Bibel leben auch sie in den Vorstellungen des damaligen jüdischen Weltbildes. Gültig bleibt für Christen die Hoffnung, dass Gott alle Katastrophen der Geschichte zu einem guten Ende bringen wird. Mit der Apokalypse ist ein geschichtstheologisches Werk entstanden, das die Christenheit nicht nur damals, sondern in vielen Epochen ihrer Geschichte beunruhigt und fasziniert hat.

Die Apokalypse zeigt *Jesus* in einer ungewöhnlichen Perspektive. In der Vision des Johannes ist er nun nicht mehr der Prediger und Prophet aus Galiläa, wie ihn die Evangelien gezeichnet hatten, sondern eine *himmlische Gestalt*, die mit ungewöhnlichen, schwer deutbaren Bildern gezeichnet wird. Manchmal kann man in der verwirrenden Bildfülle den Jesus der Evangelien kaum mehr erkennen. Er ist der Erste und Letzte, der tot war und lebendig geworden ist (1, 17). Jetzt ist er das Alpha und das Omega (d. h. »der Anfang und das Ende«) und der Herr über die ganze Schöpfung (1, 8). Er hält in seiner Rechten sieben Sterne, aus seinem Mund kommt ein scharfes Schwert und sein Gesicht leuchtet wie die strahlende Sonne (1, 16). Er ist das Amen Gottes zur Welt und der wahrhaftige Zeuge Gottes. Er kennt die Werke seiner Kirche, an der er heftige Kritik übt, weil sie von ihrer ersten Liebe abgefallen ist (2, 4). Darum ist er auch ihr Ankläger und Richter. Die Schrecken der Zeit sind Strafe für die Kirche. Als geschlachtetes Lamm (5, 6) bildet Christus den Mittelpunkt der himmlischen Liturgie. Er öffnet die sieben Siegel des Buches, das den Plan Gottes mit der Welt enthält. Furchtbare *Katastrophen* kommen nun über die Menschheit. Die Schalen von Gottes Zorn ergießen sich über die Welt und können selbst die Gerechten

Als Christen für das Jahr 1500 den Weltuntergang erwarteten, schuf Albrecht Dürer (1471–1528) 1498 seine Holzschnitte zur Apokalypse. Hier zwei Beispiele aus dem berühmten Werk.
Links: Ein Engel reicht Johannes das Buch zum Essen (Offb 19, 1–11).
Rechts: Der Engel bezwingt den Teufel, der im Abgrund versinkt. Im Hintergrund zeigt ein anderer Engel dem Seher die himmlische Stadt Jerusalem (Offb 20, 1–4; 21; 9–14).

Neuer Himmel und neue Erde

Dann sah ich einen neuen Himmel und eine neue Erde; denn der erste Himmel und die erste Erde sind vergangen, auch das Meer ist nicht mehr.
Ich sah die heilige Stadt, das neue Jerusalem, von Gott her aus dem Himmel herabkommen; sie war bereit wie eine Braut, die sich für ihren Mann geschmückt hat. Da hörte ich eine laute Stimme vom Thron her rufen: Seht die Wohnung Gottes unter den Menschen! Er wird in ihrer Mitte wohnen und sie werden sein Volk sein; und er, Gott, wird bei ihnen sein. Er wird alle Tränen von ihren Augen abwischen. Der Tod wird nicht mehr sein, keine Trauer, keine Klage, keine Mühsal. Denn was früher war, ist vergangen…
Es wird keine Nacht mehr geben und sie brauchen weder das Licht einer Lampe noch das Licht der Sonne. Denn der Herr, ihr Gott, wird über ihnen leuchten und sie werden herrschen in alle Ewigkeit.

aus der Offenbarung des Johannes 21, 1–4; 22, 5

mutlos machen. Teuflische Ungeheuer treiben ihr Unwesen. Am Ende der Zeit wird das Lamm im neuen Jerusalem mitten unter den Erwählten und Geretteten leben. Dann wird Gott alle Tränen trocknen und es wird keinen Tod mehr geben. Die Apokalypse und damit das Neue Testament selbst schließt mit einem Wort der *Verheißung* und *Erwartung*. Jesus verspricht dem Seher und damit den Gemeinden: »Ich komme bald.« Die hoffnungsvolle Antwort des Sehers: »Amen, komm Herr Jesus!« (22, 20 f.).

- Große Themen des Sehers von Patmos: Gottes Thron im Himmel: Offb 4, 1–11; die vier apokalyptischen Reiter: Offb 6, 1–8.
- Zur jüdischen Apokalyptik: → S. 20; zur Apokalyptik im Neuen Testament: → S. 61.
- Kennen Sie apokalyptische Vorstellungen in Vergangenheit und Gegenwart?

Außerbiblische Quellen zu Jesus von Nazaret

Es gibt nicht nur biblische Zeugnisse von Jesus. Unter den ältesten Quellen von Jesus finden sich auch außerbiblische Texte. Sie kommen teils aus der nichtchristlichen, teils aus der christlichen Welt.

- Die *außerchristlichen Quellen* über Jesus sind wertvoll, wenn sie auch nicht besonders ergiebig sind. Aus dem Jahrhundert nach dem Tod Jesu finden wir in einigen Texten antiker Schriftsteller ein paar knappe Äußerungen über ihn und seine Anhänger. Diese Angaben sind eher beiläufig überliefert und stehen meist in einem profanen Zusammenhang. Wir finden Jesus und die ersten Christen erwähnt bei dem jüdischen Historiker *Flavius Josephus* (37–97), in den Annalen des römischen Geschichtsschreibers *Tacitus* (55–120), in einer Kaiserbiographie des römischen Literaten *Sueton* (etwa 70–150) und in einem Brief des römischen Statthalters *Plinius* aus dem Jahr 112/113. Diese Äußerungen beweisen, dass Jesus kein Produkt der Phantasie ist und seine historische Existenz nicht zu leugnen ist. Andererseits fügen sie den Jesusbildern der Bibel keine neuen Einzelheiten hinzu.

Im 2. Jahrhundert entstanden in einzelnen *christlichen* Gemeinden weitere Schriften mit dem Titel »Evangelium«. In diesen werden sonderbare Dinge von Jesus erzählt. Seine Wundertätigkeit ist ins Mirakulöse gesteigert. Seine Göttlichkeit macht ihn schon in seinem Erdenleben zum Magier, der vieles kann, was Menschen sonst nicht können. Im »Thomasevangelium« formt er Vögelchen aus Lehm und haucht ihnen Leben ein. Kinder, die den Jesusknaben auch nur stoßen, müssen sterben und alle, die sich darüber erregen, werden durch ihn blind gemacht. Detaillierte Schilderungen von seiner Kindheit oder Auferstehung werden erfunden, weil die kargen Äußerungen der Bibel zu diesen Lebensabschnitten nicht mehr genügen. Im Jakobusevangelium gibt es hochnotpeinliche »Beweise« für die Jungfräulichkeit Marias und das Petrusevangelium macht die Auferstehung Jesu zu einem gewaltigen kosmischen Ereignis, wobei Jesus als Lichtgestalt in dunkler Nacht zum Himmel schwebt. Die Kirche sah diese neu erfundenen Evangelien als unseriös an und nahm sie nicht in den Kanon ihrer heiligen Schriften auf. Man nennt sie *nichtkanonische oder apokryphe Evangelien.* In der Volksfrömmigkeit und auch in der Kunst späterer Zeiten spielen sie eine gewisse Rolle.

Probleme einer Biographie

Im Zentrum des Christentums steht nicht eine philosophische Idee, nicht ein abstraktes Prinzip, nicht eine strenge Moral, sondern eine geschichtliche Person: Jesus von Nazaret. Er hat vor 2000 Jahren im Land Israel gelebt. Von ihm sind unzählige Impulse in alle Welt ausgegangen. Wohl niemand sonst hat eine solche Wirkungsgeschichte ausgelöst wie er. Aber obwohl er mit einem unverwechselbaren Profil und einer unerhörten Botschaft eine der bedeutendsten Gestalten der Geschichte wurde, lässt sich von ihm nur schwer ein historisch verlässliches Bild entwerfen. Das hängt mit den *Evangelien* zusammen, die die wichtigsten Quellen seines Lebens und Wirkens sind.

Für ihre Entstehung können wir *drei Stadien* unterscheiden.

(1) *Jesus* selbst hat das Evangelium in dem Zeitraum um das Jahr 30 *mündlich* verkündet, aber selbst keine Schriften hinterlassen. Auch seinen Jüngern hat er nicht den Auftrag gegeben seine Lebensdaten und seine Botschaft für die Nachwelt schriftlich zu fixieren. Aber als Zeitzeugen hörten sie, was er sagte, und sahen sie, was er tat. Das hat sich ihrem Gedächtnis eingeprägt.

(2) Darum konnten die *Jünger* Jesu nach seinem Tod das Evangelium verkünden, wie er es ihnen aufgetragen hatte. Die *mündliche Jesus-Tradition* zwischen den Jahren 30–70 war die älteste. In dieser Zeit begannen sie auch das, was sie von ihm erzählten, aufzuschreiben. So entstanden zuerst kleine *Sammlungen* von seinen wichtigsten Worten und Gleichnissen, von seinen Zeichen und Wundern, von seinem Leiden, vom Prozess in Jerusalem, vom Tod am Kreuz und von der Auferweckung. Diese Texte hielten die Erfahrungen fest, die man mit ihm gemacht hatte. Sie fanden bei der Unterweisung und im Gottesdienst der Christen, bei der Mission der Nichtchristen und in der zunehmenden Auseinandersetzung mit dem Judentum Verwendung.

(3) Die vier *Evangelisten* haben diese ältesten Überlieferungen von Jesus zwischen 70 und 100 wie Redakteure gesammelt, geordnet, ergänzt, gedeutet und gewertet. Markus gab seiner Zusammenstellung als erster den Titel *»Evangelium«*, d. h. »Gute Nachricht« oder »Frohe Botschaft«. Danach wurden auch die Schriften des Matthäus, Lukas und Johannes so genannt.

Die Evangelisten wollten *nicht* in erster Linie als *Chronisten* für die Nachwelt festhalten, was es mit Jesus auf sich hatte. Wir erfahren von ihnen entweder gar nicht oder nicht genau, wie Jesus aussah und sich kleidete, wo er sich jeweils aufhielt, was er in seiner Kindheit und Jugend getan und erlebt hat, welche Lehrer/Rabbinen ihn unterwiesen und ob er die damalige Weltsprache Griechisch verstand. Selbst für die folgenden Ereignisse seines Lebens, die in der Bibel erwähnt werden, haben wir keine unzweifelhaft gesicherten Daten: Geburtsjahr, Beginn seines öffentlichen Auftretens, Dauer seines Wirkens, Tag der Einsetzung des Abendmahls und der Kreuzigung, Todesjahr. Die Evangelisten verstanden sich eben nicht als Historiker, sondern als *Zeugen des Glaubens*, die durch die Erinnerung an Jesus den Glauben an ihn wecken wollten. Wer das Evangelium vernimmt, soll nicht über das Leben eines Toten informiert werden, sondern einen Lebenden hören. Die Evangelien sind Zeugnisse der Gegenwart Jesu. Sie machen sein Wort präsent. Aber ganz ohne jedes historische Interesse waren die Evangelisten auch nicht. Sie gaben ihren Schriften einen historischen Rahmen und hielten viele Begebenheiten fest, die für die Geschichtsschreibung belangvoll sind. So sind die Evangelien auch historische Quellen für Jesus und seine Zeit. In der Form geschichtlicher Erzählung sind sie Heilsbotschaft.

● Einzelheiten über die vier Evangelien, ihre Entstehung und ihr Jesusbild: → S. 40 ff. Welcher Evangelist hat am ehesten »historische« Ambitionen?

Die Christenheit hat Jesus von Nazaret in vielen Bildern dargestellt. Er erscheint als Hirt, Lehrer und König, als Leidender und Kämpfer, als Sterbender und Lebender. Manche Künstler haben versucht ihn mit der Aura Gottes zu umgeben, andere haben in ihm den exemplarischen Menschen gesehen. In fast 2 000 Jahren sind unzählige Christusbilder entstanden. Manche dienen frommer Betrachtung, andere sind Meisterwerke der Kunst. Keine andere Gestalt der Religionsgeschichte ist so oft und so unterschiedlich dargestellt worden. Darum gehören die Christusbilder zum großen Erbe der Christenheit. Auch in unserem Jahrhundert haben bedeutende Künstler neue Bilder von Jesus geschaffen.

Oben links: Guter Hirt, Katakombe der Jordanier in Rom, Ende 3. Jh.

Oben rechts: Pantokrator (d. h. »Allherscher«), Kloster Daphni, 11. Jh.

Unten: Lovis Corinth (1858–1925): Ecce Homo, Öl auf Leinwand, 1925 (→ S. 71; 119 u. ö.).

Oben links: Karl Schmidt-Rottluff (1884–1976): Gang nach Emmaus, Holzschnitt, 1918.

Oben rechts: Ernst Barlach (1870–1938): Anno Domini MCMXVI (1916) post Christum natum, Zeichnung, ca. 1916. Ein Mann zeigt Christus vorwurfsvoll die Kreuze, die der große Krieg über die Welt gebracht hat. Das Kreuz Jesu (links) hat nichts bewirkt. Die Theodizeefrage (→ S. 91 ff.) ist für das Bild auf schreckliche Weise unbeantwortet.

Unten: Herbert Falken (geb. 1932): Christuskopf, Graphit, Tusche, Kreide auf grauem, in der Mitte getrenntem Papier, 13.11.1980.

Wegen des besonderen literarischen Charakters der Evangelien wird in den Wissenschaften seit langem danach gefragt, welche Worte Jesu authentisch sind (»ipsissima verba Jesu«) und welche von den frühen christlichen Gemeinden gebildet oder ihm von den Evangelisten in den Mund gelegt worden sind. Ähnlich wird darüber diskutiert, welche Taten Jesu, von denen die Evangelien erzählen, historisch sind und ob ihre Chronologie richtig ist. Die Fragen sind schon deshalb unumgänglich, weil in den Evangelien selbst viele Worte und Taten Jesu unterschiedlich überliefert sind. Selbst so wichtige Texte wie das Vaterunser, die Abendmahlsworte oder die Berichte von Geburt, Kreuz und Auferweckung stimmen nicht im Wortlaut überein. Bei diesen Untersuchungen sind viele Einsichten gewonnen worden. Oftmals sind allerdings gesicherte Erkenntnisse auch nicht mehr möglich. Die einzelnen Exegeten und Schulen kommen häufig entsprechend ihren methodischen Vorgaben zu abweichenden Ergebnissen. Für die historische Betrachtung des Lebens Jesu sind diese Diskussionen von großer Wichtigkeit, in der kirchlichen Glaubensverkündigung spielen sie nur eine untergeordnete Rolle.

Während die Kirchen von Anfang an das Neue Testament vor allem als Grundlage des Glaubens lasen, haben die Wissenschaften seit dem 18. Jahrhundert versucht, die vier Evangelien als historische Texte zu lesen, um die Lebensgeschichte Jesu zu rekonstruieren. Manche Forscher taten dies in der Absicht, das Bild Jesu von den Spuren des Glaubens zu befreien und zu einer neutralen und objektiven Darstellung zu kommen. Die sogenannte *»Leben-Jesu-Forschung«* hat viel Mühe aufgewandt, um dieses Ziel zu erreichen. Zahlreiche Wissenschaftler waren an diesem Projekt beteiligt. Mit einem gigantischen Aufwand an Fleiß und Scharfsinn haben sie die Evangelien im Ganzen und die einzelnen Texte untersucht. Dabei sind wichtige Einsichten über die Eigenart der Texte, über die Zeitgeschichte Jesu und auch über ihn selbst gewonnen worden. Aber alle Versuche, auf gesicherte Weise ein »Leben Jesu« zu schreiben und ihn rational, historisch, soziologisch oder psychologisch zu deuten und zu verstehen, sind misslungen. Albert Schweitzer konnte schon vor dem ersten Weltkrieg das Scheitern der Leben-Jesu-Forschung konstatieren. Sie war unter falschen Voraussetzungen angetreten. Die verschiedenen Jesus-Bilder, die einzelne Forscher entwarfen, haben keine allgemeine Zustimmung gefunden, weil sie eher subjektive Projektionen des Betrachters als objektive Beschreibungen der Person Jesu waren. Sie tragen die Signatur des jeweiligen Zeitgeistes und sagen mehr von seinen Exegeten als von ihm selbst. Jesus ist weder der liebevolle Wanderprediger von Gottes Vatergüte noch der strenge Prediger einer neuen humanen Sittlichkeit. Ebenso einseitig ist es, in ihm einen tragisch umgekommenen Idealisten zu sehen wie ihn für einen liberalen Gesetzesausleger, einen frühen Sozialisten oder den Lehrer einer natürlichen Religiosität zu halten. Weder als Revolutionär gegen das jüdische Establishment noch als typischer jüdischer Rabbi ist er angemessen beschrieben. Er ist nicht nur der apokalyptische Ankündiger der nahen Endzeit und auch nicht

Das Scheitern der Leben-Jesu-Forschung

Albert Schweitzer, Musiker, Philosoph, Theologe, Urwalddoktor in Lambarene (Afrika) und Friedensnobelpreisträger (1952) hat 1913 eine umfangreiche Geschichte der Leben-Jesu-Forschung geschrieben. Mit einer schon klassisch gewordenen Formulierung hat er ihr Scheitern festgestellt.

Es ist der Leben-Jesu-Forschung merkwürdig ergangen. Sie zog aus, um den historischen Jesus zu finden und meinte, sie könnte ihn dann, wie er ist, als Lehrer und Heiland in unsere Zeit hineinstellen. Sie löste die Bande, mit denen er seit Jahrhunderten an den Felsen der Kirchenlehre gefesselt war und freute sich, als wieder Leben und Bewegung in die Gestalt kam und sie den historischen Menschen Jesus auf sich zukommen sah. Aber er blieb nicht stehen, sondern ging an unserer Zeit vorüber und kehrte in die seinige zurück. Das eben befremdete und erschreckte die Theologie der letzten Jahrzehnte, dass sie ihn mit allem Deuteln und aller Gewalttat in unserer Zeit nicht festhalten konnte, sondern ihn ziehen lassen musste. Er kehrte in die seine zurück mit derselben Notwendigkeit, mit der das befreite Pendel sich in seine ursprüngliche Lage zurückbewegt.

Albert Schweitzer (1875–1965)

ein Kristallisationspunkt zeitloser Mythen und ewiger Wahrheiten. Vor allem ist er nicht der erste Christ. Alle Versuche ihn auf eine Formel zu bringen mögen im Detail etwas Richtiges treffen, werden ihm aber insgesamt nicht gerecht. Darum wird heute in der Forschung durchgängig akzeptiert, dass die Evangelien nur in begrenztem Maß die Rekonstruktion einer *Biographie* Jesu erlauben. Sie ermöglichen auch nicht mit den Mitteln der Psychologie zu ergründen, welches Selbstbewusstsein Jesus hatte oder was in seinem Seelenleben vor sich ging. Der religiös-theologische Charakter der Quellen vereitelt alle diese Versuche.

● Zur Erforschung der Bibel, zu den verschiedenen Methoden usw.: → S. 36 ff.
● Zu den nichtbiblischen Quellen zum Leben Jesu: → S. 52.

Daten und Fakten

Trotzdem ist es möglich aus den Evangelien auch Daten und Fakten zu gewinnen, die mit hoher Wahrscheinlichkeit den Kern des *Lebens Jesu* erfassen lassen. Die folgenden Angaben gelten in der gegenwärtigen Forschung weithin als historisch gesichert.

Jesus wurde zwischen *8 und 4 vC* geboren. Das seltsame Paradox erklärt sich aus einer falschen Berechnung des Geburtsjahres, die Papst Johannes I. im Jahr 525 nC vorlag, als er die christliche Zeitrechnung einführte. Da der Idumäerkönig Herodes I., in dessen Regierungszeit Jesus geboren wurde, 4 vC starb, ist ein späterer Termin für die Geburt Jesu nicht anzusetzen. Als Geburtsort wird Betlehem (Lk 2, 4) genannt. Manche Forscher bezweifeln aber selbst diese Angabe, weil sie annehmen, dass hier nicht eine historisch-geographische Aussage, sondern ein christologisches Bekenntnis vorliegt: Jesus ist der vom Propheten Micha (5, 1) verheißene Messias, der in Betlehem geboren werden soll.

Von der *Kindheit* Jesu wissen wir kaum etwas, da die Kindheitserzählungen der Evangelien nicht biographisch verstanden werden können. Seine Mutter war Maria, die mit Josef verlobt war. Sie hat ihren Mann wohl überlebt und wurde Zeugin des öffentlichen Wirkens ihres Sohnes. Jesus selbst hat von Josef den Beruf des Zimmermanns und Steinmetzen erlernt. Seine Muttersprache war das Aramäische, ein semitischer Dialekt, der zu seiner Zeit in Galiläa und Judäa gesprochen wurde. In *Nazaret* in Galiläa (→ S. 28) wuchs er auf.

Als etwa im Jahr 27/28 *Johannes der Täufer* am Jordan auftrat (Lk 3, 1), der den Zeitgenossen kräftig ins Gewissen redete, ihnen das Gericht Gottes androhte und sie öffentlich zur Bußtaufe aufrief, ließ sich Jesus von ihm taufen, ohne sich jedoch dessen Bewegung anzuschließen. Er empfand das Gottesbild des Täufers wohl als zu hart und streng. Anders als der Täufer oder die Qumranleute (→ S. 30 f.) zog er sich nicht asketisch in die Wüste zurück, sondern begann nun selbst als *Wanderprediger* durch die Städte und Dörfer Galiläas zu ziehen und den Menschen die Frohe Botschaft von der nahegekommenen *Herrschaft/Wirklichkeit Gottes* zu verkünden. Er belebte von neuem die bereits von den Propheten Israels geweckte Hoffnung, dass sich die unheilvolle Welt in einen Zustand wandelt, der ganz dem Willen Gottes entspricht. Seine *Reden* waren machtvoll und originell. Sie wurden von auffälligen *Taten* wie Krankenheilungen und Exorzismen begleitet. In all seinen Worten und Taten leuchtete der Glaube an einen liebenden Vater, an einen *Gott* der Gerechtigkeit und Barmherzigkeit auf. In Gottes Namen, den er emphatisch seinen »Vater« nannte, sprach er *Sündern* Vergebung ihrer Schuld zu. Ostentativ wandte er sich Leuten zu, die damals verachtet waren. Mit Zöllnern, die wegen ihrer rigiden Steuereintreibung und wegen ihrer Kollaboration mit den römischen Besatzern gehasst wurden, setzte er sich an einen Tisch. Vor allem hatte er ein Herz für die armen und kleinen Leute. Er nahm Anteil an ihren Leiden und konnte sie oft davon befreien. Aktiv setzte er sich für ihre Rechte ein. So gab er vielen Menschen Mut zu sich selbst, die Kraft zum Widerstand gegen Unrecht und die Hoffnung auf Gott. Eine wunderbare *Gottes- und Nächstenliebe* prägten sein Tun und seine Botschaft. Mit seiner Radikalität für das Gute fand er viele Freunde.

Wie die jüdischen Rabbinen sammelte er Jünger, unter diesen einen *Zwölferkreis*, um sich, leitete diese aber – anders als die Rabbinen – nicht zum ständigen Studium der heiligen Schriften an, sondern band sie an seine Person und seine Lehre. In seinem ständigen Gefolge waren auch *Frauen*. Mit manchen Frommen seiner Zeit, unter ihnen einige Pharisäer und Schriftgelehrte, geriet er auch in heftige *Kontroversen*. Er kritisierte an ihnen Selbstgefälligkeit und Heilssicherheit, Hochmut und Lieblosigkeit. Diese hingegen warfen ihm Verstöße gegen die Thora und einen ungebührlichen religiösen Anspruch vor.

Wahrscheinlich im Jahr 30 nC kam Jesus zum Pesachfest nach *Jerusalem*. Dort feierte er mit seinen Jüngern das traditionelle *Pesachmahl*, gab ihm aber neue Akzente, indem er es mit seinem von ihm erwarteten Tod und mit dem nahe gekommenen Reich Gottes in Verbindung brachte. Kurz nach dem Mahl wurde er von Judas Iskariot, einem aus dem Zwölferkreis, den Behörden ausgeliefert. Man machte ihm den *Prozess*. Auf Veranlassung des jüdischen Hohen Rates unter dem Hohenpriester Kajaphas, der die religiösen Überzeugungen Jesu weithin ablehnte, wurde er vom römischen Prokurator Pontius Pilatus zum Tod verurteilt. Er starb in Jerusalem wie ein Verbrecher am *Kreuz*. Schon bald nach dieser Katastrophe traten seine Jünger in der Öffentlichkeit mit dem Bekenntnis auf, Jesus sei nicht im Tod geblieben. Gott habe ihn *von den Toten auferweckt*. Er werde bald *wiederkommen*, um alle Lebenden und Toten zu richten. Einige erzählten, dass sie ihn selbst nach seinem Tod gesehen und gehört, erfahren und wahrgenommen hatten. So wurden seine Freunde zu Zeugen seines Lebens, seines Sterbens und seiner Auferweckung. Die Auferweckung Jesu bedeutete für sie, dass das Leben und die Lehre Jesu von Gott endgültig bestätigt worden war. Die Jünger begannen nun den gekreuzigten Jesus in einem ganz neuen Licht zu sehen. Der Auferstandene wurde zum Fundament eines neuen Glaubens und einer neuen Gemeinschaft.

In den Kirchen werden alle Evangelien, so wie sie überliefert sind, als die Frohe Botschaft Jesu verkündet. Sie bilden die Grundlage für Lehre, Predigt und Unterricht, auch wenn ihre Historizität im Einzelfall umstritten ist. Tatsächlich kann sich eine spirituelle Biographie Jesu nicht nur auf die historisch gesicherten Texte stützen. Sie muss alle biblischen Überlieferungen einbeziehen, da sie alle zur Heiligen Schrift gehören und darum eine hohe religiös-theologische Bedeutung haben.

- Was bedeutet es, dass Jesus Jude war und ganz aus der jüdischen Tradition lebte? (→ S. 18; 42 ff.)

Die Erzählungen von der Kindheit Jesu

Zu den bekanntesten Texten der Bibel gehören die Erzählungen von der Geburt Jesu in einer Krippe zu Betlehem, von den Hirten auf den Feldern und von den drei Weisen aus dem Morgenland, die das Kind suchten und besuchten. Das Weihnachtsfest bezieht von ihnen seinen Glanz. Liturgie und Brauchtum, Kunst und Literatur leben von diesen Erzählungen. Keiner kann die Bilder, Lieder und Gedichte zählen, die von diesen Texten beeinflusst sind. Selbst in der säkularisierten Gesellschaft lebt die Erinnerung an diese Erzählungen fort. Doch ist in der Christenheit manche Unruhe entstanden, weil die Bibelwissenschaften gezeigt haben, dass diese Texte nicht Tatsachenberichte im modernen Sinn sind, sondern legendarische Züge haben und nur als Glaubenserzählungen richtig verstanden werden.

Es ist auffällig, dass das *Neue Testament* über die Kindheit Jesu wenig erzählt. In den Paulusbriefen finden wir bis auf eine Anspielung (Gal 4,4) keine Angaben. Auch das älteste Evangelium von Markus weiß von diesem Thema nichts. Erst die beiden um 80–90 nC entstandenen Evangelien des Matthäus und Lukas enthalten jeweils einen größeren Textblock über die Anfänge Jesu. Aber auch ihre Erzählungen sind nicht als Elemente einer Biographie Jesu anzusehen, da sie nur wenige historisch verwertbare Details enthalten. Sie sind eher Zeugnisse der alten Kirche, die in Bildern erzählt, wer Jesus ist und welche Bedeutung er für die Gemeinde hat. Da beide Textblöcke viele Anspielungen auf das Alte/Erste Testament enthalten, dürften

sie in judenchristlichen Gemeinden entstanden sein. Die Evangelisten mögen sie dort gefunden und von dort übernommen haben. Aber auch Spuren ägyptischer Religiosität sind unverkennbar. Beide Texte unterscheiden sich erheblich voneinander. Sie erzählen jeweils anders und anderes.

- Die Kindheitserzählung des *Matthäusevangeliums* (→ S. 42 ff.) beginnt programmatisch mit dem Stammbaum Jesu (1, 1–17) und ordnet ihn so unwiderruflich in die jüdische Geschichte ein. Es folgen die erzählenden Texte:

(1) Maria empfängt das Kind durch den Geist Gottes. Ihr Verlobter Josef will sich daher von ihr trennen, wird aber durch einen Engel im Traum veranlasst Maria zu sich zu nehmen, was er auch tut. Die Geburt Jesu wird erwähnt, ihre Begleitumstände sind nicht näher beschrieben (1, 18–25).

(2) Die Magier (Sterndeuter, die in der kirchlichen Tradition zu den »drei Königen« wurden) kommen mit ihren Gaben zum Messiaskind. Als der König Herodes in Jerusalem von der Geburt des Kindes hört, fasst er den Plan es zu beseitigen (2, 1–12).

Die ersten Worte des Neuen Testaments

Der Anfang des Neuen Testaments bietet ein Stück Geschichtstheologie besonderer Art. Das Evangelium beginnt programmatisch mit dem Stammbaum Jesu, der eher ein theologisches Dokument als ein biologischer Ahnenpass ist. Er nennt Jesus den Sohn Abrahams, Davids und vieler anderer im Judentum bekannter Gestalten, darunter auch bedeutsamer Frauen, um ihn so als das Ende und Ziel einer langen Geschichte erscheinen zu lassen, die bei den Großen des Volkes Israel begonnen hat. Schon der erste Vers spannt einen weiten Bogen:

Stammbaum Jesu Christi, des Sohnes Davids, des Sohnes Abrahams.

aus dem Evangelium nach Matthäus 1,1

(3) Maria und Josef fliehen mit dem Kind nach Ägypten; der König Herodes lässt in Betlehem alle Knaben bis zu zwei Jahren töten; am Ende kehrt die Familie Jesu nach Nazaret zurück (2, 13–23).

Emil Scheibe (geb. 1914): Weihnachten, Öl auf Leinwand, 1954. Hier ist die Geburt Jesu zu einer Randerscheinung auf einer modernen Baustelle geworden. Kein Engelchor singt am Himmel das Gloria. Ein dunkler Baukran bedroht den Ort der Geburt. Die Menschen gehen teilnahmslos vorbei.

Der Grundton der Erzählung ist eher dunkel und schwermütig. Am Anfang ist Josef die Schwangerschaft seiner Verlobten Maria so peinlich, dass er sie entlassen will. Das Kind selbst ist den gefährlichen Nachstellungen des Herodes ausgesetzt und viele unschuldige Knaben verlieren ihr Leben. Der Text wird nur durch den Besuch der Weisen aus dem Morgenland, die dem Kind huldigen, aufgehellt.

Die Erzählung erinnert an die Kindheitsgeschichte des Mose, wie sie im Buch Exodus vorliegt. Danach wurde auch Mose vom Pharao in Ägypten verfolgt (»Binsenkörbchen am Nil«), auch er musste fliehen, wurde aber durch Gottes Fügung gerettet und zum Führer seines Volkes. Der Vergleich konnte jedem Leser sagen: Jesus steht in der Tradition des Mose, er ist ein neuer Mose. Da Mose der höchste Lehrer des Volkes Israel ist, lässt sich ermessen, wie ungeheuer der im Matthäusevangelium erhobene Anspruch ist.

• Das *Lukasevangelium* (→ S. 45 ff.) bietet in größerer Ausführlichkeit und in einem kunstvollen Aufbau ein völlig anderes Bild vom Anfang des Lebens Jesu. Legendarische Züge sind auch hier nicht zu übersehen. Die Erzählung ist wie ein siebengestaltiges Gemälde gegliedert:

(1) Der Engel Gabriel verheißt im Tempel zu Jerusalem dem Zacharias die Geburt Johannes des Täufers. Der Zweifel des Zacharias wegen des hohen Alters der Eltern (1, 5–25).

(2) Der Engel Gabriel verheißt im unbedeutenden Nazaret der Jungfrau Maria die Geburt Jesu. Sie glaubt seiner Botschaft, obwohl das Kind keinen natürlichen Vater haben wird (1, 26–38).

(3) Besuch Marias bei Elisabet, der werdenden Mutter Johannes des Täufers (»Heimsuchung«). Maria spricht das »Magnificat« (d. h. »Meine Seele preist die Größe des Herrn«; 1, 39–56).

(4) Geburt Johannes des Täufers; sein Vater Zacharias betet das »Benedictus« (d. h. »Gepriesen sei der Herr«; 1, 57–80).

(5) Geburt Jesu im ärmlichen Stall von Betlehem, weil in der Herberge kein Platz war. Das Kind wird in Windeln gewickelt. Engel kündigen Hirten diese Geburt an und nennen das Kind Retter, Messias und Herr. Sie singen das »Gloria in excelsis Deo« (d. h. »Ehre sei Gott in der Höhe«; 2, 1–20).

Die frohe Botschaft von der Geburt Jesu

In jener Gegend lagerten Hirten auf dem Felde und hielten Nachtwache bei ihrer Herde. Da trat der Engel des Herrn zu ihnen und der Glanz des Herrn umstrahlte sie. Sie fürchteten sich sehr, der Engel aber sagte zu ihnen: Fürchtet euch nicht, denn ich verkünde euch eine große Freude, die dem ganzen Volk zuteil werden soll: Heute ist euch in der Stadt Davids der Retter geboren; er ist der Messias, der Herr. Und das soll euch als Zeichen dienen: Ihr werdet ein Kind finden, das in Windeln gewickelt in einer Krippe liegt. Und plötzlich war bei dem Engel ein großes himmlisches Heer, das Gott lobte und sprach: Verherrlicht ist Gott in der Höhe und auf Erden ist Friede bei den Menschen seiner Gnade.

aus dem Evangelium nach Lukas 2, 8–14

(6) Beschneidung und Darstellung Jesu im Tempel zu Jerusalem. Der greise Simeon singt das »Nunc dimittis« (d. h. »Nun entlässt du, Herr, deinen Diener in Frieden«). Die Prophetin Hanna sieht die Erlösung Jerusalems nahe (2, 21–40).

(7) Der zwölfjährige Jesus im Tempel zu Jerusalem, der Sohn im Haus seines Vaters. Jesus im Gespräch mit Schriftgelehrten, die über seine Weisheit staunen. Rückkehr mit seinen Eltern nach Nazaret, wo »er heranwuchs und zunahm an Weisheit und Gefallen fand bei Gott und den Menschen« (2, 41–52).

Lukas gibt dem Text eine spirituelle Note, wie die Einfügung der vielen psalmartigen Gebete und Hymnen zeigt. Immer wieder wird Gott gepriesen für das, was er getan hat. Auffällig ist, dass Lukas das Geschehen – anders als Matthäus – in Beziehung zu den Ereignissen um Johannes den Täufer setzt, der vielen Juden damals als der Messias galt. Hier überbietet die Jesusgeschichte die Täufergeschichte bei weitem. Die Aussage des Engels, dass Jesus keinen leiblichen Vater haben wird, sondern aus Maria, der Jungfrau, geboren wird, hat keine biologischen Intentionen, sondern verdeutlicht bildhaft, dass er der »Sohn Gottes« ist. Nur von ihm gilt die unerhörte Verheißung, die an die ganze Geschichte Israels anknüpft: »Er wird groß sein und Sohn des Höchsten genannt werden. Gott, der Herr, wird ihm den Thron seines Vaters David geben. Er wird über das Haus Jakob in

Ewigkeit herrschen und seine Herrschaft wird kein Ende haben« (1, 32–33).

• Das *Johannesevangelium* (→ S. 47 ff.) kennt keine Kindheitsgeschichte Jesu. Aber es schlägt in seinem Prolog einen weiten theologischen Bogen bis zu den Anfängen der Welt und der Schöpfung. Es zeigt, dass Jesus das Wort Gottes (der »Logos«) ist, das von Ewigkeit bei Gott war und das nun Mensch geworden ist (1, 11–14). So handelt das vierte Evangelium nicht von den historischen Anfängen Jesu, sondern von seinem göttlichen Ursprung.

- Abgesehen von dem Stammbaum Jesu finden sich im Kindheitsevangelium des Matthäus 5 Verweise auf das Alte Testament: 1, 23; 2, 6.15.18.23. Sie beziehen sich auf Jes 7, 13; Mi 5, 1; Hos 11, 1; Jer 31, 15 und Jes 11, 1. Welchen Charakter bekommt der Text dadurch?
- Vergleichen Sie die Intentionen der Kindheitserzählungen mit der Art, wie hierzulande Weihnachten gefeiert wird.
- Was wissen Sie über die Kindheit anderer Großer in den nichtchristlichen Religionen, z.B. von Mohammed oder von dem Buddha?

Rembrandt (1606–1669) hat wie kaum ein anderer Künstler in großer Fülle und einzigartiger Qualität biblische Szenen gezeichnet und gemalt, auch Heilungen und Wunder, die Jesus »Zeichen des Reiches Gottes« genannt hat (→ S. 68; 82; 133).
Links: Heilung der Schwiegermutter des Petrus.
Rechts: Der Sturm auf dem Meer. »Herr, hilf, wir versinken.«

Die Vision vom Reich Gottes

Das zentrale Thema, auf das Jesus vor allem in den drei ersten Evangelien immer wieder zu sprechen kommt, ist Gott (→ S. 81 f.). Gottes Wirklichkeit leuchtet in seiner Botschaft vom *Reich Gottes* auf. Sie zeigt, wie er von Gott denkt und was er von Gott erwartet. Mit der Reich-Gottes-Thematik knüpft Jesus an zeitgenössische jüdische Vorstellungen der Apokalyptik (→ S. 20) an, gibt ihnen aber eine neue Richtung. Bei ihm tritt das Katastrophenszenario zugunsten der Frohen Botschaft zurück. Die Reich-Gottes-Botschaft ist seine *Vision*.

Der biblische *Begriff* kann als »Königsherrschaft Gottes«, »Herrschaft Gottes« und »Reich Gottes« übersetzt werden. Im Matthäusevangelium ist nicht vom »Reich Gottes«, sondern vom »Reich der Himmel« die Rede, weil der Evangelist nach altem jüdischen Brauch den Namen Gottes (→ S. 24 f.) nicht ausspricht. Nie ist mit beiden Begriffen ein Territorium oder eine politische Ordnung gemeint, erst recht nicht ein jenseitiger Himmel oder die diesseitige Kirche. Heutige Leser verstehen den Begriff vielleicht besser, wenn sie ihn, wo es eben möglich ist, mit »Wirklichkeit Gottes« oder nur mit »Gott« übersetzen.

Die programmatische Ankündigung

Im Markusevangelium handeln die ersten Worte Jesu, die er in Galiläa spricht und als »Evangelium« verkündet, vom Reich Gottes. Die vier Glieder dieses Spruches enthalten den Kern seiner Botschaft.

Die Zeit ist erfüllt, das Reich Gottes ist nahe. Kehrt um und glaubt an das Evangelium.

aus dem Evangelium nach Markus 1, 14

Jesus hat nie genau definiert, was das »Reich Gottes« ist, weil er wusste, dass man die Sache Gottes nicht in menschlichen Begriffen einfangen kann. Es bezieht sich in ungewöhnlichen Polaritäten auf Gott und die Welt, auf das Innere des Menschen und das öffentliche Leben, auf Zeit und Ewigkeit, Diesseits und Jenseits, Gegenwart und Zukunft. In erster Linie ist es ein Geschenk Gottes, aber es fordert auch die Tat des Menschen heraus. Letztlich ist es die *Erneuerung der Schöpfung* und die *Entschlossenheit Gottes zum Heil.*

- Programmatisch beginnt Jesus im Markusevangelium seine Botschaft mit der *Ankündigung*, das Reich Gottes sei nahe. Im Vaterunser sollen seine Freunde beten: »Dein Reich komme« (Mt 6, 10). In der Bergpredigt hören sie, wie ein Leben unter den Bedingungen des Reiches Gottes aussieht.
- Die zahllosen *Gleichnisse* Jesu sind Bilder von diesem Gottesreich. Es ist wie ein Schatz im Acker, eine kostbare Perle, eine aufgehende Saat, eine reiche Ernte, ein brennendes Licht, ein großes Gastmahl, eine glückliche Hochzeit, ein herrliches Fest, ein gütiger Vater. Aber die Gleichnisse sind mehr als nur Bilder vom Gottesreich. Sie sollen selbst das Reich Gottes nahe bringen. Schon ihre Verkündigung will Umkehr und Erneuerung, Freude und Trost, Vertrauen und Hoffnung, Frieden und Gerechtigkeit, Versöhnung und Liebe bewirken.
- Auch *Wunder* Jesu sind Zeichen dafür, dass das Reich Gottes da ist. Jesus selbst hat sie so gedeutet. Was die Gleichnisse in Worten nahe bringen, das wird in den Wundertaten gegenwärtig. In den Dämonenaustreibungen wird die Macht des Bösen gebrochen. Krankheiten werden geheilt, Hungrige gesättigt, der Tod wird besiegt und die Welt von Gott her neu. All das ist noch nicht in endgültiger Vollendung da. Denn noch sind Hunger, Krankheit, Leiden und Tod in der Welt. Aber Jesus versteht seine Wunder als Hoffnungszeichen dafür, dass Leid, Ungerechtigkeit, Böses und selbst der Tod einmal völlig besiegt werden. Dann ist das Reich/die Wirklichkeit Gottes endgültig da.

Das Reich Gottes ist Gerechtigkeit und Frieden.

aus dem Brief des Paulus an die Römer 14, 17

- Denken Sie über Aussagen des Neuen Testaments zum Reich Gottes nach, z. B. Mk 4, 1–34; Mt 11, 12; 12, 28; 21, 31–32; Lk 17, 20f.

Zeichen und Wunder

Die Evangelien erzählen von vielen wunderbaren und machtvollen Taten Jesu. Sie verleihen ihm eine einzigartige Aura und zeigen, dass er über Kräfte verfügt, die ihm von Gott gegeben sind. Andererseits wäre es falsch seine Wunder überzubewerten. Jesus hat sich selbst nicht primär als Wundertäter verstanden und nie Wunder nur deshalb gewirkt, um Aufsehen zu erregen. Wo man von ihm Wunder erwartet, weigert er sich ein Wunder zu wirken (Mk 8,11–13; Mt 4, 1–11; Lk 23, 9–12).

Die *Zahl* der neutestamentlichen Wunderperikopen ist nicht sehr groß. Wenn man die Doppelberichte nicht mitzählt, schreiben die Evangelien Jesus 35 Wunder zu: 17 Krankenheilungen, 6 Dämonenaustreibungen, 9 Naturwunder (Sturmstillung, Seewandel, Verklärung, reicher Fischfang, Brotvermehrung, Weinwunder in Kana, Verfluchung des Feigenbaums, Tempelsteuer, Ereignisse bei der Kreuzigung), 3 Totenerweckungen (Tochter des Jairus, Jüngling von Nain und Lazarus).

Nicht alle Wunder sind gleich wichtig. Das *Hauptwunder* ist für das Neuen Testament das Wirken Jesu selbst, der das Reich Gottes ankündigt und nach seinem Tod von Gott auferweckt wird. Die meisten *Wunder* Jesu sind für die

Speisung der Fünftausend, Benevent, Dom, Westportal, 13. Jh.

Bibel Zeichen für das nahe gekommene Reich Gottes und/oder Zeichen seiner Auferstehung. Sie sagen bildhaft, dass das Reich Gottes da ist und dass Jesus das Böse und den Tod besiegt hat.

Gerade bei den Wundererzählungen kann man sehen, welche unterschiedlichen Perspektiven die Evangelisten haben. Im Markusevangelium (→ S. 40 ff.) zeigen viele Wunder, was die Herrschaft Gottes konkret bedeutet: Befreiung von der dämonischen Macht der Sünde und Heilung von Krankheit und Not. Jesus selbst erscheint in einem endzeitlichen Kampf gegen die Mächte des Unheils. Seine Wunder sind die Mittel, die er in diesem Kampf einsetzt (Mk 4, 35–41; 5, 1–20). Für das Matthäusevangelium (→ S. 42 ff.) sind die Wunder oft Beweise dafür, dass Jesus der erwartete Messias ist. Sie bezeugen, dass die von den Propheten verheißene Heilszeit angebrochen ist (Mt 11, 4). Das Lukasevangelium (→ S. 45 ff.) sieht die Wunder Jesu vor allem als Taten seiner Güte und Menschenfreundlichkeit gegenüber Menschen, die leiden und trauern (Lk 7, 11–17). Im Johannesevangelium (→ S. 47 ff.) sind die Wunder ungewöhnliche »Zeichen«, die Aufsehen erregen und Jesus in einer mystisch-symbolischen Sprache als »das Brot des Lebens«, »die Auferstehung und das Leben« und »das Licht der Welt« (Joh 6; 9; 11) offenbaren.

Während die Wunder Jesu für die damalige Zeit kein allzu großes Problem darstellten, weil sie im Rahmen des alten Weltbildes nicht ungewöhnlich waren, werden sie in einer Zeit, deren Denken von den Naturwissenschaften geprägt ist, in Zweifel gezogen. Man wirft ein, dass die Gesetze der Natur nicht durchbrochen werden können und die Evangelisten zu Übertreibungen geneigt hätten. In der Tat sind die legendarische Züge der Überlieferung nicht zu leugnen. Viele Wunder, vor allem die Totenerweckungen und die Naturwunder, sind wohl um ihrer theologischen Zielsetzung willen erzählt worden, die auch dann ihren Sinn behält, wenn das Erzählte nicht historisch ist. Aber es wäre auch nicht richtig die Tatsächlichkeit der Wunder Jesu generell zu bestreiten. Heute wird kaum mehr bezweifelt, dass Jesus Kranke geheilt hat. Auch »Dämonen« hat er ausgetrieben, wenn man darunter versteht, dass er Menschen, die man damals als »Besessene« bezeichnete, von ihren existentiellen und psychischen Leiden befreien konnte. Im Weltbild der damaligen Zeit wurden Lebensschicksale, Katastrophen, Kriege, Ängste, Einsamkeit, das Gefühl des Ausgeliefertseins auf »Dämonen« zurückgeführt. Ob bei den Wundern Jesu die Gesetze der Natur durchbrochen wurden oder nicht, liegt nicht im Blickfeld der Bibel. Für sie sind die Geschehnisse deshalb Wunder, weil in ihnen Gottes Nähe auf unerwartete Weise erfahrbar wird.

- Ein Wunder Jesu – zwei gegensätzliche Deutungen: Mt 12, 23–28.
- An der Wundererzählung vom Hauptmann von Kafarnaum (königlicher Beamte) kann man leicht die unterschiedlichen Intentionen der Evangelisten herausarbeiten: Mt 8, 5–13; Lk 7, 1–10; Joh 4, 47–54.
- In welchem Verhältnis stehen Glaube und Wunder nach Mk 2, 5; 5, 34; 10, 52?

Öffentliches Wirken

Das öffentliche Leben Jesu dauerte nach den Angaben der ersten drei Evangelien ein Jahr, während das Johannesevangelium einen Zeitraum von zwei bis drei Jahren nahelegt. Eine exakte zeitliche Einordnung (»roter Faden«) aller Begebenheiten lassen die Quellen nicht zu. Die unterschiedlichen Perspektiven, in denen die Ereignissen jeweils in den Evangelien erzählt werden, müssen hier außer Betracht bleiben.

• Zwei Evangelien setzen vor den Beginn des öffentlichen Lebens Jesu eine *Versuchungsgeschichte* (Mt 4,1–11; Lk 4,1–12). Ihr Schauplatz ist die Wüste, wo Jesus 40 Tage und 40 Nächte fastete. Als er großen Hunger empfand, trat der Teufel an ihn heran und forderte ihn auf aus Steinen Brot zu machen, sich von der Zinne des Tempels in Jerusalem herabzustürzen und ihn gegen das Versprechen alle Schätze der Welt zu erhalten anzubeten. Jesus widersteht diesen Versuchungen mit Argumenten, die er der Thora entnimmt. Er setzt nicht allein auf das Brot, sondern auf das Wort Gottes. An Stelle dramatischer Spektakel empfiehlt er das ruhige Vertrauen auf den Schutz Gottes. Alle Macht und Herrlichkeit dieser Welt schätzt er gering ein und empfiehlt stattdessen Gott anzubeten und ihm allein zu dienen. Vielleicht lebt in dieser tiefsinnigen Symbolerzählung die Erinnerung an anfängliche Versuchungen Jesu fort, bevor er sich entschloss das Reich Gottes anzukündigen. Auf jeden Fall zeigen die drei Versuchungen exemplarisch, was den Menschen in seiner Würde gefährdet: die Gier, das Verlangen nach Abgründigem und Sensationellem, Reichtum und der Wille zur Macht.

• Als Jesus am Anfang seiner öffentlichen Tätigkeit einmal in seine Heimatstadt *Nazaret* kam, las er dort in der *Synagoge* einen messianischen Text aus dem Buch des Propheten Jesaja (61, 17; 58, 6) vor und bezog die Verheißung auf sich. Die Zuhörer staunten zwar über ihn, aber sie nahmen auch Anstoß an dem Gesagten, so dass Jesus erfahren musste: Nirgends ist ein Prophet missachtet außer in seiner Vaterstadt (Mk 6, 1–4; Mt 13, 54–57). Während er sonst auf viel Zustimmung stieß, fand er bei denen, die ihn gut kannten, wenig Gehör.

• Jesus wandte sich mit seiner Botschaft zwar an die Öffentlichkeit, so dass das Volk erfahren konnte, was er sagte und tat. Aber er sammelte auch eine kleine Schar von Freunden um sich, denen er das mitteilte, was in der Öffentlichkeit nicht verstanden werden konnte. In den Evangelien gibt es mehrere Berichte darüber, wie er Menschen in seine Nachfolge rief (Mk 2, 14; Joh 1, 45–50). So gab es einen größeren *Jüngerkreis* um ihn. Wer ihm folgte, sollte Vater und Mutter verlassen (Mt 10, 37), sein tägliches Kreuz auf sich nehmen (Mt 10,38) und auf allen Besitz verzichten (Mk 10, 21), wie Jesus auch selbst in freiwilliger Armut lebte (Mt 8, 20). Seine Besitzlosigkeit machte ihn gelassen und heiter, weil er sich in der Geborgenheit Gottes sicher fühlte. Die Jünger sollten »Menschenfischer« sein (Mk 1, 17). Wenn er sie aussandte, um in der Umgebung seine Botschaft zu verkünden, durften sie keinen Stab, kein Brot, kein Geld, keine Sandalen und keine zwei Gewänder

Berufung der Jünger zu Menschenfischern, Benevent, Dom, Westportal, 13. Jh.

mit sich nehmen (Mt 10, 5–15). Sie sollten anspruchslos leben, um die neue Ordnung des Reiches Gottes zu präsentieren, in der es keinen Reichtum, keine Macht und keine sozialen Unterschiede mehr gibt. Denen, »die es fassen können«, empfahl er Ehelosigkeit um des Reiches Gottes willen (Mt 10, 10–12). Dabei befürwortete Jesus nicht prinzipiell eine strenge Askese, wie es sie z. B. in Qumran oder in Mönchsgemeinschaften gab, sondern er konnte, wenn er eingeladen war, auch so intensiv leben, dass ihn seine Feinde »einen Fresser und Säufer« (Mt 11,19) nannten. Die Ehe hat er als göttliche Institution hoch geschätzt (Mt 10, 1–19).

- Den inneren Kreis seiner Gemeinschaft bildeten die *»Zwölf«*, die meist nicht ganz zutreffend »die Apostel« genannt werden, da es mehr als nur zwölf Apostel gab. Offensichtlich entsprechen sie den zwölf Stämmen Israels. Mit ihnen wollte Jesus wohl das Volk Israel erneuern. Die Namen der Zwölf lauten: Simon Petrus, sein Bruder Andreas, der Zebedäussohn Jakobus, dessen Bruder Johannes, Philippus, Bartholomäus, Thomas, der Zöllner Matthäus, der Alphäussohn Jakobus, Judas Thaddäus, Simon und Judas Iskariot (Mt 10, 2–4). Am Anfang der Aufzählung steht in den Texten immer Simon Petrus, den Jesus den »Fels« (aramäisch »Kephas«) nennt, auf dem er seine Kirche bauen will (Mt 16, 18) und der auch in der jungen Kirche an der Spitze des Zwölferkreises stand. Am Ende wird Judas Iskariot genannt, der Jesus verraten hat.

- Viel Verständnis zeigte Jesus für *Frauen*. Dass er auch Frauen in seinen Jüngerkreis aufnahm, hatte etwas Provozierendes an sich, weil Frauen im Gefolge der Rabbinen damals nicht zugelassen waren. Frauen folgten ihm auf seinen Wanderungen und unterstützten ihn mit ihrem Vermögen. Das Lukasevangelium nennt an einer Stelle drei Namen aus seinem Gefolge: Maria von Magdala, Johanna und Susanna (Lk 8, 2). Das Markusevangelium überbietet diese Angabe noch, wenn es von Maria aus Magdala, der Jakobusmutter Maria, Salome und »vielen Frauen« spricht (Mk 15, 40–41). Diese Frauen sind es auch, die unter dem Kreuz stehen (Mk 15,40) und zuerst zu Zeugen seiner Auferweckung werden (Mk 16, 1–8).

Der Sinn der Sendung Jesu

Gott hat die Welt so sehr geliebt, dass er seinen einzigen Sohn hingab, damit jeder, der an ihn glaubt, nicht zugrunde geht, sondern das ewige Leben hat. Denn Gott hat seinen Sohn nicht in die Welt gesandt, damit er die Welt richtet, sondern damit die Welt durch ihn gerettet wird.

aus dem Evangelium nach Johannes 3, 16–17

Damit kommt Frauen in der Jesus-Geschichte eine herausragende Bedeutung zu, die ihnen in der späteren Kirche nicht mehr zugestanden wurde. Auffällig häufig wird in den Evangelien *Maria von Magdala* (fälschlich »Magdalena«) genannt. Ihren Beinamen hat sie von ihrem Herkunftsort am See Gennesaret. Sie war Jesus in Liebe zugetan, weil er sie von sieben Dämonen befreit, d. h. von einer schweren Krankheit geheilt hatte. Die vielleicht schönste Auferstehungsgeschichte ist mit ihrem Namen verbunden. Danach weinte sie am Grab Jesu, bis sie ihn in Gestalt eines Gärtners sah, ohne ihn gleich zu erkennen. Sie fragt den Unbekannten, ob er den Leichnam Jesu fortgebracht habe. Als der Auferstandene sie mit ihrem Namen »Maria« anspricht, weiß sie Jesus in ihrer Nähe und ist tief beglückt (Joh 20, 11–18). Fälschlicherweise wird sie häufig mit der öffentlichen Sünderin identifiziert, die Jesus bei einem Essen im Haus eines Pharisäers die Füße salbte und küsste und damit den Unwillen des Gastgebers erregte (Lk 7, 36–50). Jesus nimmt sie ganz unkonventionell in Schutz. Übrigens ist diese Begebenheit ein ebenso gutes Beispiel für den verständnisvollen Umgang Jesu mit Frauen wie seine wirkungsvolle Verteidigung einer Ehebrecherin (Joh 8, 1–11; → S. 4 f.) oder sein offenes Gespräch mit einer Frau aus Samaria (Joh 4,1 f.). Er hat auch manches von den Frauen gelernt (Mk 7, 24–30).

- Besondere Zuneigung hatte Jesus auch für *Kinder*. Einmal wollten die Jünger Kinder von ihm fernhalten, weil sie befürchteten, sie könnten Jesus stören. Da wurde er unwillig und forderte sie auf die Kinder zu ihm kommen zu lassen. Er brachte bei diesem Anlass die Kinder sogar mit seiner Reich-Gottes-Botschaft zusammen. »Wer das Reich Gottes nicht annimmt wie ein Kind, wird nicht hineingelangen« (Mk 10, 13–16). Damit spielt er nicht naiv auf das an, was man oft »kindliche Unschuld« nennt. Kinder sind ihm darin beispielhaft, dass sie ohne eigene Leistung ganz selbstverständlich auf die Liebe und Hilfe ihrer Eltern zählen.

• In *Streitgesprächen* mit den Pharisäern zeigte Jesus oft eine überlegene Souveränität, die ihn zu überraschenden Antworten befähigte. Oft hat er mit seinen einprägsamen Formulierungen alte Stereotypen überwunden und kritische Situationen gemeistert. Als man ihm einmal den Vorwurf macht, dass seine Jünger mit ungewaschenen Händen ihre Mahlzeit einnehmen und somit gegen die alte Überlieferung verstoßen, stellt er das Prinzip auf: Nichts, was von außen in den Menschen hineinkommt, kann ihn unrein machen, sondern was aus dem Menschen herauskommt (d. h. aus seinem Herzen und Geist), das macht ihn unrein (Mk 7, 15). Ein andermal stellt man ihm eine Falle, indem man ihn fragt, ob es einem Juden erlaubt sei, dem römischen Kaiser Steuern zu zahlen. Antwortet er mit »Ja«, werden ihn die Juden ablehnen, antwortet er mit »Nein«, kann man ihn bei den Römern denunzieren. Da lässt er sich eine römische Münze geben, der das Bild des Kaisers eingeprägt ist. Indem er auf sie hinweist, antwortet er: »Gebt dem Kaiser, was dem Kaiser gehört, und Gott, was Gott gehört« (Mk 12, 13–17). Mit dieser Antwort war er nicht in die Falle getappt, sondern setzte alle Anwesenden, wie so oft, in großes Erstaunen.

• Jesus hat oft vom *Ende der Zeit* gesprochen. Das *Gericht Gottes* ist für ihn die Kehrseite seiner Heilszusage. Wer Gottes Angebot ausschlägt, verfällt dem Gericht. Bei dieser Thematik steht Jesus auffällig stark in der Vorstellungswelt der jüdischen *Apokalyptik* (→ S. 20). In einer apokalyptische Redekomposition (Mk 13) kündigt er den Untergang Jerusalems, das Ende der Welt und das Kommen des Menschensohnes an. In diesem sah man zuerst eine himmlische Endzeitgestalt (Dan 7, 13), später Jesus selbst. Jesus ist davon überzeugt, dass das Ende nahe bevorsteht und noch in der Generation der damals Lebenden eintritt, wenn auch keiner den Tag und die Stunde genau kennt, nicht einmal Jesus selbst, sondern nur sein Vater. Er fordert alle auf wachsam zu sein, damit sie das Ende nicht unvorbereitet trifft. – Die *Naherwartung* Jesu hat sich nicht erfüllt. Das Reich Gottes ist nicht so schnell gekommen, wie er es erwartet hatte. Die Christen mussten sich schon bald auf einen längeren Zeitraum bis zum Eintreffen der letzten Ereignisse einstellen. Im Johannesevangelium finden sich Äußerungen, dass das Gericht Gottes nicht in Zukunft kommt, sondern schon gegenwärtig ist (5, 24).

• In den neutestamentlichen Schriften wird Jesus nicht nur mit seinem Namen »Jesus von Nazaret« genannt, sondern er erhält auch ganz ungewöhnliche *Würdenamen und Hoheitstitel*, die teilweise aus der Umwelt Jesu stammen, in ihrer Anwendung auf Jesus aber auch eine neue Bedeutung erhalten. Sie sind Kurzformeln des christlichen Glaubens an Jesus.

(1) Der wohl wichtigste Titel Jesu ist *»Christus«* (hebr. »Messias«; → S. 12). Er besagt, dass Jesus der endzeitliche Heilbringer ist, der in den Schriften Israels verheißen ist. Dabei ist zu beachten, dass die messianischen Vorstellungen des Judentums, die innerhalb und außerhalb der Bibel nachweisbar sind, sehr komplex sind und im Judentum selbst verschieden gedeutet wurden. Nach einer verbreiteten Auffassung wird der Messias der Sohn Davids sein, das Königtum Gottes bringen, Israel als heiliges Volk neu versammeln und den Völkern Gerechtigkeit und Frieden bringen. Aber er wird auch die Feinde Israels wie Töpfergeschirr vernichten

---

Jesu erster Blick – nicht Sünde, sondern Leid

Jesu erster Blick galt nicht der Sünde der Anderen, sondern dem Leid der Anderen. Und die Sünde war ihm Verweigerung der Teilnahme am Leid der Anderen, war ihm Weigerung über den Horizont der eigenen Leidensgeschichte hinauszudenken, war ihm, wie das Augustinus (→ S. 94 f.) nennen wird, »Selbstverkrümmung« des Herzens, Auslieferung an den heimlichen Narzissmus unserer Herzen.

Johann Baptist Metz (geb. 1928), katholischer Theologe (→ S. 88; 137 f.)

---

und in die Flucht schlagen. Mit diesen Vorstellungen konnte sich Jesus wohl nur teilweise identifizieren. Auch seine Freunde, die ihn als »Messias« bekannten (Mt 16, 16), konnten nicht alle Elemente dieser jüdischen Messiaserwartung auf ihn beziehen. Ob er sich selbst jemals so bezeichnet hat, ist umstritten. Wenn er es nicht tat, mag ihn die Sorge geleitet haben, sein Anspruch könne bei den Zeitgenossen falsche Erwartungen im Kampf gegen die Römer erwecken. Wenn sich der Messias/ Christus-Titel für ihn schließlich aber doch durchsetzte, so knüpfte das Neue Testament an wichtige jüdische Vorstellungen an. Es war ein Zeichen dafür, dass die Christen die Kontinuität zwischen Israel und der Kirche wahrten. Dies ging allerdings nicht ohne eine christliche Neuinterpretation des Titels, die nun alles und nur alles auf den Messias bezog, was mit Jesus geschehen war. Je mehr sich das Christentum vom Judentum entfernte, umso mehr verblasste der ursprüngliche Sinn des Messiastitels. Für viele Christen ist er in der Bezeichnung »Christus« nicht mehr erkennbar. »Christus« ist für sie nichts als ein Name.

(2) Der häufigste Würdenamen Jesu ist *»Sohn Gottes«*. So konnten in der heidnischen Antike Pharaonen, Könige, Halbgötter sowie berühmte Ärzte und Philosophen genannt werden. Manche galten tatsächlich als Kinder von Göttern, die sich menschliche Frauen genommen hatten. Auch im Judentum war diese Bezeichnung keine Seltenheit. Hier wurden der König, der Messias, das ganze Volk Israel, später auch jeder Fromme »Sohn Gottes« genannt. Der Sohn Gottes stand in einem besonders engen Verhältnis zu Gott und war von Gott erwählt. Dabei war der Gedanke an eine biologische Abstammung völlig ausgeschlossen. Wenn Jesus in der Bibel »Sohn Gottes« genannt wird, liegt diese Benennung zunächst ganz im Rahmen der jüdischen Tradition. Allerdings erhält sie bei ihm mehr und mehr den Charakter des Einmaligen und Ungewöhnlichen (Mt 11, 27), vor allem, wenn er im Johannesevangelium nur noch »der Sohn« genannt wird (Joh 17, 1), dessen Verhältnis zum »Vater« einzigartig ist.

(3) Der *»Menschensohn«* wird in der jüdischen Apokalyptik (→ S. 20) erstmals erwähnt (Dan 7, 13). Hier ist er ein himmlisches Wesen, das vor aller Zeit bei Gott existiert und am Ende der Tage auf den Wolken des Himmels erscheint, um über die Völker Gericht zu halten. Die Evangelien zitieren gelegentlich diese Traditionen (Mk 13, 26), wobei jedoch offen bleibt, ob mit dieser Gestalt das apokalyptische Wesen oder Jesus selbst gemeint ist. Manchmal scheint sich Jesus mit dem »Menschensohn« zu identifizieren (Joh 3,13). Oft nehmen die Evangelien aber auch eine gründliche Neuinterpretation dieses Hoheitstitels vor, wenn Jesus nun als der »Menschensohn« ein Freund der Zöllner und Sünder ist (Mt 11, 19), in der Welt heimatlos und unbehaust lebt (Mt 8, 20), Sünden vergibt (Mk 2, 10), über den Sabbat gebietet (Mk 2, 27) und misshandelt wird und sterben muss (Mk 8, 31).

(4) Einmal wird Jesus auch *»Immanuel«* genannt (Mt 1, 23). Der Name bedeutet »Mit uns ist Gott«. Er bezieht sich auf eine Szene des Ersten Testaments, wo der Prophet Jesaja dem König Ahas einen Sohn ankündigt, der Emmanuel heißen wird (Jes 7, 14). Christen waren immer davon überzeugt, dass dieser Name in guter Weise Jesus charakterisiert.

(5) Andere Titel Jesu sind *»Erlöser«*, *»Retter«* und *»Heiland«*. Sie kommen schon in der nichtjüdischen Antike vor und bezeichnen dort Götter, Heroen und Herrscher, die den Menschen Gutes tun, Gefangene frei lassen und eine bessere Zeit herbeiführen. Im Alten Testament ist Gott selbst der »Heiland« der Menschen (Jes 41, 14). Wenn Jesus so genannt wird (Lk 2, 11; Joh 4, 42), liegt das Bekenntnis vor, dass mit ihm neue Zeit beginnt, in der Gewalt keinen Platz mehr haben darf und Sünde und Tod am Ende besiegt werden.

Die Kreuzigung

Den umfangreichsten Teil des Evangeliums bildet die *Passionsgeschichte*, die vom Prozess Jesu, seiner Verurteilung und Kreuzigung handelt. Auch sie liegt in vierfacher unterschiedlicher Fassung vor (Mt 26–27; Mk 14–15; Lk 22–23; Joh 18–19). Hier wird ausführlicher und

Jesus Christus, der Gekreuzigte, steht im Mittelpunkt des Christentums. Sein Tod war Konsequenz seines Lebens, in dem er die Frohe Botschaft von Gottes Liebe verkündete und sich für die Armen und Entrechteten einsetzte. Der Glaube der Christen sieht das Kreuz nicht isoliert, sondern im Licht der Auferstehung. Für seine Anhänger ist Christus selbst das »Licht der Welt« (→ S. 61; 82; 133).

Die Seiten zeigen zwei unterschiedliche Darstellungen aus Vergangenheit und Gegenwart.

Rembrandt (1606–1669): Die drei Kreuze, Radierung, 1653.

Rechte Seite: Arnulf Rainer (geb. 1929): Christus, Ölkreide auf Foto, 1985 (→ S. 3).

zusammenhängender erzählt, als es sonst in den Evangelien üblich ist. Verständlicherweise hatten die Christen großes Interesse daran, die Erinnerung an den Tod Jesu festzuhalten, weil er für sie nicht nur ein historisches Datum, sondern das Ereignis des Heils ist, das zusammen mit der Botschaft von der Auferstehung Jesu im Mittelpunkt ihres Glaubens steht.

Der Schauplatz des Geschehens ist nicht mehr das provinzielle Galiläa, sondern die heilige Stadt Jerusalem. Möglicherweise ging Jesus an diesen für das Judentum so wichtigen Ort, um hier eine endgültige Entscheidung für oder gegen sich zu erwirken. Bei seinem Einzug in die Stadt wurde er von dem Volk als Messias begeistert begrüßt (Mk 11, 1–11). Aber er wird auch vorausgesehen haben, dass es hier zu einer für ihn gefährlichen Auseinandersetzung kommen könnte. Jedenfalls konnte er nicht ausschließen, dass sich hier das Scheitern seines Wirkens in Israel zeigen werde. Tatsächlich überstürzten sich die Ereignisse in Jerusalem, die so rasch zu seinem Tod führten.

Das *Markusevangelium* bewahrt die älteste Passionserzählung auf, die schon kurz nach dem Tod Jesu in den Gemeinden in Umlauf kam. Danach fasste der Hohe Rat zwei Tage vor dem jüdischen Pesachfest den Beschluss Jesus zu töten. Judas Iskariot, einer von den Zwölfen, war bereit ihn zu verraten und dem Hohen Rat zu überliefern. Noch bevor es dazu kam, feierte Jesus mit seinen Jüngern nach alter jüdischer Tradition das *Pesachfest*. Als sie zu Tisch saßen, sprach er über das Brot, das er ihnen reichte, die Worte: »Nehmt! Das ist mein Leib.« Dann nahm er den Kelch mit dem Wein und sagte: »Das ist mein Blut, das Blut des Bundes, das für viele vergossen wird.« Die Erinnerung an dieses letzte Mahl Jesu lebt in der Christenheit in der Feier der Eucharistie/des Abendmahles fort.

Nach dem Mahl ging Jesus mit seinen Jüngern zum *Ölberg*, wo er den Jüngern sein Leiden voraussagte und dem Petrus ankündigte, dass dieser ihn in der Nacht dreimal verleugnen werde. Bei dem Grundstück *Getsemani* entfernte er sich von seinen Jüngern und rief Gott mit dem Wort »Abba« an, das Kinder liebevoll für ihren Vater brauchen, und bat ihn diesen Kelch an ihm vorübergehen zu lassen. Zugleich zeigte er sich bereit seinen eigenen Willen zurückzunehmen und das anzunehmen, was nach dem Willen Gottes nun geschehen sollte. Als er nach diesem Gebet zu seinen Jüngern zurückkam, fand er sie schlafend. Dieselbe Szene wiederholte sich noch zweimal. Während er seinen

Jüngern noch sagte, dass er nun den Sündern ausgeliefert werde, kam *Judas* mit einer Schar von Männern, die mit Schwertern und Knüppeln bewaffnet waren. Sie waren von den Hohenpriestern und Schriftgelehrten geschickt worden. Judas hatte mit ihnen vereinbart, dass der, den er küssen werde, Jesus sei. Und so ging er auf Jesus zu und küsste ihn. Da ergriffen sie Jesus und nahmen ihn fest. Einer aus der Begleitung Jesu zückte ein Schwert und schlug dem Diener des Hohenpriesters ein Ohr ab. Jesus aber sagte zu denen, die ihn verhafteten, sie seien gegen ihn wie gegen ein Räuber ausgezogen. Niemand habe ihn verhaftet, als er im Tempel gelehrt habe. Jetzt gehe die Schrift in Erfüllung.

Man machte ihm nun einen doppelten *Prozess*. Zuerst wurde er zum jüdischen *Hohenpriester* geführt, der mit Schriftgelehrten und Ältesten zusammen war. Sie bemühten sich um Zeugenaussagen gegen Jesus,fanden aber keine, die übereinstimmten. Vor allem spielte bei den Zeugen ein Wort Jesu gegen den Tempel eine Rolle. Er habe gesagt: »Ich werde diesen von Menschen erbauten Tempel niederreißen und in drei Tagen einen neuen errichten.« Aber auch hier stimmten die Äußerungen nicht überein. Da stand der Hohepriester auf und fragte Jesus, was er dazu zu sagen habe. Jesus aber schwieg. Sodann stellte der Hohepriester feierlich die entscheidende Frage: »Bist du der Messias, der Sohn des Hochgelobten?« Diese Frage beantwortete Jesus mit dem klaren Bekenntnis: »Ich bin es. Und ihr werdet den Menschensohn zur Rechten der Macht sitzen und mit den Wolken des Himmels kommen sehen (Dan 7,13; Ps 110,1)«. Da zerriss der Hohepriester sein Gewand, verzichtete auf weitere Zeugen, erklärte Jesus der *Gotteslästerung* für schuldig und verkündete, dass er sterben müsse. Einige, die dabei waren, fingen an Jesus zu bespucken, zu schlagen und zu verhöhnen.

In derselben Stunde saß *Petrus* im Hof des Hohenpriesters und wärmte sich. Eine Magd, die ihn sah, warf ihm vor auch zum Gefolge Jesu von Nazaret zu gehören. Petrus aber leugnete und tat so, als wisse er nicht, von was sie rede. Als er kurz darauf noch zweimal auch von anderen Leuten als einer der Jünger des Galiläers identifiziert wurde, stritt er diese Tatsache mit Fluchen und Schwüren wieder ab. Gleich darauf krähte der Hahn. Da erinnerte sich Petrus an die Vorhersage Jesu. Er schämte sich und begann zu weinen.

Inzwischen hatte der Hohe Rat beschlossen Jesus zu fesseln und dem römischen Statthalter *Pontius Pilatus* zu überführen. Der fragte ihn eher in politischer Absicht, ob er der König der Juden sei. Jesus bejahte diese Frage, ging aber auf die anderen Anklagen nicht ein, die aus dem Gefolge des Hohenpriesters vor Pilatus gegen ihn vorgebracht wurden. Das wunderte Pilatus, so dass er nicht gleich entschlossen war Jesus zum Tod zu verurteilen. Entsprechend einem alten Brauch, am Festtag einen Gefangenen zu amnestieren, fragte er die Volksmenge, ob er ihnen Jesus, den König der Juden, freilassen solle. Diese aber, aufgewiegelt von den Hohenpriestern, forderten Pilatus auf Jesus kreuzigen zu lassen und stattdessen den Aufrührer und Mörder Barabbas freizulassen. Um die Menge zufrieden zu stellen, gab Pilatus den Befehl Jesus zu geißeln und zu kreuzigen.

Die Soldaten führten Jesus dann ins Prätorium, wo sie ihn als König verspotteten, indem sie ihm einen Purpurmantel umlegten, eine Dornenkrone aufsetzten und vor ihm niederknieten.

Danach zogen sie ihm seine Kleider wieder an und führten ihn hinaus zur Kreuzigung. Auf dem Weg zwangen sie Simon von Zyrene sein Kreuz zu tragen. Sie kamen an einen Ort namens *Golgota* (d. h. »Schädelstätte«), wo sie Jesus um die dritte Stunde (ca. 9 Uhr morgens) kreuzigten. Man reichte ihm mit Myrrhe gemischten Wein (zur Betäubung?), er aber trank nicht. Die Soldaten würfelten um seine Kleider. Eine Inschrift zeigte seine Schuld an: »Der König der Juden«. Rechts und links von ihm wurden zwei Räuber gekreuzigt. Diese beiden sowie die Leute und die Hohenpriester verspotteten ihn, dass er sich nicht helfen könne, wo er doch anderen geholfen habe. Als Messias und König von Israel solle er vom Kreuz herabsteigen. Dann könnten sie ihm glauben.

Von der sechsten bis zur neunten Stunde (12–3 Uhr) brach über das ganze Land eine Finsternis herein. Jesus aber rief mit lauter Stimme: »Eloi, Eloi, lema sabachtani?« d. h.: »Mein Gott, mein Gott, warum hast du mich verlassen (Ps 22, 2)?« Einige meinten, er rufe Elija, andere streckten ihm auf einem Stock einen Schwamm mit Essig hin, damit er etwas trinken könne. Dann hauchte Jesus mit einem lauten Schrei seinen Geist aus. Da zerriss der Vorhang des Tempels zu Jerusalem und der Hauptmann unter dem Kreuz sagte: »Wahrhaftig, dieser Mensch war Gottes Sohn.« Bei dem Kreuz standen Maria von Magdala, Maria, die Jakobusmutter, Salome und viele andere Frauen.

Nach dem Tod Jesu ging Josef von Arimathäa, ein vornehmer Ratsherr, zu Pilatus und wagte es, um den Leichnam Jesu zu bitten. Pilatus machte keine Schwierigkeiten, nachdem er sich bei dem Hauptmann vergewissert hatte, dass Jesus wirklich tot war. Josef nahm Jesus vom Kreuz, wickelte den Leichnam in ein Leinentuch und legte ihn in ein Grab. Dann wälzte er einen Stein vor das Grab. Maria von Magdala und die Jakobusmutter Maria beobachteten, wohin der Leichnam gelegt wurde. – Damit endet zunächst die Leidensgeschichte nach Markus.

Die *anderen Passionserzählungen* nach Matthäus und Lukas stützen sich auf das älteste Markusevangelium und ergänzen es in manchen Details. Matthäus erwähnt z. B., dass Pilatus auf Veranlassung der Hohenpriester Wächter am Grab Jesu postieren ließ (27, 62–66). Lukas erzählt noch, wie Jesus auch vor den König Herodes Antipas geführt wird (23, 6–12) und wie weinende Frauen Jesus auf seinem Kreuzweg begegnen (23, 27–31). Beide Evangelien setzen auch andere Akzente. Das gilt in noch höherem Maß für das Johannesevangelium. Die Unterschiede lassen sich an der Darstellung der Kreuzigung Jesu und an den *letzten Worten* Jesu ablesen. Bei Markus und Matthäus stirbt Jesus laut schreiend mit einem jüdischen Gebet der Gottverlassenheit, das seine Ferne und seine Nähe zu Gott in dieser furchtbaren Stunde zum Ausdruck bringt. Im Lukasevangelium stirbt Jesus wie ein vorbildlicher Gerechter, der ein ungerechtes Ende gefunden hat. Hier spricht er drei Worte, die ihn zum Vorbild christlichen Lebens und Sterbens machen. Das Johannesevangelium sieht das Leiden Jesu in einem überirdischen Licht, ihn selbst in großer Souveränität. Es schreibt dem Gekreuzigten drei völlig andere Worte zu. Hier ist der Tod Jesu seine Herrlichkeit und Erhöhung. Darum gibt es bei

Die sieben letzten Worte Jesu

Die Überlieferung der letzten Worte Jesu am Kreuz ist nicht einheitlich. Bei Markus und Matthäus stirbt Jesus mit einem Wort aus dem 22. Psalm, bei Lukas und bei Johannes gibt es je drei andere Worte Jesu am Kreuz, die seine Sterbestunde in einem anderen Licht deuten. Darunter sind zwei andere Psalmzitate.

»Eloi, Eloi, lema sabachtani?«, das heißt übersetzt: »Mein Gott, mein Gott, warum hast du mich verlassen (Ps 22, 2)?«
(Mk 15, 34; ähnlich auch Mt 27, 46)

»Vater, vergib ihnen, denn sie wissen nicht, was sie tun.«
(Lk 23, 34)

»Amen, ich sage dir: Heute noch wirst du mit mir im Paradies sein.«
(Lk 23, 43)

»Vater, in deine Hände lege ich meinen Geist (Ps 31, 6).«
(Lk 23, 46)

»Frau, siehe, dein Sohn … Siehe deine Mutter.«
(Joh 19, 26 f.)

»Mich dürstet (Ps 22, 16).«
(Joh 19, 28)

»Es ist vollbracht.«
(Joh 19, 30)

Matthias Grünewald (um 1480–1528): Die Kreuzigung Jesu, Isenheimer Altar, Öl auf Holz, um 1512 (→ S. 74). Kein anderer Maler hat je das Leiden des Gekreuzigten so eindringlich dargestellt. Die ganze Gestalt Jesu ist entstellt. Rechts weist mit überlangen Fingern Johannes der Täufer in rotem Prophetengewand auf ihn. Die Inschrift sagt: »Jener muss wachsen, ich aber abnehmen.« Die drei linken Gestalten: der Apostel Johannes; die Mutter Jesu in einem fahlen Totengewand; Maria von Magdala, deren Haar und Kleid allein noch an die Freuden des Lebens erinnern. Das ganze Bild ist in tiefe Dunkelheit gehüllt.

Kreuzigung keine Finsternis der Sonne und keinen Spott der Zuschauer. Jesus ist nun in einem tieferen Sinn der König der Juden. Bei seinem Kreuz stehen nun auch ganz andere Personen. Es sind solche, denen in der Gemeinde Bedeutung zukommt: Maria, die Mutter, und der Jünger, den Jesus liebte (der Typ des christlichen Jüngers?). Er weist sie beide aufeinander hin und führt sie zusammen. Dann bekundet er nicht aus menschlichem Verlangen, sondern »damit die Schrift erfüllt werde«, dass er Durst hat. Er stirbt mit einem siegreichen Wort. So ist das Kreuz nicht das katastrophale Zeichen seines Endes, sondern das triumphale Zeichen seiner Vollendung.

Die *Kreuzigung* war eine der brutalsten Strafen, die die Antike kennt. Wahrscheinlich wurde der Gekreuzigte unbekleidet mit beiden Armen an den Querbalken genagelt, wobei die Nägel nicht durch die Hände, sondern die Handgelenke getrieben wurden. Der Balken wurde dann an dem senkrecht stehenden Pfahl befestigt. Die Füße wurden entweder angebunden oder angenagelt. Ein Sitzpflock unterstützte meist den Körper. Er sollte den Gekreuzigten festhalten und sein rasches Ende verhindern. Die Qualen der Wunden, des Durstes und der Hitze waren furchtbar. Oft trat der Tod nicht infolge von Verblutung, sondern aufgrund von Erschöpfung ein, wenn der Gekreuzigte nicht mehr atmen konnte und erstickte oder wenn sein Kreislauf versagte. Antike Autoren bezeichnen die Kreuzesstrafe als die grausamste und erbärmlichste aller Todesarten. Im Römischen Reich durften römische Bürger nicht gekreuzigt werden. Diese ehrenrührige Strafe war ausschließlich für Fremde und Sklaven reserviert. Zur Zeit Jesu war die Kreuzigung eine typisch römische Strafe, die oft verhängt wurde. Die entsprechende jüdische Strafe wäre die Steinigung gewesen.

Die Passionserzählungen der Evangelien halten viele *historisch gesicherte Daten* fest. Niemand bestreitet gegenwärtig ernsthaft, dass Jesus vor seiner Verurteilung mit seinen Jüngern in Jerusalem das Abendmahl hielt, dass ihm in der Stadt der Prozess gemacht wurde und dass er kurz vor dem Pesachfest auf Veranlassung des römischen Prokurators Pontius Pilatus gekreuzigt wurde.

Andererseits lassen die Evangelien auch viele *Fragen zum historischen Hergang offen*. Unsicherheiten bleiben z. B. bei der exakten Datierung, beim Motiv des Judas für den Verrat und zum genauen Prozessverlauf.

Vor allem wird darüber diskutiert, wo der eigentliche *Grund für die Verurteilung Jesu* gelegen habe. Manche Exegeten nehmen an, der Hohe Rat und die Schriftgelehrten seien gegen ihn eingestellt gewesen, weil er die Thora zu frei ausgelegt und oft scharfe Kritik an den Pharisäern geübt habe. Letztlich sei er wegen seines messianischen Selbstbekenntnisses vor dem Hohen Rat verurteilt worden, wo man ihm auch Gotteslästerung vorwarf. Da der Hohe Rat aber ein Todesurteil nicht vollstrecken durfte, habe man Jesus zu Pilatus überführt und ihm dabei aufwieglerische Tendenzen unterstellt, die allein für Pilatus als todeswürdiges Verbrechen gelten konnten. Dem halten andere entgegen, dass ein messianischer Anspruch bei den Juden nicht als ein todeswürdiges Verbrechen angesehen wurde und dass das Bekenntnis Jesu historisch auch nicht eindeutig gesichert sei. Jesus habe sterben müssen, weil er sich kritisch über den Tempel von Jerusalem geäußert habe, der auch für die Römer ein Symbol für die politische Stabilität im Land war. Hier wurde für den römischen Kaiser öffentlich gebetet. Ein Drohwort gegen den Tempel konnte als der Beginn eines Aufstands angesehen werden und erfüllte für die Behörden juristisch und politisch den Tatbestand der Rebellion (Mk 11, 15–19; 14, 57). Tatsächlich musste sein Anspruch »König der Juden« zu sein Pilatus beunruhigen. Er wird auch als Grund seines Todes auf dem Kreuzestitel genannt. Insgesamt werden religiöse und politische Motive zu seiner Verurteilung geführt haben.

Historisch falsch ist die Tendenz alle *Juden und das jüdische Volk für den Tod Jesu verantwortlich* zu machen. Man kann beobachten, dass in den späteren Evangelien Pilatus mehr und mehr von der Schuld entlastet und die Juden immer mehr belastet werden. Gewiss waren die Hohenpriester bei seiner nächtlichen Verhaftung nicht dabei. Der nicht historische Blutschrei der Juden vor Pilatus »Sein Blut komme über uns und unsere Kinder« (Mt 27, 25) hat in der Geschichte viel Unheil angerichtet, weil er den Christen oft eine fatale Begründung für blutige Verfolgungen der Juden lieferte. Dabei ist an der Verantwortlichkeit des Pilatus für den Tod Jesu nicht zu zweifeln, so sehr er auch dem Hohen Rat willkommen war.

Joseph Beuys (1921–1986): Der Schwamm, Bleistift und Öl auf Papier, 1948/1968.

Die *Glaubensperspektive* der Evangelisten leuchtet an vielen Stellen auf, so wenn sie in wichtigen Situationen Jesus besondere Würdetitel (Messias, Menschensohn, Sohn Gottes) zuschreiben. Indem sie betonen, dass alles »nach den Schriften« geschehe, zeigen sie, dass Jesus nicht durch ein blindes Schicksal überrascht wurde, sondern dass das Geschehen dem Willen Gottes entspricht. Seine Vorhersagen (Tod, Verrat des Petrus) machen deutlich, dass er gewusst hat, was geschehen sollte und dass er alles im Gehorsam gegen Gottes Willen auf sich nahm. Die *Todesstunde* Jesu wird mit drei auffälligen Zeichen beschrieben.

(1) Die *Sonnenfinsternis* über dem ganzen Land ist ein apokalyptisches Bild für das Eintreten der Endzeit und des Gerichts.

(2) Mit dem Zerreißen des Vorhangs im Allerheiligsten des *Tempels*, das nur der Hohenpriester betreten durfte, steht der Weg zu Gott nun allen Menschen offen. Der Jerusalemer Tempelkult verliert seine Bedeutung. An seine Stelle tritt das *Kreuz*.

(3) Ausgerechnet der *römische Hauptmann*, der die Hinrichtung Jesu durchgeführt hatte, spricht als erster Mensch aus, wer Jesus wirklich ist: der Sohn Gottes.

- Die unterschiedlichen Intentionen der Evangelien lassen sich an der Getsemani-Szene leicht herausarbeiten: Mt 26, 36–46; Mk 14, 32–42; Lk 22, 40–42; Joh 18, 1–11.
- Was das Kreuz den Christen bedeutet: Mk 8, 34; Röm 5, 8–11; 1 Kor 1, 18–23.

Auferstanden von den Toten

Die Nachricht, von der das ganze Neue Testament lebt, lautet: Der gekreuzigte Jesus wurde von Gott auferweckt und lebt. Kreuz und Auferstehung gehören untrennbar zusammen, die Auferstehung deutet das Kreuz Jesu. Sie nimmt ihm seine Anstößigkeit und Schande. Durch sie wird der Tod Jesu zu einem Heilsereignis. Ohne den Auferstehungsglauben gäbe es keine Passionserzählung. Um der Auferstehung willen wurden auch die anderen Begebenheiten des Lebens Jesu erzählt, im Glauben daran entstanden die ersten Gemeinden und die neutestamentlichen Schriften. Bis heute kann man die Christenheit als die Gemeinschaft definieren, die glaubt, dass Gott den gekreuzigten Jesus auferweckt und so seinen Anspruch bestätigt und seine Botschaft beglaubigt hat.

- Das *älteste Zeugnis* der Auferstehung Jesu findet sich im 1. Brief des Paulus an die Korinther. Er verkündet es als »Evangelium« und sagt ihnen, dass darin ihr »Heil« liege (1 Kor 15, 1–3) und ihre Hoffnung begründet sei, auch selbst mit ihm auferweckt zu werden (1 Kor 15, 12 f.). Vor allem enthält der Text eine alte Liste der Zeugen, denen Jesus nach seinem Tod erschienen ist.
- Auch in den anderen Büchern des Neuen Testaments finden sich oft alte, meist kurze *Glaubenssätze* über die Auferstehung, die wohl aus der kirchlichen Glaubensunterweisung und Liturgie stammen.
- Die bekanntesten Texte über die Auferstehung Jesu bilden jeweils den Abschluss der vier *Evangelien*. Sie sind nicht die ältesten biblischen Zeugnisse für diesen Glauben, sondern die jüngsten. Für sie gilt vor allem, dass sie keine Reportagen der Auferstehung sind, sondern Glaubenszeugnisse. Sie entstanden wohl, weil die Gemeinden über die Auferstehung mehr hören wollten als nur die Feststellung, er sei auferstanden. In den Evangelientexten ist von der Auferstehung ausführlicher die Rede. Sie erzählen erstmals konkreter über Ereignisse nach dem Tod Jesu. Ältere Aussagen vom leeren Grab Jesu und von seinen Erscheinungen werden hier veranschaulicht. Manche Einzelheit über die Vorgänge in den Ostertagen mag sich auf Erinnerungen stützen und somit auch historisch von Wert sein. Weitgehend sind die Aussagen aber eher legendarische Ausmalungen oder theologische Deutungen, deren Verwendung schon deshalb nahe lag, weil die Auferweckung als ein Ereignis, das Raum und Zeit überschreitet, in historischen Kategorien nicht fassbar ist. Das zeigt z. B. die Angabe, Jesus sei »am dritten Tag« auferstanden (1 Kor 15, 4). Sie bezeichnet in der Bibel kein kalendarisches Datum, sondern den Augenblick, in dem Gott wirkt und Heil schafft (Hos 6, 2).

In manchen Details beschreiben die Evangelien das, was sie glauben, in der *apokalyptischen* Bild- und Symbolsprache ihrer Zeit (→ S. 50 f.), in der die Erwartung lebendig war, das Ende der Welt und das Gericht Gottes seien nahe. Engel, himmlische Gestalten (»Menschensohn«) und Aufsehen erregende Wunder, z. B. Sonnenfinsternis oder Erdbeben leiteten dort das Ende ein. Auch die Auferstehung der Toten gehörte zu den apokalyptischen Vorstellungen. Sie betrifft die irdische und himmlische Welt und ist ein Achsenereignis der Geschichte, weil sie zugleich das Ende der bisherigen Weltzeit (»Äon«) und den Beginn der endgültigen Heilszeit Gottes anzeigt. Wenn die Evangelisten auch von diesen apokalyptischen Vorstellungen beeinflusst waren, so haben sie ihnen gegenüber doch auch Reserven gehabt. Im Zentrum ihres Glaubens steht nun nicht eine himmlische

Gestalt, sondern eine historische Person: Jesus von Nazaret. Eine allzu genaue Ausmalung der endzeitlichen Ereignisse, wie sie in Apokalypsen der damaligen Zeit üblich waren, gibt es in den Evangelien nicht. Bezeichnenderweise wird die Auferweckung selbst an keiner Stelle detailliert beschrieben. Die Texte wissen von keiner Lichtgestalt, die sich im Dunkel der Nacht zum Himmel hin bewegt. Was mit den Mitteln der Sprache nicht zu beschreiben ist, haben die Evangelisten nicht in Worte zu fassen versucht. Sie wussten, dass sich die Auferweckung Jesu als ein Werk Gottes allen Vorstellungen entzieht. Phantasievolle Veranschaulichungen der Auferweckung Jesu waren späteren Schriften (→ S. 52) und Bildern der Kunst vorbehalten.

Die kürzeste Erzählung findet sich im *Markusevangelium*. Danach kamen am ersten Tag der Woche, als der Sabbat vorüber war, die drei Frauen, die schon bei der Kreuzigung Jesu dabei waren, zum Grab, um den Leichnam Jesu mit wohlriechenden Ölen einzubalsamieren. Sie fragten sich, wer ihnen wohl den schweren Stein vom Grab wegwälzen würde. Als sie hinschauten, sahen sie, dass der Stein bereits weggewälzt war. Sie gingen in das Grab und sahen dort einen jungen Mann in einem weißen Gewand sitzen, vor dem sie erschraken. Er aber versuchte sie zu beruhigen und verkündete ihnen die Botschaft von der Auferstehung Jesu. Da verließen sie das Grab voller Schrecken und flohen. Weil sie Furcht ergriff, sagten sie (zunächst) niemandem etwas davon (16, 1–8).

Die letzten Verse des Evangeliums (16, 9–20) sind erst im 2. Jahrhundert hinzugefügt worden, weil man den Schluss des Evangeliums, der von der Furcht der Frauen handelt, als unbefriedigend ansah. In diesem angehängten Text sind einige Perikopen der anderen Evangelien zusammengefasst.

Das Matthäusevangelium (28) beendet die Erzählung von den Frauen am Grab mit dem Hinweis, dass sie voll Furcht und großer Freude waren und zu den Jüngern liefen, um diesen die Botschaft zu verkünden. Es erzählt allein davon, dass es am Grab Wächter gab, die sich von den Hohenpriestern bestechen ließen und überall vermeldeten, der Leichnam Jesu sei von seinen Jüngern gestohlen worden. Die letzte

Das älteste Zeugnis

Im Jahr 56/57 entwickelt Paulus eine ausführliche Theologie der Auferstehung Jesu. Am Anfang geht er auf die Erscheinungen des Auferstandenen ein, ohne allerdings die Frauen zu erwähnen, die in den Evangelien genannt werden (Mk 16, 1; Joh 20, 11–18). Das Versäumnis erklärt sich vielleicht daraus, dass Frauen damals als offizielle Zeugen nicht in Frage kamen. Daher müsste die wichtige Liste der Zeugen, die Paulus hier bietet, noch ergänzt werden.

Denn vor allem habe ich euch überliefert, was auch ich empfangen habe: Christus ist für unsere Sünden gestorben, gemäß der Schrift, und ist begraben worden. Er ist am dritten Tag auferweckt worden, gemäß der Schrift, und erschien dem Kephas (Petrus), dann den Zwölf. Danach erschien er mehr als 500 Brüdern zugleich; die meisten von ihnen sind noch am Leben, einige sind entschlafen. Danach erschien er dem Jakobus, dann allen Aposteln. Als letztem von allen erschien er auch mir.

aus dem 1. Brief des Paulus an die Korinther 15, 3–8

Matthias Grünewald (um 1480–1528): Auferstehung Christi, Isenheimer Altar, Öl auf Holz, um 1512. Das Grab ist aufgebrochen, die Wächter liegen am Boden. Die Wundmale Christi erstrahlen wie Edelsteine. Sein Haupt wird mit dem Glanz der Sonne und des Regenbogens eins. Die Nacht wird durch ihn hell. Das Bild ist keine realistische Darstellung, sondern ein Symbol: Der Tod ist überwunden (→ S. 71).

Der Auftrag des Auferstandenen

Die letzten Worte des auferstandenen Jesus am Ende des Matthäus-evangeliums lauten:

Mir ist alle Macht gegeben im Himmel und auf der Erde.
Darum geht zu allen Völkern
und macht alle Menschen zu meinen Jüngern;
tauft sie auf den Namen des Vaters
und des Sohnes
und des Heiligen Geistes,
und lehrt sie, alles zu befolgen,
was ich euch geboten habe.
Seid gewiss: Ich bin bei euch alle Tage bis
zum Ende der Welt.

aus dem Evangelium nach Matthäus 28, 18–20

Erscheinung Jesu erfolgt vor elf Jüngern auf einem Berg in Galiläa, der an den Sinai und den Berg der Lehre (»Bergpredigt«) erinnern kann. Hier gibt der Auferstandene ihnen seinen universalen Sendungsbefehl. Sie sollen alle Menschen zu seinen Jüngern machen und taufen.

Das Sondergut des *Lukasevangeliums* (24) ist noch umfangreicher und ganz auf das Geschehen in und um Jerusalem bezogen. Lukas allein erzählt, wie zwei Jünger am ersten Tag der Woche nach dem Tod Jesu in das Dorf Emmaus nahe bei Jerusalem gingen. Unterwegs kam Jesus zu ihnen, ohne dass sie ihn zuerst erkannten. Sie sprachen zu ihm vom Tod Jesu, durch den sie so erschüttert waren, dass sie alle Hoffnung verloren hatten. Der Fremde zeigte sich darüber erstaunt, legte ihnen die Schrift aus und erklärte, dass alles, was mit dem Messias geschehen war, geschehen musste. Nur so konnte er in seine Herrlichkeit gelangen. Als sie in das Dorf kamen, baten die beiden den Fremden, bei ihnen zu bleiben, weil es schon Abend wurde. Bei Tisch nahm er das Brot und gab es ihnen. Beim Brotbrechen erkannten sie ihn. Danach entschwand er ihren Blicken. Nun wussten sie, dass Jesus mit ihnen war und dass er auferstanden war. Sie kehrten alsbald nach Jerusalem zurück und verkündeten dieses Ereignis den anderen Jüngern. Dort erschien Jesus in ihrer Mitte und aß vor ihren Augen ein Stück Fisch, um ihnen zu beweisen, dass er nicht ein Geist, sondern er es selbst, ein Wesen aus Fleisch und Blut sei. Schließlich führt Jesus seine Jünger nach Betanien, wo er zum Himmel emporgehoben wurde. Diese »Himmelfahrt« war keine Reise durch Raum und Zeit. Sie ist ein Bild für die Entrückung Jesu zu Gott.

In einem nochmal anderen Licht sieht das *Johannesevangelium* (20) die Auferstehung. Allein der vierte Evangelist erzählt, wie Petrus und der geliebte Jünger am frühen Ostermorgen zum Grab laufen; er allein kennt die Erzählung von der ersten Erscheinung Jesu vor Maria von Magdala, er allein erwähnt den ungläubigen Thomas, der nicht glauben will, was er nicht gesehen hat. Diesem sagt der Auferstandene, was für alle Christen gilt, die keine Erscheinungen Jesu haben: »Selig die Augen, die nicht sehen und doch glauben« (20, 29). Im letzten Kapitel des Evangeliums (21) erhält Petrus von dem Auferstandenen den Auftrag seine Herde zu weiden. Das Evangelium schließt mit den Worten: »Wenn man alles (über Jesus) aufschreiben wollte, so könnte, wie ich glaube, die ganze Welt die Bücher nicht fassen, die man schreiben müsste« (21, 25).

Vergleicht man die Erzählungen der Evangelien miteinander, stößt man auf einige *Widersprüche*. Sie betreffen die Zahl der Frauen, die in der Frühe zum Grab kamen, die Zahl der Engel (Jünglinge), die im leeren Grab saßen, die Worte der Frauen und Engel oder die Orts- und Zeitangaben. Aber alle Evangelien *stimmen darin überein*: Der Gekreuzigte lebt. Er ist auferstanden. Das Grab Jesu war am Ostermorgen leer. Einige Frauen und Aposteln haben ihn gesehen und mit ihm gesprochen.

- Was macht es für einen Unterschied, wenn das Neuen Testament manchmal von der »Auferweckung« Jesu, z. B. 1 Kor 15, 4, manchmal von seiner »Auferstehung«, z. B.: Mk 16, 6, spricht?
- Christliche Bekenntnisformeln von der Auferstehung/Auferweckung Jesu, die wahrscheinlich älter sind als die erzählenden Evangelientexte: Apg 2, 24; 2, 32, 3, 15; Röm 1, 4; 6, 4; 8, 11.34; 10, 9; Eph 1, 20; Phil 2, 6–11; 3, 10
- Eine kleine Theologie der Auferstehung Jesu und ihrer Bedeutung für die Christen: 1 Kor 15. Ergänzen Sie dazu die theologischen Ausführungen von Röm 6, 1–11
- Die Auferstehung Jesu ist als ein geschichtsübergreifendes Ereignis einer historischen Beweisführung nicht zugänglich. Warum ist sie für Christen dennoch glaubwürdig?
- Welche Schwierigkeiten, welche Chancen hat der christliche Auferstehungsglaube in der heutigen Welt?

Der Gerechte am Kreuz

Schon im 4. Jahrhundert vC hat der griechische Philosoph Platon in einem seiner Hauptwerke »Der Staat« ein erstaunliches Wort über die Kreuzigung gesagt. Christen haben darin später eine heidnische Prophezeiung gesehen.

Ein Gerechter von solcher Art wird gegeißelt, gefoltert, gefesselt, geblendet, schließlich nach all diesen Leiden gekreuzigt werden.

Platon (427–347 vC), griechischer Philosoph
aus der »Politeia« (d. h. »Staat«) 2. Buch, 5. 361

Ein Märtyrer der Liebe

Friedrich Nietzsche, einer der schärfsten Kritiker des Christentums (→ S. 14; 87 f.), hat über Jesus so geurteilt:

Es ist möglich, dass unter der heiligen Fabel und Verkleidung von Jesu Leben einer der schmerzlichsten Fälle vom Martyrium des Wissens um die Liebe verborgen liegt:das Martyrium des unschuldigsten und begehrendsten Herzens, das an keiner Menschen-Liebe je genug hatte, das Liebe, Geliebt-werden und nichts außerdem verlangte, mit Härte, mit Wahnsinn, mit furchtbaren Ausbrüchen gegen die, welche ihm Liebe verweigerten; die Geschichte eines armen Ungesättigten und Unersättlichen in der Liebe, der die Hölle erfinden musste, um die dorthin zu schicken, welche ihn nicht lieben wollten, – und der endlich, wissend geworden über menschliche Liebe, einen Gott erfinden musste, der ganz Liebe, ganz Lieben-können ist, – der sich der Menschen-Liebe erbarmt, weil sie gar so armselig, so unwissend ist! Wer so fühlt, wer dergestalt um die Liebe weiß –, sucht den Tod.

Friedrich Nietzsche (1844–1900), deutscher Philosoph

Chiffre des Menschseins

Karl Jaspers, einer der Hauptvertreter der deutschen Existenzphilosophie, hat gezeigt, dass alles, was wir erkennen, im Rahmen eines Horizonts erkennbar wird, den er das »Umgreifende« nennt. Was alle endlichen Horizonte des Menschen und der Welt übersteigt, ist das totale Umgreifende, die Transzendenz. Es gibt in der Welt Situationen und Personen, die zu Chiffren des Umgreifenden werden und Transzendenz erfahrbar machen. Zu ihnen gehört Jesus, den er mit Buddha, Sokrates und Laotse auch zu den »maßgeblichen Menschen« zählt. An ihnen zeigt sich, wie menschliches Leben sinnvoll wird. Die christliche Deutung Jesu als göttliche Person und die säkulare Deutung Jesu als Rebell und Revolutionär lehnt Jaspers ab.

Für Jesus, den letzten jüdischen Propheten, ihnen verbunden, schwanden dahin der nationale Gedanke, der Gesetzesgedanke, die Organisation von Priestern und Riten, Theologien wurden gleichgültig.
Juden, die an Ungerechtigkeit unendlich Leidenden, die immer wieder Verfolgten, Gequälten, Gemarterten und

Pablo Picasso (1881–1973): Kreuzigung, Pinsel und Tusche auf Papier, 4.10.1932.

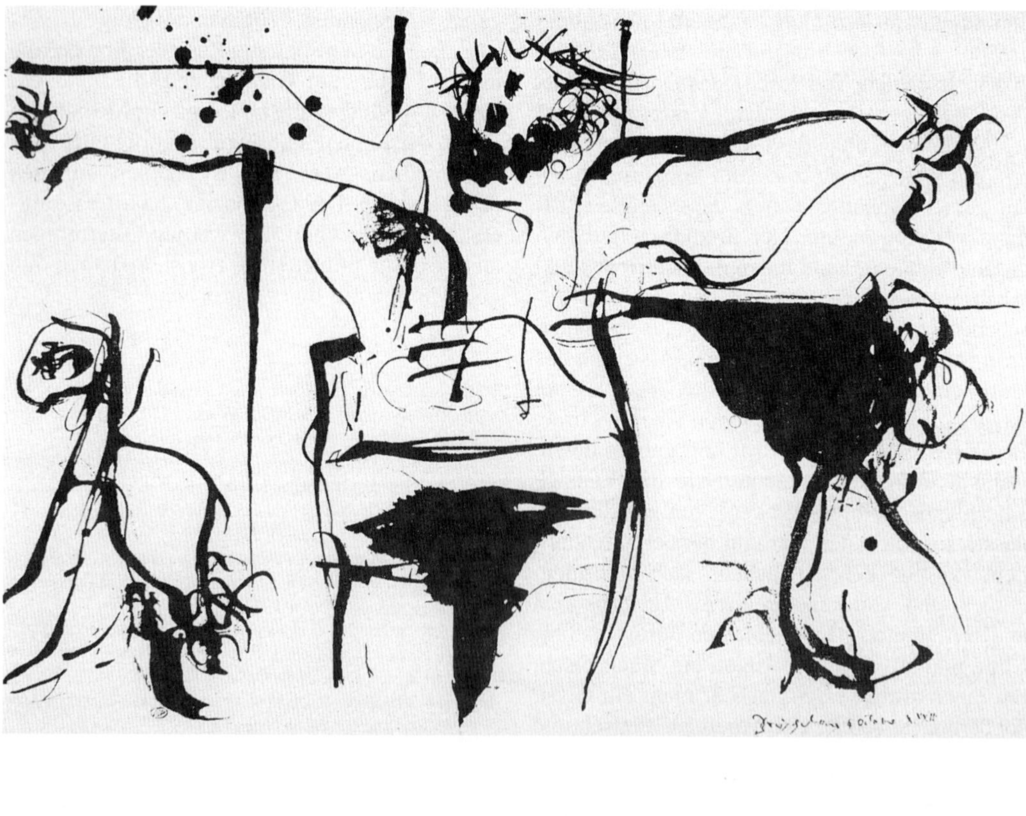

Erschlagenen, die, im Bund mit Gott, in Resten sich doch immer behaupteten, allein kraft ihres Glaubens, ein Wunder der Geschichte, haben in Jesus ihre große, menschliche, sie gleichsam vertretende Gestalt hervorgebracht. Sie vertritt das Menschenschicksal und das jüdische Schicksal in einem.

Jesus als Mensch ist eine Chiffre des Menschseins, die sagt: Wer wie er lebt und denkt und wahr ist ohne Einschränkung, muss durch den Menschen sterben, weil die Realität des unwahrhaftigen Menschseins ihn nicht erträgt.

Karl Jaspers (1883–1969), deutscher Philosoph

Der Jude Jesus – Ein Gleichnis für sein Volk

Im Judentum ist die Gestalt Jesu umstritten. Viele Juden sehen in ihm die Person, in deren Namen sie jahrhundertelang verfolgt wurden. Seit einiger Zeit wird die Gestalt Jesu im Judentum neu bewertet. Man spricht von einer Wiederentdeckung Jesu im Judentum. Schalom ben Chorin, der aus Deutschland stammende jüdische Theologe und Mitinitiator der jüdischen Reformgemeinde in Jerusalem, hat in vielen Schriften und Vorträgen daran mitgewirkt.

Ist die Gestalt Jesu nicht immer um uns? Ist das arme jüdische Kindlein in der Krippe nicht ein Gleichnis für die zahllosen heimatlosen Judenkinder der jüngsten Vergangenheit für uns geworden? Ist der inspirierte Lehrer, der die Schrift so gewaltig auslegt, auch wenn er vielleicht einmal irrt, wie auch Rabbi Akiba (ca. 50–135 nC, berühmter Schriftgelehrter und Märtyrer) und die anderen Großen in Israel irrten, nicht »Morenu« (d.h. »unser Lehrer«)? Ist der leidende und am Kreuz verhöhnt sterbende Jesus nicht ein Gleichnis für sein ganzes Volk geworden, das, blutig gegeißelt, immer wieder am Kreuz des Judenhasses hing? Und ist die Osterbotschaft seiner Auferstehung nicht wiederum ein Gleichnis für sein ganzes Volk geworden, das sich aus der tiefsten Erniedrigung und Schändung der dunkelsten zwölf Jahre (1933–45) zu neuer Gestalt erhebt? Jesus, der Jude – ein Gleichnis des Juden ist mir so nahe und kann gerade uns so nahe sein, wie er den Christen aus den Völkern nicht nahe sein kann. »Denn er war unser.«

Schalom ben Chorin (geb. 1913 in München)

Jesus im Islam

Der Koran ist das heilige Buch des Islam, das Gott selbst durch den Engel Gabriel dem Propheten Mohammed (570–632 nC) geoffenbart hat. In diesem Buch finden sich viele positive Äußerungen zu Jesus von Nazaret. Er gehört neben Abraham zu den wichtigsten Gestalten/Propheten der Geschichte Gottes vor der Zeit des Islam. Aber wichtige christliche Deutungen der Person Jesu werden abgelehnt.

O Volk der Schrift (d.h. Christen). Überschreitet nicht euren Glauben und sprecht von Gott nur die Wahrheit. Der Messias Jesus, der Sohn der Maria, ist der Gesandte Gottes und sein Wort, das er in Maria legte, und Geist von ihm. So glaubt an Gott und seinen Propheten (Mohammed) und sprecht nicht: »Drei«. Lasset davon ab, das ist gut für euch. Gott ist nur ein einziger Gott. Fern ist von ihm, dass er einen Sohn haben sollte. Nicht ist der Messias zu stolz, ein Diener Gottes (Allahs) zu sein.

aus dem Koran, Sure 4, 169 f.

Jesus im Urteil eines Hindu

Mahatma Gandhi, der sich in Indien mit seiner Lehre von der Gewaltlosigkeit, mit seinem Einsatz für die Kastenlosen und mit seinem Engagement für die Befreiung Indiens von der britischen Kolonialmacht einen Namen gemacht hat, war ein überzeugter Hindu. Er hat sich auch mit Jesus, vor allem mit seiner Bergpredigt (→ S. 132 ff.), beschäftigt.

Meine Zuneigung zu Jesus ist wirklich groß. Seine Lehre, seine Einsicht und sein Opfertod bewegen mich zur Verehrung. Aber ich muss die orthodoxe Lehre, dass Jesus eine Inkarnation Gottes im feststehenden Sinne des Wortes gewesen oder dass er der einzige Sohn Gottes ist, ablehnen ... Sein Opfertod ist Vorbild und Beispiel für uns. Jeder von uns muss sich um seines Heiles willen kreuzigen lassen. ... In meinen Augen ist Jesus einer der größten Propheten und Lehrer, die der Welt je gegeben wurden.

Mahatma Gandhi (1869–1948)

Buddhistische Kritik am Kreuz

Viele Buddhisten schätzen Jesus, weil er Gewaltlosigkeit, Güte und Mitleid gelehrt und gelebt hat. Manche meinen sogar, Jesus könne als der (ein) Buddha des Westens angesehen werden, während der Buddha (der historische Gautama Siddhartha, 5./ 4. Jh vC) der Messias des Ostens sei. Es gibt aber auch Kritik an Jesus und seinem Werk. So wird bemängelt, dass Jesus Zorn zeigte, z. B. bei der Reinigung des Tempels, oder die Tiere nicht in seine Überlegungen einbezog. Noch weiter geht die Kritik des auch im Westen bekannt gewordenen japanischen Zen-Kenners Daisetz Teitaro Suzuki.

Die Symbolik des Christentums hat viel mit dem menschlichen Leiden zu tun. Die Kreuzigung ist in ihr ein Gipfel des Leidens. Auch Buddhisten sprechen oft vom Leiden, aber für sie sitzt Buddha heiter lächelnd unter dem Bodhi-Baum am Fluss Niranjana. Christus trägt sein Leiden bis ans Ende seines irdischen Lebens, Buddha dagegen beendet es lebend und fährt danach fort, das Evangelium der Erleuchtung zu predigen, bis er unter dem Sala-Baum sacht verschied. Die Bäume stehen aufrecht und der Buddha, im Nirwana, liegt waagerecht wie die Ewigkeit selbst. Christus hängt hilflos, voller Traurigkeit, an dem senkrecht aufragenden Kreuz. Für das östliche Empfinden ist der Anblick fast unerträglich.

Daisetz Teitaro Suzuki (1883–1969), buddhistischer Gelehrter

Der Anfang einer langen Geschichte

Ob man Jesus von Nazaret als *Religionsstifter* bezeichnen soll, ist umstritten, weil viel dafür spricht, dass er keine neue Religion begründen wollte, sondern in der Tradition des Ersten Testaments eine religiöse Erneuerung Israels anstrebte. Die Impulse, die er dazu gab, führten aber nach seinem Tod allmählich über das Judentum hinaus. Aus ihnen entstand das Christentum als eine neue Religion.

Im Christentum lebt der *Glaube Jesu* weiter. Was er von Gott geglaubt hat, ist auch der Glaube des Christentums. Sein Gebet ist zum Gebet der Christen geworden. Sein »Prinzip Hoffnung« auch über den Tod hinaus hat viele angesteckt. Sein »Prinzip Liebe« hat unzählige Menschen beglückt, getröstet und aufgerichtet. Aber im Christentum lebt auch der *Glaube an Jesus*. Er selbst steht im Zentrum des christlichen Glaubens. Nicht nur seine Botschaft, sondern er selbst ist nun für Christen wichtig. Sie feiern seine Geburt, verkünden seinen Tod und preisen seine Auferstehung. Die Ereignisse seines Lebens sind zu Mysterien des Glaubens geworden, weil in ihm Gott selbst der Welt nahe gekommen ist. Wenn Christen ihn als »Heiland« und »Erlöser« bekennen, wissen sie sich durch ihn von Sünde und Tod befreit. Auf ihn richten sie ihre Hoffnung und Zuversicht. Darum feiern sie ihn in ihrer Liturgie. Darum steht er in der Mitte des christlichen Glaubensbekenntnisses (→ S. 85).

Fromme haben im Vertrauen auf ihn gelebt. Heilige haben Orden gegründet, um in neuen Zeiten neue Wege der Jesusnachfolge gehen zu können. Theologen haben über ihn nachgedacht und ihn in den jeweiligen Begriffen ihrer Zeit zu verstehen versucht. Mystiker wurden mit ihm und seinem Gott in tiefsinnigen Erfahrungen eins. Politiker haben sich für ihr Tun von ihm inspirieren lassen. Dichter haben ihn mit ihren Worten dargestellt und Musiker von ihm gesungen. Es gibt keine Gestalt der Geschichte, von der so viele Bilder der Kunst entworfen wurden. Ohne ihn ist unsere Kultur nicht zu verstehen. Seine Spuren sind unserer Welt unauslöschlich eingeschrieben.

Andererseits haben diejenigen, die sich nach ihm »Christen« nennen, oft nicht dem Anspruch genügt, der von ihm ausging. Im Lauf einer zweitausendjährigen *Schuldgeschichte* ist in seinem Namen vieles geschehen, was seiner Botschaft Hohn spricht. Oft wurde er in der Kirche zum Anlass von erbittertem Streit. In seinem Namen zogen Christen gegeneinander und verfolgten andere, die anders glaubten als sie selbst. Manche Ansichten über ihn wurden öffentlich geächtet, und die, die sie vertraten, gebannt und nicht selten auch verbrannt. Rechthaberei in Glaubensfragen und Fixierung auf Wahrheitsansprüche haben unermesslichen Schaden angerichtet. Die Differenzen im Verständnis seiner Person wurden bisweilen so groß, dass sie zur Spaltung der Christenheit führten. Die eine Christenheit, die sich auf denselben Jesus Christus beruft, lebt heute mit unterschiedlichen Jesusbildern und Christologien. Manche sehen ihn vor allem in der Aura des Göttlichen, andere lassen nur die Berufung auf seine historisch greifbare Geschichte zu, die meisten versuchen eine Synthese von beidem und sehen in ihm eine Gestalt, in der Gott und Mensch eins sind.

- Über die weitere Entwicklung der Christologie: → S. 82 ff.
- Was wissen Sie von der Wirkungsgeschichte Jesu in Liturgie und Kunst, in Geschichte und Politik? Kennen Sie Gedichte, Erzählungen, Lieder, Gospels usw., die von ihm handeln?
- Welche unterschiedlichen Beurteilungen/Bilder von Jesus kennen Sie? Welche können sich auf biblische Quellen stützen, welche nicht?

Galen Garwood: Simultaneous Occurance – Kreuzigung, Grablegung, Auferweckung, Öl auf Leinwand, 1988.
Der Maler macht den Versuch, die Kreuzigung, Grablegung und Auferweckung Jesu in einem einzigen Bild zu zeigen.

Lichterfüllter Abgrund

In einem Gespräch wird der jüdische Dichter Franz Kafka gefragt: »Was ist Glaube?«

»Wer den Glauben hat, der kann ihn nicht definieren, und wer ihn nicht hat, auf dessen Definition lastet der Schatten der Ungnade. Der Gläubige kann nicht und der Ungläubige sollte darum nicht sprechen. Die Propheten sprechen eigentlich immer nur von den Stützpunkten des Glaubens und nie vom Glauben allein.«
»Es spricht aus ihnen der Glaube, der über sich selbst schweigt!« »Ja, so ist es.« »Und Christus?«
Kafka neigte den Kopf.
»Das ist ein lichterfüllter Abgrund. Man muss die Augen schließen, um nicht abzustürzen.«

Franz Kafka (1883–1924)

Das absolute Geheimnis

Der erste Satz des christlichen Glaubensbekenntnisses lautet: »*Ich glaube an Gott*, den Vater, den Allmächtigen, den Schöpfer des Himmels und der Erde.« Dieses Bekenntnis klingt einfach und selbstverständlich. Es gehört so sehr zum Fundament des christlichen Glaubens, dass es – anders als viele andere Sätze des Glaubensbekenntnisses – unter Christen nie ernsthaft umstritten war. Unzählige Christen schenken diesem Satz ihr Vertrauen, auch wenn sie mit anderen Inhalten der christlichen Lehre Schwierigkeiten haben.

Und doch formuliert das Bekenntnis zu Gott die schwierigste Thematik des Christentums und der meisten Religionen. Wenn der Glaube von Gott spricht, spricht er von dem absoluten *Geheimnis*, das sich nie völlig und endgültig erschließt. Gott ist immer der Unsagbare und Verborgene. Anders als ein Rätsel, das lösbar ist, bleibt Gott das immerwährende Geheimnis. Alle Versuche ihn zu verstehen sind zum Scheitern verurteilt. Christlicher Glaube bedeutet unaufhörlich mit dem absoluten Geheimnis Gottes zu tun haben, ohne dass dieses Geheimnis offenbar wird. Im Gegenteil. Im Glauben wird es mehr und mehr bewusst und noch deutlicher erfahrbar. Alles, was der Glaube von Gott sagt, steht unter diesem Vorbehalt. Die *»negative Theologie«* beachtet diesen Sachverhalt, indem sie davon ausgeht, dass wir von Gott nur sagen können, was er nicht ist, nicht aber, was und wie er in sich ist. Das biblische *Bilderverbot* (→ S. 24) lässt sich so deuten. Und wenn die christlichen *Mystiker* von Gott als dem »Nichts« sprechen, haben sie die Erfahrung gemacht, dass es kein Wort gibt, das ihn auch nur annähernd erfasst.

Der Gott, an den Christen glauben, ist aber auch der geheimnisvolle Gott, der sich selbst mitgeteilt hat. Von dieser *Selbstmitteilung* Gottes erzählt die Bibel. Zuerst hat er durch Abraham, die Propheten und Weisen Israels gesprochen (→ S. 23 f.). Die Erfahrungen, die Israel mit seinem Gott gemacht hat, sind durch Jesus auch für Christen verbindlich geworden. Was im Ersten Testament in faszinierender Lebendigkeit und manchmal auch in schwer verständlicher Widersprüchlichkeit von Gott gesagt ist, gehört zum unverzichtbaren Grundbestand auch der christlichen Gottesrede. Sie wird fortgeführt und ergänzt im Neuen Testament. An der Person und im Wort Jesu Christi

Negative Theologie

Dionysius Areopagita, ein um 500 nC lebender christlicher Philosoph, hat ein Grundaxiom der »negativen« Theologie formuliert, die davon ausgeht, dass wir von Gott nichts sagen können, weil alle Worte, die wir für ihn brauchen, aus unserer Erfahrungswelt stammen und daher auf ihn nicht anwendbar sind.

Gott ist undenkbar für alles Denken … und ist unaussprechlich für jederlei Wort. (Ihm kommt) sowohl die Namenlosigkeit zu als auch alle Namen.

Dionysius Areopagita (um 500 nC)

lässt sich für Christen ablesen, wer Gott ist. Wer ihn sieht und hört, sieht und hört Gott. Darum ist christliche Theologie auch *»positive Theologie«*, die an der Christologie den Maßstab ihres Redens von Gott hat.

So steht der christliche Glaube an Gott immer in einer *unauflösbaren Spannung*. Wie eine Ellipse hat er zwei Brennpunkte. Er kann nie davon absehen, dass Gott das absolute Geheimnis ist, das menschlichem Glauben und Denken, Fühlen und Erfahren unzugänglich bleibt. Er kann aber auch nie davon absehen, dass Gott sich in einer langen Geschichte selbst mitgeteilt hat und damit Glauben und Denken, Fühlen und Erfahren anspricht und herausfordert.

● »Gott – Zusammenfall der Gegensätze«: ein Text von Nikolaus von Kues: → S. 103; »Gott – das unendliche Geheimnis«: ein Text von Karl Rahner: → S. 100.

Gott – das unergründliche Geheimnis

Gott ist größer als unser Herz.

aus dem 1. Brief des Johannes 3, 20

Ich weiß, was Gott für mich ist;
was er an und für sich ist, weiß er.

Bernhard von Clairvaux (1089–1153), Mystiker, Heiliger, Zisterzienser

Von Schöpfer und Geschöpf kann keine Ähnlichkeit ausgesagt werden, ohne dass sie eine größere Unähnlichkeit zwischen beiden einschlösse.

4. Laterankonzil (1215)

Glaube nicht, dass deine eigene Erkenntnis
sich dazu erheben kann,
dass du Gott zu erkennen vermagst.
Wahrlich, wenn Gott dich göttlich erleuchtet,
braucht es kein natürliches Licht,
um dies zuwege zu bringen.
Dies natürliche Licht muss sogar gänzlich getilgt sein,
bevor Gott mit seinem Licht einleuchtet.

Meister Eckhart (ca.1260–1328), Mystiker

Jochen Gerz (geb. 1940): Aus der Mappe: Bilder einer Ausstellung, Siebdruck, 1975.

Der Vater Jesu Christi

Der Gott der Christen ist der Gott Jesu Christi. Sein Gott ist der Gott Israels. In den Evangelien erzählt Jesus mit unvergleichlicher Lebendigkeit von ihm. Manche Züge des jüdischen Gottesverständnisses akzentuiert er in besonderer Weise. In seiner Verkündigung erfindet er bewegende Bilder von Gott.

- Ganz unbekümmert und liebevoll nennt er Gott in der Sprache der Kinder *»Abba«*, d. h. guter *Vater*. In diesem Wort leuchtet sein großes Vertrauen zu Gott auf. Es ist das Zutrauen, das ein Kind zu seinem guten Vater hat. Als seine Jünger ihn fragen, wie sie beten sollen, lehrt er sie Gott so anzusprechen: »Unser Vater im Himmel«. Im Lukasevangelium lautet sein letztes Wort am Kreuz: »Vater, in deine Hände lege ich meinen Geist.«
- Jesus spricht nicht nur in einmalig liebevoller Weise von Gott. Kraftvoll und entschieden verkündet er, dass das Reich Gottes (→ S. 61 f.) nahe ist. Gott will nun endlich die Welt zu ihrer Erneuerung und zu ihrem Heil führen. Sie wird so werden, wie sie als Schöpfung Gottes sein soll. In der Bergpredigt hat Jesus vom Reich Gottes in vielen Facetten gesprochen. Seine Gleichnisse sind Bilder, seine Wunder Zeichen des Reiches Gottes.
- Eine Definition von Gott hat Jesus nie versucht. Gott ist für ihn nicht eine Sache philosophischen Nachdenkens. Er sagt nicht in klugen Begriffen, wer Gott ist, sondern erzählt in lebendigen Gleichnissen, *wie Gott handelt*. Für ihn ist Gott wie ein guter Vater, der seinen davongelaufenen Sohn ohne Vorwurf, ohne Vorbehalt, mit Liebe wieder zu Hause aufnimmt (Lk 15,11–32; → S. 46). Gott ist da, wo ein Mensch einem anderen hilft, auch wenn er davon keinen Nutzen hat (Gleichnis vom barmherzigen Samariter, Lk 10, 25–37). Gott bringt Licht in die Dunkelheit des menschlichen Lebens (Mk 8, 22–26). Er hilft die Angst in Leben und Tod zu überwinden (Mt 10, 26–33). Bei ihm gilt auch derjenige viel, der nicht so viel leisten kann wie andere (Mt 20, 1–16). Gott sorgt für die Menschen, ist gerecht und barmherzig, bei ihm gibt es Verzeihung und Versöhnung.

So sollt ihr beten

In der Mitte der Bergpredigt (Mt 5–7; → S. 132 ff.) sagt Jesus seinen Jüngern, wie sie mit Gott sprechen und zu ihm beten sollen:

Vater unser im Himmel,
geheiligt werde dein Name.
Dein Reich komme.
Dein Wille geschehe, wie im Himmel, so auf Erden.
Unser tägliches Brot gib uns heute.
Und vergib uns unsere Schuld,
wie auch wir vergeben unsern Schuldigern.
Und führe uns nicht in Versuchung,
sondern erlöse uns von dem Bösen.

aus dem Evangelium nach Matthäus 6, 9–13

• Vor allem steht Gott auf Seiten der Armen und Benachteiligten. Ihr Leid zur Sprache zu bringen heißt für Jesus von Gott zu reden. Wer *Leidenden* im Unglück nahe ist, zeigt den Menschen mehr von Gott als jeder Schriftgelehrte oder Theologe mit seinen Worten. Wer an Leidenden schuldig wird, wird an Gott schuldig. Am Tag des Gerichts wird Gott die Menschen danach beurteilen, ob sie den Hungrigen zu essen gegeben, Freunde und Obdachlose aufgenommen, Nackte bekleidet, Kranke und Gefangene besucht haben (Mt 25,31–46). Die Taten gegenüber den Leidenden werden zum Maßstab, den Gott zu seinem Urteil über die Menschen anlegt.

• Die *dunklen Seiten Gottes* sind Jesus nicht verborgen geblieben. In seinem Leiden am Ölberg fleht er Gott an, den bitteren Kelch von ihm zu nehmen, den er trinken soll. Am Kreuz hat er in der Stunde seines Todes den bewegenden 22. Psalm schreiend gebetet: »Mein Gott, mein Gott, warum hast du mich verlassen?« (→ S. 70).

• Letztlich ist *Gott die Liebe*. In diesem kurzen Wort fasst das neue Testament das ganze Gottesverständnis Jesu zusammen (Joh 4,16; 1 Joh 4,16). Alle anderen Aussagen über Gott sind Interpretationen dieses Satzes. Dass Gott die Liebe ist, bleibt im Neuen Testament keine abstrakte Formel. Die Glaubwürdigkeit des Satzes zeigt Jesus daran auf, was Gott für die Menschen tut. Gottes entscheidende Tat: Gott hat seinen eigenen *Sohn* in die Welt gesandt, damit alle, die an ihn glauben, das ewige Leben haben (Joh 3, 16).

Wo die Liebe ist, da ist Gott

Gott ist die Liebe und wer in der Liebe bleibt, bleibt in Gott und Gott bleibt in ihm.

aus dem 1. Brief des Johannes 4, 16

Rembrandt (1606–1669): Die Heimkehr des verlorenen Sohnes (→ S. 46), Radierung, 1636. Andere Bilder des Künstlers: → S. 61; 68; 133.

• Über die unterschiedlich beschriebenen Gottesbezüge Jesu in den vier Evangelien: → S. 41 ff.

Menschwerdung und Dreifaltigkeit

Im Neuen Testament wird Jesus oft *»Sohn Gottes«* genannt (→ S. 67). Dieser bildhafte Ausdruck war die Grundlage für die kirchliche Lehrentwicklung, in der der Begriff metaphysisch-ontologische Bedeutung gewann und die göttliche Wesensgleichheit Jesu mit dem Vater aussagte. Die Christus-Visionen des Johannesevangeliums (→ S. 47 f.) bilden zusammen mit den Christus-Hymnen der Paulusbriefe (→ S. 49) die Grundlage für die offizielle Lehre der Kirche, die auf den ersten Konzilien in Nikaia (325), Ephesus (431) und Chalkedon (451) festgelegt wurde: Jesus Christus, der Sohn Gottes, ist wahrer Gott vom wahren Gott. Er ist ganz mit dem Vater eins. Darum ist er kein Geschöpf Gottes, sondern präexistent wie Gott. In Jesus Christus hat Gott Fleisch angenommen und ist Mensch geworden (*»Inkarnation«*). Gottheit und Menschheit sind in ihm wesenseins. In ihm sind in einer Person zwei Naturen, die göttliche und die menschliche Natur, unauflöslich miteinander verbunden. Diese christologische Lehre ist zum Kennzeichen des Christentums geworden. In ihr ist das Paradox formuliert, dass das unauslotbare Geheimnis Gottes mit einer lebendigen Person der Geschichte identisch ist. In ihm berühren sich Transzendenz und Immanenz, Himmel und Erde, Göttliches und Menschliches. Diese Christologie ist ein Mysterium des Glaubens. Sie bringt das Geheimnis Gottes gleichsam auf die Erde.

Zwei Versuche den trinitarischen Glauben ins Bild zu bringen.
Oben: Hildegard von Bingen (1098–1179): Die wahre Dreiheit in der wahren Einheit. Miniatur aus dem Ruppertsberger Codex, der 1147 unter Anleitung der Äbtissin angefertigt worden sein soll. Er enthält die mystischen Visionen der Heiligen unter dem Titel »Scivias« (d. h. »Wisse die Wege«). Das Bild will kein Abbild Gottes sein. Der alles umfassende silberhelle Kreis verweist auf den Vater, die saphirblaue Menschengestalt auf den Sohn und das lodernde Feuer im inneren Kreis auf den Geist Gottes. Hier ist Fülle und Ursprung, Einheit und Vielfalt, Schönheit und Klarheit zu einem Bild geworden (→ S. 95).

Unten: Yves Klein (1928–1962): Monopink, Monogold und Monoblau, Öl auf Leinwand, 1959–62. Die drei großformatigen Bilder kommen zu einer besonderen Wirkung, wenn sie als Triptychon nebeneinander hängen. Der Künstler hat monochrome Flächen gemalt, »um zu sehen, was das Sichtbare an Absolutem enthält« (1958). Er hat in den drei Farben neuartige und doch in der Tradition verwurzelte Hinweise auf die Dreifaltigkeit gefunden. Das kostbare Gold mit seinem Leuchten lässt an den Vater, das feurige Rot an den Sohn (Liebe, Blut, Tod) und das tiefe Blau (Unendlichkeit des Himmels und Meeres) an die Immaterialität des Geistes denken.

Mit diesem Glauben an den menschgewordenen Gott hängt ein weiterer Grundzug der christlichen Gottesrede zusammen. Es ist das Bekenntnis, dass der eine Gott in *drei Personen* existiert. Gott – das ist der *Vater* und der *Sohn* und der *Geist*. Diese drei sind eins. Christen sagen auch: Gott ist dreifaltig Einer (*»Trinität«*). Der Vater ist der Ursprung, von dem der Sohn ausgeht. Beide sind eins im göttlichen Geist. So ist in Gott unendliche Dynamik, ohne dass dadurch die Einheit Gottes (Monotheismus) aufgehoben wäre. Diese innere Struktur Gottes hat gleichsam auch eine Außenseite, die darin besteht, dass jede dieser drei Personen über die innerste Dimension des Göttlichen hinaus wirkt. Der Vater – so lehrt die Tradition – erschafft die Welt, der Sohn hat in Jesus zur Erlösung der Menschen Fleisch angenommen, der Geist ist Gottes lebenspendende Kraft, die die Menschen heiligt und zu lebendiger Dynamik in der Welt inspiriert. Dabei ist jedes Werk zugleich das Werk aller drei Personen. Diese Lehre von der Dreifaltigkeit Gottes ist *das zentrale Geheimnis* des christlichen Glaubens. Im Neuen Testament finden sich ersten Spuren davon, Theologen haben jahrhundertelang darüber tiefsinnige Überlegungen angestellt, aber dabei auch hochkomplexe Spekulationen entwickelt, die manchmal den Eindruck erwecken, als wüssten sie genau über das innere Leben Gottes Bescheid. Durch die frühen Konzilien ist die verbindliche Lehre formuliert worden.

Heute wird der Glaube an die Inkarnation und Trinität von vielen *in Frage gestellt*. Für manche stimmt der Gedanke der *Menschwerdung* Gottes mit der unaufhebbaren Transzendenz Gottes, auch mit dem ersten Gebot des Dekalogs, nicht überein. Er werde weder Gott noch Jesus gerecht. Ohne diese dogmatischen Spekulationen könne die großartige Gestalt Jesu von Nazaret nur gewinnen. Darum müsse die hohe Christologie auf einen bescheideneren Rahmen zurückgeführt werden, in dem sich wieder klarer zeige, dass Jesus ganz auf der Seite der Menschen steht, aber von Gott viel zu sagen habe. Auch die *Trinitätslehre* mit ihrer komplizierten Begrifflichkeit wird problematisiert. So fragt man sich, ob die Rede von dem einen Gott in drei Personen nicht ungewollt den biblischen Monotheismus untergräbt und in die Nähe von drei Göttern führt, zumal wenn man einen modernen Personbegriff zugrundelegt, was allerdings die kirchliche Tradition nicht tut. Die feministische Theologie bemängelt, dass die Aussagen von Vater und Sohn das weibliche Element in der Gottheit vermissen lassen, selbst wenn man bedenkt, dass das hebräische Wort für »Geist« (»ruach«) weiblich ist. Andere wollen das Modell von Vater, Sohn und Geist durch die Trias Vater, Mutter und Kind ersetzen, weil sie dem natürlichen Empfinden mehr entgegenkommt. Im Judentum und Islam herrscht der Eindruck vor, dass Christen mit ihrem Dreifaltigkeitsglauben das gemeinsame Fundament des Monotheismus gefährden und eine menschliche Gestalt vergöttlichen (»Götzendienst«). Manche Christen akzeptieren die Trinitätslehre nur, weil sie meinen, man müsse nicht alles verstehen, was man glaube. In ihrem Leben hat sie kaum praktische Bedeutung.

Auf jeden Fall steht die heutige Theologie vor der Notwendigkeit die christlichen Grundlehren von der Menschwerdung Gottes und vom Dreifaltigen Gott neu zu bedenken, damit sie den

Das Wort – Der Logos

Der Prolog des Johannesevangeliums sieht in Jesus das Wort (»Logos«) Gottes, das mit Gott identisch ist, vor aller Zeit bei Gott existierte (»Präexistenz«) und in der Zeit Fleisch angenommen hat. Damit rückt der historische Jesus in eine transzendente Dimension. Der schwierige Text ist von alten philosophischen Wort-Spekulationen beeinflusst. Er hat seit jeher hohe Aufmerksamkeit gefunden.

Im Anfang war das Wort und das Wort war bei Gott
und das Wort war Gott.
Im Anfang war es bei Gott.
Alles ist durch das Wort geworden
und ohne das Wort wurde nichts,
was geworden ist.
In ihm war das Leben
und das Leben war das Licht der Menschen.
Und das Licht leuchtet in der Finsternis
und die Finsternis hat es nicht erfasst. …
Und das Wort ist Fleisch geworden
und hat unter uns gewohnt
und wir haben seine Herrlichkeit gesehen,
die Herrlichkeit des einzigen Sohnes vom Vater,
voll Gnade und Wahrheit.

aus dem Evangelium nach Johannes 1, 1–5.14

Der Anfang des Christseins und allen christlichen Betens

Das kürzeste Glaubensbekenntnis der Christen ist – neben dem Bekenntnis »Jesus Christus« (→ S. 12) – ein Zitat aus dem Missionsauftrag des Auferstandenen. Es steht am Anfang des christlichen Lebens, wenn dem Täufling die Taufe gespendet wird (»Ich taufe dich im Namen...), und es ist zu einem wichtigen Gebet der Christenheit geworden.

Im Namen des Vaters und des Sohnes und des Heiligen Geistes.

aus dem Evangelium nach Matthäus 28, 19

Glauben der Christen nicht so sehr belasten als vielmehr inspirieren. Vielleicht versprechen für die Trinitätslehre die weniger spekulativen Ansätze der Bibel einen neuen Weg, die in Gott eine unaufhebbare und lebendige Synthese von Macht, Liebe und Freiheit sehen.

- Von der lebenspendenden Kraft des Geistes Gottes wird in der Bibel oft gesprochen. Wichtige Stellen: Gen 1, 2; Jes 11, 1–9; Ez 37, 1–14; Joel 3, 1; Joh 3, 8; 15, 16; Apg 2, 1–21; Röm 8, 1–17; 1 Kor 12, 1–11.
- Zur psychologischen Deutung der Trinitätslehre bei Augustinus: → S. 94 f.

Der Glaube in der Krise

Der christliche Glaube an Gott ist heute vor allem in Europa in eine tiefe *Krise* geraten. Dafür gibt es viele Gründe.

(1) Innerhalb der Christenheit sind *gefährliche Gottesbilder* aufgekommen, die von der Bibel her nicht legitimiert sind. Manche üben eine Tiefenwirkung aus, die die Menschen in ihrer Freiheit und Selbstentfaltung bedrohen. Sie können den Glauben an Gott auch lächerlich machen, ins Unverbindliche pervertieren und auflösen. Beispiele:

- Gott ist der alte bärtige Mann, der untätig über den Wolken thront und ständig Engelgesänge und Hallelujas über sich ergehen lassen muss.
- Gott ist die jenseitige Gerichtsinstanz, die schreckliche Angst einjagt, weil sie alle Schwächen der Menschen registriert und bestraft.

Das apostolische Glaubensbekenntnis

Der kirchliche Glaube ist kurz zusammengefasst im »Apostolischen Glaubensbekenntnis«. Es ist auch eine Kurzformel des christlichen Glaubens. Sein Aufbau ist trinitarisch. Nach einer alten Legende wurde das Glaubensbekenntnis von den zwölf Aposteln Jesu zusammengestellt. Jeder Apostel habe einen Artikel beigesteuert, wobei Petrus den Anfang gemacht habe. Der Text ist erstmals um das Jahr 340 schriftlich bezeugt. Er wird in Rom beheimatet sein. In der Liturgie hat er einen festen Platz. Später sind auch erweiterte Formen des Glaubensbekenntnisses entstanden. Unter diesen ist das »Große« Glaubensbekenntnis besonders wichtig, das Lehrsätze der beiden ersten ökumenischen Konzilien von Nikaia (325) und Konstantinopel (381) neu aufgenommen hat.

(1) Ich glaube an den einen Gott, den Vater,
den Allmächtigen, den Schöpfer des Himmels
und der Erde,
(2) und an Jesus Christus, seinen eingeborenen Sohn,
unseren Herrn,
(3) empfangen durch den Heiligen Geist,
geboren von der Jungfrau Maria,
(4) gelitten unter Pontius Pilatus, gekreuzigt,
gestorben und begraben,
(5) hinabgestiegen in das Reich des Todes,
am dritten Tage auferstanden von den Toten,
(6) aufgefahren in den Himmel;
er sitzt zur Rechten Gottes, des allmächtigen Vaters;
(7) von dort wird er kommen zu richten
die Lebenden und die Toten.
(8) Ich glaube an den Heiligen Geist,
(9) die heilige, katholische (oder auch: christliche) Kirche,
Gemeinschaft der Heiligen,
(10) Vergebung der Sünden,
(11) Auferstehung der Toten
(12) und das ewige Leben.
Amen.

- Gott ist der absolute Supermann, der alle menschlichen Stars übertrifft.
- Gott ist der oberste Polizist der Weltordnung, eine Institution zur moralischen Aufrüstung, eine Versicherungsinstanz zur Abwendung aller Gefahren.
- Gott ist der Garant zur Erfüllung aller Wünsche, ein freundlicher Glücksbringer, ein Wesen unverbindlicher Liebenswürdigkeit.
- Gott ist die heitere Harmonie, die dem Leben angenehme Wärme verleiht.

(2) Gott wurde und wird für viele *Zwecke* in Dienst genommen. Herrscher berufen sich zur Legitimierung ihrer Macht auf ihn, wenn sie sich als »von Gottes Gnaden« erwählt ausgeben. Kriege werden »im Namen Gottes« ge-

René Magritte (1898–1967): Le Rossignol, Öl auf Leinwand, 1962. »Rossignol« ist doppeldeutig übersetzbar. Es kann »Nachtigall« und »Ladenhüter« bedeuten. Das Bild des belgischen Malers kritisiert auf ironische Weise herkömmliche Gottesbilder. Über den Wolken thront ein blasser kraftloser alter Mann mit kaiserlichem Zepter und Reichsapfel. Er ist dabei sich in den Wolken aufzulösen, wie sich der Dampf der Eisenbahn unten verflüchtigt. Nur unten ist Realität: Zug, Gleise, Bahnhof.

führt. Politiker reden von ihm, um von den Zuhörern gewählt zu werden. Erzieher greifen auf Gott zurück, um Kinder gefügig zu machen. Massenblätter benutzen Gott als Lückenbüßer zur Erklärung von unerwarteten Vorgängen, um frommes Publikum zu gewinnen. Solche Funktionalisierungen Gottes müssen nachdenkliche Menschen irritieren.

(3) Viele Menschen sind der Ansicht, dass es in der modernen Welt für Gott keinen Platz mehr geben kann. Die *Wissenschaften* kommen ohne Gott aus und versagen es sich, zur Erklärung irgendeiner Erscheinung in der Natur oder Geschichte auf Gott zurückzugreifen. Sie akzeptieren allein innerweltliche Erklärungsgründe. Der »methodische Atheismus« der Wissenschaften strahlt oft in andere Lebensbereiche aus. Er ist auch für die *Erfahrungen* vieler Menschen unserer Zeit maßgeblich geworden. Viele Zeitgenossen sehen sich nicht in der Lage, das, was ihnen widerfährt, mit Gott in Verbindung zu bringen. Wetter und Gesundheit, Glück

und Unglück, Krieg und Frieden, mögen für uns unerklärbar und wenig beeinflussbar sein. Diese Erscheinungen unmittelbar auf Gott zurückzuführen, wie es noch frühere Generationen problemlos taten, kommt vielen nicht mehr in den Sinn.

(4) Viele Zeitgenossen fragen im Blick auf unsere *Welt und Geschichte*: Wie kann es sein, dass der transzendente und unveränderliche Gott in der immanenten und sich stets ändernden Geschichte spricht? Wie kann sich der unendliche und ewige Gott so eng an Raum und Zeit binden? Wie soll man verstehen, dass Gott sich in einem Weltall, das viele Milliarden Jahre alt ist und unvorstellbare räumliche Dimensionen hat, an einem unbedeutenden Ort (Galiläa und Judäa) und zu einem wenig bemerkenswerten Zeitpunkt (vor 2000 Jahren) in besonderer Weise mitgeteilt haben soll?

(5) Das Selbstverständnis des christlichen Gottesglaubens wird heute durch die Erfahrung verändert, dass es in der Welt der Religionen eine *Pluralität von Gottesauffassungen* gibt, z. B: JHWH im Judentum, Allah im Islam, Krishna, Brahma, Shiva, Vishnu und Kali im Hinduismus oder der Buddha im Buddhismus. Damit wird der christliche Anspruch auf Einzigartigkeit seines Gottesglaubens zum Problem. Viele Christen fragen sich, ob die Vielheit der Religionen schon ein Stück Relativierung des christlichen Gottesglaubens ist oder ob sie darin ein Zeichen dafür sehen dürfen, dass es viele Wege aus der Dunkelheit unseres Lebens zum göttlichen Licht gibt.

- Manche Theologen sprechen von der »Gotteskrise« als einem typischen Zeichen unserer Zeit. Was kann damit gemeint sein? In welchem Verhältnis steht sie zur »Menschenkrise«?
- Manche bedeutenden Philosophen und Wissenschaftler (z. B. Niklas Luhmann) vertreten die Auffassung, der Pauschalkonflikt zwischen Religion und Wissenschaften sei nicht mehr aktuell. Er gehöre einer früheren Entwicklungsphase der Gesellschaft an. Was kann damit gemeint sein? Wie sehen Sie das Verhältnis von Glaube und Vernunft?
- Diskutieren Sie den Satz, den junge Leute gelegentlich aussprechen: »Ich glaub nix – mir fehlt nix.«

Der tolle Mensch

Friedrich Nietzsche, einer der anregendsten Philosophen des 19. Jahrhunderts, zeigte gegenüber Religion und Kirche oft nur bittere Verachtung (→ S. 14; 76). Er wurde zu einem der einflussreichsten Kritiker des Christentums. In seiner aphoristischen Schrift »Die fröhliche Wissenschaft« (1881–82) findet sich die symbolträchtige Erzählung vom Tod Gottes und seinen Folgen für die Menschen. Damit hat er ein Antigleichnis zur Bibel geschaffen, das moderne Empfindungen auf den Punkt bringt. Der Text gilt vielen als Muster neuzeitlichen Gottes-, Menschen- und Weltverständnisses.

Habt ihr nicht von jenem tollen Menschen gehört, der am hellen Vormittage eine Laterne anzündete, auf den Markt lief und unaufhörlich schrie: »Ich suche Gott! Ich suche Gott!« Da dort gerade viele von denen zusammen standen, welche nicht an Gott glaubten, so erregte er ein großes Gelächter. Ist er denn verloren gegangen?, sagte der eine. Hat er sich verlaufen wie ein Kind?, sagte der andere. Oder hält er sich versteckt? Fürchtet er sich vor uns? Ist er zu Schiff gegangen, ausgewandert? – so schrien und lachten sie durcheinander. Der tolle Mensch sprang mitten unter sie und durchbohrte sie mit seinen Blicken. »Wohin ist Gott?«, rief er, »ich will es euch sagen. Wir haben ihn getötet – ihr und ich! Wir alle sind seine Mörder! Aber wie haben wir das gemacht?
Wie vermochten wir das Meer auszutrinken? Wer gab uns den Schwamm, um den ganzen Horizont wegzuwischen?

Herbert Falken (geb. 1932): Trommler, aus dem Zyklus »Scandalum crucis« (d. h. »Der Skandal des Kreuzes«), Öl auf Leinwand, 1969. Das Bild kann als Kommentar zu Nietzsches Antigleichnis vom tollen Menschen betrachtet werden. Andere Bilder des Künstlers: → S. 55; 91; 109; 115.

Was taten wir, als wir diese Erde von ihrer Sonne losketteten? Wohin bewegt sie sich nun? Wohin bewegen wir uns? Fort von allen Sonnen? Stürzen wir nicht fortwährend? Und rückwärts, seitwärts, vorwärts, nach allen Seiten? Gibt es noch ein Oben und ein Unten? Irren wir nicht wie durch ein unendliches Nichts? Haucht uns nicht der leere Raum an? Ist es nicht kälter geworden? Kommt nicht immerfort die Nacht und mehr Nacht? Müssen nicht Laternen am Vormittage angezündet werden? Hören wir noch nichts von dem Lärm der Totengräber, welche Gott begraben? Riechen wir noch nichts von der göttlichen Verwesung? – Auch Götter verwesen! Gott ist tot! Gott bleibt tot! Und wir haben ihn getötet! Wie trösten wir uns, die Mörder aller Mörder? Das Heiligste und Mächtigste, was die Welt bisher besaß, es ist unter unsern Messern verblutet – wer wischt dies Blut von uns ab? Mit welchem Wasser können wir uns reinigen? Welche Sühnefeiern, welche heiligen Spiele werden wir erfinden müssen? Ist nicht die Größe dieser Tat zu groß für uns? Müssen wir nicht selber zu Göttern werden, um nur ihrer würdig zu erscheinen? Es gab nie eine größere Tat – und wer nur immer nach uns geboren wird, gehört um dieser Tat willen in eine höhere Geschichte, als alle Geschichte bisher war!« –
Hier schwieg der tolle Mensch und sah wieder seine Zuhörer an: Auch sie schwiegen und blickten befremdet auf ihn. Endlich warf er seine Laterne auf den Boden, dass sie in Stücke sprang und erlosch. »Ich komme zu früh«, sagte er dann, »ich bin noch nicht an der Zeit. Dies ungeheure Ereignis ist noch unterwegs und wandert – es ist noch nicht bis zu den Ohren der Menschen gedrungen. Blitz und Donner brauchen Zeit, das Licht der Gestirne braucht Zeit, Taten brauchen Zeit, auch nachdem sie getan, um gesehn und gehört zu werden. Diese Tat ist ihnen immer noch ferner als die fernsten Gestirne – und doch haben sie dieselbe getan!«
Man erzählt noch, dass der tolle Mensch desselbigen Tages in verschiedene Kirchen eingedrungen sei und darin sein requiem aeternam deo (d.h. ewige Ruhe für Gott) angestimmt habe. Hinausgeführt und zur Ruhe gesetzt, habe er immer nur dies entgegnet: »Was sind denn diese Kirchen noch, wenn sie nicht Grüfte und Grabmäler Gottes sind?«

Friedrich Nietzsche (1844–1900), deutscher Philosoph

Gotteskrise – Die Situation unserer Zeit

Die Krise, die das europäische Christentum befallen hat, ist nicht primär oder gar ausschließlich eine Kirchenkrise. Alle Kirchen stehen heute wie entlaubte Bäume in unserer postmodernen Landschaft. Woran liegt das? Gewiss auch an den Kirchen selbst. Doch die Krise sitzt tiefer: Sie ist keineswegs nur am Zustand der Kirchen selbst festzumachen; die Krise ist zur Gotteskrise geworden. Und als solche hört sie auf, provinziell oder konfessionell zu sein, sie geht nicht nur die Kirchen, nicht nur die Christen, nicht nur die Europäer an.
Diese Gotteskrise ist nicht leicht zu diagnostizieren, weil sie sowohl innerhalb wie außerhalb des Christentums in eine religionsfreundliche Atmosphäre getaucht ist. Wir leben in einer Art religionsfreundlicher Gotteskrise. Das Stichwort lautet: Religion, ja – Gott, nein, wobei dieses Nein wiederum nicht kategorisch gemeint ist im Sinne der großen Atheismen. Es gibt keine großen Atheismen mehr. Der Atheismus von heute kann nämlich schon wieder Gott – zerstreut oder gelassen – im Munde führen, ohne ihn wirklich zu meinen: als frei schwebende Metapher beim Partygespräch oder auf der Couch des Psychoanalytikers, im ästhetischen Diskurs, als Codewort zur Legitimierung ziviler Rechtsgemeinschaften usw. Religion als Name für den Traum vom leidfreien Glück, als mythische Seelenverzauberung, als psychologisch-ästhetische Unschuldsvermutung für den Menschen: ja. Aber Gott, der Gott Abrahams, Isaaks und Jakobs, der Gott Jesu? Wie modernitätsverträglich ist eigentlich die Rede vom biblischen Gott?

Johann Baptist Metz (geb. 1928), katholischer Theologe
(→ S. 66; 137 f.)

Gott – Unsere Hoffnung

Der Gott unseres Glaubens ist der Gott unserer Hoffnung, nicht der Lückenbüßer für unsere Enttäuschungen. Nun versteht sich die Gesellschaft, in der wir leben, immer mehr als eine reine Bedürfnisgesellschaft, als ein Netz von Bedürfnissen und deren Befriedigung. Wo jedoch die gesellschaftlichen und öffentlichen Interessen ausschließlich von dieser Bedürfnisstruktur geprägt sind, hat unsere christliche Hoffnung nur ein verschwindendes Dasein. Denn in dieser Hoffnung drückt sich eine Sehnsucht aus, die alle unsere Bedürfnisse übersteigt... Die Gottesbotschaft unserer christlichen Hoffnung widersetzt sich einem schlechthin geheimnisleeren Bild vom Menschen, das nur einen reinen Bedürfnismenschen zeigt, einen Menschen ohne Sehnsucht, das heißt aber auch ohne die Fähigkeit zu trauern und darum ohne Fähigkeit sich wirklich trösten zu lassen und Trost anders zu verstehen als reine Vertröstung. Die Gottesbotschaft unserer Hoffnung widersteht einer totalen Anpassung der Sehnsucht des Menschen an seine Bedürfniswelt.

aus dem Beschluss »Unsere Hoffnung«
der Würzburger Synode (1972–1975)

An der Stelle Gottes

Der Platz des biblischen Gottes ist in unsrer Gesellschaft nicht unbesetzt geblieben. Das alte Wort »Wer Gott nicht hat, hat einen Götzen« scheint sich auch heute zu bestätigen. Solche »Götzen« (»Ersatzreligion«) waren im 20. Jahrhundert die großen Ideologien des Nationalsozialismus und Kommunismus, die Totalitätsansprüche an den Menschen stellten, religionsähnliche Rituale praktizierten und Volk, Rasse und Klasse zum höchsten Gut bestimmten. Heute haben andere Mächte und Kräfte die Stelle Gottes eingenommen.

(1) Bei vielen Zeitgenossen ist die Vorstellung verbreitet, der *Mensch* selbst sei das *höchste Wesen*. Der Mensch müsse sich zutrauen ohne Gott zu machen, was machbar ist und aus selbstverantworteter Freiheit darüber zu entscheiden, was gut und böse, richtig und falsch ist (»Autonomie«, d. h. »Selbstgesetzlichkeit«). Dieser Glaube kann Gott nicht gebrauchen. Er ist heute durch die Katastrophen des Jahrhunderts, die Menschen verursacht haben, schon selbst wieder ins Wanken geraten.

(2) Viele irrationale Strömungen, die weitgehend religiösen Charakter haben, bestimmen das Gesicht unsrer Zeit. Nicht wenige Zeitgenossen suchen *göttliche Kräfte* in der Wärme des Gefühls, in der Tiefe der Seele, in den Erfahrungen des Geistes, in den Wonnen der Sinnlichkeit, in der Schönheit der Kunst und Musik, im sportlichen Wettkampf, in alten Mythen und Märchen, im Zauber der Natur, in der Gesetzlichkeit der Welt, in der Größe des Universums, in der ewigen Wiederkehr des Gleichen. Esoterik, Aberglaube, Astrologie, New Age haben den christlichen Glauben streckenweise verdrängt. »So viel Psi war nie«. Andere Religionen, vor allem der Hinduismus und Buddhismus, haben hohe Konjunktur.

(3) Manche meinen, der eigentliche Gott unserer Zeit sei das *Geld*. Was man früher Gott zuschrieb, erwartet man heute, wenn auch mit Unterschieden, vom Geld. Geld regiert die Welt. Am Geld hängt alles, um das Geld dreht sich alles. Es durchdringt alle Lebensbereiche (Wissenschaft, Wirtschaft, Kultur, auch die Kirchen), bestimmt das Handeln des Einzelnen und der Gesellschaft, es ist in gewissem Sinn allmächtig und allgegenwärtig. Geld vermehrt Brot, verwandelt Wasser in Wein, heilt Kranke und versetzt in andere Länder und Welten. Vom Geld hat man nie genug. Fast alles lässt sich in Geldwert messen. Geld lässt sich in fast alles verwandeln. Für Geld kann man fast alles haben. Es ermöglicht ein gutes Leben, verleiht Macht und Einfluss, erfüllt Wünsche, teilt Lebenschancen zu. Um Geld zu erlangen, setzen die Menschen alle ihre Kräfte ein, dafür arbeiten sie, bringen sie Opfer, darauf richten sie ihre

Gott und das Geld

Für Christen gilt das Wort Jesu aus seiner Lehre am Berg (→ S. 132 ff.):

Niemand kann zwei Herren dienen. ... Ihr könnt nicht beiden dienen, Gott und dem Mammon.

aus dem Evangelium nach Matthäus 6, 24

Klaus Staeck (geb. 1938): Am Anfang war das Geld, Plakat, 1973 (→ S. 131).

Zukunftshoffnung. Selbst die meisten zwischenmenschlichen Beziehungen werden von Geldfragen beeinflusst. Die Tempel der Moderne sind die Bankhäuser, die das Bild der modernen Stadt stark bestimmen. Unbestreitbar ist das Geld zu einem der gefährlichsten Widersacher des Christentums geworden.

- Was bedeutet es, dass das Christentum in unserer Gesellschaft schon lange nicht mehr das religiöse Monopol hat? Welche anderen Orte und Anbieter von Religion gibt es? Worin unterscheiden sich diese von den Kirchen? Warum haben sie einen relativ großen Erfolg? Wie gehen junge Leute damit um? Was versteht man unter religiöser »Patchwork-Mentalität«?
- Welche Mächte und Gewalten unserer Zeit nehmen für viele Menschen den Platz Gottes ein?
- Diskutieren Sie über die Ambivalenz des Geldes. Warum ist es für eine Volkswirtschaft notwendig und nützlich? Wo liegen Gefahren? Sammeln Sie Beobachtungen zu dem Thema: Geld – der Gott unserer Zeit. Welche Aufgaben kommen in dieser Hinsicht dem Christentum zu? Lesen Sie dazu auch: Ex 32 (Goldenes Kalb); Mt 19, 16–26 (vom Reichtum).

Einwände der Religionskritik

Die europäische *Religionskritik*, die seit ca. 200 Jahren von Philosophen, Soziologen und Psychologen formuliert wird, hat den Gottesglauben nachhaltig in Frage gestellt. Einige ihrer Thesen lauten:

- Paul Thiry d'Holbach (1723–1789), französischer Philosoph, Vertreter eines radikalen Materialismus: Gott – das ist eine Unmöglichkeit, da alles aus *Materie* besteht. Er ist eine *Erfindung der Pfaffen*, um die Menschen dumm zu halten und leicht gefügig zu machen.
- Pierre Simon Laplace (1749–1827), französischer Mathematiker und Physiker: Gott – das ist ein Lückenbüßer, der erklären soll, was wir nicht wissen. Wir kommen in unserem Weltbild ohne die *»Hypothese Gott«* aus.
- Ludwig Feuerbach (1804–1872), deutscher Philosoph: Gott – das ist eine *Projektion des Menschen*, in der sich seine Ängste, Sehnsüchte, Grenzen und Wünsche spiegeln. Der Mensch ist nicht das Bild Gottes, wie es die Bibel lehrt, sondern umgekehrt ist Gott das ins Überdimensionale gesteigerte Bild des Menschen. Nicht Gott hat den Menschen geschaffen, sondern der Mensch hat Gott geschaffen, indem der Mensch seine eigenen Schwächen ins Gegenteil verkehrt und personalisiert. Danach weiß sich der Mensch als sterblich, schwach, böse, dumm usw., Gott aber ewig, allmächtig, heilig und allwissend. Darum liegt das Geheimnis der Theologie in der Anthropologie.
- Karl Marx (1818–1883), Philosoph, Begründer des Dialektischen und Historischen Materialismus: Gott – das ist das *Opium des Volks*, mit dem die Herrschenden die Unterdrückten aufs Jenseits vertrösten, um sie im Diesseits besser ausbeuten zu können. Insofern ist Gott Ausdruck gesellschaftlicher Widersprüche. In der klassenlosen Gesellschaft des Kommunismus wird für Gott kein Platz mehr sein, weil es dort keine Ausbeutung mehr geben wird.
- Friedrich Nietzsche (1844–1900), deutscher Philosoph: Gott – das ist das *Prinzip der Lebensfeindlichkeit*. Er ist der Gegensatz-Begriff zum Leben, in dem alles Schädliche, Vergiftende, Verleumderische, die Todfeindschaft gegen das Leben in eine entsetzliche Einheit gebracht worden ist. Wir müssen Gott töten, wenn wir selbst als Übermenschen leben wollen (→ S. 14; 87 f.).
- Sigmund Freud (1856–1939), Mediziner und Psychologe, Begründer der Psychoanalyse: Gott – das ist eine *infantile Illusion*, die sich der Mensch bildet, wenn er merkt, dass die eigenen Eltern ihm nicht, wie ursprünglich von ihm angenommen, im Leben hinreichend Schutz gewähren können. In seiner Hilflosigkeit gaukelt er sich einen übermächtigen Vater vor, der für ihn sorgt und ihn befähigt mit den Leiden der Welt fertig zu werden.
- Rudolf Carnap (1891–1970), deutscher Philosoph, Vertreter der analytischen Philosophie: Gott – das ist ein Wort, dem *kein angebbarer Sinn* zukommt. Als Begriff, der sich empirisch nicht verifizieren lässt, ist er, wie alle metaphysischen Begriffe, sinnlos.

- Können Sie sich mit der einen oder anderen Position der europäischen Religionskritik näher befassen? Diskutieren Sie die Argumente und überlegen Sie, wie stichhaltig sie sind.
- Manche sagen, der Atheismus lehne das Bild von Gott ab, das er sich selbst mache. Oder: Der Atheist leugne Gott zur größeren Ehre Gottes. Was kann damit gemeint sein?
- Warum ist der entschiedene Atheismus heute nicht mehr so verbreitet und an seine Stelle eher ein Agnostizismus getreten? (→ S. 88)

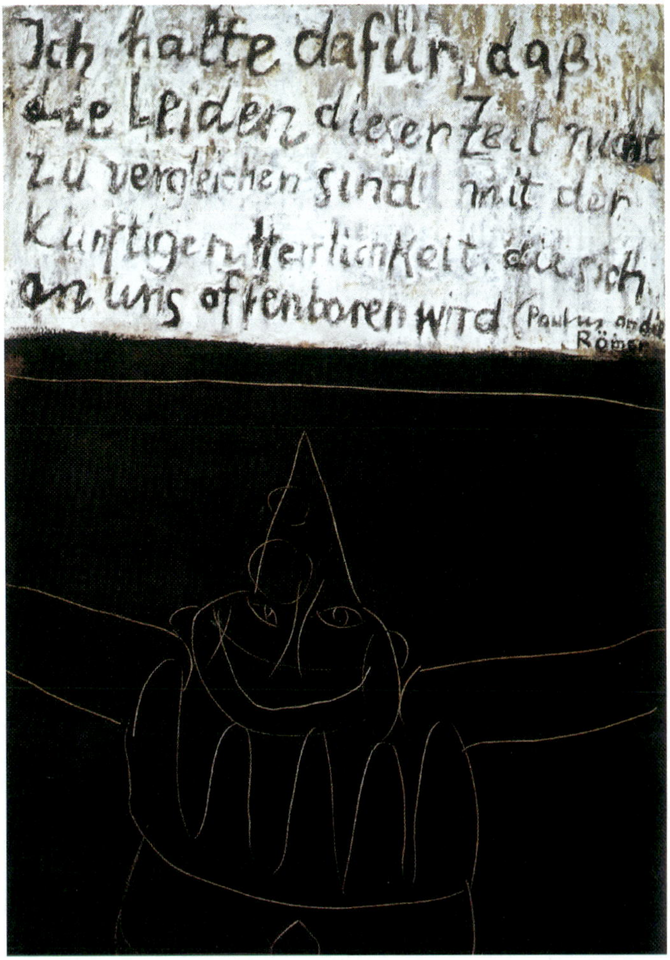

Herbert Falken (geb. 1932): Schrifttext und Clown, aus dem Zyklus »Scandalum Crucis« (d. h. »Der Skandal des Kreuzes«), Öl auf Leinwand, 1968/69. Unten lacht ein Clown (→ S. 87); auf der Wand oben ein Zitat aus dem Brief des Paulus an die Römer (8, 18):

Ich halte dafür, dass die Leiden dieser Zeit nicht zu vergleichen sind mit der künftigen Herrlichkeit, die sich an uns offenbaren wird.

Das Zitat wird in der Bibel so fortgesetzt:

Denn die ganze Schöpfung wartet sehnsüchtig auf die Offenbarung der Söhne Gottes. Die Schöpfung ist der Vergänglichkeit unterworfen, nicht aus eigenem Willen, sondern durch den, der sie unterworfen hat; aber zugleich gab er ihr Hoffnung: Auch die Schöpfung soll von der Sklaverei und Verlorenheit befreit werden zur Freiheit und Herrlichkeit der Kinder Gottes. (Römer 8, 19–21)

Andere Bilder von Herbert Falken: → S. 55; 87.
Ein Bild von Ernst Barlach zur Theodizee: → S. 55.

Theodizee

Unsere Welt ist voll von Grausamkeit und Brutalität, Krieg und Hunger, Ungerechtigkeit und Hass. Viele Menschen leiden unter schmerzlichen Krankheiten, furchtbaren Ängsten und qualvollem Tod. *Leid* trifft in gleichem Maß Kinder und Erwachsene, Unschuldige und Schuldige. Täglich werden wir mit neuen Schreckensmeldungen überhäuft. Dieses unermessliche Leid wirft die *Frage* auf, wie der allmächtige Gott dieses alles geschehen lassen kann, wenn er die Macht hat es zu verhindern. Wie kann ein liebender und zugleich allmächtiger Vater das ganze Unglück seiner Kinder zulassen, ohne mit sich selbst in Widerspruch zu geraten?

Das Leidensproblem rührt an den Nerv des biblischen Gottesglaubens. Mit diesen Fragen haben sich die Kleinen und die Großen Israels immer wieder an Gott gewandt. Sie haben die Fragen oft in Demut und Vertrauen, oft aber auch mit Klage, Anklage und Protest an Gott gerichtet. Gestalten wie Jeremia sind darüber an Gott irre geworden. Sie waren verzweifelt, weil sie nicht verstehen konnten, warum es das Böse und das Leid gibt. Vor allem wollten sie sich nicht mit frommen Sprüchen trösten lassen. Die ganze *Bibel* ist weithin bestimmt von dem Bemühen mit diesem Problem fertig zu werden. Davon zeugen die Erzählungen von Paradies und Sündenfall (→ S. 110 ff.) ebenso wie die Worte der Propheten. Die Psalmen der Frommen (z. B. Ps 88; → S. 104 f.) und die Lehren der

Weisen sind in gleicher Weise wie die visionären Bilder der Apokalyptik (→ S. 20) von diesen Fragen aufgewühlt. Besonders intensiv stellt das Buch *Ijob* die Frage, woher das Leiden kommt und warum es Ijob, einen Unschuldigen, trifft. Sein Verhältnis zu Gott wird durch den Tod von Frau und Kindern, durch Krankheit und Verlust all seiner Habe auf eine schwere Probe gestellt. Mit den konventionellen Antworten seiner Freunde ist er nicht zufrieden. Er kann das Leiden als Strafe Gottes für die Sünden nicht akzeptieren, da es oft auch den Unschuldigen trifft, der keine Strafe verdient hat. Empört und verletzt wendet er sich gegen alle Erklärungsversuche. Aber Ijob muss sich auch von Gott fragen lassen, ob er bei der Schöpfung dabei war und ihre Gesetze wirklich kennt. Am Ende sieht Ijob ein ohne Verständnis geredet zu haben. Er kommt zu der Überzeugung, dass Gott uns das Leid schickt, ohne uns Rechenschaft zu geben, warum er es tut. Aus seiner Klage und Anklage wird schweigende Hinnahme.

Ähnlich wie in der biblischen Tradition spielt die Frage nach dem Sinn des Leidens auch in der *Philosophie* eine große Rolle. Der deutsche Philosoph Gottfried Wilhelm Leibniz (1646–1716) hat dieses Problem zum ersten Mal *»Theodizee«*, d. h. Rechtfertigung Gottes, genannt und zugleich den Versuch unternommen verständlich zu machen, weshalb es in der Schöpfung Leiden gibt. Er ist davon überzeugt, dass Gott die beste aller denkbaren Welten geschaffen hat. Zwar sei ihm eine leidfreie Schöpfung möglich gewesen, aber diese würde nicht besser sein. Die Übel resultieren für Leibniz konsequent aus der Endlichkeit der Schöpfung, aus der Existenz der Materie und aus der Freiheit des menschlichen Willens. Philosophen wie David Hume (1711–1776) haben den Versuch von Leibniz kritisiert, Voltaire (1694–1778) hat ihn verspottet (»Die schlechteste aller nur denkbaren Welten«) und Immanuel Kant (1724–1804; → S. 97 ff.) hat ihn in seiner Schrift »Über das Misslingen aller philosophischen Versuche in der Theodizee« (1791) widerlegt.

Im Glauben und Denken sind auf diese »furchtbarste aller Fragen« (Dostojewski) verschiedene Antworten versucht worden. Die eine oder andere Antwort ist für einzelne Menschen trostreich, für andere bleibt sie ungenügend. Jede Antwort wirft neue Fragen auf.

- Oft kann man hören, Gott wolle und bewirke das Leiden nicht von sich aus, er *lasse es nur zu.* – Aber: Kann man bei Gott »Bewirken« und »Zulassen« unterscheiden, wenn er wirklich der Schöpfer aller Dinge und der Herr allen Geschehens ist?
- Manche wollen Gott entlasten, indem sie sagen, Gott wolle die Menschen durch das Leiden *prüfen* und *erziehen.* Er gebe ihnen so die Möglichkeit sich unter schwierigen Bedingungen zu bewähren und sich auf ihn zu besinnen. – Aber: Warum erscheinen uns solche Prüfungen so grausam? Oft geben sie dem Betroffenen keine Möglichkeit mehr sich zu besinnen. Was hielten wir von einem menschlichen Vater, der seine Kinder so »erzieht«?
- Andere nehmen an, dass Gott die Menschen durch das Leiden *strafen* wolle. So vergelte er ihre Bosheit. – Aber: Wird Gott so nicht zum grausamen Rächer? Und wie steht es mit dem Leiden der vielen offensichtlich Unschuldigen, z. B. der Kinder oder der Behinderten?
- Die Erfahrung lehrt, dass Menschen durch Leiden *lernen.* Was sie zunächst bedrückt, erweist sich später als sinnvoll. Ein Misserfolg kann zum Nachdenken bringen, ein Unglück kann dem Leben eine neue Richtung geben, eine harte Arbeit führt oft zu einem guten Ziel, eine Krankheit kann gütiger machen und Verständnis für andere wecken. – Aber: Warum können Menschen nicht ohne Leiden lernen und reifen? Und was ist mit dem Leiden, an dem Menschen zerbrechen, ohne zu lernen?
- Manches Leid ist unvermeidbar, weil es sich aus den *Gesetzen der Natur* ergibt. Wie Geburt, Gesundheit und Wohlbefinden zum Leben gehören, so auch Schmerz, Krankheit und Tod. Naturkatastrophen wie Erdbeben, Trockenheit,

Das Leiden der Kinder

Ich werde mich bis in den Tod hinein weigern die Schöpfung zu lieben, in der Kinder gemartert werden.

Albert Camus (1913–1960), französischer Dichter, Nobelpreisträger für Literatur (1957)

Missernten oder Lawinen ergeben sich oft aus natürlichen Ursachen und Wirkungen unserer Welt. – Aber: Warum hat Gott die Welt so katastrophenanfällig eingerichtet, dass sie uns so oft ängstigt, quält und zerstört?

- Viele Leiden werden von Menschen verursacht. Die *Freiheit* gibt ihnen die Möglichkeit, sich für Gutes oder Böses zu entscheiden. Aus der freien Entscheidung der Menschen kommen Verbrechen und Krieg, soziale Ungerechtigkeit und Hunger, manchmal auch Einsamkeit und Angst. Dafür sind Menschen verantwortlich. – Aber: Warum hat Gott den Menschen eine Freiheit gegeben, die sie so verheerend missbrauchen können? Hätte er nicht eine Freiheit schaffen können, die nur Gutes bewirkt?
- Viele Christen sehen eine Antwort auf die Theodizeefrage im Blick auf *Jesus*. Als der Gottessohn am Kreuz starb, wurde er mit unserem Leiden solidarisch. Gottes Macht und Herrlichkeit blieb auch ihm im Leiden verborgen, so dass er sterbend rief: »Mein Gott, mein Gott, warum hast du mich verlassen?« Aber in seiner Todesangst und Gottverlassenheit war er nicht ohne Hoffnung. Seinen Glauben an Gott hat er auch am Kreuz nicht verloren. Am Ende wurde ihm das Kreuz auch zum Zeichen der Rettung. Gott befreite ihn aus den Fesseln des Todes. Wie die Leiden Jesu in unvergängliches Leben bei Gott verwandelt wurden, so wird es auch bei denen sein, die ihm folgen. – Aber: Warum musste selbst Jesus, der Gerechte, leiden, ohne dass das Leiden in der Welt seitdem aufgehört hätte?

In der Theodizeefrage liegt für das Christentum – ähnlich wie für die anderen monotheistischen Religionen – das schwierigste Problem. Hier stellt sich mit der Frage nach der Glaubwürdigkeit Gottes zugleich die Frage nach der Glaubwürdigkeit der Erlösung und damit nach der Glaubwürdigkeit des Christentums selbst. Vielen Christen, die sich eingestehen auf diese Frage *keine Antwort* zu wissen, bleibt am Ende nur das Schweigen vor dem abgründigen Geheimnis Gottes. Sie halten es für sinnvoller die Frage offen zu halten, als sie verstummen zu lassen und Gott den Abschied zu geben. Sie wollen lieber auf eine Antwort Gottes hoffen, als die Welt in gottlose Trostlosigkeit versinken lassen. Ihr Gebet zu Gott ist Frage, Klage und selbst Anklage, wobei sie hoffen, einmal gehört zu werden und zu einem Verständnis oder sogar Einverständnis zu kommen.

Wenn es schon keine theoretische Antwort gibt, die Verstand und Herz zufriedenstellt, so gibt es doch *praktische Aufgaben*, denen Christen im Angesicht des Leids nicht ausweichen dürfen. Nichts darf für sie wichtiger sein als für das Leiden und für die Leidenden empfindsam zu werden. Wie Jesus müssen sie gegen Armut und Hunger, gegen soziale Ächtung und Lieblosigkeit, gegen Krankheit und Tod angehen, auch wenn die eigenen Kräfte nicht ausreichen, das Leiden aus der Welt zu schaffen. Leidempfindlichkeit und Nächstenliebe, Kampf gegen Ungerechtigkeit und Hilfe für bedrohte Menschenwürde können mehr als jedes rationale Argument den Glauben an Gott bestärken.

Die quälende Frage

Romano Guardini (1885–1965) gehörte vor und nach dem 2. Weltkrieg zu den bedeutendsten katholischen Theologen Deutschlands. Obwohl er den christlichen Glauben gerade auch jungen Leuten überzeugend zu vermitteln wusste, blieb er bei der Theodizeefrage ohne Antwort. Karl Rahner erzählt hier, was er von einem Freund Guardinis erfahren hatte.

Der es erlebt, wird es nicht vergessen, was der alte Romano Guardini auf dem Krankenlager sagte. Er werde sich im letzten Gericht nicht nur fragen lassen, sondern auch selber fragen; er hoffe in Zuversicht, dass ihm dann der Engel die wahre Antwort nicht versagen werde, die ihm kein Buch, auch die (Heilige) Schrift selber nicht, die ihm kein Dogma und kein Lehramt, die ihm keine Theodizee und Theologie, auch die eigene nicht, habe beantworten können: Warum, Gott, zum Heil die fürchterlichen Umwege, das Leid der Unschuldigen, die Schuld?

Karl Rahner (1904–1984), katholischer Theologe (→ S. 100 f.)

- Warum ist das Leiden ein Problem für Religion, Philosophie und Ethik?
- Was wissen Sie über die »Vier edlen Wahrheiten vom Leiden«, die der Buddha zur Grundlage seiner Lehre gemacht hat?
- Was würden Sie einem Menschen, der leidet, sagen, wenn er Sie fragt, warum er leiden muss? Was kann man für ihn tun?

 Lehrer/innen des Glaubens

Die Gotteslehre des Christentums wurde im Lauf der langen Geschichte durch das *Denken großer Frauen und Männer* weiterentwickelt. Neue Erfahrungen und neue Fragen führten dazu, dass die Theologie nicht immer nur die alten Überlieferungen weitergeben konnte. Oft gelang es Mystikern/Mystikerinnen, eine neuen Sprache zu finden und ein neues Sprechen über das Geheimnis Gottes zu versuchen. Auch Philosophen haben intensiv über Gott nachgedacht und dabei wichtige Gedanken entwickelt. Mit Stolz kann das Christentum auf viele große Lehrer/innen des Glaubens blicken.

Augustinus, aus einem Manuskript des »Gottesstaates«, Basel, 1489.

Der bedeutendste Theologe der Antike war *Augustinus* (354–420). In seiner autobiographischen Schrift »Confessiones« (d. h. »Bekenntnisse«, »Lobpreisungen«) spricht er von den Irrungen und Wirrungen seiner Jugend. Er hatte einen unehelichen Sohn und mehrere Verlöbnisse, die er nicht lange aufrechterhielt. Zuerst befreite ihn die antike Philosophie von seinem ganz auf Zerstreuungen gerichteten Leben. Er studierte nun die verschiedenen philosophischen Richtungen und wurde dabei selbst zu einem bedeutenden Schriftsteller. Das Beispiel seiner Mutter Monika veranlasste ihn Christ zu werden und seine ganzen Fähigkeiten in den Dienst der Kirche zu stellen. Als Bischof von Hippo in Nordafrika erlebte er 410 die größte Katastrophe seiner Zeit, die Eroberung Roms durch die Goten. Sie bot ihm Anlass zu seinem geschichtstheologischen Werk »Über den Gottesstaat«, das mit seinen Ideen vom göttlichen und weltlichen Staat bis ins Mittelalter die religiös-politischen Vorstellungen prägte. Während der Belagerung Hippos durch die Vandalen starb er.

Sein Verdienst ist es, dass er die Gedanken, die die großen nichtchristlichen Philosophen über Gott entwickelt hatten, in das Christentum einbezog. Er verband die Ideenlehre Platons (427–347 vC) und die mystische Philosophie Plotins (204–269 nC) mit dem biblischen Gottesglauben und setzte so ganz neue Akzente für die christliche Theologie. Ihm erscheint Gott nun als die absolute Wahrheit, an der die Menschen nur teilhaben können, weil Gott sie ihnen gnadenhaft schenkt. Die göttliche Erleuchtung allein befreit uns von der Skepsis des Denkens, schenkt uns Gewissheit und vereint Glauben und Wissen. Die göttliche Erwählung legt im voraus zu unserer Freiheit unseren Lebensweg fest und entscheidet damit über unser endgültiges Heil oder Unheil. In jeder Beziehung ist der Mensch von Gottes Gnade abhängig. Aus eigener Leistung kann er nichts tun, was vor Gott verdienstvoll wäre. Während diese »Prädestinationslehre« (»Vorherbestimmung«) in der Kirche nicht durchgängig Anklang fand, wurden seine Gedanken über die Dreifaltigkeit Gottes weithin akzeptiert. Er verglich die Trinität mit

Das Wesen Gottes

Augustinus ging einmal am Meeresstrand auf und ab und überlegte dabei, wie er das Wesen Gottes am ehesten erfassen könne. Da traf er ein Kind, das mit einer Muschel Wasser aus dem Meer in eine kleine Grube schüttete. Er fragte: »Was tust du da?« Die Antwort: »Ich schöpfe das Meer in diese Grube.« Als er darüber ungläubig lächelte und das Kind über die Unmöglichkeit seines Vorhabens belehren wollte, sagte das Kind: »Es wird mir eher gelingen als dir das Wesen Gottes zu erfassen.«

Alte Legende (→ S. 123)

den psychischen Kräften der menschlichen Seele. Gedächtnis, Wissen und Willen sind für ihn ferne Entsprechungen zu Vater, Sohn und Heiligem Geist, weil diese unterschiedlichen Seelenkräfte immer gemeinsam aktiv werden und eine ohne die andere nicht existieren kann. Augustinus blieb sein ganzes Leben auf der Suche nach Gott. Er wusste: »Unruhig ist unser Herz, bis es in dir (Gott) ruht.« Alle seine theologischen Reflexionen und gelehrten Kommentare zur Bibel haben ihn nicht an der Erkenntnis gehindert, dass wir von Gott nicht viel wissen können.

Augustinus hat wie kein anderer Kirchenlehrer mit seinen Schriften das Mittelalter beeinflusst, tief auf Martin Luther, Johannes Calvin und die Reformation gewirkt (→ S. 171 f.) und bis heute kräftige Spuren in der Theologie und Philosophie hinterlassen.

Zu den herausragenden Frauen der Christenheit zählt *Hildegard von Bingen* (1098– 1179). Sie wurde schon früh Nonne und leitete über 40 Jahre lang als Äbtissin ein Kloster der Benediktinerinnen. Zu ihrer Zeit griff sie tatkräftig in das kirchliche Leben ein und war bei hohen Geistlichen und sogar beim Papst als Autorität geachtet. Sie war alles andere als weltfremd. Von ihr stammen Bücher über naturkundliche und medizinische Themen, die eine gute Beobachtungsgabe zeigen. Ihre gesundheitlichen Ratschläge sind bis heute nicht veraltet. Auch musikalische und poetische Schriften von Rang hat sie verfasst. Einzigartig sind ihre mystischen Visionen, die sie in ihrem Buch »Scivias« (d. h. »Wisse die Wege«) beschreibt. Sie hat das göttliche Licht schauen dürfen und dabei in ganz neuen Bildern den Vater als Schöpfer der Welt, den Sohn als Erlöser der Menschheit und den Geist Gottes als das innerste Leben der Kirche gesehen. In Hildegard verbinden sich Mut in schweren Situationen, praktischer Sinn bei der Leitung des Klosters, überragende Kenntnisse im Wissen der Zeit und vor allem mystische Erlebnisse mit Gott. Diese ungewöhnliche Synthese macht sie zu einer der eindrucksvollsten Frauen ihrer Zeit. Heute geht man den Spuren dieser Lehrerin des Glaubens wieder intensiv nach. Sie gehört in die Reihe der großen Mystiker/innen

Hildegard von Bingen, Miniatur, 13. Jh.
Ein Bild, das eine Vision Hildegards zeigt: → S. 83.

Erleuchtung

In der Einleitung zu ihrem Werk »Scivias« schreibt die Seherin, wie sie ihre mystische Erleuchtung erfuhr:

Im 43. Jahr meines Lebenslaufes schaute ich ein himmlisches Gesicht. Zitternd und mit großer Furcht spannte sich ihm mein Geist entgegen.
Ich sah einen sehr großen Glanz. Eine himmlische Stimme erscholl daraus. Sie sprach zu mir: »Gebrechlicher Mensch, Asche von Asche, Moder von Moder, sage und schreibe, was du siehst und hörst. Doch weil du schüchtern bist zum Reden, einfältig zur Auslegung und ungelehrt das Geschaute zu beschreiben, sage und beschreibe es nicht nach der Redeweise der Menschen, nicht nach der Erkenntnis menschlicher Erfindung noch nach dem Willen menschlicher Abfassung, sondern aus der Gabe heraus, die dir in himmlischen Gesichten zuteil wird: wie du es in den Wundern Gottes siehst und hörst. ... Da kam ein feuriges Licht mit Blitzesleuchten vom offenen Himmel hernieder. Es durchströmte mein Gehirn und durchglühte mir Herz und Brust gleich einer Flamme, die jedoch nicht brannte, sondern wärmte, wie die Sonne den Gegenstand erwärmt, auf den sie ihre Strahlen legt. Nun erschloss sich mir plötzlich der Sinn der Schriften, des Psalters, des Evangeliums und der übrigen Bücher des Alten und Neuen Testaments.

Hildegard von Bingen (1098–1179), Mystikerin

des Christentums, zu denen auch Bernhard von Clairvaux (1090–1153), Meister Eckhart (ca. 1260–1328), Johannes vom Kreuz (1542–1591) und Teresa von Avila (1515–1582; → S. 122) zu zählen sind.

Der wohl bedeutendste Theologe des Mittelalters ist *Thomas von Aquin* (1225–1274), ein Großneffe des Kaisers und Patenkind des Papstes. Gegen den Willen seiner Familie trat er in den damals noch jungen Bettelorden der Dominikaner ein. Seine Brüder entführten ihn gewaltsam aus dem Kloster, um ihn von seinem Entschluss abzubringen. Aber Thomas blieb seinem Vorhaben treu und setzte sich schließlich durch. In Albertus Magnus fand er einen genialen Lehrer, der ihn in das Wissen der Zeit, vor allem in die Philosophie und Theologie einführte. Thomas war von ungewöhnlich hoher spekulativer Kraft und zugleich ein kindlich frommer Mann. Er lehrte in Köln, Paris, Rom und Neapel. Seine Schriften sind glänzend durchdacht und systematisch geordnet. Von ihm stammt eines der wichtigsten theologischen Werke der Christenheit, die »Summe der Theologie«. Hier gelingt ihm eine einmalige Synthese von Glauben und Wissen, von Theologie und Philosophie, von göttlicher Offenbarung und menschlicher Vernunft. Er hat damit die gedankliche Grundlage für ein harmonisches Weltbild geschaffen, das lange zum verbindlichen Modell der Kirchenlehre wurde.

Bahnbrechend war seine Entscheidung der Philosophie des Aristoteles einen Platz in der christlichen Lehre frei zu kämpfen. Dieser »Heide« galt bis dahin als gefährlich, weil er die Welt für ewig ansah und weder die Willensfreiheit noch die Unsterblichkeit der Seele klar lehrte. Seinen Gottesvorstellungen fehlt vieles, was für die christliche Gottesrede unverzichtbar ist, z. B. Vorsehung, Güte, Barmherzigkeit und Liebe. Trotzdem wagte es Thomas als Erster den Realismus dieses Philosophen für christliches Denken fruchtbar zu machen. Seine nüchterne Beobachtung der Welt, seine realistische Theorie der Erkenntnis und seine scharfsinnige Analyse des Denkens hatten für Thomas evidente Plausibilität. Damit stellte er sich mutig gegen die theologische Tradition, die bislang

Thomas von Aquin mit dem Heiligen Geist in Gestalt einer Taube als Ratgeber, Kempen am Niederrhein, 17. Jh.

Ein Weg zur Erkenntnis Gottes

Der fünfte »Gottesbeweis« geht von der Finalität in der Welt aus. Schon in der antiken Philosophie wurde ähnlich argumentiert. Wenn Thomas hier auch keine Beispiele nennt, so mag er doch an die Sterne denken, die sich nicht planlos bewegen, und an Pflanzen und Tiere, die sich in festgelegten Ordnungen entwickeln.

Der fünfte Weg wird von der Leitung der Dinge genommen. Wir sehen nämlich, dass manche Dinge, die keine Erkenntnis besitzen, nämlich die Naturkörper, wegen eines Zweckes tätig sind, was daraus hervorgeht, dass sie immer oder meistens auf dieselbe Weise tätig sind, um das zu erreichen, was das Beste ist. Hieraus ist offenbar, dass sie nicht durch Zufall, sondern aus einer Absicht zum Ziel gelangen. Dasjenige aber, was keine Erkenntnis hat, strebt nur in der Weise zum Ziele hin, dass es von etwas, was Erkenntnis und Verstand besitzt, dahin gelenkt wird wie der Pfeil vom Schützen. Also gibt es ein intelligentes Wesen, durch welches alle Naturdinge zum Ziel hingeordnet werden, und dieses nennen wir Gott.

Thomas von Aquin (1225–1274), Philosoph und Theologe

- Was bedeutet es, wenn die Philosophie Gott als den Urgrund des Lebens, den Anfang der Kausalität, das Ziel der Welt, das höchste Gut, die unendliche Harmonie oder das Prinzip des Seins bezeichnet?

Augustinus und dessen Vorliebe für die idealistische Philosophie Platons gefolgt war. Wie erbittert damals die Auseinandersetzung um den neuen Realismus war, zeigt die Tatsache, dass man einige Schriften des Thomas der Ketzerei beschuldigte und öffentlich verbrannte. Derselbe Thomas wurde später zum offiziellen Kirchenlehrer erklärt. Seine Entscheidung hat der christlichen Theologie neue Dimensionen eröffnet.

Das ganze Denken des Aquinaten kreist um Gott. Wie keiner vor ihm hat er die ganze christliche Gottesrede, wie sie sich aus biblischer Offenbarung, kirchlicher Lehre und philosophischem Denken ergibt, systematisch und nuancenreich beschrieben. Berühmt sind seine fünf Wege zur Erkenntnis der Existenz Gottes, in denen er als Glaubender mit Hilfe der Vernunft Beweise für das Dasein Gottes sucht. Auch dabei stützt er sich auf Aristoteles und andere Philosophen. Der erste Weg geht von der einfachen Beobachtung aus, dass in unserer Welt alle Dinge in Bewegung sind. Sie setzen wiederum andere Dinge in Bewegung und sind selbst von anderen in Bewegung gesetzt worden. Wenn man zurückfragt, woher die Bewegung letztendlich kommt, kann man nicht ins Unendliche zurückgehen, weil dann die Bewegung unerklärbar bliebe. Man muss auf einen ersten Beweger kommen, der alles andere in Bewegung gesetzt hat, selbst aber unbewegt ist. Einen solchen ersten unbewegten Beweger nennen wir Gott. – In ähnlicher Weise argumentiert Thomas im zweiten Weg, der von der überall antreffbaren Kausalität (Ursache-Wirkung-Relation) ausgeht und schließlich zu einer ersten Ursache führt, die wiederum Gott genannt werden muss.

Der fünfte Weg geht von der Finalität (Zielgerichtetheit) der Dinge aus. Sie muss von einem kommen, der diese Ziele für sie festgelegt und damit überragende Vernunft bewiesen hat. Ein solch intelligentes Wesen nennen wir Gott. – Diese »Gottesbeweise« sollen Zweiflern Anlass zum Nachdenken geben. Ob sie wirklich beweiskräftig sind, ist umstritten. Thomas selbst war am Ende seines Lebens davon überzeugt das Geheimnis Gottes mit seinen menschlichen Fähigkeiten nicht ergründet zu haben. Darum weigerte er sich, die Summe der Theologie zu Ende zu schreiben. Kurz vor seinem Tod sagte er: »Alles, was ich geschrieben habe, erscheint mir wie Stroh, verglichen mit dem, was ich geschaut habe und was mir geoffenbart worden ist.«

Immanuel Kant (1724–1804), der fast nie aus seiner Heimatstadt Königsberg herauskam, kann zwar nicht als »Lehrer des Glaubens« angesehen werden, aber seine kritische Philosophie, in der christlich-calvinistische Traditionen nachwirken, hat einen nachhaltigen Einfluss auf die Theologie gehabt. In erster Linie hat er wie kaum ein anderer Denker die Philosophie angeregt, indem er eine intuitiv gewonnene universale Schau fast aller philosophischen Probleme systematisch darstellte und für sie neue Begründungen fand. Die Einseitigkeiten der Philosophie seiner Zeit, vor allem des Rationalismus, des Empirismus und der dogmatischen Metaphysik hat er überwunden. Er lieferte eine neue bahnbrechende Theorie der Erkenntnis, in der Erfahrung, Verstand und Vernunft eine wichtige Rolle spielen, und stellte die Ethik auf ein neues philosophisches Fundament, als er den »kategorischen Imperativ« formulierte und begründete. Die Enge der Aufklärung hat er überwunden und ihr zugleich neue Impulse gegeben. Mit seinen Hauptwerken »Kritik der reinen Vernunft« (1781), »Kritik der praktischen Vernunft« (1788) und »Kritik der Urteilskraft« (1790) leitete er eine kopernikanische Wende in der Philosophie Europas ein und wurde der Begründer einer kritischen Philosophie, die unabsehbare Auswirkungen auf den Deutschen Idealismus und andere philosophische Strömungen hatte. In seiner späten Schrift »Zum ewigen Frieden« (1795) geht er davon aus, dass die Völker wegen der radikalen Bösartigkeit der Menschen gefährdet sind und die Staaten alles tun müssen, um sich dem Ziel eines ewigen Friedens zu nähern (→ S. 176).

Für Kant war auch Gott immer ein zentrales Thema seines Nachdenkens. Hier knüpfte er an die philosophische Tradition vor allem des 17. Jahrhunderts an, in der René Descartes (1596–1650), Gottfried Wilhelm Leibniz (1646–1716) und Christian Wolff (1679– 1754) rationale Argumente zur Sicherung der Existenz

Gottes entwickelt hatten. Schon in seinen frühen Schriften kritisierte er deren rationale Theologie und die von ihnen vorgeschlagenen Gottesbeweise, ohne schon grundsätzlich an der philosophischen Berechtigung aller Gottesbeweise zu zweifeln. Zunächst hielt er noch die Erkenntnis für möglich, dass die Dinge der Natur nur als Wirkungen Gottes existieren können. In seiner kritischen Periode, die mit der »Kritik der reinen Vernunft« beginnt, akzeptierte er auch diese Möglichkeit nicht mehr. Er machte sich nun daran, alle rationalen Gottesbeweise zu widerlegen, indem er zeigte, dass sie entweder reine Begriffsspekulationen ohne Erkenntnisgewinn sind oder aber mit den Mitteln des Denkens aus unserer empirischen Welt in eine transzendente Welt führen – ein Schritt, der die Möglichkeiten unseres begrenzten Verstandes prinzipiell überfordert. Aus der Ablehnung rationaler Gottesbeweise folgt bei Kant allerdings keine Ablehnung Gottes. Auch der Atheismus ist für ihn unbeweisbar. Gott bleibt für Kant ein Begriff, der die menschliche Erkenntnis krönt und abschließt, dessen Realität aber weder bewiesen noch widerlegt werden kann. Er wird ihm zum höchsten Zweck des menschlichen Daseins. Den Glauben an Gott wollte er nicht auflösen. Im Gegenteil: »Ich musste also das Wissen aufheben, um zum Glauben Platz zu bekommen.« In der »Kritik der praktischen Vernunft« suchte er nun eine andere Art der »Erkenntnis« Gottes. Sie beruht nicht mehr auf spekulativen Prinzipien, sondern auf moralisch-praktischer Basis. Er begründet das Dasein Gottes nun als ein »Postulat der praktischen Vernunft«, d. h. als einer Forderung für eine vernünftige Handlungspraxis, indem er zeigt, dass die unbedingt geltenden Forderungen des Sittengesetzes nur unter der Voraussetzung sinnvoll sind, dass Gott existiert. Denn das Sittengesetz verpflichtet den Menschen ohne Wenn und Aber auch zu solchen Taten, die sein Glück nicht auf jeden Fall befördern. Wir sind oft unbedingt zu Handlungen verpflichtet, die für uns nicht nützlich sind und die uns nicht glücklich machen. In unserer empirischen Welt widersprechen sich Sittlichkeit und Glück häufig. Nur Gott kann die Übereinstimmung von Sittlichkeit und Glück garantieren, wenn er

Immanuel Kant, Kupferstich von S. F. Bause nach Veit Hans Schnorr von Carolsfeld, 1791.

Heilig – gütig – gerecht

Kant beschreibt einmal, wie Gott, der mit der theoretischen Vernunft nicht bewiesen werden kann, von der praktischen Vernunft aber postuliert werden muss, als Idee zu denken ist:

Diesem Bedürfnisse der praktischen Vernunft gemäß ist nun der allgemeine wahre Religionsglaube der Glaube an Gott 1) als der allmächtige Schöpfer Himmels und der Erden, d. i. moralisch als heiligen Gesetzgeber, 2) an ihn, den Erhalter des menschlichen Geschlechts als gütigen Regierer und moralischen Versorger desselben, 3) an ihn, den Verwalter seiner eigenen heiligen Gesetze, d. i. als gerechten Richter. Dieser Glaube enthält eigentlich kein Geheimnis, weil er lediglich das moralische Verhalten Gottes zum menschlichen Geschlecht ausdrückt; auch bietet er sich aller menschlichen Vernunft von selbst dar und wird daher in der Religion der meisten gesitteten Völker angetroffen.

Immanuel Kant (1724–1804), Philosoph, Begründer des deutschen Idealismus

Rechte Seite: Paul Klee (1879–1940): Grenzen des Verstandes, Bleistift, Aquarell und Öl, 1927. Hier wendet sich Klee wohl gegen alle Versuche die Welt nur rational anzugehen. Grenzen des Verstandes werden auch erfahrbar, wo Glaube und Liebe beginnen.

zugleich als Schöpfer der Welt und des Sittengesetzes gedacht wird. Ohne die Hoffnung auf eine solche Übereinstimmung bei Gott wird der Mensch seinen Pflichten nicht nachkommen können. Darum sind letztlich nur unter der Voraussetzung, dass Gott existiert, die Pflichten des Menschen zu begründen. So führt bei Kant nicht das rationale Denken, sondern das moralische Gesetz auf dem Weg über die Pflicht zur Religion und zu Gott. »Es ist moralisch notwendig das Dasein Gottes anzunehmen.« In seiner Spätphase gibt es bei ihm Tendenzen, Religion ganz in Moralität aufzulösen, wenn er Gott selbst die »moralisch-praktische Vernunft« nennt. Noch am Ende seines Lebens kann er sagen: »Es ist gut, dass wir nicht wissen, sondern glauben, dass ein Gott ist.«

Die Position Kants wird in der Theologie und Philosophie bis heute diskutiert. Wer die natürliche Erkennbarkeit Gottes für möglich hält, wird seine Position ablehnen. Wer die Grenzen menschlichen Erkennens enger zieht, wird ihm eher folgen können. Die Engführung Gottes allein auf den Bereich der Sittlichkeit wird von vielen Theologen und Religionswissenschaftlern kritisiert.

Auch im 20. Jahrhundert gibt es in allen Konfessionen große Lehrer der Theologie. Wichtige Anregungen kommen auf protestantischer Seite von *Karl Barth* (1886–1968). Sein Kommentar zum biblischen Römerbrief des Paulus (1919) sagte polemisch und prophetisch zugleich der liberalen protestantischen Theologie den Kampf an, die eine Versöhnung zwischen altem Glauben und moderner Kultur gesucht hatte. Barth betont nun den unendlichen Abstand zwischen Gott und Mensch, Zeit und Ewigkeit, Kultur und Glaube. Er verlangt, dass die Theologie ihren Ausgangspunkt endlich wieder allein bei Gott und nicht beim Menschen nehme. Sie habe nur die Offenbarung Gottes auszulegen, die in Christus endgültig erfolgt ist. Mit seiner Lehre, dass es außerhalb von Christus keinen Weg zu Gott gibt, wurde er der Begründer der Dialektischen Theologie. Sie sieht in den anderen Religionen und auch im Denken der Philosophie nur Versuche, sich dem Anspruch des Wortes Gottes zu entziehen und auf die eigenen unzureichenden Möglichkeiten zu bauen. Diese negative Einschätzung blieb nicht unbestritten. Die Nazi-Ideologie wurde von Barth früh durchschaut und entschieden bekämpft.

Gott ist Einer

Es ist nicht ohne sachlichen Grund, wenn jede genuine Verkündigung des christlichen Glaubens bis auf diesen Tag als eine Störung, ja Zerstörung gerade des religiösen Aufschwungs, Lebens, Reichtums und Friedens empfunden wird. Denn es kann nicht anders sein: Olymp und Walhalla entvölkern sich, wenn wirklich die Botschaft von dem Gott laut und geglaubt wird, der der Einzige ist. Die Figuren jeder religiösen Welt werden dann notwendig profan, verflüchtigen sich dann zusehends, müssen dann als bloße Ideen, als Symbole, als Gespenster, als komische Figuren schließlich ihr Dasein fristen und endlich auch als solche der Vergessenheit verfallen. Kein gefährlicherer, kein revolutionärerer Satz als dieser: dass Gott Einer ist, dass Keiner ihm gleich ist!

Karl Barth (1886–1968), evangelischer Theologe

Karl Barth

Karl Rahner

Catharina J. M. Halkes

Unter seinem Einfluss kam es zum Widerstand der »Bekennenden Kirche«. Sein Lebenswerk ist eine vielbändige kirchliche Dogmatik.

Auf katholischer Seite ist *Karl Rahner* (1904–1984) ein herausragender Lehrer des Glaubens. Der Jesuit, der in Innsbruck, München und Münster lehrte, hat sich wie kaum ein anderer katholischer Theologe mit der modernen Geisteswelt auseinandergesetzt und die Probleme, die sich von der neuzeitlichen Philosophie, den Natur- und Geisteswissenschaften her für den Glauben ergeben, bedacht. So gelang es ihm, der katholischen Theologie, die sich weithin in das Getto eines veralteten Denkens (»Neuscholastik«) eingesperrt hatte, neue Wege zu weisen, die auch nachdenklichen und kritischen Zeitgenossen gangbar sein können. Er nahm die Erfahrungen der Menschen ernst und bezog sie in seine Theologie stärker ein, als es zu seiner Zeit üblich war. Darum hatte er oft mehr Fragen als Antworten. Immer auch suchte er zu ergründen, was der Mensch sei. Für ihn waren alle Menschen »Hörer des Wortes«, d. h. dazu disponiert, in ihrer Endlichkeit das Wort des Unendlichen zu hören und so ihre Endlichkeit zu übersteigen. Gott und Mensch – das waren die Pole seines Denkens. Theologie und Anthropologie gehörten für ihn zusammen. Mit seinem zugleich brillanten und leidenschaftlichen Denken hat er wichtige Vorarbeiten für die Kirchenreform des 2. Vatikanischen Konzils (1962–1965) geleistet. Er stand immer in Treue zu seiner Kirche, obwohl er manchen Verdächtigungen und Unterstellungen ausgesetzt war. Für die Freiheit des Wortes in der Kirche hat er gekämpft, die Ökumene gefördert, Toleranz gefordert und das Gespräch mit Menschen inner-

Gott – das unendliche Geheimnis

Mich umfängt und durchdringt das ewige Geheimnis, das unendliche Geheimnis, das alles andere ist als die zusammengekratzten Restbestände des vorläufig noch nicht Gewussten und noch nicht Erfahrenen, das Geheimnis, das in seiner Unendlichkeit und Dichte zugleich äußerst und innerst den tausend zersplitterten Wirklichkeiten ist, die wir unsere Erfahrungswelt nennen. Dieses Geheimnis ist da, spricht sich aus, indem es schweigt; es lässt gelassen die reden, die erklären, von ihm zu reden bewirke nur sinnloses Geschwätz. Ich kann den Ärger und die Gereiztheit derer verstehen, die so reden. In dem Augenblick, in dem man dieses Geheimnis, das alles schweigend umfasst, nicht anbetend liebt, wird es einem zum Ärgernis. Es ist da und lässt sich nicht einordnen. Es scheint nur zu schweigen und alle unsere eigenen Deutlichkeiten und Sicherheiten aufzuheben. Wenn man sich ihm nicht liebend hingibt, kann man es nur empört leugnen, wenn man sich dazu die Zeit nimmt, oder man kann es verdrängen, indem man in die Geschäfte des Alltags flieht und diesen letztlich doch mehr Gewicht zuerkennt, als sie, die flüchtigen und sterbenden, von sich aus wirklich hergeben.

Karl Rahner (1904–1984), katholischer Theologe (→ S. 93; 185)

halb und außerhalb der Kirche gesucht. Selbst für junge Leute fand er das richtige Wort. Er hielt es für die wichtigste Aufgabe der Kirche den Glauben an Gott zeitgerecht zu verkünden. Immer hat er auf die ungeheure Verarmung einer Welt ohne Gott hingewiesen. Dabei wurde er sich mehr und mehr darüber klar, dass wir letztlich von Gott nicht viel mehr sagen können, als dass er das Geheimnis unserer Welt und unseres Daseins ist. Wir verstehen Gottes Abgründigkeit gerade auch im Blick auf das Leiden der Menschen nicht. Nur in liebendem Schweigen können wir uns der Unbegreiflichkeit Gottes nahe wissen.

Seit etwa 1980 hat sich eine »Feministische Theologie« entwickelt, die Theologie aus der Frauenperspektive betreibt und die männliche Vorherrschaft (das »Patriarchat«) in Kirche und Gesellschaft zu erkennen und zu überwinden trachtet. Sie kritisiert, dass das christliche Gottesbild einseitig männlich geprägt ist (»Vater«) und Aussagen der Bibel wie »Denn Gott bin ich, nicht ein Mann« (Hos 11, 9) in der Theologie kaum zur Kenntnis genommen werden. Eine Wegbereiterin der Feministischen Theologie ist die niederländische Theologin *Catharina J. M. Halkes* (geb.1920). Als die Katholikin nach dem Krieg Theologie studieren und Priesterin werden wollte, war ihr dies als Frau versagt. Sie heiratete und wurde Mutter von drei Kindern. Dass ihre Ehe später geschieden wurde, hat sie sehr verletzt. Schon früh engagierte sie sich in der Kirche für Ökumene, Laien- und Frauenbewegung. Nach dem 2. Vatikanischen Konzil konnte sie 1965 ihr Theologiestudium aufnehmen. Als sie mit 53 Jahren das Buch der amerikanischen Feministin Mary Daly »Beyond God the Father« (»Jenseits von Gottvater«) las, wurde sie auf der Stelle zur feministischen Theologin. Mit ihrem Buch »Gott hat nicht nur starke Söhne« (1980) hat Frau Halkes vielen Frauen und Männern in Europa den Blick dafür geöffnet, dass die Theologie bisher vornehmlich aus männlicher Perspektive betrieben wurde. Sie plädiert für den Abschied vom Männergott, mit dem man seit Jahrhunderten Männerherrschaft und Ausbeutung der Frauen legitimierte. Zugleich hat sie die Rolle der Frau in der Bibel und in der Geschichte der Kirche untersucht und dabei sowohl zahlreiche Benachteiligungen der Frauen aufgedeckt wie auch bislang unbekannte Leistungen von Frauen entdeckt. Den Glaubenserfahrungen und Glaubensreflexionen der Frauen möchte sie im Raum der Kirche größere Möglichkeiten verschaffen. Sie betont, dass dies nicht nur im Interesse der Frauen liege, sondern auch der Männer. Je mehr dies gelinge, umso mehr werde die Kirche ein freundlicheres und liebenswürdigeres Antlitz gewinnen. In einem weiteren Buch mit dem Titel »Das Antlitz der Erde erneuern« entwirft sie die konkrete Utopie von Gerechtigkeit und Frieden für unsere Welt. Der Mensch soll nicht mehr »Herr« über die Erde sein und »Herrschaft« über sie ausüben, sondern als »Bild Gottes«, an dem Frau und Mann in gleicher Weise Anteil haben, die Welt, auch die Tiere, hegen und »segnen«. »Dieses Segnen umfasst Wachsen, Reifen und Abnehmen der Kräfte, Glück und Gelingen, Geburt und Tod.« 1983 erhielt Frau Halkes den ersten Lehrstuhl für »Feminismus und Christentum« an der katholischen Universität Nijmwegen. Heute gilt sie als eine moderne Kirchenmutter, deren Arbeit von vielen feministischen Theologinnen und Theologen weitergeführt wird.

Feminismus – Kritik an der vorherrschenden Religion

Feminismus ist mehr als Frauenbefreiung. Feminismus ist auch eine Kritik an der bestehenden Kultur und an der herrschenden Religion. Dieser Religion sind durch die Vorherrschaft der patriarchalischen und männlichen Erfahrung Tiefen verstellt worden, denen frühere, archaische Kulturen Ausdruck gaben: Verbundenheit mit der Erde, verwurzelt im Grund, aufgenommen in den Kosmos, in Wasser und Lüfte, in den Himmel. Das männliche Wort allein ist nicht genug; Symbole, Bilder, Gebärden, der Ausdruck mit unserem Körper, Tanz und Erotik sind verschwunden und uns bleibt nur noch eine strenge Ethik und eine ohnmächtige dürftige Praxis übrig. Es ist auffallend und erfreulich, dass die feministische Bewegung unter Christen-Frauen und Theologinnen von allem Anfang an wie selbstverständlich ökumenisch war und ist.

Catharina J. M. Halkes (geb.1920), katholische Theologin (→ S. 124)

Theologische Fragmente

Solange es das Christentum gibt, solange gibt es eine Theologie, die die Sache des Glaubens bedenkt und deutet. Sie hat sich nicht nur zur Aufgabe gemacht, die vielfältigen Aussagen der Bibel und der kirchlichen Lehre, wie sie vor allem auf den großen Konzilien dargelegt wurde, zu ordnen und zu verstehen. Sie sieht sich auch immer von den jeweiligen Zeitströmungen herausgefordert. Darum steht die jeweilige Theologie immer im Kontext ihrer Zeit. Dieser war in der Antike und im Mittelalter anders als in der Neuzeit und Gegenwart. Seit den großen Spaltungen der Christenheit haben auch die Theologien der christlichen Konfessionen ein eigenes Gepräge erhalten. Sie schwanken dabei zwischen Anpassung an das Profil der Zeit und Herausarbeitung des unverwechselbaren christlichen Profils. Heute bemühen sich die Theologen aller Konfessionen um ein gemeinsames Grundverständnis des christlichen Gottesglaubens im Horizont unserer Zeit. Ein paar Fragmente bedeutender Theologen können den Reichtum theologischen Bemühens in der Christenheit andeuten.

Hieronymus Bosch (1453–1516): Aufstieg zum ewigen Licht, Öl auf Holz, Altarflügel (Ausschnitt), Venedig, um 1500. Von Engeln begleitet gelangt der Mensch aus dem Dunkel auf seinen letzten Weg, der wie ein mächtiger Tunnel wirkt. Am Ende erstrahlt reines Licht. Noch führt und schützt ein Engel den Menschen. Dann steht er einsam in der unermesslichen Helligkeit. So geht er in das unergründliche Geheimnis Gottes ein.

Zusammenfall der Gegensätze

Nikolaus von Kues, einer der bedeutenden Philosophen und Theologen des späten Mittelalters, hat als päpstlicher Legat, als Bischof von Brixen und als Kardinal in Rom gewirkt. Er hat sich schon früh um eine Gespräch mit den anderen Religionen bemüht. In seinen theologischen Schriften zeigt er sich überzeugt, dass Gott nicht mit den Mitteln der Logik zu erfassen ist. Im Denken des Unendlichen gelangen wir zu einer »Coincidentia oppositorum« (d.h. zum »Zusammenfall der Gegensätze«). Wir können von Gott nur in wissendem Nichtwissen (»docta ignorantia«) sprechen. Der folgende Text zeigt ihn in einem Gespräch mit einem Nichtchristen (»Heide«).

Der Heide: Ich bitte dich, Bruder, führe mich so weit, dass ich von deinem Gott etwas verstehen kann; gib Antwort: was weißt du von dem Gott, den du anbetest?
Der Christ: Ich weiß, dass alles, was ich von ihm weiß, Er nicht ist, und dass alles, was ich erfasse, ihm nicht ähnlich ist, sondern dass Er vielmehr alles überragt.
H.: So ist also Gott das Nichts?
Ch.: Das Nichts ist Er nicht, insofern »Nichts« eben die Begriffsbestimmung für das Nichts ist.
H.: Wenn er also nicht das Nichts ist, so ist er Etwas.
Ch.: Er ist nicht Etwas, denn Etwas ist nicht Alles, Gott ist aber ebenso sehr Alles wie Etwas.
H.: Wunderliches Zeug behauptest du: der Gott, den du anbetest, ist weder ein Nichts noch ist er ein Etwas. Das geht über den Verstand hinaus.
Ch.: Gott ist über dem Nichts und dem Etwas; denn ihm gehorcht das Nichts, so dass es ein Etwas wird. Das eben ist seine Allmacht: sie übertrifft alles, was ist, und alles, was nicht ist, so dass ihm ebenso das Nicht-Sein wie das Sein gehorcht. Er bewirkt nämlich, dass das Nicht-Sein in das Sein tritt und das Sein in das Nicht-Sein. Er ist daher selbst nichts von alledem.

Nikolaus von Kues (1401–1464), Kardinal, Philosoph und Theologe

Worauf du dein Herz hängst

In seinem »Großen Katechismus« (1529) schreibt Martin Luther zum ersten Gebot:

»Du sollst nicht andere Götter haben.« Das ist, du sollst mich allein für deinen Gott halten. Was ist das gesagt und wie versteht man's? Was heißt einen Gott haben oder was ist Gott? Antwort: Ein Gott heißt das, dazu man sich versehen soll alles Guten und Zuflucht haben in allen Nöten. Also dass einen Gott haben nichts anderes ist, denn ihm von Herzen trauen und glauben, wie ich oft gesagt habe, dass allein das Trauen und Glauben des Herzens machet beide, Gott und Abgott. Ist der Glaube und Vertrauen recht, so ist auch dein Gott recht, und wiederum, wo das Vertrauen falsch und unrecht ist, da ist auch der echte Gott nicht. Denn die zwei gehören zuhaufe, Glaube und Gott. Worauf du nun (sage ich) dein Herz hängst und verlässet, das ist eigentlich dein Gott.

Martin Luther (1483–1546), Reformator (→ S. 105; 169 f.)

Nur Allmacht kann Freiheit schaffen

Der dänische Theologe und Philosoph Sören Kierkegaard wehrte sich gegen alle systematischen Vereinnahmungen des Menschen durch Theologie und Philosophie und betrieb selbst ein Denken von der »Existenz« her. Dabei geriet er mit Vertretern der protestantischen Kirche in Dänemark in Konflikt. Er hat über die verschiedenen Lebensstadien nachgedacht, die Angst als Grundbefindlichkeit des Menschen entdeckt und die Freiheit des Menschen im Rahmen der Theologie zu begründen versucht. Die Existenzphilosophie des 20. Jahrhunderts und die protestantische Dialektische Theologie (K. Barth: → S. 99 f.) haben von ihm starke Impulse aufgenommen.

Das Höchste, das überhaupt für ein Wesen getan werden kann, ist es frei zu machen. Eben dazu gehört Allmacht, um das tun zu können. Das scheint sonderbar, da gerade die Allmacht abhängig machen sollte. Aber wenn man die Allmacht denken will, wird man sehen, dass gerade in ihr die Bestimmung liegen muss, sich selber so wieder zurücknehmen zu können in der Äußerung der Allmacht, dass gerade deshalb das durch die Allmacht Gewordene unabhängig sein kann. Darum geschieht es, dass der eine Mensch einen anderen nicht frei machen kann.

Sören Kierkegaard (1813–1855), dänischer Theologe und Philosoph

Objektivierendes Reden von Gott hat keinen Sinn

Rudolf Bultmann war ein bedeutender Erforscher des Neuen Testaments und ein einflussreicher protestantischer Theologe. Mit seiner Forderung, die Bibel zu »entmythologisieren« und die Texte »existential« zu interpretieren, löste er eine der großen theologischen Debatten des 20. Jahrhunderts aus. Er wandte sich gegen objektivierende Aussagen der christlichen Verkündigung und forderte stattdessen dazu auf, das in der Bibel vorliegende Verständnis des Menschen herauszuarbeiten und auf das Selbstverständnis des Menschen hin (seine »Existenz«) auszulegen.

Versteht man unter »von Gott« reden »über Gott« reden, so hat solches Reden überhaupt keinen Sinn; denn in dem Moment, wo es geschieht, hat es seinen Gegenstand, Gott, verloren. Denn wo überhaupt der Gedanke »Gott« gedacht ist, besagt er, dass Gott der Allmächtige, d.h. die Alles bestimmende Wirklichkeit sei. Dieser Gedanke ist aber überhaupt nicht gedacht, wenn ich über Gott rede, d.h. wenn ich Gott als ein Objekt des Denkens ansehe, über das ich mich orientieren kann, wenn ich einen Standpunkt einnehme, von dem aus ich neutral zur Gottesfrage stehe, über Gottes Wirklichkeit und sein Wesen Erwägungen anstelle, die ich ablehnen oder, wenn sie einleuchtend sind, akzeptieren kann. Wer durch Gründe bewogen wird Gottes Wirklichkeit zu glauben, der kann sicher sein, dass er von der Wirklichkeit Gottes nichts erfasst hat; und wer mit Gottesbeweisen etwas über Gottes Wirklichkeit auszusagen meint, disputiert über ein Phantom. Denn jedes »Reden über« setzt einen Standpunkt außerhalb dessen, worüber geredet wird, voraus. Einen Standpunkt außerhalb Gottes aber kann es nicht geben und von Gott lässt sich deshalb auch nicht in allgemeinen Sätzen, allgemeinen Wahrheiten, reden, die wahr sind ohne Beziehung auf die konkrete existentielle Situation des Redenden.

Rudolf Bultmann (1884–1976), protestantischer Theologe und Bibelwissenschaftler

Wie sieht Gott aus?

Diese Frage, die mehreren Theologen, Kirchenleuten und Politikern gestellt wurde, beantwortet die evangelische Theologin und Germanistin so:

Diese Frage ist bemerkenswert blöde. Ich kenne keinen vernünftigen Erwachsenen, den es interessiert, wie Gott aussieht. ...
Ich stelle mir Gott nicht vor, weder als Vater noch als Taube noch als Weltraum oder sonstwie. Meine Beziehung zu Gott hat mit »Vorstellen« nichts zu tun. Falls meine Kinder mich das fragen würden, dann würde ich ihnen ein Foto zeigen von einem kleinen indischen Mädchen, das Hunger hat. Dann würde ich sagen: »So sieht Gott aus.« Und am nächsten Tag von einem Jungen hinter Stacheldraht. Und sagen: »So sieht Gott aus.«

Dorothee Sölle (geb. 1929), evangelische Theologin

Macht Gott glücklich?

Johann Baptist Metz hat die Theologie unserer Zeit mannigfach angeregt. Er hat das Programm einer »politischen Theologie« entwickelt, eine »Theologie nach Auschwitz« entworfen und Konturen einer »narrativen Theologie« aufgezeigt. In den letzten Jahren hat er unsere Zeit als eine Epoche der »Gotteskrise« gedeutet (→ S. 66; 88; 137 f.) Seine Fragen rütteln an manche tradierte theologische Vorstellung.

Macht Gott glücklich? Glücklich im Sinn eines sehnsuchts- und leidensfreien Glücks? War etwa Israel glücklich mit JHWH? (→ S. 25) War Jesus glücklich mit seinem Vater? Macht der biblisch inspirierte Glaube glücklich? Schenkt er gelassene Selbstversöhntheit ohne Erschrecken und Aufbegehren? Ein Wissen um uns selbst, ohne etwas beunruhigt zu vermissen? Beantwortet er die Fragen? Erfüllt er die Wünsche? Wenigstens die glühendsten? Ich zweifle. Doch er weist einen Weg. Die biblisch inspirierte Gotteserfahrung ist keine Mystik der geschlossenen Augen, sondern eine Mystik der offenen Augen. Die Gotteswahrnehmung ist keine rein selbstbezügliche Wahrnehmung, sondern gesteigerte Wahrnehmung fremden Leids. Dies gilt auch und vor allem in einer säkularen Welt, die sich unter der Metapher vom Tode Gottes (→ S. 87 f.) angenommen hat.

Johann Baptist Metz (geb. 1928), katholischer Theologe

● Ein theologischer Text von Calvin: → S. 172.

Sprache der Gebete

Wer das Christentum und seinen Glauben verstehen will, muss die Sprache seiner Gebete verstehen. Sie ist oft persönlicher, spontaner und origineller als die komplizierte Sprache der Theologie und Philosophie. In den Gebeten zeigen sich weniger abstrakt und weniger harmonisch die Einstellungen, die Christen gegenüber Gott haben. Gerade unkontrollierte Gebete zeigen, an welchen Gott Christen wirklich glauben. Sie sind oft authentische Gotteszeugnisse. Gebete können Lob und Dank, Bitte und Bekenntnis, Geschrei und Jubel, Klage und Anklage sein. Sie können aus Dankbarkeit und Hoffnung, aus Sicherheit und Ratlosigkeit, aus Empörung und sogar aus Verzweiflung kommen. Es gibt die persönlichen Gebete der Frommen und die tradierten Gebete der Liturgie. Alle menschlichen Situationen können zum Ausgangspunkt des Gebets werden. Allerdings besteht auch die Gefahr, dass oft gesprochene Gebete zu leeren Formeln erstarren.

Ein Klageschrei

Der Psalm ist das Klagelied eines verzweifelten Kranken, der von seinen Freunden verlassen ist. Hier schreit er zu Gott und sagt ihm, wie sehr er an seinem Elend leidet. Während die Bibel viele Beispiele klagenden Betens kennt, sind solche trostlosen Klagen in der Christenheit eher verdrängt worden. Der Psalm ist in der Zeit nach dem Babylonischen Exil (4.–3. Jh. vC) entstanden. Er erinnert an das Buch Ijob (→ S. 92). Von einer entgegengesetzten Erfahrung mit Gott geht der 91. Psalm aus.

Herr, du Gott meines Heils, zu dir schreie ich am Tag und bei Nacht. Lass mein Gebet zu dir dringen, wende dein Ohr meinem Flehen zu.
Denn meine Seele ist gesättigt mit Leid, mein Leben ist dem Totenreich nahe. Schon zähle ich zu denen, die hinabsinken ins Grab, bin wie ein Mann, dem alle Kraft genommen ist. Ich bin zu den Toten hinweggerafft, wie Erschlagene, die im Grab ruhen; an sie denkst du nicht mehr, denn sie sind deiner Hand entzogen. Du hast mich ins tiefste Grab gebracht, tief hinab in finstere Nacht.
Schwer lastet dein Grimm auf mir, all deine Wogen stürzen über mir zusammen. Die Freunde hast du mir entfremdet, mich ihrem Abscheu ausgesetzt; ich bin gefangen und kann nicht heraus.
Mein Auge wird trübe vor Elend. Jeden Tag, Herr, rufe ich zu dir; ich strecke nach dir meine Hände aus. Wirst du an den Toten Wunder tun, werden Schatten aufstehn, um

dich zu preisen? Erzählt man im Grab von deiner Huld, von deiner Treue im Totenreich? Werden deine Wunder in der Finsternis bekannt, deine Gerechtigkeit im Land des Vergessens?
Herr, darum schreie ich zu dir, früh am Morgen tritt mein Gebet vor dich hin. Warum, o Herr, verwirfst du mich, warum verbirgst du dein Gesicht vor mir?
Gebeugt bin ich und todkrank von früher Jugend an, deine Schrecken lasten auf mir und ich bin zerquält. Unter mich fuhr die Glut deines Zorns dahin, deine Schrecken vernichten mich. Sie umfluten mich allzeit wie Wasser und dringen auf mich ein von allen Seiten. Du hast mir die Freunde und Gefährten entfremdet; mein Vertrauter ist nur noch die Finsternis.

Psalm 88

Die Himmel rühmen

Die Himmel rühmen die Herrlichkeit Gottes, vom Werk seiner Hände kündet das Firmament. Ein Tag sagt es dem andern, eine Nacht tut es der andern kund, ohne Worte und ohne Reden, unhörbar bleibt ihre Stimme.
Doch ihre Botschaft geht in die ganze Welt hinaus, ihre Kunde bis zu den Enden der Erde.

Psalm 19, 2–5

Magnificat

Im Lukasevangelium (→ S. 45) wird Maria anlässlich ihres Besuchs bei Elisabet ein Gebet zugeschrieben, dessen lateinische Übersetzung mit dem Wort »Magnificat« beginnt. Es besteht fast nur aus Zitaten aus dem Alten Testament. Der Lobpreis Gottes hat hier streckenweise revolutionäre und sozialkritische Züge, wenn er die Kleinen und Niedrigen preist, den Hochmütigen, Mächtigen und Reichen aber den Zorn Gottes ansagt. Gott zeigt sich hier, wie so oft in der Bibel, als der Anwalt der Armen und Schwachen.

Meine Seele preist die Größe des Herrn und mein Geist jubelt über Gott, meinen Retter (Hab 3, 18). Denn auf die Niedrigkeit seiner Magd hat er geschaut (1 Sam 1, 11). Siehe, von nun an preisen mich selig (Gen 30, 13) alle Geschlechter. Denn der Mächtige hat Großes getan an mir (Dtn 10, 21) und sein Name ist heilig (Ps 111, 9). Er erbarmt sich von Geschlecht zu Geschlecht über alle, die ihn fürchten (Ps 103, 13.17). Er vollbringt mit seinem Arm machtvolle Taten: Er zerstreut, die im Herzen voll Hochmut sind (Ps 89, 11); er stürzt die Mächtigen vom Thron und erhöht die Niedrigen (Ps 147, 6). Die Hungernden beschenkt er mit seinen Gaben (Ps 107, 9) und lässt die Reichen leer ausgehen. Er nimmt sich seines Knechts Israel an und denkt an sein Erbarmen (Jes 41, 8f.; Ps 98, 3), das er unsern Vätern verheißen hat, Abraham und seinen Nachkommen (Gen 17, 7) auf ewig.

aus dem Evangelium nach Lukas 1, 46–55

Ein feste Burg

Ein feste Burg ist unser Gott, ein gute Wehr und Waffen.
Er hilft uns frei aus aller Not, die uns jetzt hat betroffen.
Der alt böse Feind mit Ernst er's jetzt meint,
groß Macht und viel List sein grausam Rüstung ist,
auf Erd ist nicht seinsgleichen.

Mit unsrer Macht ist nichts getan,
wir sind gar bald verloren;
es streit' für uns der rechte Mann,
den Gott hat selbst erkoren.
Fragst du, wer der ist? Er heißt Jesus Christ,
der Herr Zebaoth, und ist kein andrer Gott,
das Feld muss er behalten.

Und wenn die Welt voll Teufel wär
und wollt uns gar verschlingen,
so fürchten wir uns nicht so sehr,
es soll uns doch gelingen.
Der Fürst dieser Welt, wie sau'r er sich stellt,
tut er uns doch nicht; das macht, er ist gericht':
ein Wörtlein kann ihn fällen.

Das Wort sie sollen lassen stahn
und kein' Dank dazu haben;
er ist bei uns wohl auf dem Plan
mit seinem Geist und Gaben.
Nehmen sie den Leib, Gut, Ehr, Kind und Weib:
lass fahren dahin, sie haben's kein' Gewinn,
das Reich muss uns doch bleiben.

Martin Luther (1483–1546), deutscher Reformator (→ S. 103; 169 f.)

Von guten Mächten

Der evangelische Theologe Dietrich Bonhoeffer, der 1945 von den Nazis ermordet wurde, verfasste diese Zeilen eines längeren Gedichts Silvester 1944 in der Gestapohaft.

Von guten Mächten wunderbar geborgen,
erwarten wir getrost, was kommen mag.
Gott ist mit uns am Abend und am Morgen
und ganz gewiss an jedem neuen Tag.

Dietrich Bonhoeffer (1906–1945),
evangelischer Theologe

● Andere Gebete: das Vaterunser → S. 82; Jesu Sterbegebete am Kreuz: → S. 70; die Einleitungsformel zu vielen Gebeten: → S. 85; das Gebet der Mystikerin Teresa von Avila: → S. 122; der Sonnengesang des Franziskus: → S. 143.

Zu welchem Gott – Bilder der Lyrik

vice versa

Ein Hase sitzt auf einer Wiese,
des Glaubens, niemand sähe diese.

Doch im Besitze eines Zeißes,
betrachtet voll gehaltnen Fleißes

vom vis-à-vis gelegnen Berg
ein Mensch den kleinen Löffelzwerg.

Ihn aber blickt hinwiederum
ein Gott von fern an, mild und stumm.

Christian Morgenstern (1871–1914), deutscher Schriftsteller

Aus dem Stundenbuch

Alle, welche dich suchen, versuchen dich,
und die, so dich finden, binden dich
an Bild und Gebärde.

Ich aber will dich begreifen,
wie dich die Erde begreift;
mit meinem Reifen
reift dein Reich.

Ich will von dir keine Eitelkeit,
die dich beweist.
Ich weiß, dass die Zeit
anders heißt als du.

Tu mir keine Wunder zulieb.
Gib deinen Gesetzen recht,
die von Geschlecht zu Geschlecht
sichtbarer sind.

Rainer Maria Rilke (1875–1926), deutscher Dichter

Wer immer weiß

Wer immer weiß
zu welchem Gott er betet
wird nie erhört.

Erich Fried (1921–1988), Schriftsteller, Dichter, Übersetzer

Schöne Landschaft

Mitunter tut sich
der Himmel auf
zeigt sein Geheimnis
im Spiegel der Erde

Zeigt uns was
wir noch übrig ließen
von der Erde, die einmal
sein Ebenbild war.

Ulla Hahn (geb. 1946), deutsche Lyrikerin

großer gott klein

großer gott
uns näher
als haut
oder halsschlagader
kleiner
als herzmuskel
zwerchfell oft:
zu nahe
zu klein –
wozu
dich suchen?
wir:
deine verstecke

Kurt Marti (geb. 1921), Pfarrer in der Schweiz, Schriftsteller

Götterdämmerung

Nicht festzuhalten: Dieser Tag. Das Leben.
Gewebe löst sich auf und schwindet hin.
Was auch geschieht, du suchst den Sinn.
Zumindest wirst du danach streben.

Du kannst die Einsicht nicht ertragen:
Aus Dreck und Feuer eine Spottgeburt,
die haltlos durch das Universum tourt,
stets auf der Flucht vor solchen Fragen.

Erkenntnis die: Wir können uns nicht fassen.
Und finden keinen, der uns Göttern gleicht.
Und keinen, der uns Hilfe reicht.
Wir sind uns ohne Gnade überlassen.

Günter Kunert (geb. 1921), Dichter, Essayist

an gott

dass an gott geglaubt einstens er habe
fürwahr er das könne nicht sagen
es sei einfach gewesen gott da
und dann nicht mehr gewesen gott da
und dazwischen sei garnichts gewesen
jetzt aber er müsste sich plagen
wenn jetzt an gott glauben er wollte
garantieren für ihn könnte niemand
indes vielleicht eines tages
werde einfach gott wieder da sein
und garnichts gewesen dazwischen

Ernst Jandl (geb. 1925), österreichischer Schriftsteller,
lange Gymnasiallehrer

- In der modernen Literatur kommt das Thema »Gott« häufig vor. Kennen Sie Beispiele?

Die wichtige Frage

Wer über Gott nachdenkt, denkt über den Menschen nach. Wer das Wort Gottes hört, hört ein Wort über den Menschen. Gott – das ist nicht ein weit abliegendes Thema, das mit dem Menschen nichts zu tun hätte. Jede *Gotteslehre* (»Theologie«) ist auch *Menschenlehre* (»Anthropologie«). Das gilt mit Einschränkungen für alle Religionen. Es gilt uneingeschränkt für das Christentum.

Das, was das Christentum vom Menschen zu sagen hat, stützt sich zuallererst auf die *Bibel*. Es ist im Ersten Testament grundgelegt und wird im Neuen Testament weitergeführt.

Das *Erste Testament* hat ein erstaunlich realistisches Bild vom Menschen. Es sieht den Menschen in seiner unerhörten Vielgestaltigkeit. Nichts Menschliches ist diesem gewaltigen Buch fremd. Es weiß von Leben und Tod, von Freude und Schmerz, von Angst und Hoffnung, von Hass und Liebe, von Gewalt und Friedfertigkeit, von Lüge und Wahrheit. Ihm sind Höhen und Tiefen des menschlichen Lebens vertraut. Viele Gestalten lassen sich von Gottesfurcht, Nächstenliebe und Gerechtigkeitssinn leiten, andere werden von Machtgier, Sinnlichkeit und Hass getrieben. So gut wie alle Grundmuster menschlicher Existenz kommen in der Hebräischen Bibel vor. Der Mensch bewegt sich hier in der Normalität des Alltags und im Drama ungewöhnlicher Grenzsituationen. Weil er mit all seinen Möglichkeiten nicht auf einen Nenner zu bringen ist, wird er sich selbst zum Problem. So wird denn schon in der Bibel mehrfach die Frage gestellt, die Kant (→ S. 97 ff.) später zur Grundfrage aller Philosophie erklärt: *»Was ist der Mensch?«* Die Antworten gehen weit auseinander. Sie nehmen die Hoheit und das Elend des Menschen in den Blick.

Die Bibel ist kein systematisches Lehrbuch, das diese Frage in einer logischen Ordnung abhandelt, wie es Philosophen tun. Ihre Antwort wird nicht in abstrakten Begriffen gegeben. Sie ist an lebendigen Menschen, an Figuren des

Was ist der Mensch?

Die Frage kommt in der Bibel mehrfach vor. Wer darüber erstaunt ist, geht wohl zu selbstverständlich davon aus, dass die Bibel eher ein Buch der Antworten als ein Buch der Fragen sei. Noch überraschender ist der Befund, dass die Frage jeweils in ganz unterschiedlichen Situationen gestellt wird.

Was ist der Mensch,
dass du an ihn denkst,
des Menschen Kind, dass du dich seiner annimmst?
Du hast ihn nur wenig geringer gemacht als Gott,
hast ihn mit Herrlichkeit und Ehre gekrönt.

Psalm 8, 5–6

Was ist der Mensch,
dass du dich um ihn kümmerst,
des Menschen Kind, dass du es beachtest?
Der Mensch gleicht einem Hauch,
seine Tage sind wie ein flüchtiger Schatten.

Psalm 144, 3–4

Ich mag nicht mehr. Ich will nicht ewig leben.
Lass ab von mir, denn nur ein Hauch sind meine Tage.
Was ist der Mensch,
dass du ihn groß achtest und deinen Sinn auf ihn richtest,
dass du ihn musterst jeden Morgen und jeden Augenblick ihn prüfst?

Ijob 7, 16 f.

Der Mensch

Empfangen und genähret
Vom Weibe wunderbar
Kömmt er und sieht und höret
Und nimmt des Trugs nicht wahr:
Gelüstet und begehret
Und bringt sein Tränlein dar;
Verachtet und verehret,
Hat Freude und Gefahr;
Glaubt, zweifelt, wähnt und lehret,
Hält nichts und alles wahr;
Erbauet und zerstöret;
Und quält sich immerdar;
Schläft, wachet, wächst und zehret;
Trägt braun und graues Haar etc.
Und alles dieses währet,
Wenn's hoch kommt achtzig Jahr.
Denn legt er sich zu seinen Vätern nieder,
Und er kömmt nimmer wieder.

Matthias Claudius (1740–1815), deutscher Dichter

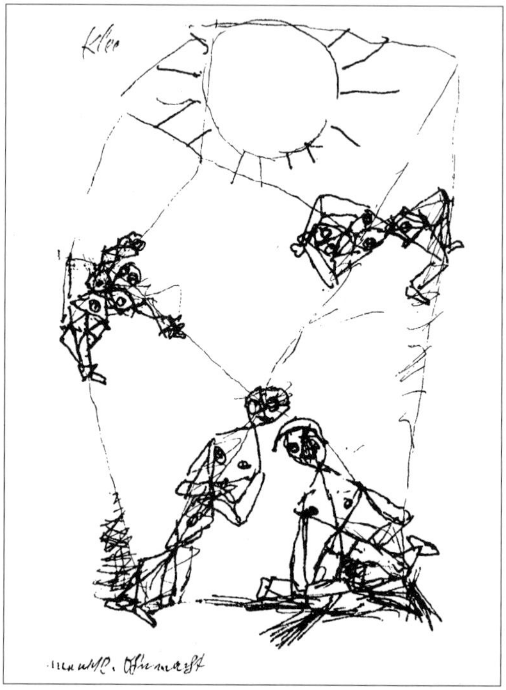

Die Doppelseite zeigt menschliche Grunderfahrungen, wie sie von bedeutenden Künstlern der Moderne gesehen werden: Liebe und Angst, Verzweiflung und Trost, Spontaneität und Nachdenklichkeit. Diese Erfahrungen sind auch für das Christentum von größter Bedeutung. Sie weisen auf Schwierigkeiten hin, die sich bei der Verkündigung des Evangeliums ergeben, bieten aber auch Anknüpfungspunkte für die Botschaft Jesu. Eine christliche Anthropologie muss sie in ihr Verständnis vom Menschen einbeziehen. Jede philosophische Anthropologie sollte darüber nachdenken, was das Christentum und die anderen Religionen zu diesen Grundbefindlichkeiten zu sagen hat.

Oben links: Francisco de Goya (1746–1828): Der Schlaf (Traum) der Vernunft gebiert Ungeheuer. Federzeichnung, Vorlage für ein Blatt aus den Caprichos, 1797 (→ S. 127; 158).

Oben rechts: Paul Klee (1879–1940): Menschliche Ohnmacht, Tusche auf Papier, 1913.

Unten: Georges Rouault (1871–1958): Wer zeigt sein wahres Gesicht?, Radierung aus dem Zyklus »Miserere«, 1917–27.

Oben links: Herbert Falken (geb. 1932): Mein Gehirn ist meine Dornenkrone, Kreide, Graphit, 1981 (→ S. 55; 87; 91; 115).

Oben rechts: Edvard Munch (1863–1944): Der Kuss, Bleistift und Tusche, 1894/95.

Unten: Max Pechstein (1881–1955): Tröstung, Holzschnitt, 1920 (WVZ H 226 c).

Mythos ebenso wie an Gestalten der Geschichte ablesbar. Wer sich diese Gestalten vor Augen führt, erfährt, was die Bibel vom Menschen zu sagen hat.

- Kennen Sie Antworten auf die Frage »Was ist der Mensch« aus Religion, Philosophie, Literatur, Wissenschaften und Alltag? Wie können Sie selbst die Frage beantworten?
- Warum ist diese Frage nicht nur eine theoretische Frage? Was hängt von der Antwort auf diese Frage praktisch ab?
- Diskutieren Sie die Antwort Martin Luthers: »Der Mensch ist Sein vor Gott« (»esse coram Deo«).

Adam und Eva

Das Erste Testament macht schon auf seinen ersten Seiten in der sogenannten Urgeschichte (Gen 1–9) programmatische Aussagen über den Menschen. Die ersten drei Kapitel der Bibel sehen den Menschen in seiner ganzen Größe und in seiner Widersprüchlichkeit aus der Perspektive Gottes. Sie dürfen allerdings nicht als literarische Einheit gelesen werden. Der erste Text (Gen 1, 1–2, 4), der die Schöpfung der Welt als Siebentagewerk Gottes preist, ist etwa um 520 vC von jüdischen Priestern in Babylon verfasst. Er gehört zu einem größeren alttestamentlichen Textblock, den wir die *»Priesterschrift«* nennen. Der zweite Text (Gen 2, 4–3, 24), der vom Paradies und von Adam und Eva erzählt, dürfte schon wesentlich früher im 8. oder 7. Jahrhundert vC entstanden sein. Da sein Autor den Gottesnamen JHWH (→ S. 25) benutzt, nennt man ihn den Jahwisten, seinen Text den *»jahwistischen Schöpfungstext«*. Beide Texte fanden in der Mitte des 5. Jahrhundert vC in Jerusalem in ein Geschichtswerk Aufnahme, das zu einem wichtigen Bestandteil der Mosebücher (→ S. 19) wurde.

Der ältere *zweite Schöpfungstext* weist manche Ähnlichkeiten mit ägyptischen und mesopotamischen Mythen aus dem Umfeld Israels auf. Vielleicht hat der biblische Autor einige literarische Anregungen von ihnen übernommen (Gott töpfert, Garten mit Flüssen, Baum der Erkenntnis, Engelgestalten u. a.), um damit die Erfahrungen, die das Volk Israel in seinem Gottesglauben mit den Menschen und der Welt gemacht hat, zu beschreiben. In seiner literarischen Form ist der jahwistische Text ein *Mythos*, der nicht exakt berichtet, was einmal war, sondern bildhaft erzählt, was immer ist. Wenn man diesen Text für eine naive Reportage über das Entstehen menschlichen Lebens hielte, wäre er missverstanden. Er ist auch keine veraltete Erzählung vom Anfang der Schöpfung, die durch die heutigen Wissenschaften überholt worden ist. Dieser Mythos erschließt Sinn, indem er vom Anfang handelt. Er handelt nicht von den ersten Ereignisse am Beginn der Zeit, sondern vom immer währenden Ursprung jeder Zeit. Hier geht es nicht um das einmalige Schicksal der ersten Menschen, sondern um die dauernde Situation aller Menschen.

Die *Sprache* des Mythos ist wohl überlegt. In vielen anthropomorphen (d. h. menschengestaltigen) Bildern erzählt er von Gott. Hier schafft Gott wie ein Töpfer und wandelt wie ein Gärtner, er schenkt wie ein Freund, bestraft wie ein Richter und sorgt wie ein Vater. Alle diese Aussagen gelten nicht im Wortsinn unserer Alltagssprache. Sie weisen auf etwas hin, das selbst nicht bildhaft ist, aber im Sprachbild zugänglich werden kann.

Der Text erschließt sich leichter, wenn er vom *Ende* her (3, 14–24) gelesen wird, wo die leidvolle und chaotische Situation von Mann und Frau beschrieben ist. In ihrer Welt gibt es Mühen und Nöte, Schmerzen und Tod. Diese harte Realität des menschlichen Lebens wirft die Frage auf, warum es dieses Leid in Gottes Schöpfung gibt. Die Antwort gibt der *Anfang* der Erzählung (2, 4–24). Das Paradies, das so oft als Schlaraffenland missdeutet wird, ist die Welt, wie sie vom guten Gott gewollt ist. In ihm gibt es keine Leiden.

- Das Erste, was der Text über den Menschen zu erzählen hat, ist auch schon das Wichtigste: der Mensch ist *von Gott geschaffen*. Wie ein Töpfer

Miniatur zur Schöpfung. Pantheon-Bibel, Rom, um 1125–1130. Diese Bibel, eines der anspruchsvollsten Werke der damaligen Zeit, bringt die biblische Schöpfungserzählung ins Bild.
Oben: Der Schöpfer in der Glorie des Himmels. Er trägt die Züge Christi. *Darunter:* Erschaffung Adams, Erschaffung Evas. Der Schöpfer sitzt auf dem Erdkreis. *Darunter:* Versuchung durch die Schlange, die Eva beißt. Gottes Strafworte. *Darunter:* Vertreibung aus dem Garten Eden, der sechsflügelige Cherub mit Flammenschwert am Paradiesestor, Mühsal für Adam und Eva auf Erden.

FORMA(T) CUNCTA D(EU)S FIT ET HINC DISCRETIO REBUS
ID QUOD ADAM FECIT D(OMI)N(U)S DE MATRE RECEPIT.

hat Gott die Menschenfigur liebevoll geformt. Der Mensch ist letztlich nicht aus der Natur und auch nicht aus sich selbst erklärbar. Er verdankt sein Leben dem Schaffen Gottes. Ohne Gott kann er nicht existieren. Ohne Gott ist seine Herkunft nicht zu verstehen.

• Doch der Mensch ist nicht selbst Gott und auch nicht göttlich. Gott hat ihn von der vergänglichen *Erde* genommen und mit seinem göttlichen Odem belebt. Gott und die Natur sind die beiden ungleichen Pole, von denen aus der Mensch verständlich wird. Nur der kennt den Menschen, der sowohl um die Höhe seiner Gottbezogenheit wie um die Tiefe seiner Erdhaftigkeit weiß. Der Mensch wurde aus der Erde (hebr.: »adama«) geformt. Darum heißt er *»Adam«* (d. h. »der aus der Erde Genommene« oder »Erdwesen«). »Adam« ist eigentlich kein Name, sondern eine Wesensbestimmung des Menschen. Sie bringt seine Erdverbundenheit, aber auch seine Hinfälligkeit zum Ausdruck. Jeder Mensch ist Adam. Jeder kommt von der Erde, lebt auf der Erde und kehrt beim Tod zur Erde zurück (be»erdigen«). Vom »Mann« ist hier noch nicht ausdrücklich die Rede.

• Unsere Wirklichkeit ist voll Unheil. Sie kennt Chaos, Feindschaft, Fluch, Schmerz und Tod. Das *Paradies* ist ein Kontrastbild zu dieser leidvollen Welt. In einer großartigen Vision entwirft der Mythos das Bild eines Gartens, den besten Ort, den sich Nomaden und Wüstenbewohner vorstellen können. Bäume, Früchte und Flüsse beleben ihn. Adam darf die Früchte der Bäume essen und kann ständig die Schönheit des Paradieses sehen. Er lebt in einer friedlichen Welt.

• Auch in diesem Zustand gibt es Regeln, an die sich der Mensch halten soll. Vom *»Baum der Erkenntnis von Gut und Böse«* – von einem Apfelbaum ist nirgends die Rede – darf er nicht essen. »Gut und Böse« meint in der Sprache des Mythos nicht Tugend und Sünde. Davon hätte der Mensch wissen dürfen. Gemeint ist damit gottgleiches Wissen. Wenn sich der Mensch dieses Wissen anmaßt, verstößt er gegen seine Grenzen. Das Gebot setzt voraus, dass der Mensch *Freiheit* hat. Wenn der Begriff »Freiheit« hier auch noch nicht vorkommt, so stoßen wir doch schon auf die Sache. Wo Gott den Menschen eine Weisung gibt, ist vorausgesetzt, dass er diese in Freiheit befolgen oder missachten kann. Ohne Freiheit wären Gebote und Verbote sinnlos. Mehr noch: Ohne Freiheit gäbe es keinen Menschen. Sie zeichnet den Menschen vor aller anderen Kreatur aus. In der Freiheit liegen die größten Chancen, aber auch die gefährlichsten Risiken für den Menschen.

• Trotz göttlicher Herkunft, trotz Verbundenheit mit der Erde, trotz des Lebens im Paradies kann der Mensch nicht glücklich sein, weil er noch nicht vollständig ist. Er fühlt sich, solange er allein ist, einsam. Auch darin deckt der Mythos ein Stück seines Wesens auf. Poetisch-mythische Bilder zeigen, wer Adam ergänzen und vollenden kann und wer nicht. So schafft Gott zuerst die *Tiere*. Doch so sehr sie auch das Paradies bereichern, so wenig sind sie dem Menschen adäquate Partner. Sie können seine Einsamkeit nicht aufheben. Adam ist ihnen zu sehr überlegen, so dass er ihnen ihre Namen geben kann. Wer den Namen einer Sache oder Person weiß, verfügt über Geist und Macht.

• Auch mit den Tieren bleibt der Mensch unvollständig und einsam. Er braucht einen Partner, der ihm gleich und gleichwertig ist. Darum schafft Gott dem Adam eine *Gefährtin*, die aus ihm selbst stammt. Nur sie kann ihm geben, was ihm bislang fehlte. Erst im Gegenüber zu ihr erfährt sich Adam erstmals als »Mann«. In der

Adam und Eva

Da formte Gott, der Herr, den Menschen aus Erde vom Ackerboden und blies in seine Nase den Lebensatem. So wurde der Mensch zu einem lebendigen Wesen. ...
Da ließ Gott, der Herr, einen tiefen Schlaf über den Menschen fallen, nahm eine seiner Rippen und verschloss ihre Stelle mit Fleisch. Gott, der Herr, baute aus der Rippe, die er vom Menschen genommen hatte, eine Frau und führte sie dem Menschen zu. Und der Mensch sprach: Das endlich ist Bein von meinem Bein und Fleisch von meinem Fleisch. Frau soll sie heißen, denn vom Mann ist sie genommen.
Darum verlässt der Mann Vater und Mutter und bindet sich an seine Frau und sie werden ein Fleisch. Beide, Adam und seine Frau, waren nackt, aber sie schämten sich nicht voreinander.

Genesis 2, 7.21–24

Versuchung und Fall

Die Schlange war schlauer als alle Tiere des Feldes, die Gott, der Herr, gemacht hatte. Sie sagte zu der Frau: Hat Gott wirklich gesagt: Ihr dürft von keinem Baum des Gartens essen? Die Frau entgegnete der Schlange: Von den Früchten der Bäume im Garten dürfen wir essen; nur von den Früchten des Baumes, der in der Mitte des Gartens steht, hat Gott gesagt: Davon dürft ihr nicht essen und daran dürft ihr nicht rühren, sonst werdet ihr sterben.
Darauf sagte die Schlange zur Frau: Nein, ihr werdet nicht sterben. Gott weiß vielmehr: Sobald ihr davon esst, gehen euch die Augen auf; ihr werdet wie Gott und erkennt Gut und Böse. Da sah die Frau, dass es köstlich wäre von dem Baum zu essen, dass der Baum eine Augenweide war und dazu verlockte klug zu werden. Sie nahm von seinen Früchten und aß; sie gab auch ihrem Mann, der bei ihr war, und auch er aß.

Genesis 3, 1–6

Die Situation der Menschen

Gott, der Herr, sprach zu der Frau: Viel Mühsal bereite ich dir, sooft du schwanger wirst. Unter Schmerzen gebierst du Kinder. Du hast Verlangen nach deinem Mann; er aber wird über dich herrschen.
Zu Adam sprach er: Weil du auf deine Frau gehört und von dem Baum gegessen hast, von dem zu essen ich dir verboten hatte: So ist verflucht der Ackerboden deinetwegen. Unter Mühsal wirst du von ihm essen alle Tage deines Lebens. Im Schweiße deines Angesichts sollst du dein Brot essen, bis du zurückkehrst zum Ackerboden; von ihm bist du ja genommen. Denn Staub bist du, zum Staub musst du zurück.
Adam nannte seine Frau Eva, denn sie wurde die Mutter aller Lebendigen.

Genesis 3, 16–19

Szene vom Schlaf Adams ist angedeutet, dass der Mensch nicht sehen kann, wie Gott schafft. Dass die Frau aus der Rippe des Mannes geschaffen wird und somit aus der Herzmitte Adams kommt, erklärt das fortwährende Gefühl zusammenzugehören und zusammenzupassen. Sie ist ihm völlig gleichwertig. Manche Feministinnen unserer Tage sehen sie sogar überlegen, da der Mann nur aus der Erde, die Frau aber vom Menschen stammt. Adam nannte seine Frau *»Eva«*, d. h. »Mutter der Lebendigen«. Auch das ist eine Wesensdefinition. Jede Frau ist »Eva«.

• Mann und Frau haben ein starkes Verlangen zueinander. Ihre unterschiedliche *Geschlechtlichkeit* führt sie zusammen. Dieser starke Drang ist den Menschen von Gott gegeben und ist darum für den Menschen konstitutiv. Auch hier wird die Frau nicht diskriminiert, denn es heißt, dass der Mann Vater und Mutter verlässt, um der Frau anzuhängen und nicht umgekehrt.

• Der Frieden der Paradieseswelt ist nur die eine Seite. In ihr gibt es auch Gefahren. Im Bild der »Schlange« tritt das *Böse* zutage. Kein Wort erklärt, warum sie in der Welt ist, die doch von Gott gut geschaffen wurde. Offensichtlich weiß auch der alte Mythos nicht, woher das Böse letztlich kommt. Die Schlange ist einfach da. Sie ist nicht Gott und nicht Teufel, sondern Teil der Welt. Sie versucht den Menschen zu verführen. Als gute Psychologin und Kennerin des menschlichen Herzens erweckt sie das *Verlangen nach Verbotenem*. Warum sollte der Mensch nicht von der Frucht des verbotenen Baumes essen? Vielleicht kann sie dazu verhelfen »wie Gott zu sein« und die begrenzten menschlichen Möglichkeiten ins Unendliche zu steigern.

• Die Versucherin Schlange ist erfolgreich. Die Frau isst von der Frucht und gibt dem Mann davon. Als Gott die Tat entdeckt, verstecken sich beide. Von Gott zur Rechenschaft aufgefordert schiebt Adam die Schuld auf Eva und Eva beschuldigt die Schlange. Sie müssen erkennen, dass das Essen von der verbotenen Frucht nicht die erhoffte Wirkung gebracht hat. Im Gegenteil. Gott, die Welt und auch die Menschen erscheinen den beiden nun anders als vorher. Sie entdecken an der Welt Mängel, die vorher nicht vorhanden waren. Vor allem erkennen sie sich selbst in ihrer ganzen Erbärmlichkeit. Indem sie wie Gott sein wollten, haben sie sich von Gott weit entfernt. Sie haben Gott aus ihrem Leben gedrängt, sich selbst an seine Stelle gesetzt und so Unheil auf sich gezogen. Die Tat war ein Missbrauch ihrer Freiheit. Seitdem gibt es *Furcht* vor Gott und den anderen sowie *Scham* vor Nacktheit.

• Die *Folgen der Tat* sind verheerend. Frau und Mann sind in ihrer ganzen Existenz getroffen. Die Frau kann nicht vom Mann lassen. Sie wird von ihm abhängig (Los der Frau in der altorientalischen Welt). Nur unter *Schmerzen* erlebt sie das Wunder der Geburt und die Hervorbringung neuen Lebens. Wie die Frau dem Mann, so ist der Mann der Erde ausgeliefert. Die Erde macht ihm mit Dornen und Disteln die lebensnotwendige *Arbeit* zur Qual. Er kann ihr nicht entrinnen, bis er im *Tod* zur Erde zurückkehrt. Das ganze Menschsein ist in eine schreckliche Lage geraten. Nun können die Menschen nicht mehr im Paradies leben. Sie werden daraus vertrieben. Das *Paradies ist verschlossen*. Engel wachen darüber, dass niemand eintreten kann.

In der tiefsinnigen Erzählung von Adam und Eva erscheint der *Mensch* in seiner ganzen *Widersprüchlichkeit*. Sie zeigt seine *Größe* und sein *Elend*. Der Mensch kommt von Gott und wird am Ende als Staub definiert, der zum Staub zurückkehrt. Er erhält von Gott das Leben, aber er ist dem Tod verfallen. Mann und Frau sollen einander glücklich machen, aber sie quälen sich gegenseitig, ohne voneinander lassen zu können. Der Mensch allein hat die guten Gaben von Freiheit und Geist, fügt sich damit aber irreparablen Schaden zu. Die Schöpfung ist von zauberhafter Schönheit, aber sie bereitet den Menschen auch bittere Mühsal. Auf Mann und Frau lasten Segen und Fluch. So handelt die Paradieseserzählung von einer gottgewollten und einer gottfernen Welt. In dieser Spannung muss der Mensch leben. Auf die Menschheitsfrage, woher das *Leiden in Gottes Schöpfung* kommt, hat der alte Mythos eine Antwort. Die Menschen haben es verursacht, weil sie Gottes Gebot übertreten und sich von Gott entfernt haben. Aber der Text ist nicht ohne Hoffnung. Er geht zwar von den bösen Erfahrungen aus, die Menschen mit sich und mit der Erde machen. Mit dem Paradies entwirft er aber ein Kontrastbild, das zeigt, dass Gott die Erde und die Menschen gut gedacht und gemacht hat. Mit dieser biblischen Utopie ist der Text ein Stück *»Theodizee«* (→ S. 91 ff.).

Die Erzählung vom Paradies sollte nicht isoliert gelesen werden. Die vorangehenden (Gen 1, 1– 2, 4) und folgenden Kapitel (Gen 4–9) sind für ihr Verständnis unerlässlich. Sie zeigen die Verfassung der Menschen an anderen Exempeln. Die Bosheit der Menschen steigert sich in dem Mord, den *Kain* an seinem Bruder Abel begeht. Schließlich nimmt das Böse so überhand, dass Gott fast die ganze Menschheit durch die *Sintflut* vernichtet. Nur Noach, der das konkrete Beispiel eines gerechten Menschen ist, bleibt am Leben. Ihm gibt Gott am Ende die trostvolle Verheißung, dass Menschen nie mehr eine solche Katastrophe als göttliches Strafgericht zu fürchten brauchen. Zum Zeichen dafür errichtet Gott den Regenbogen am Himmel. So kann es scheinen, dass sich Gott am Schluss mehr gewandelt hat als die Menschen. Während diese ihre Bosheit nicht aufgeben, lässt Gott nun von vernichtenden Strafen ab und will den Menschen auch dann liebevoll nahe sein, wenn sie Böses tun.

In späteren Zeiten haben Theologen wie Paulus und Augustinus aus der Paradieserzählung die Lehre von der *Erbsünde* entwickelt, obwohl in dem Text das Wort »Sünde« nicht vorkommt. Diese Lehre ist schwer zu deuten, aber darin realitätsnah, dass sie jeden Menschen von Geburt an in einer Unheilssituation weiß, in der er, ohne dass er es selbst zu verantworten hätte, auf den Weg des Bösen gerät. Wie ein uraltes Erbe lastet es auf allen Menschen, dass sie sich selbst, ihren Mitmenschen und auch der ganzen Erde schlimmen Schaden zufügen können.

- Wo liegen gängige Missverständnisse dieser Erzählung? Wo beschreibt der Text Erfahrungen, die immer gültig sein können?
- Kennen Sie Schöpfungsmythen aus anderen Religionen?

Das Bild Gottes

Dasselbe Erste Testament beschreibt den Menschen im Rahmen einer jüngeren Schöpfungsgeschichte (Gen 1, 1–2, 4) noch einmal auf andere Art. Der Text aus der »Priesterschrift« (→ S. 110) handelt von Gottes Schöpfung in sechs Tagen und von seiner Ruhe am siebten Tag. Wegen seiner grundsätzlichen Bedeutung wurde er wohl vom Endredaktor der Thora an den Anfang der Bibel gesetzt. Während die ältere jahwistische Paradieserzählung ein Mythos ist, der bildhaft und lebendig erzählt, liegt hier ein kunstvolles Lehrgedicht vor, das feierlich und eher nüchtern spricht, klar gegliedert ist und ein

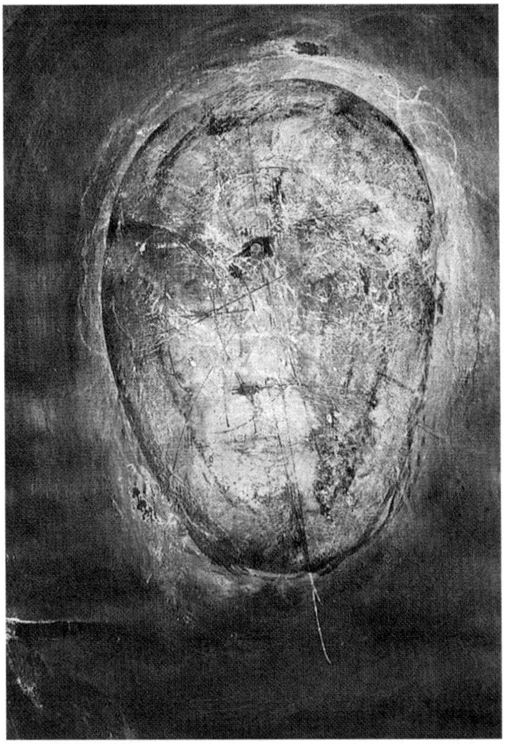

Herbert Falken (geb. 1932): Lichtblick Gesicht (VI), Tusche, Pastell, 1985 (→ S. 55; 87; 91; 109).

theologisches Programm enthält. In ihm kommt der Glaube zum Ausdruck, dass Gott das Chaos dieser Welt zurückdrängt und die Finsternis in Licht verwandelt. Damit ist auch dieser Text ein Zeugnis biblischer Theodizee (→ S. 91 ff.), nicht aber eine Konkurrenz zu unserem heutigen Wissen von der Entstehung des Kosmos und des Menschen.

Am sechsten Tag wird der Mensch ins Dasein gerufen. Mann und Frau werden hier ohne jeden Unterschied geschaffen. »Als Mann und Frau erschuf er ihn (d. h. den Menschen).« Gott nennt sie beide *»Bild Gottes«* (Gen 1, 27). Mit diesem ganz ungewöhnlichen Wort zeichnet Gott den Mann und die Frau vor allen anderen Schöpfungswerken aus. Nur der Sabbat ist größer, weil durch ihn Gottes Schöpfung vollendet wird (Gen 2, 2). An diesem Tag darf sich auch der Mensch ohne Arbeit an der Ruhe und Schönheit des Festtags erfreuen. Das Wort vom »Bild Gottes« ist zum Fundament jüdischer und christlicher Anthropologie geworden. Es ist reich an Bedeutungen und wird erst dann richtig verstanden, wenn man seinen ursprünglichen Sinn kennt.

- In Mesopotamien und Ägypten galt der *König* als »Bild Gottes« auf Erden. Wer den König sah, sah die Gottheit. Als »Bild Gottes« verdiente er höchste Achtung. Könige hatten die göttliche Aufgabe, *das Land zu schützen, Recht und Gerechtigkeit durchzusetzen und den Armen zu helfen*. – Nun nehmen alle Menschen im Haus der Schöpfung den Platz Gottes ein. Kein König hat einen Vorrang. Jeder Mensch kann den Platz ausfüllen, der eigentlich Gott zusteht. Was der Schöpfer für die Welt getan hat, muss nun auch der Mensch tun. Er muss versuchen die gefährlichen Urmächte des Chaos zu bannen. Er muss die Welt hüten, pflegen und wohnlich machen. Frieden, Recht, Ordnung und das Wohl der Armen sind nun seine großen Aufgaben. Diese Sonderstellung des Menschen bedeutet für die Bibel keinen Freibrief für nur auf sich selbst bezogene Selbstverwirklichung oder gar für die Ausbeutung der Natur. Der Mensch darf von der Welt leben. Wo der Mensch aber nur für sich selbst lebt und nur auf seine eigenen Wünsche achtet, zerstört er den ihm von Gott gegebenen Lebensraum.
- In den antiken Religionen repräsentierte das *Götterbild* die Gottheit selber. Als Leib der Gottheit konnte es die Ehre empfangen, die der Gottheit selber zustand. Das Bild repräsentierte Gottes Leben und Macht. Nun sollen alle Menschen als Bilder des Schöpfers *Vermittler des Lebens* auf der Erde sein.

Der Mensch – Gottes Abbild

Dann sprach Gott: Lasst uns den Menschen machen als unser Abbild, uns ähnlich.
Sie sollen herrschen über die Fische des Meeres, über die Vögel des Himmels, über das Vieh, über die ganze Erde und über alle Kriechtiere auf dem Land.
Gott schuf also den Menschen als sein Abbild; als Abbild Gottes schuf er ihn.
Als Mann und Frau schuf er sie.
Gott segnete sie und Gott sprach zu ihnen: Seid fruchtbar und vermehrt euch, bevölkert die Erde, unterwerft sie euch.

Genesis 1, 26–28

• Wenn in der Schöpfung alle Menschen »Bild Gottes« sind, gibt es zwischen ihnen *keine gottgewollten Unterschiede*. Als »Bild Gottes« hat jeder seine eigene unverlierbare Würde. Die in Gott gründende *»Menschenwürde«* und die sich daraus ableitenden *»Menschenrechte«* und *»Menschenpflichten«* gelten für alle Menschen in gleicher Weise. Kein König, kein Volk, keine Rasse, kein Mann und keine Frau darf sich über andere Menschen erheben und sie demütigen. Rassismus, Kolonialismus und Sexismus sind mit dem Text unvereinbar.– Für die Begründung der »Menschenwürde«, die heute weltweit im Zentrum der ethischen Diskussion steht, spielt dieser biblische Text vom Menschen als »Bild Gottes« eine entscheidende Rolle.

• Die dem Menschen hier zugeschriebene Würde erhebt ihn über alle *einseitigen Deutungen*. Der Mensch ist nicht nur von Natur und Kultur, von Volk und Nation, von Klasse und Rasse her zu verstehen. Er geht nicht darin auf, Materie, Maschine, Psycho-Apparat, Evolutionsprodukt oder Computer zu sein. Wer ihn mit einem Willen zur Macht, mit Profitgier oder als Mängelwesen definiert, steht im Widerspruch zur Bibel.

In der europäischen Philosophie gibt es einen Begriff für den Menschen, der der biblischen Anthropologie nahe kommt. Darum wurde er vom Christentum ebenfalls zur Deutung des Menschen aufgegriffen. Es ist der Begriff der *»Person«*. Eine Person ist ein einmaliges, unverwechselbares geistiges Wesen, dessen Besonderheit vor allem darin besteht über sich selbst bestimmen und frei entscheiden zu können. Sie ist letztlich nicht von anderen Dingen her ableitbar oder erklärbar. Nur die Person kann bewusst »Ich« und »Du« sagen. Darum ist eine Person mehr als nur ein Individuum, wenn Individualität eine Eigenschaft ist, die auch anderen Wesen wie Pflanzen und Tieren, Bergen und Flüssen, Kunstwerken und Häusern zukommt. Biblisch gesehen gründet die Perso-

Rosemarie Trockel (geb. 1952): Ich habe Angst, Schriftzug im Altarraum St. Peter, Köln, 1993.

Definitionen der Philosophie

Philosophen haben immer wieder versucht gültige Beschreibungen des Menschen und Kurz-formeln seiner spezifischen Eigenart zu entwerfen. Alle Versuche sind umstritten.

- **Protagoras (480–410 vC):**
  »Das Maß aller Dinge«
- **Platon (427–347 vC) und viele späteren Philosophen:**
  Ein Wesen aus sterblichem Leib und unsterblicher Seele
- **Aristoteles (384–322 vC):**
  Ein sprachfähiges Lebewesen; ein politisches, auf die Gemeinschaft bezogenes Wesen; ein »Wesen, das in gewisser Weise alles ist«
- **Boethius (480–525) und andere mittelalterliche und neuzeitliche Philosophen:**
  Ein vernunftbegabtes, geistiges Lebewesen (»animal rationale«)
- **Thomas von Aquin (1225–1274):**
  Ein Wesen, das vom Sinnenhaften zum Geistigen, von der Schöpfung zum Schöpfer aufsteigen kann
- **Renaissance-Philosophie (15. Jh.):**
  Ein »Mikrokosmos« im »Makrokosmos«
- **René Descartes (1596–1650):**
  Eine Kombination aus »denkender Substanz« (»res cogitans«) und »ausgedehnter Substanz« (»res extensa«)
- **Blaise Pascal (1623–1662):**
  »Das rätselhafteste Ding der Natur«, weil er nicht begreift, »wie ein Körper mit einem Geist vereint sein könne«; ein Paradox, das zwischen den Abgründen des Unendlichen und des Nichts existiert
- **Gottfried Wilhelm Leibniz (1664–1716):**
  Eine Monade (in sich geschlossene Einheit), die bewusste Vorstellungen hat und die ganze Welt widerspiegelt
- **Paul Thiry d'Holbach (1723–1789):**
  Ein rein physisches, materielles Wesen
- **Julien Offray de Lamettrie (1729–1751):**
  Eine denkende Maschine
- **Immanuel Kant (1724–1804):**
  Der Mensch existiert als Zweck an sich selbst, darf nie nur als Mittel für andere Zwecke gebraucht werden; »Krummes Holz«
- **Friedrich Schiller (1759–1805):**
  Ein Wesen, das durch Erziehung zur »schönen Seele« werden soll, in dem ästhetisch-ethische Harmonie besteht und Geist und Natur, Freiheit und Notwendigkeit eins sind

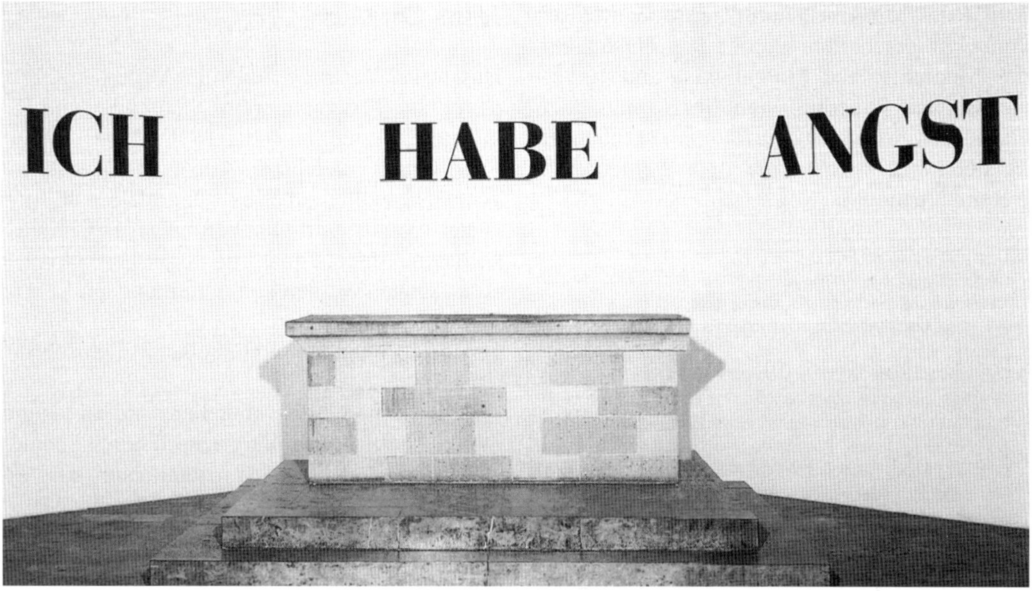

- **Johann Gottlieb Fichte (1762–1814):**
  Das einzelne Subjekt ist Erscheinungsform des absoluten Ich, eines überindividuellen, einheitlichen, freien, geistigen Prinzips, das alle Dinge setzt
- **Deutscher Idealismus:**
  Autonomes Subjekt
- **Materialisten im 19. Jahrhundert:**
  Der Mensch ist, was er isst
- **Georg Büchner (1813–1837):**
  »Der Mensch ist ein Abgrund«
- **Karl Marx (1818–1883):**
  Ein Wesen der Selbstentfremdung; »das Ensemble der gesellschaftlichen Verhältnisse«
- **Ernst Haeckel (1834–1919):**
  Das Produkt der Evolution; das höchstentwickelte Säugetier
- **Friedrich Nietzsche (1844–1900):**
  »Das noch nicht festgestellte Tier«
- **Sigmund Freud (1856–1939):**
  Ein psychischer Apparat aus Es, Ich und Über-Ich; bestimmt von Lust- und Todestrieb
- **Nazi-Ideologie (1933–1945):**
  Der Einzelne ist nichts, das Volk ist alles; Rassismus und Antisemitismus
- **Max Scheler (1874–1928):**
  »Ein Neinsagenkönner«, Wesen der »Weltoffenheit«, »Asket des Lebens«; »ewiger Protestant«
- **Ernst Bloch (1885–1977):**
  Ein auf die Zukunft bezogenes Wesen, dessen Grundkonstanten Sehnsucht, Heimweh und Tagtraum sind; »Prinzip Hoffnung«; »Aufrechter Gang«
- **Martin Heidegger (1889–1976):**
  »Ins Dasein geworfen«, »Platzhalter des Nichts«; ängstigt sich vor dem In-der-Welt-Sein; weiß um seine Endlichkeit und Zeitlichkeit; Sein zum Tod
- **Helmuth Plessner (1892–1985):**
  Ein Wesen, das lachen und weinen kann
- **Arnold Gehlen (1904–1976):**
  Ein handelndes Wesen, das morphologisch durch Mängel wie Unangepasstheiten, Unspezialisiertheiten, Primitivismen bestimmt ist; ein unfertiges Wesen, das instinktgeleitet zu sich selbst Stellung nehmen muss
- **Jean-Paul Sartre (1905–1980):**
  Ein Wesen, das kein festgelegtes Wesen hat; nichts anderes, als wozu es sich macht; »seine eigene Wahl«; »verurteilt, frei zu sein«; »eine gemeine Marmelade«
- **Jacques Monod (1910–1976):**
  »Produkt aus Zufall und Notwendigkeit«, »Zigeuner am Rand des Universums«
- **Michael Landmann (geb. 1913):**
  Schöpfer und Geschöpf der Kultur
- **Michel Foucault (1926–1984):**
  Infragestellung des Subjekts und Auflösung des Selbst und seines Bewusstseins, Proklamation vom »Tod des Menschen«; Denken »in der Leere des verschwundenen Menschen«

nalität des Menschen darin, dass der Mensch von Gott geschaffen wurde. Die Personalität des Menschen, die Einmaligkeit und Unverwechselbarkeit besagt, steht in Spannung zu den in den *ostasiatischen Religionen* lebenden Vorstellungen von Karma und Wiedergeburt (»Reinkarnation«).

- Lesen Sie ganze Schöpfungserzählung Gen 1, 1–2, 4. Suchen Sie die Gliederung des Textes, die gleichbleibenden und die sich ändernden Sätze. Achten Sie auf die Sprache des Textes. Wo liegt der Höhepunkt? Was ist aus heutiger Perspektive veraltet, was dauernd aktuell?
- Stellen Sie an beide Schöpfungstexte am Anfang der Bibel folgende Fragen: In wie viel Tagen wird die Welt erschaffen? Wie ist der Urzustand? Wie wird das Wasser erlebt? An welchem Tag wird der Mensch erschaffen? Wie tritt die Frau ins Dasein? Schafft Gott durch Wort oder Handlung? Welche Aufgaben hat der Mensch? Was steht am Ende der Texte? Was ergibt sich aus einem Vergleich beider Texte?
- Der biblische Text sagt nirgends, dass der Mensch die »Krone der Schöpfung« sei, wohl aber das »Bild Gottes«. Worin liegt der Unterschied?

Grundverständnis der Religionen

Auch die Religionen haben jeweils ein Grundverständnis vom Menschen, das ihre ganze Eigenart tief bestimmt. Soweit die christliche Anthropologie vom Ersten Testament her entwickelt wird, unterscheidet sie sich kaum von der des Judentums. Auch der Islam ist damit verwandt. Aber er lehnt die Erbsünde und den Gedanken, der Mensch sei »Bild Gottes«, entschieden ab, da es für ihn von Gott kein Bild gibt. Die Anthropologie der ostasiatischen Religionen wird im Rahmen eines völlig anderen Weltbildes entwickelt, das den Gedanken der einmaligen Schöpfung nicht kennt und die Welt als einen ewigen Kreislauf des Werdens und Vergehens deutet. In diesem Prozess spielt der Gedanke der Wiedergeburt des Menschen eine wichtige Rolle. Erlösung heißt dann, aus diesem ewigen, leidvollen Kreis befreit zu werden.

- Islam: Statthalter und Diener Gottes; höchstes und schönstes Geschöpf
- Hinduismus: Die Konsequenz eines früheren Lebens (Karma) und der Lohn früherer Taten; sucht Erlösung vom Leid des Daseins
- Buddhismus: Die Summe fünf verschiedener Daseinsfaktoren: Körper, Empfindung, Wahrnehmung, Willensregung und Bewusstsein; ohne bleibendes, festes Ich; sucht Erlösung vom Leid des Daseins im Nirwana

Honoré Daumier (1808–1879): Ecce Homo (Seht, ein Mensch), Öl auf Leinwand, um 1850.

Jesus Christus

Das *Neue Testament* teilt die Auffassung, die das Erste Testament vom Menschen hat. Es konnte auf den lebendigen Reichtum dieser Schrift nicht verzichten, wenn es den Menschen verstehen wollte. Aber es setzt auch neue Akzente, die aus dem Glauben an Jesus Christus kommen. Manche anthropologischen Grundauffassungen werden konkret im und am Leben Jesu erkennbar, andere werden von den Anhängern Jesu, vor allem von Paulus, in Lehrschriften entfaltet.

In den ersten drei Evangelien wird an vielen Stellen deutlich, dass der Mensch durch Schuld und Leid in Lebenskrisen geraten kann, dass es aber bei Gott Verständnis und Hilfe gibt. Jesus hört nicht auf, denen, die als *Sünder* angesehen werden, einen liebenden Gott zu verkünden. Er zeigt ihnen Gottes Erbarmen und spricht ihnen Vergebung der Schuld zu. Darin greift er ein Motiv auf, das auch dem Ersten Testament nicht fremd ist. Er macht es nun zu einem Leitthema seiner Botschaft. Der Mensch ist einer, der auf *Gottes Gnade* zählen darf, wenn er sündig geworden ist und nicht mehr aus noch ein weiß. Mit Zöllnern und Sündern sucht Jesus Kontakt, weil gerade die Verlorenen seine Frohe Botschaft vom Reich Gottes hören sollen. Jeder darf sich in dem Sohn wiedererkennen können, der von daheim weggelaufen ist, sich in der Welt verloren hat, aber dann doch, als er zurückkommt, von einem guten Vater liebevoll aufgenommen wird. Jeder kann sich in der Ehebrecherin wiedererkennen, die von Jesus in Schutz genommen wird, während manche Leute Steine auf sie werfen wollen. Jedem kann es so ergehen wie dem reuigen Banditen am Kreuz, dem Jesus in der Stunde seines Todes den Zugang ins Paradies verspricht. Ihnen allen gibt er die Hoffnung, dass Gott ihre beschädigte Existenz heilt.

Die Jünger Jesu setzen nach seinem Tod und seiner Auferweckung sein Werk fort. Sie sprechen denen die Vergebung ihrer Sünden zu, die an Jesus glauben, sich taufen lassen und ihre Schuld bekennen. So werden sie vor Gott eine *»neue Schöpfung«* (Röm 5, 12–21). Paulus wird nicht müde, diesen Begriff, der an die Schöp-

fungserzählungen des Ersten Testaments erinnert, zu gebrauchen (2 Kor 5,17; Gal 6,15 u. ö.). Durch Christus werden die Menschen anders. Sie finden eine neue Form ihrer Existenz. Die Menschen, die durch die Sünde im Tod waren, sind jetzt durch die Gnade Gottes im Leben. Sie bewegen sich nicht in falscher Sicherheit, sondern sind von Gott angenommen. Christus hat ihnen die Freiheit der Kinder Gottes geschenkt. Sie brauchen vor Gott nicht auf ihre Leistungen zu pochen, sondern sie sind im Glauben allein durch Gottes Gnade gerechtfertigt. Sie sind nicht den Mächten der Welt verfallen, weil Gott die Welt mit sich versöhnt hat. Sie unterscheiden sich radikal von denen, die keine Hoffnung haben. Sie leben aus der Hoffnung.

Das wohl wichtigste Thema, von dem die Jünger Jesu zu sprechen hatten, war die Botschaft, dass Jesus, der öffentlich in Jerusalem gekreuzigt worden war, von Gott zum Leben erweckt wurde. Er ist *auferstanden* und lebt bei Gott. Damit hat Gott Jesus auf einmalige Weise beglaubigt. Er hat sein Leben und seine Lehre bestätigt. Dieses unerhörte Ereignis war nur ein Anfang. Es hat für alle Menschen, die an Christus glauben, wichtige Folgen (1 Kor 15). Wie Jesus, so werden auch die Menschen nicht im Tod bleiben, sondern von Gott zum Leben erweckt werden. Der Mensch ist zur Auferstehung berufen. Am Ende wird sein jetziger verweslicher Leib eine neue Qualität erhalten. Tod und Sünde sind dann endgültig besiegt.

Der alte Gedanke von der Würde des Menschen bekommt im Christentum noch einmal eine neue Begründung. Wenn in Jesus Christus, wie die frühen Konzilien lehren, *Gott Mensch* geworden ist (»Inkarnation«; → S. 83), dann hat das Menschsein in Gott eine neue Qualität bekommen. Gott selbst hat sich mit dem Menschen vollständig identifiziert. Eine engere Bindung Gottes an den Menschen ist nicht denkbar. In Jesus ist der Mensch nicht mehr nur Gottes Geschöpf. Gott ist hier mit dem Menschen ganz eins.

Auferweckung Christi – Auferweckung der Menschen

Christus ist von den Toten erweckt worden
als der Erste der Entschlafenen.
Da nämlich durch einen Menschen
der Tod gekommen ist,
kommt durch einen Menschen
auch die Auferstehung der Toten.
Denn wie in Adam alle sterben,
so werden in Christus
alle lebendig gemacht werden.

aus dem 1. Brief des Paulus an die Korinther 15, 20–22

- »Mit dem Tod ist alles aus« – »Im Tod trennt sich die unsterbliche Seele vom sterblichen Leib« – »Auf den Tod folgt später eine Wiedergeburt ins Leben« – »Im Tod verlöscht der Mensch ins Nirwana« – »Niemand weiß, was im Tod und nach dem Tod mit dem Menschen geschieht«. Diskutieren Sie diese und ähnliche Auffassungen.

Maria

Für viele Christen ist der ideale Mensch Maria, die Mutter Jesu. Das Neue Testament weiß von ihr nicht sehr viel zu erzählen und das wenige, das von ihr erzählt wird, ist meist nicht im biographischen Sinn zu verstehen. Die Marienerzählungen der Bibel sind weithin Glaubensgeschichten. In der Form der Erzählung sind sie Zeugnis von Gottes wunderbaren Taten. Nach dem *Kindheitsevangelium des Lukas* (→ S. 60) ist Maria eine junge jüdische Frau, die in Nazaret lebt, als der Engel Gottes zu ihr kommt. Er nennt sie »Begnadete« und verkündet ihr, sie werde ohne Zutun ihres Verlobten Josef einem Kind das Leben schenken. Es werde in der Nachfolge des Königs Davids herrschen und die messianischen Hoffnungen Israels erfüllen. Maria glaubt dem Engel und sagt voll Vertrauen auf Gottes Wort: »Ich bin die Magd des Herrn. Mir geschehe, wie du gesagt hast« (Lk 1,38). Voll Freude besucht sie Elisabet, eine Verwandte, die die Mutter Johannes des Täufers werden sollte. Sie spricht dabei das »Magnificat« (→ S. 105), eines der großen Gebete der Bibel. Als für sie die Zeit der Niederkunft kommt, ist sie gerade in Betlehem, wo sie ihren erstgeborenen Sohn Jesus zur Welt bringt. Sie wickelt ihn in Windeln und legt ihn in eine Krippe, weil in der Herberge kein Platz ist. Engel singen an diesem Ort ihr »Gloria in excelsis Deo« und Hirten kommen, um davon zu erzählen. Von ihr selbst ist kein Wort über dieses Ereignis überliefert, aber sie bewahrt alles, was geschehen ist, in ihrem Herzen. Entsprechend den alten jüdischen Bräuchen gibt sie dem Kind den Namen Jesus, lässt den Jungen beschneiden und bringt ein Reinigungsopfer im Tempel von Jerusalem dar. Damals prophezeit ihr der greise Seher Simeon, dass ein Schwert durch ihre Seele dringen werde. Sie zieht wohl jährlich zum Osterfest nach Jerusalem. Dort verliert sie einmal ihren gerade zwölfjährigen Sohn aus der Reisegesellschaft, sucht ihn mühevoll und findet ihn schließlich lehrend und diskutierend unter den Schriftgelehrten, die über seine Weisheit staunen. Ein leiser Vorwurf klingt damals aus ihren Worten, aber dann zieht Jesus wieder mit ihr nach Nazaret und ist seinen Eltern untertan. Im *Matthäusevangelium* (→ S. 59) kommen nach der Geburt Jesu Weise zu Maria. Weil Herodes ihr Kind töten will, flieht sie mit ihm nach Ägypten. Nach der Rückkehr lässt die Familie sich in Nazaret nieder.

Neben diesen beiden Kindheitsgeschichten gibt es nicht mehr viele Erwähnungen Mariens im *Neuen Testament*. Die wenigen klingen nicht sehr freundlich für sie. Als Jesus einmal in Galiläa lehrte, sagten die Leute zu ihm, dass seine Mutter und seine Brüder draußen seien und ihn suchten. Er fragte zurück: »Wer ist schon meine Mutter?« und gab auch selbst die distanzierte Antwort: »Wer den Willen Gottes erfüllt, der ist für mich Mutter« (Mk 3, 31–35, ähnlich Lk 11,

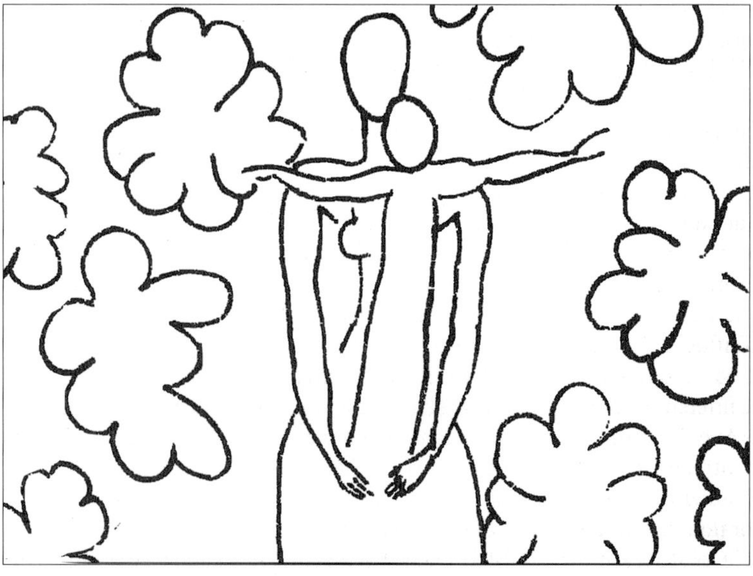

Henri Matisse (1869–1954): Jungfrau und Kind, Malerei auf Keramik, Rosenkranzkapelle in Vence (Südfrankreich), 1949–51. Der französische Künstler, der sich selbst nicht als Christ verstand, hat kurz vor seinem Tod die Kapelle der Dominikanerinnen, die ihn in schwerer Krankheit gepflegt hatten, aus Dankbarkeit künstlerisch gestaltet.

27). Als Maria bei der Hochzeit von Kana Jesus einen Wink gibt, dass kein Wein mehr da sei, fragt er sie so, als wolle er sich von ihr nicht beeinflussen lassen: »Was willst du von mir, Frau? Meine Stunde ist noch nicht gekommen« (Joh 2, 3 f.). Am Ende steht sie unter dem Kreuz ihres Sohnes, wo der sterbende Jesus sie dem Lieblingsjünger und umgekehrt den Lieblingsjünger ihr anvertraut (Joh 19, 25– 27). Später sehen wir sie noch ein einziges Mal in der Urgemeinde von Jerusalem (Apg 1, 14). Sonst ist im Neuen Testament von ihr nicht mehr die Rede.

Für das christliche Verständnis vom Menschen ist diese Frau aus Nazaret trotz der spärlichen biblischen Traditionen außerordentlich bedeutsam geworden. Der *Glaube späterer Zeiten* hat sich in die wenigen Texte vertieft und dabei ganz ungewöhnliche Dinge entdeckt. Sie sind in kirchlichen Entscheidungen auch als verbindliche *Glaubenslehren* formuliert worden. Danach ist Maria immerwährende Jungfrau und zugleich die Mutter Gottes. Als einziger Mensch kam sie ohne Erbsünde zur Welt. Schon jetzt ist sie mit Leib und Seele in den Himmel aufgenommen worden. Als »neue Eva« hat sie den Schaden von der Menschheit abgewehrt, den die erste Eva angerichtet hatte. Manche Theologen wollen in ihr sogar neben Jesus eine »Miterlöserin« sehen.

Maria ist in der Verkündigung der Kirche und besonders auch in der *Volksfrömmigkeit* zum Bild der idealen Christin geworden, an dem die Glaubenden anschaulich sehen können, wie sie leben sollen. Zugleich übertrifft ihre Würde die aller anderen Menschen. Sie ist die Himmelskönigin und Maienkönigin, unsere liebe Frau und die Mutter der Christen. Die poetische lauretanische Litanei nennt sie nicht nur goldenes Haus und elfenbeinernen Turm, sondern auch Heil der Kranken, Hoffnung der Betrübten und Zuflucht der Sünder. In vielen Gebeten Liedern und Gedichten wird sie gepriesen. Unzählige Christen meditieren beim Rosenkranzgebet am »Ave Maria«, dem biblischen Engelgruß, die Stationen des Lebens Jesu. Große und kleine Kirchen, herrliche Dome und prächtige Kathedralen überall auf der Welt sind ihr geweiht. Für die bildende Kunst aller Zeiten ist sie ein beachtliches Thema. Unzählige Frauen tragen stolz ihren Namen. Pilgerstätten wie Lourdes (Südfrankreich) und Fatima (Portugal), wo sie sich 1858 und 1917 gezeigt haben soll, ziehen jährlich Millionen ihrer Verehrer/innen an. Manche Formen katholischer Marienverehrung weisen überhitzte Züge auf, die mit den nüchternen biblischen Aussagen nicht in Übereinstimmung zu bringen sind. Das hat dem Bild Mariens Schaden zugefügt. Aber unzählige Christen in allen Konfessionen sehen an Maria, wie die Gnade Gottes den Menschen erhöht (Lk 1, 49). Gerade auch moderne Christinnen sind dabei, ein neues Verständnis Marias für sich zu gewinnen.

Maria

Im sechsten Monat wurde der Engel Gabriel von Gott in eine Stadt in Galiläa namens Nazaret zu einer Jungfrau gesandt. Sie war mit einem Mann namens Josef verlobt, der aus dem Haus Davids stammte. Der Name der Jungfrau war Maria. Der Engel trat bei ihr ein und sagte: Sei gegrüßt, du Begnadete, der Herr ist mit dir. Sie erschrak über die Anrede und überlegte, was dieser Gruß zu bedeuten habe. Da sagte der Engel: Du wirst ein Kind empfangen, einen Sohn wirst du gebären: dem sollst du den Namen Jesus geben. Er wird groß sein und Sohn des Höchsten genannt werden. Gott, der Herr, wird ihm den Thron seines Vaters David geben. Er wird über das Haus Jakob in Ewigkeit herrschen und seine Herrschaft wird kein Ende haben.

aus dem Evangelium nach Lukas 1, 26–33

- Kennen Sie Zeugnisse christlicher Marienverehrung?

Exemplarisches Menschsein

Die Heiligen der Christenheit sind die Gestalten, die noch einmal auf andere Art exemplarisch zeigen, was im christlichen Verständnis Mensch-Sein bedeutet. Es wäre einseitig, in ihnen nur moralische Vorbilder zu sehen, die ungewöhnliche Tugendleistungen aufzuweisen haben. Sie sind sozusagen das lebendige »Anschauungsmaterial« des christlichen Menschenverständnisses. Kein Mensch kann allein das ganze Spektrum des »Bildes Gottes« ausfüllen.

Aber manche Christen haben einzelne Farben aus diesem Spektrum auf ungewöhnliche Weise aufleuchten lassen. Sie haben für ihre Zeit gezeigt, was es heißt, dass der Mensch Bild Gottes ist und in der Nachfolge Jesu lebt.

Teresa von Avila (1515–1582) ist eine Christin, die die guten Seiten des Lebens zu schätzen wusste, aber sich damit nicht begnügte. Sie war immer auf der Suche nach Gott, der allein die unendliche Sehnsucht des Menschen erfüllen kann. So wurde sie zu einer der großen Mystikerinnen der Menschheit. Schon als Kind suchte sie im Maurenland den Martertod. Als Backfisch war sie eitel und hatte ihren Spaß an harmlosen Vergnügungen. Sie entschloss sich ohne das Einverständnis ihres Vaters in das Karmeliterinnenkloster von Avila (Spanien) einzutreten, wo sie zunächst ein unterhaltsames Leben führte und eine lebenslustige Ordensfrau war. Doch dann hatte sie ein Erlebnis, das sie zutiefst erschütterte. Sie sah in einer mystischen Schau das Leiden Christi. Das gab ihrem Leben eine andere Richtung. Sie wandte sich von allen Zerstreuungen ab und konzentrierte sich nur noch auf Gott. Im Gebet stieg sie Stufe um Stufe zu ihm auf, bis sie zur mystischen Vereinigung mit ihm kam. Das Licht, das sie in ihren Ekstasen sah, unterschied sie deutlich von allem Licht, das auf der Erde leuchtet. Dem unbeschreiblichen Jubel folgte nach dem Ende der Visionen meist Niedergeschlagenheit und Trauer. Die ungewöhnlichen Visionen, die sie in der »Seelenburg« beschrieben hat, hinderten sie nicht daran, tatkräftig an der Reform ihres Ordens zu arbeiten. Dabei bewies sie Geschick und Ausdauer. Auf ihren vielen Reisen, die sie zu den Klöstern führten, bewährte sich ihre Fähigkeit zu Improvisation und Humor. Nach ihrem Tod fand man ein Zettelchen, auf das sie ein Gebet geschrieben hatte, das ihr Lebensprogramm zum Ausdruck brachte.

Gott allein genügt

Nichts soll dich ängstigen,
nichts dich erschrecken.
Alles vergeht.
Gott ändert sich nicht.
Die Geduld erreicht alles.
Wer sich an Gott festhält,
dem fehlt nichts.
Gott allein genügt.

Teresa von Avila (1515–1582), Ordensfrau, Mystikerin, Heilige

An dem französischen Priester *Vinzenz von Paul* (1581–1660) kann man ablesen, dass das Leben der Armen und Schwachen für Christen eine unzerstörbare Würde hat. Als er schon einige Jahre Priester war, wurde ihm in Paris bewusst, was er als Christ zu tun hatte. Er bekam einen Blick für die schreckliche Not, in der viele arme Leute lebten. Viele Kranke und Geistesgestörte wurden nirgends versorgt, die hungrigen Bettler bekamen kaum etwas zu essen, junge Mütter setzten aus Verzweiflung ihre kleinen Kinder aus, Jugendliche streunten verwahrlost durch die Stadt, die Alten wurden aus ihren Familien verstoßen, Obdachlose froren auf den Straßen, die Strafgefangenen wurden grausam gequält. So gut es ging, setzte er sich für alle diese Notleidenden ein. Er organisierte Altersheime, Spitäler, Findelhäuser, Suppenküchen und Gefangenenheime. Da er die Arbeit allein nicht bewältigen konnte, gründete er Vereine und einen Orden, in dem er Frauen und Männer sammelte, die zum Dienst an den Armen bereit waren. So konnte er vielen Menschen helfen. Man erzählt, dass er einen Galeerensträfling in Marseille von seinem schrecklichen Los dadurch befreite, dass er sich selbst an dessen Stelle am Unterdeck anschmieden ließ. Seinen elenden Mitsklaven konnte er viel Trost spenden. Als seine Freunde ihn nach einiger Zeit dort entdeckten, wurden mit ihm auch alle anderen Gefangenen befreit. »Monsieur Vincent« ist der Begründer der »Caritas«, der organisierten christlichen Nächstenliebe, für die auch heute allein in Deutschland hunderttausende Menschen tätig sind.

Links: Vinzenz von Paul, Simon François de Tours, 17. Jh.
Rechts: Teresa von Avila, unbekannter Meister, 17. Jh.
Rechte Seite: Hans und Sophie Scholl.

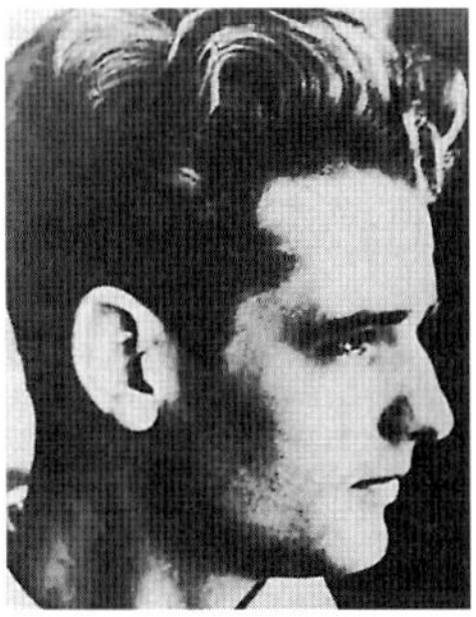 

Christsein erfordert Mut zum Widerstand, wenn Menschen durch Ideologie oder Totalitarismus bedroht sind. In unserem Jahrhundert haben unzählige Christen ihr Leben verloren, weil sie sich gegen den Nationalsozialismus und Kommunismus stellten. Auf Flugblättern, die plötzlich überall in Deutschland auftauchten, forderten die *Geschwister Scholl* ihre Mitstudenten und Professoren auf, zu den Verbrechen der Nazis und vor allem auch zu den Judenmorden nicht zu schweigen. Hans (25) und Sophie (22) gehörten zu einer kleinen Widerstandsgruppe, die sich »Weiße Rose« nannte. Sie waren als Christen davon überzeugt, auf das schreckliche Geschehen aufmerksam machen zu müssen, auch wenn sie zunächst nur wenig Erfolg erwarten durften.Als sie 1943 in der Universität München ihre Flugblätter verteilten, wurden sie vom Hausmeister entdeckt und verraten. Nach einem kurzen Prozess wurden sie enthauptet. Sie starben mutig und in der Hoffnung des Glaubens.

Die weiße Rose

Der Text auf den Flugblättern in der Stadt und Universität München:

Nichts ist eines Kulturvolks unwürdiger als sich ohne Widerstand von einer verantwortungslosen Herrscherclique »regieren« zu lassen. ... Nur als Beispiel wollen wir die Tatsache kurz anführen, dass seit der Eroberung Polens 300 000 Juden in diesem Land auf bestialische Weise ermordet worden sind. Hier sehen wir das fürch terlichste Verbrechen an der Würde des Menschen, dem sich kein ähnliches in der Geschichte der Menschheit an die Seite stellen kann. ... Ist euer Geist schon so sehr der Vergewaltigung unterlegen, dass ihr vergesst, dass es nicht nur euer Recht, sondern eure sittliche Pflicht ist dieses System zu beseitigen?

Geschwister Scholl, Studenten

Fragmente einer christlichen Anthropologie

Wenn der Mensch »Bild Gottes« ist, so kann er schon deshalb nicht definiert werden, weil sich Gott in keine Definition zwingen lässt. Trotzdem haben christliche Theologen und Philosophen sich immer wieder bemüht, Wahrnehmungen, die nicht auf den einzelnen Menschen beschränkt sind, zu beschreiben und grundlegende Einsichten über den Menschen auf den Begriff zu bringen. So ist im Verlauf der zweitausendjährigen Christentumsgeschichte eine christliche Anthropologie entstanden, die oft durch die zeitgenössische Philosophie inspiriert und herausgefordert war. Diese christliche Anthropologie hat ihrerseits nicht selten auch die philosophische Anthropologie beeinflusst. Heute sieht sich die christliche Anthropologie in einer geistigen Auseinandersetzung mit philosophischen, politischen und wissenschaftlichen Anthropologien. Unter diesen sind solche, die den Gottesbezug des Menschen ignorieren oder leugnen und die Bedeutung des Menschen eingrenzen,indem sie Teilaspekte des Menschen (Körper, Psyche, biologische, soziale oder kulturelle Eigenarten) in den Rang einer Gesamtdeutung erheben.

Das unruhige Herz

Der Kirchenvater Augustinus (→ S. 94 f.) hat über Gott und über den Menschen intensiv nachgedacht. Einige seiner Sätze zeigen die Tendenz seiner Überlegungen an.

- Ich bin mir selbst zur Frage geworden.
- Geh nicht aus dir heraus. Kehre in dich zurück.
  Im inneren Menschen wohnt die Wahrheit.
- Unruhig ist unser Herz, bis es in dir (Gott) ruht.

Augustinus (354–420), christlicher Theologe und Philosoph

Freier Herr und dienstbarer Knecht

Im Jahr 1520 veröffentlichte Martin Luther (→ S. 169 f.) die Schrift »Von der Freiheit eines Christenmenschen«, die ein klassisches Dokument christlich-reformatorischen Denkens ist. Am Anfang sagt er in zwei Sätzen, »was ein Christenmensch sei«.

Ein Christenmensch ist ein freier Herr über alle Dinge und niemand untertan. Ein Christenmensch ist ein dienstbarer Knecht aller Dinge und jedermann untertan.

Martin Luther (1483–1546), Reformator (→ S. 103; 105)

Ein Paradoxon

Blaise Pascal war nicht nur ein herausragender Philosoph, der sich lange mit der Philosophie seines Zeitgenossen René Descartes (1596–1650) auseinandersetzte. Er war auch ein genialer Mathematiker und Naturwissenschaftler. Mit 12 Jahren entdeckte er ohne schulische Anleitung die ersten 32 Lehrsätze des Euklid und mit 19 Jahren konstruierte er eine Rechenmaschine. Als Christ wusste er sich dem »Gott Abrahams, Isaaks und Jakobs«, nicht aber dem »Gott der Philosophen« verbunden. Als Philosoph hat er in seiner aphoristischen Schrift »Pensées« (»Gedanken«) auf die Spannungen und Widersprüche des Menschen hingewiesen.

- Was ist denn schließlich der Mensch? Ein Nichts im Hinblick auf das Unendliche, ein All im Hinblick auf das Nichts, eine Mitte zwischen dem Nichts und dem All, unendlich weit davon entfernt die Extreme zu begreifen. Das Ende der Dinge und ihr Anfang sind in einem undurchdringlichen Geheimnis unüberwindlich für ihn verborgen. Er ist ebenso unfähig das Nichts zu sehen, aus dem er gezogen ist, wie die Unendlichkeit, von der er verschlungen ist.
- Die Größe des Menschen ist groß darin, dass er sein Elend erkennt. Ein Baum erkennt sein Elend nicht.
- Der Mensch ist weder Engel noch Tier, und das Unglück will es, dass, wer einen Engel aus ihm machen will, ein Tier aus ihm macht.
- Das Herz hat seine Gründe, die die Vernunft nicht kennt.

Blaise Pascal (1623–1662), französischer Mathematiker, Naturwissenschaftler und Philosoph

Erlösung und Gnade

In einem Gespräch wurde Karl Rahner (→ S. 100 f.) 1979 gefragt, was es ihm bedeute erlöst zu sein. Seine Antwort:

Erlösung, Begnadet-Sein bedeutet nichts anderes, als dass Gott nicht nur der ferne, unnahbare Schöpfer einer von ihm verschiedenen Welt sein wollte, sondern sich selbst geben wollte, mir, der unendlich kleinen Kreatur, mir, der ich ein Sünder bin, der versagt hat. Erlösung und Gnade bedeutet, dass ich von Gott so angenommen bin, dass er sich selbst zu meinem ewigen Leben machen will.

Karl Rahner (1904–1984), katholischer Theologe

Hoffnung gegen den Tod

Jürgen Moltmann, lange Professor in Tübingen, hat 1964 eine umfangreiche »Theologie der Hoffnung« geschrieben, in der er darlegt, dass das Christentum letztlich auf die Zukunft ausgerichtet ist und von ihr aus Gottes Wirken erwartet. Für ihn ist Gott nicht in erster Linie über uns oder in uns, sondern »vor uns«. Aus der Hoffnung erwächst für die Christen die Notwendigkeit auf die Gesellschaft einzuwirken. Was diese christliche Hoffnung letztlich ist, beschreibt er so:

Die christliche Hoffnung auf Auferweckung durch Gott ist etwas anderes als das Bewusstsein der göttlichen Unsterblichkeit der Seele. Auferstehungshoffnung ist eine Hoffnung gegen den Tod. Für sie ist der Tod der »letzte Feind« Gottes und des Menschen. Wahres Leben ist für sie ein Leben, in dem der Tod besiegt und vernichtet, ja abgeschafft ist. Solches Leben wird von dem Gott erhofft, der seine Macht in Jesu Auferstehung zeigte. Erst wenn er sie auch an uns zeigen wird, werden wir singen: »Verschlungen ist der Tod vom Sieg. Tod, wo ist dein Sieg? Hölle, wo ist dein Stachel?« (1 Kor 15, 54 f.). Dem Gott, der in der Auferstehung Christi zu den Menschen spricht, entspricht allein eine neue Welt, in der der Tod besiegt und vernichtet ist. Einer muss weichen: entweder Gott oder der Tod. Wer den Tod für endgültig und unüberwindlich hält, dem wird Gott dunkel. Wer aber an Gott um Christi willen glaubt, der hofft gegen den Tod. Er kann den Tod nicht für das Ende halten. Um der Gottheit dieses Gottes willen glaubt er an den endgültigen Sieg des Lebens.

Jürgen Moltmann (geb. 1926), protestantischer Theologe

Die neue Rolle der Frau

Catharina J. M. Halkes, feministische Theologin (→ S. 101), hat versucht die Rolle der Frau in der Kirche neu zu definieren. Sie ist davon überzeugt, dass sich jede Frau am Anfang ihres feministischen Neuaufbruchs bewusst wird, wie sehr sie durch von Männern definierte kirchliche Rollenmuster festgelegt wird: einerseits in der verzerrten Perspektive Marias als Jungfrau, Mutter, Dienende, im Stillen Wirkende, Tor zum Himmel (»Kirche, Küche, Kinder«) und andererseits in der Nachfolge Evas als Verführerin, Hure, Tor zur Hölle, der Körperlichkeit Verhaftete. In ihrer Schrift »Das Antlitz der Erde erneuern« zeigt sie selbstbewusst neue Perspektiven für die Frau auch in der Kirche auf.

Die neue Einstellung führt zum Erschaffen einer Lebensweise, die »für die Person ökologisch ist« (Kent Rush), wir erfahren das menschliche und kosmische Leben als »einen Tanz des Seins, die wir Göttin nennen« (Starhawk) und auch die Kraft oder die Energie ist heilig, die die Beziehung und Verbundenheit der Menschen untereinander und zwischen Mensch und Kosmos ermöglicht. Dieses Erleben des »kosmischen Tanzes«, Ausdruck der heiligen Verbundenheit zwischen Mensch und Welt, umfasst den Menschen in Seele und Körper. Was für die Natur im Allgemeinen gilt, trifft auch auf die Körperlichkeit als evidentester Naturhaftigkeit des Menschen zu. … Seit Entstehen einer feministischen Spiritualität haben Frauen, vor allem in der Göttin- und Hexenbewegung, diesen Aspekt ausdrücklich betont. Entgegen dem Misstrauen in der christlichen Moral in Bezug auf Körper und Sexualität behaupten sie, dass Sexualität »sacred« ist, nicht so sehr, da sie ein Mittel zur Fortpflanzung ist, sondern weil sie eine das Leben mit Vitalität und Freude erfüllende Kraft ist, weil sie die numinose Mittlerin einer tiefen Verbundenheit mit einem anderen menschlichen Wesen ist.

Catharina J. M. Halkes (geb. 1920), katholische Theologin

Vorrang der Praxis

Der Glaube an Gott allein kann tot sein, das Wissen vom Menschen allein kann unverbindlich bleiben. Für den Christen kommt es zuallererst darauf an aus dem Glauben an Gott zu leben. Die wahren Christen sind nicht die gelehrten Theologen, die über das Christentum gut Bescheid wissen, sondern die Menschen, die im konkreten Leben den Weisungen Gottes folgen. Im Matthäusevangelium sagt Jesus einmal, dass Gott am Tag des Gerichts sein Urteil danach spricht, ob ein Mensch hilfreiche Taten für andere aufzuweisen hat oder nicht (Mt 25, 31 f.). Vom rechten Glauben und großen Wissen ist in diesem Zusammenhang nicht die Rede.

Was sollen Christen tun? Die Antwort auf diese Frage ist einfach und schwierig zugleich. Sie ist so *einfach*, dass in der Regel jeder Christ in der konkreten Situation des Lebens ohne lange Besinnung weiß, was er tun soll. Er braucht dazu kein langes Studium und nicht viele Fachkenntnisse. Er wird sich an den Zehn Worten, am Beispiel Jesu und vor allem am Liebesgebot orientieren. Hier hat er den Maßstab christlichen Handelns. Einen anderen haben auch die Fachleute nicht, die über christliches Ethos ein Leben lang reflektieren.

Trotzdem ist die Frage auch *schwer* zu beantworten, weil dieser Maßstab in konkreten Situationen nicht immer eindeutig ist. Es gibt viele Kräfte im Menschen, die ihm nahe legen sich anders zu verhalten, als es die christlichen Weisungen gebieten. Das Interesse des eigenen Ich, der Wunsch nach momentaner Lust, ein verbildetes Gewissen, die Tendenz zu bösartiger Aggression können so stark sein, dass das christliche Ethos verdrängt wird. Darüber hinaus gibt es besonders in der modernen Welt viele Situationen, in denen nicht von vornherein sicher ist, wie sich Christen verhalten sollen (→ S. 136 ff.). Fragen der Politik, der Umwelt, der Wirtschaft, der Medizin und der Gentechnik sind nicht einfach durch einen Blick in die Bibel zu lösen. Wenn das Christentum auch heute die Lebenspraxis der Menschen bestimmen will, darf es nicht nur eine zeitlose Lehre verkünden, sondern muss seine Ethik im Blick auf die Gegenwart formulieren.

Auch in *früheren Zeiten* gab es Fragen der Lebenspraxis, die sich durch die jeweilige historische Situation stellten. Immer musste die Christenheit von ihren biblischen Fundamenten her um die Lösung neu anstehender Fragen bemühen. Oft verloren die ethischen Fragestellungen ihre Bedeutung, wenn sich die historische Situation geändert hatte.

- So hat die frühe Kirche wichtige Weisungen des Judentums aufgegeben (Apg 15). Rituelle Bestimmungen, das Sabbatgebot, Speisegesetze oder die Beschneidung, die für die ersten jüdischen Anhänger Jesu noch selbstverständlich galten, waren schon bald nicht mehr für alle Christen verpflichtend. Dies führte zum Bruch mit dem Judentum und war zugleich die Bedingung dafür, dass das Christentum universal werden konnte.
- Im Römischen Reich standen die Christen vor der Frage, ob sie dem Kaiserbild Weihrauch opfern dürften oder ob dieser religiös-politische Akt mit ihrem Glauben an den Einen Gott unvereinbar sei. Dabei ging es auch um die prinzipielle Frage, wie weit der Staat selbst religiöse Ansprüche stellen und den Menschen aufgrund einer Staatsideologie verpflichten darf.
- Im Mittelalter war es für Christen oft ein schwieriges Dilemma, ob sie dem Kaiser, dem sie einen Lehnseid geschworen hatten, oder dem Papst, der sich auf göttliche Autorität berief, mehr gehorchen sollten. War es für sie eine Pflicht oder war es eine Sünde an den Kreuzzügen teilzunehmen, die das heilige Land für die Christenheit zurückerobern sollten?

Das christliche Ethos hat inzwischen eine Ausweitung gefunden, die ohne Beispiel in der Geschichte ist. Kein anderes Ethos hat eine so große Wirkungsgeschichte gehabt. Im Verlauf der Zeiten und in den verschiedenen Kulturen

Die Künstler haben zu allen Zeiten das Böse in seinen vielfältigen Gestalten thematisiert. Sie fanden es z. B. im Hochmut der Menschheit (Bruegel), in der Sündhaftigkeit des Einzelnen (Bosch), in den Auswüchsen der Politik (Goya) und in den Schrecken des Krieges (Picasso).

Oben: Hieronymus Bosch (1453–1516): Die sieben Todsünden, Öl auf Leinwand, Datierung ungewiss. In der Mitte, die wie die Iris eines Auges aussieht, das Bild des auferstandenen Christus, darunter der Text »Hüte dich, Gott sieht«. Um das Auge gruppieren sich in kleinen Miniaturen (von oben Mitte, im Uhrzeigersinn) Fresssucht, Trägheit des Herzens, Unzucht, Hochmut, Zorn, Neid, Geiz (→ S. 135).

Unten: Pieter Bruegel (1525–1569): Der Turmbau zu Babel, Öl auf Leinwand, 1563.

Oben: Francisco de Goya (1746–1828): Die Erschießung der Aufständischen am 3. Mai 1808 in Madrid, Öl auf Leinwand, 1814. Das Opfer stirbt im Gestus des Gekreuzigten (→ S. 108; 159).

Unten: Pablo Picasso (1881–1973): Der Krieg, Wandbild in Öl, 1952. In einer neuen Bildersprache werden Gewalt und Schrecken sichtbar gemacht.

Halte die Gebote

Es kam ein Mann zu Jesus und fragte: Meister, was muss ich Gutes tun, um das ewige Leben zu gewinnen? Er antwortete: Was fragst du mich nach dem Guten? Nur einer ist »der Gute«. Wenn du aber das Leben erlangen willst, so halte die Gebote (die Thora).

aus dem Evangelium nach Matthäus 19, 16 f.

musste es sich zugleich durchsetzen und anpassen. Dass es dabei wegen seines hohen Anspruchs allzu oft nicht oder nicht vollständig befolgt wurde, ist kaum erstaunlich. Menschliche Schwächen, kirchliche Verblendung und vielfache Interessen haben seine Durchsetzung auch unter Christen empfindlich behindert. In seinen biblischen Grundzügen enthält es für die Gegenwart ein bedeutsames Programm, für dessen Umsetzung Christen/innen *Freude* und *Mut*, *Einsicht* und *Offenheit* brauchen.

- Kant (→ S. 97 ff.) hat die Frage »Was sollen wir tun?« als eine Grundfrage des Menschen und damit der Philosophie bezeichnet. Welche Gründe gibt es dafür?
- Ethik – was ist das? Wie lässt sich Ethik begründen? Was ist der Unterschied zwischen religiöser und philosophischer Ethik? (→ S. 6)
- Wie sieht die Ethik unseres Alltags aus?
- Zum Ethos des Judentums, das nachhaltigen Einfluss auf das Christentum genommen hat: → S. 26 ff.
- Kennen Sie ethische Grundvorstellungen aus der Welt der anderen Religionen?
- Christliche Lehre – christliche Lebenspraxis: in welchem Verhältnis stehen beide? Warum hat gerade für Nichtchristen die christliche Lebenspraxis oft die größere Überzeugungskraft?

Aspekte des Handelns

Von der jüdischen Grundeinstellung gegenüber Gottes Gesetz hat das Christentum lernen können. Das Judentum lebt aus der *Freude* an der Thora. Es ist der Überzeugung, dass Gott den Menschen damit nicht überfordert und dass der Mensch, abgesehen von Grenzfällen, Gottes Gebote auch erfüllen kann. Rigider Leistungsdruck geht von der Thora nicht aus. Die Rabbinen haben die Thora für die konkreten Situationen meist so ausgelegt, dass sie lebbar war und den Menschen nützlich erschien. Darum wird sie als Gottes Gnadengabe von den jüdischen Frommen in der Regel gern akzeptiert. Viele Christen sehen es nicht anders. Sie dürfen in der *Freiheit der Kinder Gottes* leben.

Doch betont das Christentum, vor allem soweit es sich auf die Briefe des Paulus stützt, auch die *Belastung*, die das Gesetz für den Menschen bedeuten kann. Wenn der Mensch merkt, dass er den Ansprüchen des Gesetzes aus eigener Kraft nicht gewachsen ist, bringt es ihm seine Schwachheit und Sündhaftigkeit zum Bewusstsein.

Die Kraft, die der Mensch für die Befolgung des Gesetzes braucht, hat er nach Paulus nicht aus sich. Sie wird ihm von Gott gegeben. Nur *Gottes Gnade*, die ihm im Glauben an Jesus Christus zuteil wird, ermöglicht ihm den richtigen Lebensweg zu gehen (Röm 1, 16–18). Nur mit ihrer Hilfe kann er gute Werke tun. Darum verdankt der Mensch sein Heil und seine Gerechtigkeit nicht seinen Leistungen. Weil dem Christentum ethischer Rigorismus fremd ist, brauchen Christen sich nicht permanent unter moralischem Leistungsdruck fühlen.

- Diskutieren Sie die beiden gegensätzlichen Positionen: (1) Das Christentum ist eine Religion der Gebote, die zu viel verbietet und darum das menschliche Leben unzulässig beschränkt. – (2) Das Christentum ist eine Religion der Freiheit, die menschenwürdiges Leben ermöglicht.
- Wie ist der paulinische Gedankengang, dass Gottes Gnade und nicht menschliche Leistung die Menschen vor Gott rechtfertigt, später von Augustinus (→ S. 94 f.), Luther und Calvin (→ S. 172) aufgenommen und weiterentwickelt worden?
- Eine Überlegung zur Diskussion: Kant (→ S. 97 ff.) hat am Ende seiner Schrift »Die Religion innerhalb der bloßen Vernunft« betont, der Mensch brauche zur Erfüllung seiner Pflichten keine Gnade. Der gute Lebenswandel selbst mache ihn vor Gott wohlgefällig. Wenn er auf seine Vernunft (und sein Gewissen) höre, wisse er, was er zu tun habe.

Aus Gnade, nicht aus eigener Kraft

Dadurch, dass Gott in Christus Jesus gütig an uns handelte, wollte er den kommenden Zeiten den überfließenden Reichtum seiner Gnade zeigen. Denn aus Gnade seid ihr durch den Glauben gerettet, nicht aus eigener Kraft – Gott hat es geschenkt –, nicht aufgrund eurer Werke, damit keiner sich rühmen kann. Seine Geschöpfe sind wir, in Christus Jesus dazu geschaffen, in unserem Leben die guten Werke zu tun, die Gott im Voraus bereitet hat.

aus dem Brief des Paulus an die Epheser 2, 7–10

Ethische Begründungen

Nachdenkliche Christen haben immer gefragt, warum es überhaupt Gebote gibt und wo der letzte Grund für ihre Berechtigung liegt. Für ihre Antworten haben sie sich grundsätzlich auf zwei verschiedene Arten von Quellen gestützt: (1) auf die *Offenbarung* Gottes (→ S. 80) in der zweigeteilten Bibel und (2) auf die philosophischen Reflexionen der *Vernunft*. Beide Quellen führen oft zu den gleichen Einsichten, weil ein Gebot, z. B. das Tötungsverbot, zugleich »von außen« aus der Bibel gehört und »von innen« durch die Vernunft (von »vernehmen«) erkannt werden kann. Im Lauf der Zeit sind für das sittliche Handeln mehrere *Begründungen* entwickelt worden. Sie setzen meist wichtige Akzente, fordern aber auch Kritik heraus.

- Manche Christen halten die Gebote, um Gott zu *gehorchen*. Weil die Gebote von Gott kommen (*»Theonomie«*), haben sie absolute Autorität, der sich der Mensch zu unterwerfen hat, ohne lange zu fragen, warum sie da sind. – In dieser Auffassung kommt die Souveränität Gottes gut zur Geltung, aber die Freiheit eines Christenmenschen ist nicht deutlich genug akzentuiert.
- Eine andere Begründung ergibt sich aus der *Schöpfungsordnung* (biblisch) bzw. der *Natur* der Dinge (philosophisch). Wenn die Welt und der Mensch von Gott gut geschaffen sind, kann es nur die Aufgabe des Menschen sein die gute Welt zu schützen und die Würde des Menschen zu achten. Die ethischen Leitlinien ergeben sich dann aus der *Einsicht* in die Natur der Welt und aus den *Erfahrungen* im Umgang mit den Menschen. Wenn der Mensch weiß, was für die Welt und den Menschen gut ist, kann er das Gute verwirklichen. Wo er seine Welt, seine Mitmenschen und sich selbst schädigt, verletzt er die Schöpfungsordnung Gottes. – Diese Auffassung ermöglicht ein ethisches Handeln, das der Natur entspricht. Sie hat ihre Schwäche darin, dass die Einsichten und Erfahrungen mit der Welt, die den sittlichen Weg begründen sollen, nicht immer eindeutig sind.
- Viele Christen verstehen ihren Lebensweg als *Nachfolge Jesu*. Sein Leben und Sterben kann bleibender Maßstab sein, wenn es in seiner Grundeinstellung von Gottvertrauen, Liebe und Freiheit gelebt wird. Dieses ethische Verständnis orientiert sich nicht an abstrakten Prinzipien, sondern an dem maßgeblichen Beispiel einer Person (→ S. 134). – Diese Begründung kann in ihrer Konkretheit hoch motivierend sein, gerät aber bisweilen mit den Problemen der modernen Welt in Schwierigkeiten, die es im Kontext des Lebens Jesu noch nicht gab.
- Für andere Christen ist christliches Leben ein *Leben im Geist Gottes*, der den Menschen immer wieder auf neue Weise ungeahnte Möglichkeiten zeigt und ihn in Freiheit dazu veranlasst das Antlitz der Erde zu erneuern. Dynamik, Phantasie und Offenheit sind die Gaben des Geistes. Der Geist fegt veraltete Gesetze fort, bricht überall verkrustete Strukturen auf, entdeckt neue Lebensmöglichkeiten und schenkt ein Leben in Freiheit und Liebe. – Diese Auffassung plädiert für eine kreative Ethik. Darin liegt ihre Stärke. Ihre Schwierigkeit liegt darin, dass im Einzelfall schwer zu unterscheiden ist, was Gottes Geist und Geist der Menschen ist. Manche Christen lassen sich auf das Wagnis eines geisterfüllten Lebens nur zögerlich ein, weil sie fürchten bestehende Ordnungen zu verletzen und liebgewordene Gewohnheiten außer Kraft zu setzen.
- In der neueren Zeit haben Christen den modernen Gedanken von der *Autonomie* (d. h.

Zur Freiheit berufen

Zur Freiheit hat uns Christus befreit. Bleibt daher fest und lasst euch nicht von neuem das Joch der Knechtschaft auflegen. ... Ihr seid zur Freiheit berufen, Brüder. Nur nehmt die Freiheit nicht zum Vorwand für das Fleisch, sondern dient einander in Liebe.

aus dem Brief des Paulus an die Galater 5, 1.13

Leben aus dem Geist

Wisst ihr nicht, dass ihr Gottes Tempel seid
und der Geist Gottes in euch wohnt?

aus dem 1. Brief des Paulus an die Korinther 3, 16

Der Buchstabe tötet, der Geist aber macht lebendig.
Wo der Geist des Herrn wirkt, da ist Freiheit.

aus dem 2. Brief des Paulus an die Korinther 3, 6.17

Selbstgesetzlichkeit) des Menschen (Kant) aufgenommen, um sittliches Leben zu begründen. Danach gibt sich der Mensch selbst in *Freiheit* seine Gesetze, muss dabei aber auch die Freiheitsrechte anderer achten. In der guten Tat gehorcht der Mensch nicht einem fremden Gebot (»Heteronomie«), sondern sich selbst bzw. seiner Vernunft. Wo Christen sich von diesen Gedanken leiten lassen, sehen sie in ihrer inneren Autonomie ein Stück der Schöpfung Gottes. – Kritiker fragen, ob diese Vorstellung von autonomer Freiheit nicht auch wirklichkeitsfremd sein und gefährlich werden kann, wenn sie die Bindung an vorgegebene Normen ablehnt und den Menschen zum letzten Maßstab seines Handelns macht. Nicht alles, was aus Freiheit geschieht, entspricht den Weisungen Gottes und dem Liebesgebot.

• In Anlehnung an Platon, Aristoteles und die Stoa haben Christen immer auch die Bedeutung des *Gewissens* herausgestellt. Es wird als innere Stimme wahrgenommen und ist die zentrale Erfahrung des Menschen, in der er sich seiner Freiheit und Verantwortung bewusst wird. Als moralische Urteilsinstanz sagt sie dem Einzelnen, was gut und böse ist, was er tun und lassen soll, wie er seine Handlungen bewerten muss. Nach christlicher Lehre muss der Mensch immer seinem Gewissen folgen, auch wenn er sich dadurch Nachteile einhandelt. Selbst wenn das Gewissen objektiv irrt und gegen ein Gebot Gottes oder das Sittengesetz verstößt, behält es seinen verpflichtenden Charakter. Allerdings hat der Mensch immer auch die Pflicht, sein Gewissen an den Weisungen Gottes und an den ethischen Gesetzen zu bilden. – Es ist allerdings darauf hinzuweisen, dass es furchtbare Handlungen gibt, die sich auf Gewissensentscheidungen berufen. Schon oft haben politische und religiöse Fanatiker Schaden angerichtet und dabei ein »gutes« Gewissen gehabt. Offensichtlich kann das Gewissen durch Umwelteinflüsse, Indoktrination oder Erziehung verbildet und in die Irre geleitet werden. Darum lässt sich an ihm allein nicht allgemeingültig ablesen, was gut und böse ist. Es kann daher auch nicht einfach als »Stimme Gottes im Menschen« bezeichnet werden. Auch das Gewissen bedarf einer Grundorientierung an ethischen Maßstäben.

Die höchste Instanz

Wenn jemand den Glauben an Christus oder die Kirche bekennt, obwohl er zu der Einsicht gekommen ist, dass dies falsch sei, so sündigt er gegen sein Gewissen. Das Gewissen ist für den Christen die höchste Instanz, die sein Handeln bestimmt.

Thomas von Aquin (1225–1274), Kirchenlehrer (→ S. 96 f.)
aus der »Summa theologiae« I. 79. 13

- Das Gewissen – was ist das? Versuchen Sie eine Beschreibung seiner Funktionen und eine Erklärung seiner Herkunft. Kennen Sie philosophische und psychologische Gewissenstheorien?
- Beschreiben Sie Situationen, in denen es für einen Politiker, einen Geschäftsmann, einen Soldaten, einen Schüler/einer Schülerin schwer ist dem eigenen Gewissen zu folgen.
- Was versteht man unter einem irrenden, einem unmündigen und einem verstummten Gewissen? Warum ist die Erziehung des Gewissens notwendig?
- »Jeder ist für sich selbst verantwortlich.«, »Jeder muss selbst entscheiden, was er tut.«, »Niemand kann mir (einem anderen) etwas vorschreiben.« – Was halten Sie von diesen heute weit verbreiteten Einstellungen? Worin liegt ihr Recht, worin ihre Problematik? Erörtern Sie die Frage, ob sich die eigene Entscheidung auch auf Gründe stützen sollte. Wenn ja, auf welche?
- Diskutieren Sie über die Gründe, die junge Leute heute haben, wenn sie anderen selbstlos helfen, sich mutig gegen Ungerechtigkeiten einsetzen, für Fairness im Leben eintreten, sich für die Umwelt engagieren. Von welchen ethischen Erwägungen (»Prinzipien«) lassen sie sich dabei leiten?

Die Zehn Worte und das Hauptgebot

Einer der faszinierendsten Texte des Ersten Testaments erzählt, dass dem Volk Israel während einer gewaltigen Gotteserscheinung am Sinai die »Zehn Worte« (»Zehn Gebote«, »Dekalog«) gegeben worden sind. Diese *»Zehn Worte«* sind auch für Christen zum Maßstab eines Lebens in Würde und Freiheit geworden. Bis heute bilden sie in Predigt, Katechese und Religionsunterricht die Grundlage aller ethischen Unterweisung.

• Die drei Gebote der *ersten Tafel*, die Mose am Sinai erhalten hat, beziehen sich – in katholischer Zählung – unmittelbar auf das Verhältnis zu *Gott*. Sie mahnen, (1) neben dem einen Gott keine anderen Götter zu haben und sich von Gott kein Bild zu machen, (2) Gottes Namen nicht zu missbrauchen und (3) den Sabbat zu halten. – Im Lauf der Geschichte haben Christen das Bilderverbot oft nicht

mehr beachtet und aus der Sabbatheiligung die Sonntagspflicht gemacht, weil sie an einem Sonntag, dem ersten Tag der Woche, Christi Auferweckung von den Toten feiern.

- Die sieben Gebote der *zweiten Tafel* beziehen sich auf das Zusammenleben der *Menschen*. Diese Gebote haben in der Christenheit ihre volle Gültigkeit behalten. (4) Auch Christen werden die Eltern achten und aus ihren Erfahrungen lernen. (5) Sie sollen nicht morden, (6) die Ehe nicht brechen, (7) keine Menschen zu Sklaven machen und nicht stehlen, (8) nichts Falsches gegen den Nächsten sagen, keinen Meineid schwören, (9) und weder die Frau noch den Besitz anderer Menschen begehren (9, 10).

So zeitlos diese Gebote auch erscheinen – ihre konkrete Anwendung ist nicht immer leicht. Darum brauchen sie zu allen Zeiten eine weise und verständnisvolle *Auslegungspraxis*. In der Vergangenheit wurden sie von den Kirchen gelegentlich zu stark moralisiert und privatisiert. Zu fast jedem Gebot, vor allem zum sechsten, gab es viele Ausführungsbestimmungen, die fast allein den moralischen Standard des einzelnen Christen bestimmten und dabei zur Begrenzung menschlicher Lebensmöglichkeiten gerieten. Heute sehen Christen den Dekalog wieder mehr als einen Wegweiser zu einem Leben in Freiheit und zur Wahrung der Menschenwürde. Obwohl die Weisungen in ihrer Bedeutung für die Öffentlichkeit und Politik heute wieder mehr anerkannt werden, sind sie nicht mehr überall unangefochten akzeptiert.

Alle Gebote können in einem *Hauptgebot* zusammengefasst werden. Jesus hat dies einmal in verbindlicher Weise im Rückgriff auf das Erste Testament getan. Er erklärt die *Liebe zu Gott, zum Nächsten und zu sich selbst* zum Inhalt christlichen Lebens (Mk 12, 28–31).

Keith Haring (1958–1990): The Ten Commandments
Die Zehn Gebote, Acryl und Öl, 1985.

Das Hauptgebot

Als ein jüdischer Schriftgelehrter Jesus fragte, was das Erste von allen Geboten sei, antwortete Jesus, indem er sich auf Weisungen des Ersten Testaments bezog, so:

Das Erste ist: Höre, Israel! Der Herr, unser Gott, ist der einzige Herr. Darum sollst du den Herrn, deinen Gott, lieben mit ganzem Herzen und ganzer Seele, mit all deinen Gedanken und all deiner Kraft (Dtn 6, 4 f.).
Als Zweites kommt hinzu: Du sollst deinen Nächsten lieben wie dich selbst (Lev 19, 18). Kein anderes Gebot ist größer als diese beiden.
Da sagte der Schriftgelehrte zu ihm: Sehr gut, Meister!

aus dem Evangelium nach Markus 12, 28–31

Schon die frühen Anhänger Jesu haben diese Proklamation der Liebe als den inneren Kern seiner Botschaft angesehen. Paulus weiß, dass die Liebe die Erfüllung des Gesetzes ist (Röm 13, 10). Die Liebe ist noch wichtiger als die für Christen auch unverzichtbaren Haltungen von Glaube und Hoffnung (1 Kor 13, 13). Im Johannesevangelium fordert Jesus die Seinen auf, einander so zu lieben, wie er sie geliebt hat. Daran sollen sie als die Jünger Jesu erkannt werden können. Dies ist sein neues Gebot für sie (Joh13, 34 f.). Später wird Augustinus sagen können: »Ama, et fac quod vis« (d. h. »Wenn du liebst, kannst du tun, was du willst«). Alles Handeln aus Liebe ist vor Gott gut.

- Zum Dekalog und Liebesgebot im Ersten Testament: → S. 27. Dort findet sich auch der Wortlaut der Texte.

Die Lehre auf dem Berg

»Als Jesus die vielen Menschen sah, stieg er auf einen Berg. Er setzte sich und seine Jünger traten zu ihm. Dann begann er zu reden und lehrte sie«. So beginnt die konzentrierteste Zusammenfassung der Weisungen Jesu, die christliche Prediger im 16. Jahrhundert erstmals *»Bergpredigt«* (Mt 5–7) nannten, obwohl im Text nicht von einer Predigt, sondern von der »Lehre« Jesu die Rede ist (5,2; 7, 28 f.) – ein Begriff, der in der rabbinischen Tradition von zentraler Bedeutung ist. Diese Lehre Jesu auf dem Berg ist die Thora Jesu. Er kann sie kaum in der uns

Die Seligpreisungen

Selig, die arm sind vor Gott;
denn ihnen gehört das Himmelreich.
Selig die Trauernden;
denn sie werden getröstet werden.
Selig, die keine Gewalt anwenden;
denn sie werden das Land erben.
Selig, die hungern und dürsten nach Gerechtigkeit;
denn sie werden satt werden.
Selig die Barmherzigen;
denn sie werden Erbarmen finden.
Selig, die ein reines Herz haben;
denn sie werden Gott schauen.
Selig, die Frieden stiften;
denn sie werden Söhne Gottes genannt werden.
Selig, die um der Gerechtigkeit willen verfolgt werden;
denn ihnen gehört das Himmelreich.

aus dem Evangelium nach Matthäus 5, 3–10

überlieferten Form verkündet haben, aber die Worte, die er hier spricht, wird er in verschiedenen Situationen seinen Zuhörern vorgetragen und gedeutet haben. Im Evangelium sind sie von Matthäus redaktionell zusammengefasst worden. Der Evangelist zeigt Jesus als den *neuen Mose*, der seinem Volk das *neue Gesetz* gibt. Der *Berg* erinnert an den Sinai, von dem die Thora Gottes für Israel ausging (→ S. 21).

Der Text beginnt nicht mit Forderungen und Geboten. An seinem Anfang stehen acht *Seligpreisungen*, die konventionelle Werte in Frage stellen. Menschen, die sich nicht am eigenen Nutzen orientieren, unschuldig leiden und sich für Frieden und Gerechtigkeit einsetzen, werden selig genannt. Sie dürfen sich freuen, weil ihnen die Verheißungen im Reich Gottes gelten. Christen sollen das Salz der Erde und das Licht der Welt sein. Die ganze neue Botschaft Jesu ist zugleich orientiert an Israels bewährter *Thora* und an den Worten der *Propheten*. Was dort gilt, behält seine volle Gültigkeit. Es wird auf neue Weise für die Gegenwart ausgelegt. In sechs Zuspitzungen, die nicht unproblematisch auch *»Antithesen«* genannt werden, bekräftigt und verschärft Jesus alte Weisungen. So wird das Tötungsverbot dahingehend erweitert, dass auch Zorn auf andere, ihre Beleidigung und Herabsetzung verboten sind, weil sie die ande-

Rembrandt (1606–1669): Das »Hundertguldenblatt«, Radierung, um 1648. Rembrandt stellt hier in einer Art »Collage« das 19. Kapitel des Matthäusevangeliums dar. Er versetzt das Bild in seine Zeit und zeigt, wie Jesus viele Menschen fasziniert und heilt, mit Pharisäern diskutiert, Kinder segnet, mit dem reichen jungen Mann redet und in die Nachfolge ruft. Darin hat Jesus für Christen Maßstäbe gesetzt und ist selbst zum Maßstab geworden. Das Blatt trägt seinen merkwürdigen Titel daher, weil Rembrandt einst 100 Gulden aufwenden musste, um ein Exemplar für sich zurückzukaufen.
Andere Bilder des Künstlers:
→ S. 61; 68; 82.

ren im Inneren verletzen. Nicht nur der Ehebruch ist verboten, sondern schon alles Begehren im Vorfeld der Ehe, weil die Liebe unwiderruflich sein soll. Die Möglichkeit der Ehescheidung wird auf den Fall eingegrenzt, dass Unzucht vorliegt. Das Schwören soll unterbleiben, weil der Jünger Jesu Gott nicht zum Zeugen anrufen soll. Am meisten wird von den Freunden Jesu verlangt, wenn sie auf Vergeltung für erlittenes Unrecht verzichten und selbst ihre *Feinde lieben* sollen. Das schließt in bestimmten Situationen *Gewaltverzicht* ein.

In der Mitte des Textes steht das *Vaterunser*, das zum wichtigsten Gebet der Christenheit geworden ist. Es fasst betend die Botschaft Jesu zusammen. Gott wird mit Vertrauen und Zuversicht als »Vater« angesprochen. Die ersten drei Bitten betreffen die Sache Gottes. Sein Name soll geheiligt werden, sein Reich/seine Wirklichkeit soll kommen und sein Wille geschehen. Die letzten drei Bitten gelten den elementaren Sorgen des Menschen. Gott möge ihn vor Hunger schützen, ihm seine Schuld verzeihen und ihn nicht in Versuchung führen.

Weitere Worte Jesu empfehlen Abgaben an die Armen (»Almosen«) und Fasten. Menschen sollen sich nicht zu sehr um die Zukunft sorgen und andere nicht verurteilen. Selbst die auch bei

Gewaltlosigkeit und Feindesliebe

Leistet dem, der euch Böses antut, keinen Widerstand, sondern wenn dich einer auf die rechte Wange schlägt, dann halt ihm auch die andere hin.
Und wenn dich einer vor Gericht bringen will, um dir das Hemd wegzunehmen, dann lass ihm auch den Mantel.
Und wenn dich einer zwingen will eine Meile mit ihm zu gehen, dann geh zwei mit ihm.
Wer dich bittet, dem gib, und wer von dir borgen will, den weise nicht ab.
Ihr habt gehört, dass gesagt worden ist: Du sollst deinen Nächsten lieben und deinen Feind hassen. Ich aber sage euch: Liebt eure Feinde und betet für die, die euch verfolgen, damit ihr Söhne eures Vaters im Himmel werdet; denn er lässt seine Sonne aufgehen über Bösen und Guten und er lässt regnen über Gerechte und Ungerechte.

aus dem Evangelium nach Matthäus 6, 39–45

anderen Völkern bekannte *»Goldene Regel«* ist hier verkündet, und zwar in einer positiven Form: »Alles, was ihr von anderen erwartet, das tut auch ihnen.«

Die Lehre Jesu auf dem Berg ist die Ethik Jesu, die zeigt, wie es in der Welt aussehen könnte, wenn Menschen im Glauben an Gott (»Reich Gottes«) leben würden. Sie würden die

Welt, die Gesellschaft und sich selbst zum Guten verändern. Kritiker meinen, ihre Befolgung überschreite die Kraft der Menschen. Niemand könne ganz gewaltfrei leben und selbst die Feinde lieben. Bis heute ist die Bergpredigt die *Utopie der Christen* geblieben, deren Realisation noch aussteht. Als Utopie entbindet sie immer wieder starke religiöse und ethische Impulse, die der Welt gut tun.

- Diskutieren Sie die Frage, ob die Lehre Jesu auf dem Berg ein lebbares Ethos für Christen/innen formuliert und ob man mit ihr Politik machen kann.

Das Beispiel Jesu

Jesus hat nicht nur mit seiner Lehre auf das Verhalten seiner Freunde eingewirkt. Er ist ihnen auch mit seinem Leben zum *Beispiel* geworden. Das Neue Testament beschreibt an vielen Stellen, wie er für die Armen und Schwachen da ist. Er zeigt Liebe zu den Kindern, Verständnis für die Frauen und Zuwendung zu den Kranken. Für Ausgestoßene und Verfemte tritt er offen ein. Sein erstes Wort im Matthäusevangelium handelt von der Gerechtigkeit, die er erfüllen muss. Entschieden kämpft er gegen Hochmut und Selbstgefälligkeit. Wir sehen ihn vertrauensvoll beten. Oft prangert er religiöse Verfallserscheinungen an. Dass man von Gott klein und kleinlich denkt, lässt er nicht zu. Er kennt die Verführbarkeit des Menschen durch Brot, Sensation und Macht und deckt Vorurteile auf, durch die andere diskriminiert werden. Er selbst ist zum Dienen bereit und spricht den Sündern die Vergebung Gottes zu. Am Ende scheint sein Lebenswerk zu scheitern. Er stirbt einen grausamen Tod am Kreuz. Gerade in dieser äußersten Erfahrung des Leidens und Sterbens hat er Würde bewiesen und sein Vertrauen auf Gott nicht verloren. Mit seinem *Leben und Sterben* ist er für Christen zum Vorbild geworden. Wenn seine ethische Lehre nicht überliefert wäre, ließe sie sich an den Stationen seines Lebens und Sterbens rekonstruieren.

Das *Ethos Jesu* hat viel Anerkennung gefunden. Es wird den guten Möglichkeiten des Menschen gerecht und ist zugleich ein Protest gegen das Böse in der Welt. Wenn es sich durchsetzte, könnte es die Welt und die Kirchen verändern. Seit 2000 Jahren haben sich unzählige Christen bemüht ihr Leben nach den Weisungen Jesu und nach seinem Vorbild auszurichten. Auf sie können die Kirchen zu Recht stolz sein.

- Suchen Sie Worte und Taten Jesu, die ethisch relevant sind: → S. 61 ff.; zur Nachfolge Jesu als einem ethischen Prinzip für Christen: → S. 129.
- Gestalten in der Nachfolge Jesu: → S. 94 ff.; 119 ff.; 140 ff.

Kleine Tugendlehre

Unter dem Einfluss der griechischen Philosophie hat sich in der Christenheit eine komplexe Tugendlehre entwickelt, die aufzeigen will, welche Haltungen und Einstellungen für ein gelingendes Leben notwendig oder wenigstens wünschenswert sind. Zwar ist der Begriff der Tugend (abgeleitet von »taugen«) heute abgenutzt, da man in ihm leicht eine wenig attraktive moralistische Einstellung sieht, die dem wirklichen Leben eher abträglich ist. Aber in seiner Grundbedeutung hat der griechische Begriff die Bedeutung einer guten, dauerhaften und sogar schönen Fertigkeit. Tugend ist eine Tüchtigkeit, die den Menschen erst zum Menschen macht und ihn zu einem sinnvollen Leben befähigt. Da Tugenden in der Regel nicht angeboren sind, müssen sie in Anstrengung (»Askese«) erworben werden. Nur durch Übung werden sie zu einem dauernden Besitz.

Schon bei Platon und Aristoteles finden wir die Lehre von den vier Tüchtigkeiten des Menschen. Seit Thomas von Aquin (→ S. 96 f.) gehören diese Haltungen als *»Kardinaltugenden«* (von lat. »cardo«, d. h. »Angel«, »Türangel«) zum Grundbestand christlicher Ethik.

(1) Die *Klugheit* (Weisheit) befähigt den Menschen die richtigen Mittel für seine Lebensführung zu finden und sein Leben auf ein sinnvolles Ziel zu richten. In wichtigen Lebensentscheidungen weiß sie in der Vergangenheit gemachte Erfahrungen in der Gegenwart zu nutzen und Schaden abzuwenden.

(2) Die *Gerechtigkeit* ist die Grundhaltung des Menschen einem jeden das ihm zustehende

Recht zukommen zu lassen. Im Nahbereich sind das Eltern, Kinder und Freunde, im Geschäftsbereich die Mitarbeiter und Kunden, im Politikbereich alle Bürger und Fremden, im Weltbereich alle Menschen.

(3) Als *Tapferkeit* (Mut/Starkmut) wird die Bereitschaft bezeichnet sich zur Durchsetzung des Guten auch Gefahren auszusetzen und allen Kräften gegenüber Widerstand zu leisten, die die Menschenrechte beschädigen. Dazu bedarf es oft der Überwindung der Furcht, die Menschen natürlicherweise haben. Tapferkeit kann nach innen gegen das eigene Selbst und nach außen gegen andere notwendig sein.

(4) *Besonnenheit* (Mäßigung) ist die Fähigkeit des Menschen sich von seinen schädlichen Begierden nicht überwältigen zu lassen. Dazu gehört heute dem Konsumangebot der Gesellschaft nicht zu verfallen und einen verantwortungsvollen Umgang mit den Ressourcen der Natur zu praktizieren.

Eine Zusammenfassung des christlichen Ethos liegt da vor, wo ohne Gebot und Verbot drei unverzichtbare Grundhaltungen des Christen beschrieben werden, die wegen ihrer Bedeutung für das christliche Leben auch *»Göttliche Tugenden«* genannt werden. Sie sind im Unterschied zu anderen Tugenden nicht das Ergebnis intensiver Arbeit des Menschen an sich selbst, sondern werden als Geschenk und Gnadengabe Gottes verstanden.

(1) *Glaube* ist der Grundakt christlicher Existenz, der dann missverstanden wäre, wenn er den in der deutschen Sprache üblichen Sinn von »vermuten«, »nicht genau wissen« hätte. In biblischem Verständnis ist »glauben« ein Akt des Vertrauens, von Gott angenommen zu werden und unabhängig von aller Leistung von unverlierbarem Wert zu sein. Der Glaube durchbricht die Summe aller menschlichen Erfahrungen und Erkenntnisse und eröffnet Horizonte, die über den Alltag hinausführen und an das Geheimnis Gottes reichen. Er steht im Gegensatz zu einer Haltung, die nur auf die Welt mit ihren Gesetzen bezogen ist und darüber hinaus nichts gelten lässt.

(2) *Hoffnung* ist der Grundakt christlicher Existenz, der bei den vielen kleinen Erwartungen unseres alltäglichen Lebens beginnt und letztlich mit einem sinnvollen Ziel des ganzen Lebens rechnet, weil dies von Gott verheißen ist. So steht die Hoffnung gegen alle Verzweiflung über das Leid in der Welt und über die Macht des Todes. Sie hilft, alle Erfahrungen von Begrenztheit und Bedrohtsein zu bestehen und führt zum Glauben an einen letzten Sinn von Welt und Mensch.

Otto Dix (1891–1969): Die sieben Todsünden, Mischtechnik, 1933. Die Hexe (unten) verkörpert den Geiz, die gelbe, zwergenhafte Gestalt den Neid. Das Hitler-Bärtchen hat der Künstler nach 1945 hinzugefügt. Der Tod mit Sense kennzeichnet die Trägheit des Herzens, der Teufel (links daneben) den Zorn. Die Gestalt darüber mit erhobener Nase ist der Hochmut, daneben als Kopf mit übergestülptem Topf die Fresssucht, ganz rechts als obszönes Weib die Unzucht (→ S. 126).

(3) *Liebe* ist der wichtigste Grundakt christlicher Existenz, da sie nicht ein Gebot neben anderen ist, sondern das Ganze des christlichen Lebens ausmacht. Sie bezieht sich auf Gott, auf den Nächsten und Fernsten und nicht weniger auch auf sich selbst. Auch die Erde mit ihren

Pflanzen und Tieren ist von ihr nicht ausgeschlossen. In diesem Grundverständnis kann sie nicht ein intensives Gefühl der Faszination, der Zuneigung und des Verlangens sein, wie wir es aus Liebeserfahrungen kennen. Erst recht ist sie nicht Gefühlsduselei, Rührseligkeit oder Selbstaufgabe. Mit Liebe ist vielmehr eine Grundeinstellung gemeint, die aus dem Gauben an Gott und seine gute Schöpfung resultiert. Sie ermöglicht es dem Christen anderen und sich selbst zuliebe und nicht zuleide zu leben und da Versöhnung und Entfeindung zu schaffen, wo Hass, Verblendung und Gier zu Unfrieden führen oder das Leben beschädigen. Damit steht sie gegen weit verbreitete Einstellungen unserer Welt, vor allem gegen Gewalt, Rücksichtslosigkeit und Selbstsucht.

- Wie sieht ein Leben ohne die vier »Kardinaltugenden« aus?
- Texte zum Glauben: → S. 170; zur Hoffnung: → S. 88; 124; zur Liebe: → S. 25; 27; 49; 133; zur Gerechtigkeit: → S. 28; 39.
- Was besagt das Wort des jüdischen Philosophen Baruch Spinoza (1632–1677): »Der Hass kann nie gut sein«?
- Kennen Sie moderne Tugenden/Werte/Normen wie Verantwortungsgefühl, Kompromissbereitschaft, Fairness, Offenheit, Höflichkeit, Sachlichkeit, Rücksichtnahme, Durchsetzungsfähigkeit, Belastbarkeit, Energie, Ausdauer, Selbständigkeit, Zuverlässigkeit, Toleranz usw.? Was ist damit gemeint? Wie stehen sie zum christlichen Ethos?
- »Sekundärtugenden« nennt man solche Haltungen, die für das Zusammenleben der Menschen zwar wichtig sind, aber auch für schlechte (politische) Zwecke missbraucht werden können, z. B. Fleiss, Pünktlichkeit oder Gehorsam. Zeigen Sie an Beispielen diese entgegengesetzten Möglichkeiten auf.

Christliches Ethos heute

Heute stehen die Christen/innen vor neuen, *beispiellosen Herausforderungen*, von denen so in der Bibel noch nicht die Rede ist. Das Leben vieler Menschen und der Menschheit im Ganzen ist bedroht. Umweltkrise und Bevölkerungswachstum, soziale Ungerechtigkeit, Staatsverschuldung und Arbeitslosigkeit, Krieg, Gewalt und Terror, Frauenunterdrückung und Kinderarbeit, religiöser Fundamentalismus, Analphabetismus, Aids und Unterernährung sind nur wenige Stichworte für eine globale Krise. Politik, Ökonomie und Wissenschaften, Technik und Medien entwickeln Möglichkeiten, die für das Überleben notwendig sind, aber auch katastrophal werden können. Viele Menschen fragen heute verunsichert, ob wir alles tun dürfen, was Medizin, Biologie, Chemie, Gentechnik, Atomphysik, Wirtschaft usw. tun können.

Zur Lösung der heutigen Probleme finden sich in der Bibel zwar wichtige Grundsätze, aber nicht immer direkte Hinweise. Christen stützen sich deshalb in der Frage, was ethisch zu tun ist, nicht nur auf die Bibel. Die theologische Ethik muss sich in redlicher Zeitgenossenschaft zusammen mit Philosophie und Ethik, mit Politik und Wissenschaften um die Klärung neuer Probleme bemühen. Sie wird dabei

- *empirische Befunde* (Fachwissen) zur Kenntnis nehmen,
- menschliche *Erfahrungen* befragen,
- humane *Phantasie* entwickeln,
- auf die gesellschaftlich-geschichtliche *Vernunft* hören.

Aufgabe der Kirchen ist es, im vernünftigen Dialog mit allen Beteiligten darauf zu sehen, wie die biblischen Maßstäbe mit den neuen Anforderungen in Beziehung zu setzen sind. Ehrfurcht vor Gott, Menschenwürde und Menschenrechte, Schutz allen menschlichen Lebens, Gleichberechtigung der Frau, Bewahrung der Schöpfung und der verschiedenen Kulturen, Toleranz gegenüber anderen Religionen, Frieden, Freiheit, Versöhnung und Liebe werden auch in Zukunft als die entscheidenden Kriterien für das Handeln wichtig bleiben.

Heute muss sich das Ethos des Christentums nicht nur bei der Suche nach sinnvollen Antworten auf unsere gegenwärtigen und zukünftigen Probleme bewähren, sondern auch *kritisches Korrektiv* gegen verbreitete Einstellungen sein. Es steht gegen alle Versuche Moral in ein Verhalten umzudeuten, das allein von der Natur, von den Kräften der Gesellschaft oder von dem Nutzen des Einzelnen (»Utilitarismus«, »Egoismus«) bestimmt wird. Es wendet sich gegen die Leugnung unverrückbarer und dauerhafter Pflichten (»Relativismus«). Es steht gegen den Trend in den Tag zu leben, sich überall durchsetzen zu wollen (»Ellenbogenmentalität«) und alles nur daran zu messen, ob es dem persönlichen Vergnügen oder dem »Lustprinzip« dient (»Hedonismus«).

Allerdings müssen sich Christen davor hüten in allen ethischen Einzelfragen rigoros einen absoluten Maßstab anlegen zu wollen, ohne dabei darauf zu achten, ob sie in *Konflikt* mit Sachzwängen kommen oder Schaden für Menschen anrichten. Das gilt z. B. für Fragen wie diese: Ist Gewaltlosigkeit um jeden Preis geboten oder darf es eine gewaltsame Abwehr Gewalttätiger im privaten und politischen Bereich geben? Müssen wir auch dann die Wahrheit sagen, wenn wir damit z. B. einen Kranken erschüttern und ihm alle Lebenshoffnung nehmen? Ist man auch dann an einen (Fahnen-)Eid gebunden, wenn man den Befehl zu unmenschlichen Taten bekommt? Darf man sich auch dann an wissenschaftlichen Forschungen beteiligen, wenn die Ergebnisse zur Vernichtung oder Bedrohung von Menschen eingesetzt werden können?

Eine *»Gesinnungsethik«*, die eine Tat (z. B. die Wahrhaftigkeit, Gewaltfreiheit, das Verbot des Diebstahls) auf jeden Fall und ohne Rücksicht auf die Folgen gebietet, scheint von hoher ethischer Qualität zu sein. Sie ist aber christlich nicht legitimierbar, wenn sie mit biblischen Grundforderungen der Menschenwürde und Liebe kollidiert. Eine christliche *»Verantwortungsethik«* weiß, dass sie eine Handlung nicht nur nach der moralischen Gesinnung des Wollenden beurteilen darf, sondern auf die Folgen ethischer Forderungen achten muss. Sie gebietet in *Konfliktfällen* eine *Güterabwägung* anzustellen und zu fragen, welchem Gut im konkreten Fall der Vorzug gegeben werden soll. Gilt das Gebot der Wahrhaftigkeit oder der Rücksichtnahme? Verdient Gewaltlosigkeit immer den Vorzug vor der Pflicht zum Helfen? Ist die Bindung an einen Eid höher als die Verpflichtung Leben zu schützen? Kann eine christliche Ehe, die unauflösbar sein soll, so zerrüttet sein, dass eine Ehescheidung hinnehmbar ist oder gar unausweichlich wird?

In Konfliktfällen werden Christen zu *unterschiedlichen Auffassungen* kommen können, da sich alle generalisierenden Normen im konkreten Einzelfall anders ausnehmen. Nicht dispensiert werden können sie nur nicht von dem *»Prinzip Liebe«* (Bibel) und dem *»Prinzip Verantwortung«* (Hans Jonas), d. h. für die Handlungen einstehen zu müssen und sorgfältig abzuwägen, was aus den Taten für den Einzelnen, für die Mitmenschen und für die Welt jetzt und in Zukunft folgt.

- Diskutieren Sie folgende Begriffe: Güterabwägung – Pflichtenkollision – teleologische und deontologische Ethik – Gesinnungs- und Verantwortungsethik: › S. 186 ff.
- Warum ist bei der Entscheidung in strittigen ethischen Fragen für Christen sowohl die Bibel als auch die Vernunft eine bedeutsame ethische Instanz?
- Diskutieren Sie das Pro et Contra eines wichtigen heutigen ethischen Problems, z. B. Euthanasie, Abtreibung, Asyl, Wahrheit am Krankenbett, Ehescheidung.
- Nennen und besprechen Sie Probleme aus dem ethischen Bereich des Privaten und Einzelnen (»Mikroethik«) und aus dem Bereich der Gesellschaft und der Welt (»Makroethik«). In welchem Verhältnis sehen Sie beide ethischen Bereiche?
- Warum ist es möglich, dass Christen bei ethischen Problemen zu unterschiedlichen Einsichten kommen und eine unterschiedliche Praxis für richtig halten? Beispiele: Drogenbekämpfung, Rechte für Ausländer, Bundeswehr oder Ersatzdienst, Empfängnisverhütung usw.

Provokative Zahlen

Der Weltentwicklungsbericht 1998 stellt fest, dass der Lebensstandard, die Lebenserwartung, die Gesundheit und die Produktivität der Menschen noch nie so gut waren wie heute. Aber zugleich wächst die Kluft zwischen Reich und Arm stärker als je zuvor. Die nüchternen Zahlen des Berichts sind provokativ:

- Für sechs Milliarden Dollar könnte man allen Menschen auf der Welt Zugang zur Grundbildung ermöglichen. Die US-Amerikaner geben jährlich acht Milliarden Dollar für Kosmetikwaren aus.
- Wasserversorgung und sanitäre Einrichtungen für alle würden neun Milliarden Dollar jährlich erfordern; das sind zwei Milliarden Dollar weniger, als die Europäer für Eiscreme ausgeben.
- Um die Gesundheitsversorgung und Ernährung für alle zu sichern, fehlen dreizehn Milliarden Dollar; aber allein für Hundefutter haben Europäer und die USA jährlich siebzehn Milliarden Dollar übrig.

General-Anzeiger, Bonn, 10.9.1998

Die kleine Moral heute

Das moralische Klima in Europa schwankt zwischen dem erklärten Willen zur moralischen Suspension überhaupt und der Kleinen Moral postmoderner Spielart. Diese Kleine Moral, das ist die Moral mit den verkleinerten und beweglichen Maßstäben: mit dem Verzicht auf allzu langfristige, gar lebenslange Loyalitäten, mit dem Selbstverwirklichungsvorbehalt bei jedem Risiko, mit dem Insistieren auf Umtauschrecht bei jeglichem Engagement, aber eben auch ganz allgemein die Moral mit der Individualisierung aller Konflikte, mit der Vergleichgültigung gegenüber dem großen Konsens, mit der Verdächtigung aller universalistischen Begriffe. Offensichtlich liebt es der europäische Geist inzwischen kleiner. Ein neuer Unschuldstraum scheint ihn erfasst zu haben. Er äußert sich in einer Vorliebe für mythische und romantische Motive, die man mit dem Rücken zu jener Geschichte erzählen kann, in der gelitten wird. Der neue europäische Geist schätzt die moralische Entlastung, die in solchen Mythisierungen und Literarisierungen der Lebenswelt steckt und unsere Katastrophenempfindlichkeit betäubt. Diese Kleine Moral ist die Moral der befriedigten Mehrheit, die sich kaum um die unbefriedigten Minderheiten, um die Leiden der Anderen kümmert.

Johann Baptist Metz (geb. 1928), katholischer Theologe (→ S. 66; 88)

Das Subsidiaritätsprinzip

In der politischen Diskussion um die neue Rolle Europas wird zunehmend der Begriff des »Subsidiaritätsprinzips« (von lat. »subsidium« »Hilfe«) eingebracht, der aus der christlichen Soziallehre kommt. Bei diesem Prinzip ist das Missverständnis abzuwehren, es gehe hier um freundliche Hilfen, die Notleidenden von Gemeinschaften gleichsam aus Mitleid gewährt werden sollen. Das Prinzip formuliert vielmehr die Pflicht der Gemeinschaft ihren Gliedern auf sinnvolle Weise hilfreich zu sein, ohne deren Eigeninitiative zu schmälern. Das »Sozialwort der Kirchen« meint dazu:

Die doppelte Bedeutung der Subsidiarität ist gerade in der gegenwärtigen Situation in Erinnerung zu rufen. Das Prinzip der Subsidiarität ernst zu nehmen bedeutet Abschied zu nehmen von dem Wunsch nach einem Wohlfahrtsstaat, der in paternalistischer Weise allen Bürgerinnen und Bürgern die Lebensvorsorge abnimmt. Demgegenüber gilt es Eigenverantwortung und Eigeninitiative zu fördern. Es gilt in den Betrieben wie in der Gesellschaft die vorhandenen menschlichen Fähigkeiten, Ideen, Initiativen und soziale Phantasie zum Tragen zu bringen und die Erneuerung der Sozialkultur zu fördern. Andererseits entspricht es nicht dem Sinn des Subsidiaritätsprinzips, wenn man es einseitig als Beschränkung staatlicher Zuständigkeit versteht. Geschieht dies, dann werden den Einzelnen und den kleineren Gemeinschaften, insbesondere den Familien, Lasten aufgebürdet, die ihre Lebensmöglichkeiten im Vergleich zu anderen Gliedern der Gesellschaft erheblich einschränken. Gerade die Schwächeren brauchen Hilfe zur Selbsthilfe. Solidarität und Subsidiarität gehören also zusammen und bilden gemeinsam ein Kriterienpaar zur Gestaltung der Gesellschaft im Sinne der sozialen Gerechtigkeit.

Für eine Zukunft in Solidarität und Gerechtigkeit.
Wort des Rates der Evangelischen Kirche in Deutschland
und der Deutschen Bischofskonferenz zur wirtschaftlichen
und sozialen Lage in Deutschland (1997), 3.3.4

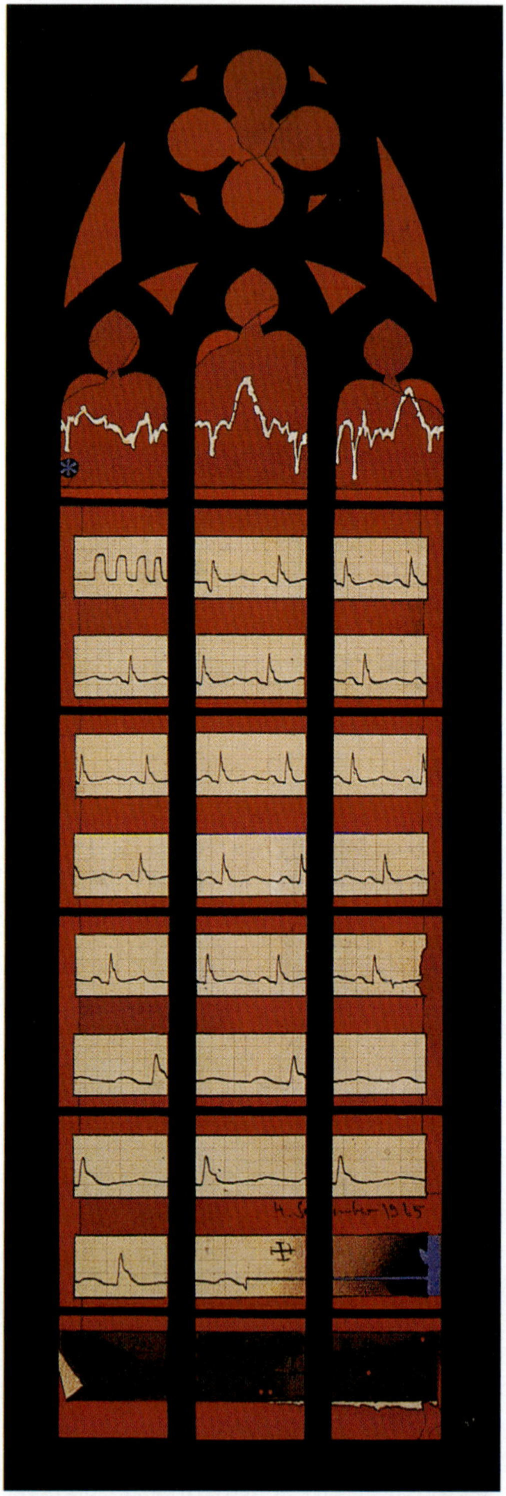

Johannes Schreiter (geb. 1930): Fenster für die Heiliggeist-Kirche, Heidelberg.

Soziale Marktwirtschaft

Der Text stammt aus dem »Sozialwort der Kirchen«, das für eine zukunftsfähige Gesellschaft Perspektiven und Impulse aus dem christlichen Glauben aufzeigt. Soziale Fehlentwicklungen und Missstände werden analysiert und kritisiert. Mit diesem viel beachteten Wort haben die Kirchen ihre öffentliche Verantwortung für unsere Gesellschaft und für unseren Staat unter Beweis gestellt.

Eine Wirtschafts- und Sozialordnung kommt nicht ohne rahmengebende rechtliche Normierungen und Institutionen aus. Appelle genügen nicht. Dieser Einsicht hat das Konzept der Sozialen Marktwirtschaft Rechnung getragen. Es wird in der Bundesrepublik Deutschland seit fünf Jahrzehnten erfolgreich praktiziert. Die Freiheit des Marktes und der soziale Ausgleich waren dabei die tragenden Säulen. Die Kirchen sehen im Konzept der Sozialen Marktwirtschaft weiterhin – auch für die andauernde, mit großen Härten verbundene wirtschaftliche Konsolidierung der neuen Bundesländer und für die Vertiefung und Erweiterung der europäischen Einigung – den geeigneten Rahmen für eine zukunftsfähige Wirtschafts- und Sozialpolitik. Das Leistungsvermögen der Volkswirtschaft und die Qualität der sozialen Sicherheit sind wie zwei Pfeiler einer Brücke. Die Brücke braucht beide Pfeiler. Heute ist die Gefahr groß, dass die Wettbewerbsfähigkeit auf Kosten der sozialen Sicherheit gestärkt werden soll. Nicht nur als Anwalt der Schwachen, auch als Anwalt der Vernunft warnen die Kirchen davor, den Pfeiler der sozialen Sicherung zu untergraben.

Für eine Zukunft in Solidarität und Gerechtigkeit.
Wort des Rates der Evangelischen Kirche in Deutschland
und der Deutschen Bischofskonferenz zur wirtschaftlichen
und sozialen Lage in Deutschland (1997), Hinführung 3

Christliche Bioethik

Intensivmedizin, Organtransplantationen, künstliche Befruchtung, Gentechnologie erforderten eine neue Dimension des Nachdenkens darüber, ob der Mensch in Medizin und Biologie alles machen darf oder gar soll, was er kann und anzielt. Viele der Einzelprobleme werden bis heute kontrovers diskutiert, viele auf emotionaler

Links: Medizinfenster (1983). Das Bild zeigt ein Elektrokardiogramm (EKG), das die Herztätigkeit eines sterbenden Menschen aufzeichnet. Die Kurven werden hier immer schwächer, bis sie schließlich ganz flach sind. An dieser Stelle ist ein kleines Kreuz angebracht.

Rechts: Physikfenster (1984). Auf dem Feuerball (unten) liest man das Datum der Zerstörung von Hiroshima durch die Atombombe, darüber die physikalische Formel, die auf Einstein zurückgeht. Oben die Schrifttexte 2 Petr 3, 10 und Jes 54, 10. Die von Menschen machbare Katastrophe wird hier mit dem Gericht Gottes, aber auch mit seinem Erbarmen in Zusammenhang gebracht.

oder ideologischer Basis. Bombenanschläge auf molekularbiologische Labors, aber auch Kommunikationsverweigerung gegenüber Befürwortern einer Neo-Euthanasie-Bewegung haben zu Schlagzeilen geführt und der Gesetzgeber tut sich schwer einschlägige Regelungsvorhaben gegen die Lobbys der verschiedensten Interessengruppen konsensfähig vorzulegen. Was kann in einer solchen Situation die Aufgabe einer »christlichen Bioethik« sein? Steht sie nicht als allererste gleich unter Ideologieverdacht, muss sie nicht notwendig versuchen ihre dogmatischen Glaubensvorgaben ohne weitere Begründung auf konkret anstehende Handlungsbewertungen durchschlagen zu lassen?
Derlei kann man oft lesen. Es zeugt allerdings von einem gründlichem Missverständnis des christlichen Glaubens, der seine Kraft nicht zuletzt daraus bezieht, dass in ihm die Offenbarungsreligion mit der griechischen Philosophie verschmolzen wurde – die Leistung all jener, die wir bis hin zu Thomas von Aquin (→ S. 96 f.) als Kirchenväter bezeichnen. Christlicher Glaube schließt die Überzeugung der Konvergenz von Glauben und Vernunft ein. Aber »christliche Bioethik« bedeutet deswegen nicht den Verzicht auf Argumente zugunsten frommer Empfehlungen, sondern die Diskussion des ganzen Spektrums der relevanten Argumente für die ethische Bewertung einer neuen oder problematisch gewordenen medizinischen resp. biologischen Technik und Handlungsweise. Der Unterschied zu anderen »Bioethiken« besteht primär darin, dass die christliche Bioethik ihre Grundüberzeugungen offen legt (die von der Würde und Gottebenbildlichkeit des Menschen, vom Leib als dem Tempel Gottes, vom Sinn des Leidens, vom Tod nicht als dem Ende schlechthin). … Sie ist auch bereit über sie zu diskutieren. Deswegen ist es auch erforderlich die zugrunde liegende Anthropologie an den Anfang zu stellen.

Reinhard Loew (1949–1994), Mathematiker, Philosoph, Historiker

Weltethos

Hans Küng gehört zu den katholischen Theologen, die weltweit Aufsehen erregen. 1963 wurde er von Papst Johannes XXIII. zum Konzilsberater ernannt. Später verlor er wegen seiner kritischen Anfragen zur Unfehlbarkeit des Papstes und wegen seiner Christologie seinen theologischen Lehrstuhl und wurde fakultätsunabhängig Professor für ökumenische Theologie in Tübingen. Mit seinem »Projekt Weltethos« (1990) hat er eine Diskussion angestoßen, an der sich auch Philosophen, Ethiker, Politiker und Vertreter der anderen Weltreligionen beteiligen. Damit findet er weltweit immer mehr Resonanz. Die wichtigsten Thesen:

Kein Überleben ohne Weltethos.
Kein Weltfriede ohne Religionsfriede.
Kein Religionsfriede ohne Religionsdialog.
…
Immer deutlicher wurde mir in den letzten Jahren, dass die eine Welt, in der wir leben, nur dann eine Chance zum Überleben hat, wenn in ihr nicht länger Räume unterschiedlicher, widersprüchlicher und gar sich bekämpfender Ethiken existieren. Diese eine Welt braucht das eine Grundethos; diese eine Weltgesellschaft braucht gewiss keine Einheitsreligion und keine Einheitsideologie, wohl aber einige verbindende Normen, Werte, Ideale und Ziele.
…
In der gegenwärtigen Weltstunde kommt den Weltreligionen eine ganz besondere Verantwortung für den Weltfrieden zu. Und die Glaubwürdigkeit aller Religionen, auch der kleineren, wird künftig davon abhängen, dass sie mehr betonen, was sie eint, und weniger das, was sie voneinander trennt. Denn die Menschheit kann es sich immer weniger leisten, dass die Religionen auf dieser Erde Kriege schüren statt Frieden zu stiften, dass sie Fanatisierungen betreiben statt Versöhnung zu suchen, dass sie Überlegenheit praktizieren statt den Dialog zu üben.

Hans Küng (geb. 1928), Professor für ökumenische Theologie in Tübingen

Gelebtes Christentum

Christliches Leben ist bunt und vielseitig. Wer es beschreiben will, findet keine einheitliche Formel. Zu zahlreich sind seine Variationsmöglichkeiten.

Beispiele gelebter Praxis finden sich überall im *Alltag* der Christen: Menschen, die das Leid anderer wahrnehmen und sich für diese einsetzen. Mütter und Väter, die ihre Kinder lieben und gut erziehen. Männer und Frauen, die sich für andere abmühen. Eheleute, die sich trotz Krisen verbunden bleiben. Liebende, die sich Freude schenken. Narren und Weise, die andere zum Lachen und Nachdenken bringen. Leidende, die nach dem Sinn des Leidens fragen. Priester, die für ihre Gemeinden da sind. Ordensleute, die beten und meditieren. Politiker, die sich für Frieden und Gerechtigkeit einsetzen. Ärzte, die ihren Kranken helfen. Richter, die Recht sprechen. Lehrer, die für ihre Schüler Verständnis haben. Journalisten, die sich der Wahrhaftigkeit verpflichtet wissen. Soldaten und Polizisten, die Unrecht verhindern. Missionare, die das Wort Gottes verkünden. Kirchenleute, die sich um bessere Beziehungen zu anderen Kirchen und Religionen bemühen u. v. a.

Neben den vielen namenlosen Christen gab und gibt es auch faszinierende Gestalten, die sich auf ganz ungewöhnliche Weise als Christen bewähren. Ein solcher Christ war *Benedikt von Nursia* (480–547). Er hatte Eltern, die zum römischen Landadel gehörten. Sie ließen den Jungen in Rom Jurisprudenz studieren. Doch er war von dem städtischen Treiben und von der Einstellung seiner Kommilitonen enttäuscht und zog sich rasch in die Einsamkeit seiner heimatlichen Berge zurück. Drei Jahre lebte er bei Subiaco in einer tiefen Höhle und übte sich dort in strengster Askese. Ab und zu ließ man an einem Seil etwas Nahrung zu ihm herab. Einmal warf er sich nackt in ein Dornengestrüpp, um seine sinnlichen Triebe zu besiegen. Er kämpfte gegen sich selbst und gegen die Verlockungen der Welt, weil er glaubte nur so Gott finden zu können. Nach einiger Zeit baten ihn die Mönche eines nahen Klosters bei ihnen Abt zu werden. Er übte dieses Amt nicht lange aus, weil die Mönche die strenge Zucht, die er einführen wollte, nicht akzeptierten und ihn sogar vergiften wollten. Im Jahr 529 gründete er ein neues Kloster in Montecassino auf einem Berg zwischen Rom und Neapel. Das Kloster liegt an der Stelle eines alten Jupitertempels und wurde so zum Zeichen dafür, dass die Antike vergangen ist und die christliche Ära Europas begonnen hat. Mit seinem neuen Mönchsorden wollte Benedikt das Mönchtum aus seiner damaligen Krise befreien. Er schuf eine feste Regel, in der er den Mönchen intensives Gebet und regelmäßige Arbeit (»ora et labora«) vorschrieb. Dem Abt sollten sie unbedingt Gehorsam leisten. Das persönliche Vorbild Benedikts und seine kluge Ordensregel haben die Erneuerung des abendländischen Mönchtums bewirkt. Mit seinem Orden, dessen Mitglieder nach ihm »Benediktiner« heißen, hat er das Christentum um eine neue Lebensform bereichert, die bis heute viele Menschen in ihren Bann geschlagen hat. Zugleich hat er damit die Kultur Europas entscheidend mitgeprägt, weil die Benediktiner an vielen Orten unfruchtbare Böden fruchtbar machten, Wälder rodeten, erstmals Kirchen und andere Gebäude errichteten, sich um die Bildung junger Leute bemühten und die kostbaren Handschriften der antiken Welt kopierten und aufbewahrten. Heute gibt es zahlreiche Benediktinerklöster in aller Welt, die oft geistliche und kulturelle Brennpunkte sind. Benedikts Weltabgeschiedenheit hat die Welt bereichert.

Benedikt von Nursia, Codex Benedictus, Montecassino, 1071.

Der Heilige, der innerhalb und auch außerhalb der Christenheit die wohl größte Sympathie findet, ist *Franz von Assisi* (1182–1226). Man kann in dem jungen Mann aus Umbrien das getreue Bild Christi sehen, weil er in seinem Leben auf liebenswürdige und zugleich radikale Weise gezeigt hat, was Nachfolge Jesu bedeutet. Sein Vater war ein reicher Tuchhändler, dessen Vermögen es ihm ermöglichte vergnügt dahin zu leben. Francesco (ital.: »Französlein«) hatte das heitere Gemüt seiner französischen Mutter, sang gern die Lieder der Troubadoure und fasste den Plan in die Welt zu ziehen, um als Ritter zu Ruhm zu kommen. Stattdessen musste er, weil er in einen Städtestreit geriet, für ein Jahr in einen Kerker. Die harten Entbehrungen, eine schwere Krankheit und die Begegnung mit einem Leprakranken brachten ihn in eine tiefe Lebenskrise. Er war erschüttert, überwand sich selbst, erwählte sich die Armut zur Braut und begann als »Poverello« (»Armer«) ein neues Leben. Von nun an erbettelte er sich sein tägliches Brot, pflegte die Aussätzigen und sorgte für die Armen der Stadt. In dem kleinen Kirchlein S. Damiano hörte er die Worte Jesu: »Geh und richte meine Kirche wieder auf, die vom Einsturz bedroht ist.« Zuerst meinte er, das baufällige Gotteshaus reparieren zu sollen. Doch später zeigte sich, dass die ganze Kirche gemeint war, die damals gefährdet war, weil sie sich dem Reichtum und der Macht verschrieben hatte und neue Armutsbewegungen, die von der Basis her kamen, missverstand und bekämpfte. Als Franz vor einem bischöflichen Gericht Rechenschaft über eine Geldsumme seines Vaters geben sollte, zog er seine Kleider aus, erstattete dem Bischof das Geld zurück und sagte voll Entschiedenheit: »Ab heute will ich nicht mehr sagen ›Vater Pietro Bernardone‹, sondern ›Vater unser im Himmel‹.« Immer mehr wurde ihm klar, dass er genau so leben sollte, wie es das Evangelium empfiehlt. Bald schlossen sich ihm Gleichgesinnte an. Gemeinsam zogen sie in ärmlichen Kutten durch die nahen Städte und Dörfer und predigten begeistert das Evangelium der Liebe und Armut. Für die Schönheit der Natur und für die Schmerzen der Kreatur hatte Franz viel Sinn. Seine mystische Veranlagung trieb ihn nicht zur Weltflucht. Kirchenfürsten, die in Reichtum lebten, redete er hart ins Gewissen. Viele Leute hielten ihn für verrückt, manche auch für gefährlich. Papst Innozenz III. in Rom, damals der mächtigste Mann der Welt, soll ihn in einem Traum als Retter der Kirche gesehen haben. Er erkannte Franz als Haupt der Minderbrüder an und genehmigte seine Regel für einen neuen Bettelorden, dessen Mitglieder nach ihm »Franziskaner« genannt werden. Schon bald schlossen sich ihm tausende Brüder an, die überall in Europa das alte Evangelium in neuem Geist verkündeten. Auch Frauen waren von seiner Heiterkeit, Demut und Hilfsbereitschaft begeistert, unter ihnen Clara aus Assisi (1194–1253). Beide gründeten 1212 einen zweiten Orden für Frauen, dem bald danach auch ein dritter Orden für Laien folgte. Am Ende seines Lebens zog sich Franz von der Leitung des Ordens zurück. Er empfing die fünf Wundmale seines Herrn, verlor fast sein ganzes Augenlicht und hatte schlimme Gliederschmerzen. Er starb auf dem blanken Fußboden seiner armseligen Zelle. Sterbend sang er das Lob Gottes. Es gibt viele Legenden von diesem wunderbaren Heiligen. Er soll den Vögeln gepredigt und den

Giotto (1267–1327): Franz predigt den Vögeln, Fresko in der Grabeskirche des Heiligen zu Assisi, 1292.

Teufel aus einer Stadt vertrieben haben. Für immer ist er das wunderbare Bild eines erfüllten christlichen Lebens geworden.

Edith Stein (1891–1942) kam in einer jüdischen Familie in Breslau zur Welt. Hier wurde sie streng in der religiösen Tradition des Judentums erzogen, lehnte sich aber schon früh dagegen auf. Später sagte sie einmal, sie sei vom 13. bis 21. Lebensjahr Atheistin gewesen. Nach glänzendem Abitur studierte sie Philosophie. Der weltberühmte jüdische Philosoph Edmund Husserl erkannte ihre ungewöhnliche Begabung und machte sie zu seiner Assistentin. Eine erfolgreiche Karriere als Philosophin schien in Sicht. Aber es kam anders. Das Beispiel engagierter Christen und die Schriften der heiligen Teresa von Avila (→ S. 122) führten sie zu dem Entschluss Christin zu werden und sich taufen zu lassen. Sie wurde in Speyer Lehrerin, schrieb bemerkenswerte Bücher und hielt viele Vorträge, u. a. auch über Frauen in der modernen Welt. Im Jahr von Hitlers Machtergreifung (1933) trat sie als Ordensfrau in den strengen Karmel von Köln ein. Als Schwester Teresia Benedicta a Cruce wollte sie ihr Kreuz auf sich nehmen und Jesus nachfolgen. Sie war bereit ihr Leben ohne Sicherung in Gottes Hände zu

Der Sonnengesang

Kurz vor seinem Tod schuf Franziskus seinen berühmten Sonnengesang, in dem er den Schöpfer dankbar für seine großen Werke preist. Das Lied ist ein Beispiel für die persönliche Frömmigkeit dieses Heiligen und zugleich ein frühes Dokument dafür, wie ein Christ die Schönheit der Natur entdeckt.

Gelobt seist du, Herr, mit all deinen Kreaturen,
der edlen Herrin, vor allem Schwester Sonne,
die uns den Tag macht und freundlich
Licht durch ihn spendet.
Schön ist sie in den Höhen und prächtig
in mächtigem Glanze:
Dein Gleichnis birgt sie, Erhabener.
Gelobt seist du, Herr, durch Bruder Mond und die Sterne.
Du schufst sie, dass sie funkeln am Himmel
köstlich und schön.
Gelobt seist du, Herr, durch Bruder Wind und Luft
und Wolke und jegliches Wetter,
mildes und anderes auch,
wodurch du belebst, was du erschufst.
Gelobt seist du, Herr, durch Bruder Feuer,
durch den du uns leuchtest in der Nacht.
Es glüht mild und sprüht gewaltig und kühn.
Gelobt seist du, Herr, durch unsere Schwester,
die Mutter Erde, die stark und gütig uns trägt
und bringt mancherlei Frucht mit farbigen Blumen
und Gras.
Gelobt seist du, Herr, durch die, die vergeben
um deiner Liebe willen
und Pein und Betrübnis geduldig tragen:
Selig, die's überwinden in deinem Frieden!
Sie werden gekrönt von dir, dem Höchsten.
Gelobt seist du, Herr, durch unseren Bruder,
den leiblichen Tod,
dem kein lebendiger Mensch entrinnt.
Ach wehe, die sterben in ihren Sünden.
Und selig, die er findet in deinem heiligsten Willen,
denn sie berührt nicht der zweite Tod.
Lobt und preist den Herrn und dankt
und dient ihm in großer Demut. Amen.

Franz von Assisi (1182–1226), Ordensgründer, Mystiker, Heiliger

legen. Je mehr ihr der Hass der Nazis auf die Juden zum Bewusstsein kam, umso mehr bot sie Gott ihr Leben als Opfer für das jüdische Volk an. Sie selbst blieb trotz ihrer Taufe für die Nazis Jüdin. 1938 musste sie Deutschland verlassen. Sie ging in einen niederländischen Karmel, war aber auch dort von neuem bedroht, als die Nazis das Land okkupierten. Zusammen mit

Edith Stein (1891–1942)

ihrer Schwester Rosa wurde sie im August 1942 verhaftet und nach Auschwitz deportiert. Gelassen ging sie ihren letzten Weg. Sie tröstete die anderen Häftlinge, half vielen Frauen und Kindern und beeindruckte durch ihr gutes Beispiel. Wenige Tage nach ihrer Ankunft wurde sie in Auschwitz ermordet. Papst Johannes Paul II. hat sie 1998 heilig gesprochen. Heute findet diese ungewöhnliche Frau, die Jüdin und Christin, Atheistin und Mystikerin, Philosophin und Ordensfrau war, in der Kirche ein wachsendes Interesse. Sie hat durch ihr Leben gezeigt, was Kreuzesnachfolge in unserer Zeit bedeuten kann.

● Andere große Gestalten der Christenheit: → S. 94 ff.; 121 ff.; 159 f.

Wie ein Engel

Unter den am 5. August eingelieferten Gefangenen fiel Schwester Benedicta auf durch ihre große Ruhe und Gelassenheit... Schwester Benedicta ging unter den Frauen umher, tröstend, helfend, beruhigend wie ein Engel. Viele Mütter, fast dem Wahnsinn nahe, hatten sich schon tagelang nicht um ihre Kinder gekümmert und brüteten in dumpfer Verzweiflung vor sich hin. Schwester Benedicta nahm sich sofort der armen Kleinen an, wusch und kämmte sie, sorgte für Nahrung und Pflege. Solange sie im Lager weilte, entwickelte sie mit Waschen und Putzen eine rege Liebestätigkeit, so dass alle darüber staunten.

aus dem Bericht des jüdischen Kaufmanns Julius Markan über Edith Stein im Lager Auschwitz (1942)

Grundzüge der Geschichte

2000 Jahre

Die Christenheit blickt auf eine Geschichte zurück, die annähernd 2000 Jahre umfasst. Eine allgemein akzeptierte Periodisierung dieser Geschichte gibt es nicht. Alle Versuche stehen vor der Schwierigkeit, diese Geschichte, die in den verschiedenen Ländern und Erdteilen unterschiedlich verlief, mit einfachen Begriffen zu ordnen.

- Eine gängige Einteilung spricht von drei Perioden: 1. Kirchliches Altertum in der antiken Kulturwelt; 2. Kirchliches Mittelalter vor allem in der römisch-germanisch-slawischen Welt; 3. Kirchliche Neuzeit – Reformation. Die Christenheit in der ganzen Welt.
- Eine andere Einteilung kennt drei andere Periodisierungen: 1. Die jüdische Urkirche (1. Jh.); 2. Die europäische Westkirche (1.–20. Jh.); 3. Die universale Weltkirche (ab 20. Jh.).
- Hans Küng spricht in seinem Buch »Das Christentum« von 6 Paradigmen der Christenheit, die nicht einfach einen kirchengeschichtlichen Überblick darstellen, sondern die epochalen Gesamtkonstellationen der Christenheit beschreiben: 1. Das urchristlich-apokalyptische Paradigma; 2. Das altkirchlich-hellenistische Paradigma; 3. Das mittelalterlich-römisch-katholische Paradigma; 4. Das reformatorisch-protestantische Paradigma; 5. Das aufgeklärt-moderne Paradigma; 6. Das zeitgenössisch-ökumenische (nach-moderne) Paradigma.

Die folgenden Zahlen können keinen vollständigen Überblick über die Geschichte des Christentums geben. Viele wichtige Personen und Ereignisse fehlen oder sind nur knapp angedeutet.

8–4 vC	Geburt Jesu
27(29)–30	Öffentliches Wirken Jesu von Nazaret in Galiläa und Judäa
30	Abendmahl, Passion und Kreuzigung in Jerusalem
1. Jh.	Die jüdische Urkirche; Apostel und Jünger Jesu verkünden den Glauben an die Auferweckung und Messianität Jesu; apokalyptische Naherwartung der Wiederkunft Christi; erste Konflikte innerhalb des Judentums, Entstehung des Neuen Testaments
35–67	Paulus verkündet das Evangelium in der römisch-griechischen Welt; seine Lehrbriefe werden Teil des Neuen Testaments; Tod in Rom
um 48/49	Apostelkonzil von Jerusalem; Loslösung der Urkirche von zentralen Bestimmungen der jüdischen Thora
67	Tod des Apostels Petrus in Rom; später langsamer Aufstieg des Bischofs von Rom
um 150	Abschluss der Entstehung des Neuen Testaments
1.– 4. Jh.	Ausbreitung der Kirche im Römischen Reich, Christenverfolgungen z. B. unter den Kaisern Nero, Trajan, Decius und Diokletian

In der Geschichte der Christenheit gab es viele Krisen, Umbrüche und Erneuerungen. Die Bilder weisen auf einige epochale Ereignisse hin.

Katakombe in Rom, wo Christen in der Antike ihre Toten bestatteten.

2.–5. Jh.	Lateinische und griechische Kirchenväter formulieren den christlichen Glauben für ihre Zeit neu und wehren die Polemik gegen das Christentum ab, z. B. Tertullian, Origenes, Hieronymus, Chrysostomus
313	Mailänder Edikt des Konstantin, Konstantinische Wende; das Christentum wird im Römischen Reich erlaubte Religion

Münze mit Bild des römischen Kaisers Konstantin (306–337), 315. Das Christuszeichen schmückt den Helm des Kaisers, der aus politischen Erwägungen die Benachteiligung der Christen im Römischen Reich beendete und damit das Fundament dafür schuf, dass das Christentum noch im gleichen Jahrhundert mächtige Staatsreligion werden konnte.

325 Das 1. Ökumenische Konzil zu Nikaia erklärt die Gottheit Christi zum verbindlichen Glauben; Verurteilung der Lehre des Arius, der die Gottheit Jesu leugnete

330 Kaiser Konstantin macht Konstantinopel (bisher »Byzanz«) zur Hauptstadt des Reiches

ab 330 Aufstieg des Byzantinischen Reiches; Rivalitäten mit Rom; Geburtsstätte der Orthodoxie; Entwicklung einer neuen Liturgie und Bilderverehrung

3.–5. Jh. Vielfacher Streit um das Verständnis der Person Jesu Christi; christologische Streitigkeiten und Dogmen

354–420 Augustinus, Bischof von Hippo; bedeutender Philosoph und größter Theologe der Spätantike

380 Edikt des römischen Kaisers Theodosius: das Christentum wird Staatsreligion

381 Das 2. Ökumenische Konzil in Konstantinopel; Festlegung des erweiterten Glaubensbekenntnisses

431 Das 3. Ökumenische Konzil in Ephesus erkennt Maria den Titel »Gottesmutter« zu

451 Das 4. Ökumenische Konzil zu Chalkedon erklärt: Jesus Christus ist wahrer Gott und wahrer Mensch (»Zwei-Naturen-Lehre«)

476 Untergang des weströmischen Kaisertums, Stärkung von Byzanz

480–547 Benedikt von Nursia, Begründer des abendländischen Mönchtums

4.–8. Jh. Bekehrung der Germanen; Beginn einer neuen Ära des Christentums

498 Der merowingische Frankenkönig Chlodwig lässt sich taufen; die Franken werden Christen und im Bund mit der Kirche zu einem wichtigen Faktor des Mittelalters

673–754 Bonifatius, der Apostel Deutschlands

ab 7. Jh. Der Islam tritt in die Geschichte; rasche Eroberungen christlicher Gebiete in Palästina, Syrien, Nordafrika und Spanien

8. Jh. Blutiger Bilderstreit im Byzantinischen Reich

8.–11. Jh. Vorherrschaft des Kaisertums über das Papsttum

754 Pippinische Schenkung; Anfänge des römischen Kirchenstaats

Bronzestatuette Karls des Großen, 9. Jh. Der Frankenherrscher (768–814) wurde 800 vom Papst zum Kaiser gekrönt. So kam die Kaiserkrone neben Byzanz auch wieder in den Westen – eine wichtige Voraussetzung für das christliche Mittelalter.

800 Kaiserkrönung Karls d. Gr. in Rom, Erneuerung des Heiligen Römischen Reiches

8.–13. Jh. Kunst der Romanik; Kirchenbauten, Skulpturen, Bibelhandschriften, Miniaturen, Musik

9.–10. Jh. Christianisierung der Slawen durch Byzanz

988 Wladimir I., der Heilige, der Große, Fürst von Kiew, lässt sich taufen; Beginn der Christianisierung Russlands

1054 Endgültige Trennung zwischen West- und Ostkirche

11. –13. Jh. Aufstieg der Kirche zur Beherrscherin des Abendlandes; Vormacht des Papsttums gegenüber dem Kaisertum; ein heitliche christliche Kultur des Abendlandes

1096–1270 Zeitalter der Kreuzzüge; christliche Heere versuchen die heiligen Stätten in Palästina von den Muslimen befreien; in Europa Judenpogrome

1098–1179 Hildegard von Bingen, Äbtissin, Mystikerin, Lehrerin des Glaubens

12.–13. Jh. Neue Orden entstehen, z. B. Zisterzienser, Karthäuser, Dominikaner und Franziskaner

12.–13. Jh. Beginn der Inquisition; blutige Bekämpfung der Katharer und Waldenser, die christliche Reformen anstrebten und in einer reichen Kirche arm sein wollten

12.–14. Jh. Blütezeit der mittelalterlichen Philosophie; die Scholastik versucht Glauben und Denken in Einklang zu bringen; Neuentdeckung des Aristoteles; große Theologen und Philosophen wie Anselm von Canterbury, Abaelard, Albert der Große, Thomas von Aquin, Duns Skotus

Der Kölner Dom, ein Meisterwerk der Gotik, das im Mittelalter begonnen und nach langem Stillstand im 19. Jh. vollendet wurde.

12.–15. Jh. Kunst der Gotik; Kathedralen und Klosterbauten; Malerei, Plastik und Musik, Bibelausgaben, Gold-, Silber-, Holz- und Elfenbeinarbeiten

1182–1226 Franz von Assisi, Prediger der Armut in einer reichen Kirche, Gründer des Franziskanerordens

1215 Das 4. Laterankonzil; Höhepunkt päpstlicher Macht; judenfeindliche Bestimmungen

ab 13. Jh. Judenverfolgungen in Europa aufgrund falscher Anschuldigungen, z. B. Brunnenvergiftung, Hostienschändung, Ritualmord

1309–1378 »Babylonische Gefangenschaft« der Päpste in Avignon; das Ansehen des Papsttums sinkt auf einen Tiefpunkt

14. Jh. Moskau wird neues Zentrum der orthodoxen Kirche

14. Jh. Höhepunkt der deutschen Mystik; Meister Eckhart und Heinrich Seuse

14.–15. Jh. Spätmittelalter; Zerfall der Einheit; Bildung von Nationalstaaten; das Weltlichwerden der Kultur; kirchlicher Niedergang; Forderung nach kirchlicher Reform an Haupt und Gliedern; die Laien gewinnen an Bedeutung; Humanismus; Renaissance in Italien; Renaissance-Päpste

1492 Christoph Kolumbus entdeckt Amerika, Beginn der Missionierung und Christianisierung des neuen Kontinents; Zwangsbekehrungen und Gewaltmaßnahmen gegen die Indios; Protest von Las Casas beim Kaiser

16. Jh. Reformation und Spaltung der abendländischen Christenheit; Entstehung des Protestantismus mit eigener Theologie, Organisation und Frömmigkeit

1483–1546 Martin Luther, Reformator in Deutschland; Übersetzung des Neuen Testaments; Kampf gegen das Papsttum; Rechtfertigungslehre

1517 Beginn der Reformation, Ablassstreit

1497–1560 Philipp Melanchthon, wichtigster Mitarbeiter Luthers, Theologe der Reformation

1484–1531 Huldrych Zwingli, Reformator in Zürich

1509–1564 Johannes Calvin, Reformator in Genf

1491–1556 Ignatius von Loyola gründet den Jesuitenorden, der in den nächsten Jahrhunderten eine führende Rolle bei der Reform der kath. Kirche spielt

1515–1582 Teresa von Avila, Mystikerin, Reformerin des Karmelitenordens

1545–1563 Konzil von Trient; Abgrenzung gegen die Reformation und Beginn der Reform der kath. Kirche

1555 Augsburger Religionsfrieden zwischen den Konfessionen in Deutschland

15.–18.Jh. Hexenprozesse in Europa und den Kolonialgebieten, denen über 50 000 Frauen zum Opfer fallen

1591–1635 Der Jesuit Friedrich von Spee kämpft gegen den Hexenwahn

16.–17. Jh. Orthodoxie und Pietismus im Protestantismus

Wanderer am Rand der Welt durchbricht das alte enge Weltbild und schaut in die Weite des Kosmos. Holzschnitt, 19. Jh.

Die Christenheit hat lange gebraucht sich mit den neuen Wissenschaften anzufreunden. Selbst die Menschenrechte, die sich auch von der Bibel her begründen lassen, wurden von ihr erst spät anerkannt. Dadurch haben die Kirchen an Glaubwürdigkeit verloren.
Links: Galileo Galilei (1564–1642), Physiker und Astronom, der wegen seiner Lehre, dass die Erde nicht im Mittelpunkt der Welt steht, von der kirchlichen Inquisition verurteilt wurde. Gemälde von J. Sustermanns.
Daneben: Albert Einstein (1879–1955), Begründer der Relativitätstheorie, die das moderne Weltverständnis revolutionierte.

16.–20. Jh. Die naturwissenschaftliche Revolution verunsichert die Kirchen: Kopernikus, Giordano Bruno, Kepler, Galilei, Newton, Darwin, Freud, Einstein

17.–18. Jh. Evangelische Kirchenmusik, u. a. Heinrich Schütz und Johann Sebastian Bach

16.–20. Jh. Missionstätigkeit der kath. und protest. Kirchen in Asien, Afrika und Amerika

1618–1638 Der Dreißigjährige Krieg; Kampf der Konfessionen gegeneinander

17.–18. Jh. Zeitalter des Barock: Kirchenbau, Musik, Dichtung, Malerei, Kleinkunst; letzte große vom Christentum inspirierte Kunstrichtung

Die Erklärung der Menschenrechte durch die Nationalversammlung zu Beginn der Französischen Revolution am 26.8.1789.

ab 17. Jh. Auseinandersetzung der Kirchen mit den Natur- und Geisteswissenschaften; Herausforderung durch die neuzeitliche Philosophie; die Kultur emanzipiert sich von den Kirchen und wird autonom

18.–19. Jh. Französische und amerikanische Revolution; Aufklärung; Hochschätzung der Vernunft; Toleranzidee und

	Menschenrechte; moderne Kritik an Religion und Kirche, Säkularisierung aller Lebensbereiche
19. Jh.	Idealismus, Materialismus, Nationalismus, Liberalismus und Sozialismus stellen das Christentum in Frage, technische und industrielle Revolution
19.–20. Jh.	historisch-kritische Erforschung der Bibel und besonders des Lebens Jesu, liberale protestantische Theologie
1869–1870	1. Vatikanisches Konzil: Primat und Unfehlbarkeit des Papstes wird Dogma
1875	Gründung des Reformierten Weltbundes
1910	Weltmissionskonferenz in Edinburgh; Beginn der Ökumene in den Kirchen der Reformation
1917	Lenin; Bolschewistische Revolution in Russland
20. Jh.	Verfolgung und Benachteiligung der Kirchen im Machtbereich der UdSSR und des Kommunismus
1933–45	Hitlers Nazi-Regime; kirchlicher Widerstand und kirchliche Anpassung; viele christliche Blutzeugen, Rassismus, Konkordat; 2. Weltkrieg
1942–45	Schoa, weitgehende Vernichtung des europäischen Judentums in Auschwitz und anderen Vernichtungslagern; ca. 6 Millionen jüdische Opfer, darunter 1 Million Kinder; nur schwacher Protest und Widerstand der Christen gegen diesen Massenmord
1891–1942	Edith Stein, Jüdin, Philosophin, Christin, Karmelitin, Tod in Auschwitz

nach 1945	Individualisierung und Pluralisierung der Religion; Entkirchlichung und Entkonfessionalisierung; Abschmelzung kirchlicher Milieus in unserer Gesellschaft; die Weltreligionen treten in den Blickpunkt des Christentums; die Kirchen zwischen Modernismus, Traditionalismus und Fundamentalismus; Reformen in Theologie, Liturgie und Exegese; kirchliche Frauenbewegung; weltweites Eintreten der Kirchen für Leben, Menschenrechte, soziale Gerechtigkeit, Frieden, Bewahrung der Schöpfung; Stärkung der Ökumenischen Bewegung; wachsende Kirchenkritik in der Öffentlichkeit und in den Kirchen; Krisen und Erfolge
1947	Gründung des Lutherischen Weltbundes
1948	Gründung des Ökumenischen Rats der Kirchen (ÖRK) in Amsterdam; damals waren 147 evangelische und orthodoxe Kirchen beteiligt, 1996 waren es 322 Mitgliedskirchen; die röm.-kath. Kirche ist nicht Mitglied
1961	1. Panorthodoxe Konferenz auf Rhodos

Moderne Wallfahrtskirche in Ronchamps, entworfen von Le Corbusier, 1952–55.

1962–1965	2. Vatikanisches Konzil: Erneuerung und Öffnung der kath. Kirche; Reformen auf vielen Gebieten; Bekenntnis zur Religionsfreiheit; offizielle Würdigung des Judentums

Papst Paul VI. und der Patriarch Athenagoras haben 1965 die gegenseitige Exkommunikation zwischen katholischer und orthodoxer Kirche aufgehoben.

1965	Orthodoxe und röm.-kath. Kirche heben den gegenseitigen Bann auf
nach 1992	Neue Freiheit für die orthodoxe Kirche in Russland und in der GUS, wachsender Einfluss auf das politische Leben
1995	Die Enzyklika Papst Johannes Pauls II. »Dass alle eins seien« macht weitgehende Vorschläge zur Einheit der Kirchen
1998	Kath. Kirche und Lutherischer Weltbund ringen um eine »Gemeinsame Erklärung zur Rechtfertigungslehre«

- Versuchen Sie anhand eines (Kirchen-) Geschichtsbuches über die eine oder andere Person Näheres in Erfahrung zu bringen. Über welches Ereignis, über welche Epoche wollen Sie sich näher informieren?
- Welche Trends lassen sich aus einem Überblick über die Geschichte der Christenheit ablesen?

Die Geschichte – eine Lehrmeisterin des Lebens

Der große Reformpapst Johannes XXIII. (→ S. 160) kommt anlässlich der Eröffnung des 2. Vatikanischen Konzils (1962–1965) auf Leute zu sprechen, die zwar von religiösem Eifer brennen, aber nicht genügend Sinn für die rechte Beurteilung der Dinge noch ein kluges Urteil walten lassen:

Sie meinen nämlich, in den heutigen Verhältnissen der menschlichen Gesellschaft nur Untergang und Unheil zu erkennen. Sie reden unablässig davon, dass unsere Zeit im Vergleich zur Vergangenheit dauernd zum Schlechteren abgeglitten sei. Sie benehmen sich so, als hätten sie nichts aus der Geschichte gelernt, die eine Lehrmeisterin des Lebens ist, und als sei in Zeiten früherer Konzilien, was die christliche Lehre, die Sitten und die Freiheit der Kirche betrifft, alles sauber und recht zugegangen.
Wir aber sind völlig anderer Meinung als diese Unglückspropheten, die immer das Unheil voraussagen, als ob die Welt vor dem Untergange stünde. In der gegenwärtigen Entwicklung der menschlichen Ereignisse, durch welche die Menschheit in eine neue Ordnung einzutreten scheint, muss man viel eher einen verborgenen Plan der göttlichen Vorsehung anerkennen.

Papst Johannes XXIII. (1881–1963)

James Ensor (1860–1949): Die Kathedrale, Radierung, 1896.

Institutionalisierung der Kirche

Ein Kritiker hat einmal ironisch formuliert, Jesus habe das Reich Gottes angekündigt und gekommen sei die *Kirche*. Er wollte damit sagen, dass aus der religiösen Botschaft eine weltliche Institution, aus der Spontaneität eine Organisation, aus dem Hören eines Rufes eine Mitgliedschaft geworden ist. Wenn die Kritik auch bedenkenswert ist, so kann nicht übersehen werden, dass auch Jesus schon in einer Gemeinschaft lebte und wohl auch eine Gemeinschaft wollte, die ohne jede institutionelle Form nicht denkbar ist.

Besondere Bedeutung kam dabei dem Zwölferkreis der *Apostel* zu, der in Erinnerung an die Zwölf Stämme Israels von Jesus berufen wurde. Am *Pfingsttag*, 50 Tage nach Ostern, widerfuhr ihnen ein Erlebnis, das sie mit ungewöhnlicher Dynamik erfüllte. Gottes Geist kam über sie. Die Trauer über den Weggang Jesu fand ein Ende. Sie verloren ihre Unsicherheit und konnten erstaunlich schnell viele Menschen für das Evangelium begeistern. Diese Geisterfahrung war die Geburtsstunde der *Kirche*. Von nun an stellten die Freunde Jesu nicht mehr das Reich Gottes in den Mittelpunkt ihrer Botschaft, wie es Jesus getan hatte. Jetzt trat Jesus selbst, der Gekreuzigte und Auferstandene, in das Zentrum der Verkündigung. Eine zuversichtliche Grundstimmung wurde für die ersten Christen kennzeichnend.

Bald gingen die Jünger Jesu in ihrer Mission über *Israel* hinaus und wandten sich an die anderen Völker (*»Heiden«*), denen sie im Namen Gottes und seines Sohnes Jesus Christus Heil und Vergebung der Sünden zusprachen. Sie waren davon überzeugt, dass die Geschichte mit dem Erscheinen des Messias Jesus eine einschneidende Wende genommen habe und das Ende der Welt und die Wiederkunft Christi nahe bevorstünden. Die *Taufe* auf den Namen des Vaters und des Sohnes und des Heiligen Geistes wurde zum Aufnahmeritus in die Kirche. Der Höhepunkt des Gemeindelebens war die sonntägliche *Eucharistie*, in der die Christen die Erinnerung an das letzte Pesachmahl Jesu, an seinen Tod und seine Auferstehung feierten. In den liturgischen Speisen von Brot und Wein nahmen sie den Leib und das Blut Jesu zu sich. Die Spendung dieser *Sakramente* gehört bis heute zu den wichtigsten Aufgaben der Kirche.

Das kirchliche Leben gewann allmählich eine eigene Struktur. Für die erste Zeit verzichteten die Gläubigen sogar auf ihr persönliches Eigentum. Neue Formen des Gottesdienstes, der Verkündigung und der sozialen Hilfe entwickelten sich. Juden und Nichtjuden, Frauen und Männer, Freie und Sklaven konnten der neuen Gemeinschaft angehören und sich in ihr mit den je eigenen geistlichen Fähigkeiten (*»Charismen«*) entwickeln.

Je mehr die Gemeinden wuchsen, umso mehr wurden auch *Leitungsämter* notwendig. In den Gemeinden waren schon früh »Bischöfe« (d. h. »Aufseher«) tätig, die dem Gottesdienst vorstanden und das Wort Gottes verkündeten. Ihnen zur Seite gingen »Diakone« (d. h. »Helfer«), die den Dienst für die Armen besorgten. Prinzipielle Probleme wurden später auf größeren Versammlungen (*»Synoden«*, *»Konzilien«*) diskutiert und entschieden. Schon früh trat *Petrus*, den Jesus als den Ersten der Apostel bestellt hatte, als Leiter der Gemeinde in den Vordergrund. Am Ende seines Lebens kam er nach Rom, wo er nach einer alten Legende mit dem Kopf nach unten gekreuzigt wurde. Sein Grab befindet sich dort in der größten Kirche der Christenheit, in der Petrusbasilika im Vatikan. Die *Bischöfe* sind später die Leiter größerer Kirchenbezirke (»Diözesen«) geworden, aus der Nachfolge des Petrus erwuchs in Rom das *Papsttum*. Im Lauf der Zeit entstanden für neue Aufgaben auch neue Ämter und Titel: Patriarchen, Kardinäle, Erzbischöfe, Weihbischöfe, (Ober)Kirchenräte, Generalvikare, Militärseelsorger, Prälaten, Monsignori, Domkapitulare, Dechanten, Pfarrer, Kapläne, Vikare, Pastoralassistenten. So ist aus kleinen Anfängen eine bedeutende Institution geworden. Ihre *»Hierarchie«* (»heilige Herrschaft«) übt bis heute auf das Kirchenleben entscheidenden

El Greco (um 1541–1614): Pfingsten, Öl auf Leinwand, um 1600. Das hochgestreckte Bild zeigt Maria, umgeben von den Aposteln, auf die die feurigen Zungen des Gottesgeistes herniederkommen. Auf ihn, hier in Gestalt einer lichtdurchfluteten Taube (ganz oben), ist das ganze Geschehen ausgerichtet.

Pfingsten

Als der Pfingsttag gekommen war, befanden sich alle am gleichen Ort. Da kam plötzlich vom Himmel her ein Brausen, wie wenn ein heftiger Sturm daherfährt, und erfüllte das ganze Haus, in dem sie waren. Und es erschienen ihnen Zungen wie von Feuer, die sich verteilten; auf jeden von ihnen ließ sich eine nieder. Alle wurden mit dem Heiligen Geist erfüllt und begannen, in fremden Sprachen zu reden, wie es der Geist ihnen eingab.

aus der Apostelgeschichte 2, 1–4

Einfluss aus. Die Priester der katholischen Kirche und die Bischöfe der orthodoxen Kirchen müssen ehelos (*»Zölibat«*) leben. Diese Verpflichtung, die sich nicht auf Jesus berufen kann und in der frühen Kirche auch nicht bestand, ist heute umstritten. Auch dass Frauen in der katholischen und orthodoxen Kirche nicht zu den Weiheämtern zugelassen werden, stösst auf wachsendes Unverständnis. Mit der Institutionalisierung geht die Entwicklung eines umfänglichen kirchlichen *Rechts* einher, das viele Fragen des Kirchenlebens minutiös festlegt.

Die Institutionalisierung der Kirche, so unvermeidlich sie auch bei dem raschen Wachstum der Kirche war, bringt viele *Probleme* mit sich. Einerseits gibt sie der Kirche Rückhalt und Kraft, die sie für ihre Arbeit braucht. Unter ihren Amtsträger gibt es große Persönlichkeiten und Heilige. Andererseits fallen von den Institutionen viele Schatten auf das Christentum. Die großen und kleinen Hierarchen übten und üben ihre Macht nicht immer nur im Sinne Jesu aus. Oft ist in ihrem Tun die Botschaft Jesu vom Reich Gottes nicht mehr erkennbar. Viele halten sich nicht an das Wort Jesu: »Der Größte unter euch soll euer Diener sein« (Mt 23, 11).

Aufgaben für die Gesellschaft

Während die Kirchen in vergangenen Zeiten Institutionen waren, die fast alle Aufgaben der Gesellschaft wahrnahmen (z. B. Politik, Erziehung, Bildung, Krankenpflege, Fürsorge, Kultur), ist es in der *Gegenwart* in unserer Gesellschaft zu einer Pluralisierung und Differenzierung der Institutionen gekommen. Institutionen wie Schulen, Medien, Krankenhäuser, Verbände, Kommunen und Staat haben viele ehemalige Aufgaben der Kirchen übernommen. Im Zuge dieser Entwicklung sind die Kirchen in unserer Gesellschaft zu den Institutionen geworden, die *für Glaube und Religion zuständig* sind. Zu den *Aufgaben* der Kirchen für den Einzelnen und für die Gesellschaft zählen:

- die Bereitstellung von Ritualen an Knotenpunkten der Lebensgeschichte, z. B. Geburt, Konfirmation, Erstkommunion, Hochzeit, Sterben und Tod (Gottesdienste, Feierstunden, Gespräche)
- die Verarbeitung von Trauer- und Leiderfahrungen (z. B. durch persönliche Gespräche bei Krankheit, Ehekrisen, Katastrophen)
- Einsatz an sozialen Brennpunkten (z. B. Ausländer, Drogenabhängige)
- Protest gegen ungerechte gesellschaftliche Zustände (z. B. Asyl, Arbeitslosigkeit).
- Ideen für die Entwicklung der Gesellschaft durch den Einfluss auf Politik und Gesetzgebung (z. B. bei der Bewahrung des Sonntags als Ruhetag, bei einer angemessenen Berücksichtigung der Familien in der Steuerpolitik, Kindergeld u. a.)
- öffentliche Stellungnahme zu Grundentscheidungen der Politik (z. B. § 218, Aufhebung des Buß- und Bettags als Feiertag)
- Bereitstellung umgreifender Deutemuster von Welt und persönlichem Leben (z. B. in kirchlichen Verlautbarungen, Hirtenbriefen, in kirchlichen Akademien und Schulen)

Die Bedeutung für den Staat

E. W. Böckenförde, ehemals Richter am Bundesverfassungsgericht, hat sich die Frage gestellt, aus welchen geistigen Wurzeln der freiheitliche und säkularisierte Staat lebt. Er weist auf Unverzichtbares für die pluralistische Demokratie hin, das nicht im politischen Bereich angesiedelt werden kann. Wenn er in seiner weithin bekannt gewordenen Formulierung auch an das Christentum gedacht hat, ist dieses für die Zukunft der Demokratie von nicht zu unterschätzender Bedeutung.

Der freiheitliche, säkularisierte Staat lebt von Voraussetzungen, die er selbst nicht garantieren kann. Das ist das große Wagnis, das er, um der Freiheit willen, eingegangen ist.

Ernst Wolfgang Böckenförde (geb.1930), Staatsrechtler

- Zahlen zu den Kirchen in Deutschland: → S. 17; andere Aufgaben der Kirche heute: → S. 155 f.; 173 ff.; 184 f.
- Heute meinen viele, man könne in unserer Gesellschaft sehr wohl ohne Gott und Kirche, aber nicht ohne Geld und Recht leben. Was halten Sie davon? Zur Rolle des Geldes: → S. 89 f.
- Christen und Kirchen in Deutschland: Welche kirchlichen Institutionen und Einrichtungen kennen Sie? Wie sähe unsere Gesellschaft ohne diese aus? Was erwarten Sie, was erwartet die Gesellschaft heute von den Kirchen? Zur Rolle der Kirchen als »Anbieter« und »Dienstleister«: → S. 182.
- Welche Bedeutung haben die Kirchen in der Biographie vieler Menschen?

Das Verhältnis zu Israel

Die erste große Auseinandersetzung, in die die Kirche geriet, war die mit dem Judentum. Sie ist zum *Dauerthema* der Kirchengeschichte geworden, an dem sich für das Selbstverständnis der Kirche viel ablesen lässt. Schon früh kam es zum heftigen innerjüdischen Streit zwischen den jüdischen Anhängern Jesu und den Juden, die ihm nicht folgten. Sie stritten vor allem über die Frage, ob Jesus der *Messias* sei und wie weit die *Thora* Geltung habe. Nach Pfingsten bahnte sich der verhängnisvolle Bruch an. Damals nahm die junge Kirche erstmals nicht nur Juden, sondern auch Nicht-Juden (»Heiden«) auf und dispensierte sie von so wichtigen Thorageboten wie Beschneidung, Sabbat und Essensvorschriften. Sie bezog sich bei der Aufnahme von Nicht-Juden auf das Erste Testament, das oft von der Zuwendung Gottes zu allen Völkern spricht (Gen 12,3; Jes 52,10; Joel 3,1; Ps 117 u. ö.). So kam es zuerst zu einer Trennung und dann zu gegenseitiger Ausgrenzung. Die Evangelien, die Apostelgeschichte und die Paulusbriefe dokumentieren an vielen Stellen diesen Streit. Paulus vor allem setzte sich engagiert für eine Lockerung von den Traditionen des Judentums ein, ohne die unlösbare Verbindung der Kirche mit Israel grundsätzlich zu leugnen (Röm 9–11).

Der Christenjunge Simon aus Trient wurde 1457 am Gründonnerstag vermisst. Die Juden des Ortes wurden zu Unrecht des Mordes beschuldigt und unter Foltern zu einem Geständnis gezwungen. Viele von ihnen wurden hingerichtet, ihr Besitz konfisziert. Johannes Matthias Tiberinus hat im selben Jahr die »Historie von Simon« veröffentlicht, aus der die beiden Holzschnitte stammen.
Links: Die Juden bereiten den Ritualmord vor, um das Blut des Jungen zu ihrem Pesachfest zu missbrauchen.
Rechts: Die Juden kommen auf den Scheiterhaufen.

Als viele Nicht-Juden zum Christentum gekommen waren, wurde aus dem zunächst rein innerjüdischen Konflikt ein Streit zwischen *Kirche und Synagoge*. Die Juden klagten die Christen an von der Thora Israels abzuweichen, während die Christen die Juden beschuldigten die Messianität Jesu nicht anzuerkennen und für seinen Tod verantwortlich zu sein. Kirchenväter warfen den Juden vor, sie seien *»Gottesmörder«* und verweigerten verstockt der Kirche ihre Zustimmung. Aus diesen Anfängen erwuchs eine Theologie der Verachtung und *Enterbung des Judentums*. Sie stützte sich auf Behauptungen wie diese: Der Alte Bund ist vergangen, an seine Stelle ist der Neue Bund getreten. Israel hat seine Erwählung verspielt. Die Kirche hat das Erbe Israels angetreten. Die Zerstörung Jerusalems im Jahr 70 durch die Römer wurde als Strafe Gottes für die Abweisung Jesu und der Kirche gedeutet, während der Aufstieg des Christentums zur Staatsreligion im Römischen Reich (4. Jh.) als göttlicher Beweis für die Wahrheit des Christentums gefeiert wurde. Daraus erwuchsen mächtige Impulse gegen das Judentum.

Es blieb nicht bei theologischen Entgleisungen. Aus Beschuldigungen wurden *Verfolgungen*, bei denen Synagogen in Brand gesteckt, Juden vertrieben, ihr Besitz konfisziert und Männer, Frauen und Kinder ermordet wurden. Zur Zeit der Kreuzzüge verloren viele Juden, die sich nicht taufen lassen wollten, ihr Leben. Man beschuldigte die Juden Christenkinder zu töten, die Eucharistie zu schänden und die Brunnen zu vergiften. Diese bösartigen *Legenden* lieferten den Christen einen Vorwand für schreckliche Pogrome. 1492 wurden viele tausende Juden, die auf eine jahrhundertelange friedliche Geschichte im islamischen Spanien zurückblicken konnten, auf Befehl der katholischen Majestäten aus dem Land vertrieben. Kurz darauf ereilte die Juden in Portugal dasselbe Schicksal. Im katholischen Polen wurden im 17. Jahrhundert unzählige Juden wie Vieh abgeschlachtet.

Die jahrhundertelange Missachtung der Juden hat dazu geführt, dass die Kirchen nicht darauf vorbereitet waren, dem furchtbaren rassistischen *Antisemitismus Hitlers* entschiedenen Widerstand entgegenzusetzen. Sie taten trotz

Ekklesia und Synagoge, Figuren vom südlichen Querhausportal des Straßburger Münsters, um 1230.

Israel

Sie sind Israeliten; damit haben sie die Sohnschaft, die Herrlichkeit, die Bundesordnungen, ihnen ist das Gesetz gegeben, der Gottesdienst und die Verheißungen, sie haben die Väter, und dem Fleisch nach entstammt ihnen der Christus, der über allem als Gott steht, er ist gepriesen in Ewigkeit. Amen. ...
Ich frage also: Hat Gott sein Volk verstoßen? Keineswegs!

aus dem Brief des Paulus an die Römer 9, 4–5;11,1 (→ S. 18)

des beispielhaften Mutes einzelner Christen entschieden zu wenig für die tödlich bedrohten Juden, so dass mitten im Abendland, das stark vom Christentum geprägt zu sein schien, ca. 6 Millionen Juden, darunter eine Million Kinder, ermordet wurden. Diese größte Katastrophe in der Geschichte des Judentums nennt man oft »Holocaust« (d. h. »Brandopfer«), rückt aber von dieser Bezeichnung wieder ab, weil von

Kirche nach der Schoa

Der Alttestamentler Erich Zenger hat sich in den letzten Jahren intensiv um ein neues Verhältnis der Kirche zum Judentum bemüht. Er hat versucht gefährliche Traditionen in Kirche und Theologie abzubauen und eine neue Sicht des Judentums anzubahnen. Mit anderen katholischen (z. B. J. B. Metz; → S. 88) und evangelischen Theologen (z. B. R. Rendtorff oder F. W. Marquardt) ist er davon überzeugt, dass nach der Schoa ein radikales Umdenken in der Christenheit nötig ist.

Ein »Zeichen der Zeit« unseres Jahrhunderts, dem sich Theologie und Kirche nicht länger entziehen dürfen, ist die Schoa. ... Gewiss, die Diskussion über die christliche Mitverantwortung an der Schoa kommt erst mühsam in Gang. Sie ist offensichtlich für uns Christen irritierend und schmerzlich, weil sie unsere christliche und kirchliche Identität betrifft. Sie ist schwierig, weil sie aus der Rückschau Menschen belastet, die oft »besten Gewissens« gelehrt und gehandelt haben und dennoch nicht das gesagt und getan haben, was richtig, erforderlich und förderlich, kurz, was christlich gewesen wäre. Wenn irgendwo die theologische Rede von struktureller Sünde, von Schuldverstrickung, ja von »Erbsünde« zutrifft, dann im Blick auf die unselige Blindheit, in der Kirche und Theologie jahrhundertelang die theologische Würde des jüdischen Volks übersehen, missachtet und verletzt haben. ...
Als die Schoa mitten in Europa geschah, waren die Kirchen blind. Schon als 1938 die Synagogen brannten, haben sie gesehen – und doch nicht gesehen! Als die Juden aus den Dörfern und Städten verschleppt wurden, haben sie gesehen – und doch nicht gesehen! Die jahrhundertelange Blindheit der Christen war tödlich – für die Juden. ...
Angesichts der Schoa ist eine entscheidende Wende im Verhältnis der Kirchen zum Judentum gefordert. Auf allen Ebenen. Wenn irgendwo die Rede von einem Paradigmenwechsel sinnvoll ist, dann hier. Dabei geht es nicht mehr um Einzelkorrekturen, sondern um eine Totalrevision unserer bisherigen Denk- und Handlungsmuster. Die Schoa ist das Zeit-Zeichen, das eine radikale Erneuerung unserer christlichen Theologie fordert. Die Radikalität betrifft die jüdische Wurzel des Christentums. Zu ihr müssen wir ein neues Verhältnis finden, und zwar in doppelter Weise: Zum einen müssen wir diese unsere bleibende Verwurzelung im biblischen Judentum lieben und pflegen. Und zum anderen müssen wir das nachbiblische Judentum, das aus eben dieser Wurzel lebt, als unsere ältere Schwester in ihrer ureigenen Identität respektieren und lieben lernen.

Erich Zenger (geb. 1939), Professor für Exegese des Alten Testaments

einem Opfer nicht die Rede sein kann. Niemand hat sich selbst freiwillig geopfert und niemand kann sagen, wem (Gott?) die Juden geopfert wurden. Heute wird das unfassbare und beispiellose Geschehen eher *»Schoa«* (d. h. »Vernichtung«, »Katastrophe«) genannt, weil dieser Begriff jede Sinndeutung ausschließt.

Selbst nach dem 2. Weltkrieg erkannten die christlichen Kirchen nur langsam ihre Mitverantwortung und Schuld für das furchtbare Geschehen in Auschwitz und den anderen Vernichtungslagern an. Der Ökumenische Rat der Kirchen und mehrere evangelische Synoden haben sich seit 1946 um ein *Neuverständnis* des Judentums bemüht und die Schuld der Kirchen am Judentum bekannt. Für die katholische Kirche fand das *2. Vatikanische Konzil* (1962–1965) erstmals offiziell ein gutes Wort über das Judentum. Seitdem gibt es viele andere Zeichen der Annäherung. Päpste, Bischöfe und Kirchenleitungen haben durch gute Stellungnahmen ein Umdenken angebahnt. Die Kirchen beginnen langsam die religiöse Eigenständigkeit des Judentums anzuerkennen. Es wächst das Bewusstsein, dass beide so eng verwandten Religionen in ihrem Glauben und Ethos ein Programm haben, das zur Bewältigung der großen Probleme der Menschheit viel beitragen kann.

- Über die jüdischen Wurzeln des Christentums: → S. 18 ff.; über die Behauptung, die Juden trügen die Verantwortung an der Verurteilung Jesu (Mt 27, 25): → S. 72; über die Einstellung der Kirchen zum Alten (»Ersten«) Testament: → S. 38.
- Vielleicht gibt es in Ihrer Nähe eine Christlich-Jüdische Gesellschaft, wo Sie Informationen über das christlich-jüdische Verhältnis erhalten können. Können Sie den Besuch in einer Synagoge planen?

Eine neue Entdeckung

Am 13. 4. 1986 besuchte zum ersten Mal in der langen Geschichte der Christenheit ein Papst eine Synagoge. In Rom betete er gemeinsam mit dem Oberrabiner Elio Toaff und der jüdischen Gemeinde. Dabei fanden beide Seiten Worte, die so früher undenkbar gewesen wären. Der Papst:

Die jüdische Religion ist für uns nicht etwas »Äußerliches«, sondern gehört in gewisser Weise zum »Inneren« unserer Religion.

Papst Johannes Paul II. (geb. 1920, im Amt seit 1978)

Vielfache Prägungen

Die lange Geschichte hat dem Christentum viele Prägungen gegeben. Einzelne Personen, soziale Prozesse, rechtliche und politische Strukturen, lebendige Kulturen, philosophische Gedanken und auch religiöse Traditionen haben sich mit dem Evangelium Jesu Christi verbunden und auf die Kirche eingewirkt. Daraus sind jeweils neue Ausformungen des Christentums entstanden. Stets wurde das Christentum von den Kräften seiner Zeit neu beeinflusst, wie es seinerseits immer auch das Gesicht der jeweiligen Zeit mitgeprägt hat. Diese wechselhafte Beziehung dauert bis heute an.

- Aus der *Antike* leben noch im heutigen Christentum Gedanken der griechischen Philosophie, Axiome des römischen Rechts, Symbolhandlungen der Mysterienreligionen, Rituale des byzantinischen Kaiserhofs fort. Durch die Verbindung dieser Elemente mit der Jesus-Bewegung ist das Christentum erst zu dem geworden, was die Römer »Religion« nannten: ein komplexes System von kulturellen, politischen, juristischen, liturgischen und institutionellen Elementen, die sich um den eigentlichen Kern der Gottesbeziehung legten.
- Die Missionierung der *Germanen* und *Slawen* seit der Spätantike hat im Christentum andere tiefe Spuren hinterlassen. Von da an wurden Gemüt, Herz und Innerlichkeit mehr angesprochen. Das hatte tiefe Auswirkungen auf die Frömmigkeit des Volks und die Formen der Kunst.
- Immer wieder gab es *Reformbewegungen*, die Fehlentwicklungen und Erstarrungen im Christentum aufzudecken und zu beseitigen suchten. Unter diesen sind vor allem die großen Orden zu nennen, die neue Formen der Spiritualität und des Engagements entwickelten. Prophetisch begabte Frauen und Männer gaben der Kirche oft ungewöhnlich neue Impulse, die sich in kirchlichen Gruppen und auch in der ganzen Kirche auswirkten. So kamen Elemente der Mystik, der Frömmigkeit, des beschaulichen und aktiven Lebens in die Christenheit.
- In der *Neuzeit* hat das neue Weltbild von Galilei, Newton und Einstein und das neue Menschenverständnis von Darwin und Freud die Kirchen zunächst in eine lange unfruchtbare

Abwehrstellung gebracht, ehe sie sich mit den neuen Vorstellungen sachlich auseinandersetzten. Nach anfänglichem Widerstand haben die Kirchen manche Ideen der Aufklärung aufgenommen, z. B. die Hochschätzung der Menschenrechte, die selbst in der Bibel gründen (→ S. 116) und in der Französischen Revolution zum zentralen politischen Thema wurden. Die neuzeitliche Demokratisierung der Politik hat die älteren politischen Vorstellungen der Kirchen vom Gottesgnadentum der Herrschaft langsam verändert. Die außerkirchlichen sozialen, liberalen, kulturellen, ökologischen und feministischen Bewegungen, in denen auch Elemente der biblischen Tradition in neuer Form fortleben, haben starke Rückwirkungen auf die Kirchen gehabt.

- Im *20. Jahrhundert* sind die Kirchen dabei, ihre Europazentriertheit zu überwinden und sich in vielen anderen Teilen der Welt ein neues Gesicht zu geben, das nicht mehr von den Kirchen Europas allein bestimmt ist. Die Änderungen, die den Kirchen bevorstehen, werden vielleicht noch größer sein als die des Anfangs, als sich das Christentum aus seinen jüdischen Wurzeln löste und so in die Lage kam die Welt der Römer, Germanen und Slawen religiös zu erobern. Aus dem abendländischen Christentum wird allmählich ein universales Christentum.

Identität und Pluralität

Das Christentum ist im Verlauf seiner Geschichte mehrmals in neue geographische und kulturelle Welten eingetreten. Dabei entstanden jedes Mal grundsätzliche Probleme. Nie war leicht zu entscheiden, wie weit die *Anpassung* der Kirche an die neuen Gegebenheiten notwendig war, um sich verständlich zu machen und die Menschen ansprechen zu können, und ab wann die Anpassung für die eigene Identität gefährlich wurde. Immer stand die Kirche vor der Frage, wie weit die *alten Traditionen* und wie weit die *neuen Situationen* zu beachten waren. Immer musste die Kirche zugleich konservativ und progressiv sein. Immer musste sie sich auf die neuen religiösen und kulturellen, auf die sozialen und ethischen Gegebenheiten einlassen, ohne dabei das eigene christliche Profil preisgeben zu dürfen.

Zum ersten Mal stellten sich für die Kirche diese Probleme, als sie in der *Spätantike* die Grenzen Judäas und Galiläas überschritt und den Boden des Römischen Imperiums und die geistige Welt des Hellenismus betrat. Wenn sie das Evangelium hier verkünden wollte, konnte sie nicht mehr nur die Sprache und Vorstellungen des Judentums benutzen. Sie musste mit der griechischen und lateinischen Sprache auch in die geistigen Welten Roms und Athens eintreten. Schon Paulus hat diese schwierige Situation vorgefunden und sich mit ihr auseinandergesetzt. In seiner berühmten Rede auf dem Areopag in Athen (Apg 17, 16–34) ging er zugleich auf die biblische Tradition der Juden und die philosophischen Lehren der Griechen ein. Es gelang ihm damals kaum die Athener zu überzeugen. Später konnten die Christen diese Schwierigkeiten meistern. Kirchenväter wie Augustinus (→ S. 94 f.) lieferten dazu das geistige Rüstzeug. Sie bauten Brücken von der Botschaft Jesu zur Welt der Antike. Die Christen entfalteten damals die dynamische Kraft ihres neuen Glaubens und zeigten sich bald den verbreiteten Religionen und der eher resignierten Stimmung der Spätantike überlegen. Vergleichbare Situationen waren später bei der Bekehrung der Iren, Germanen, Slawen und der nichteuropäischen Völker gegeben.

In der *Gegenwart*, wo das Christentum sich anschickt, seine Begrenzung auf die europäische Welt endgültig zu überwinden und aus der Westkirche eine Weltkirche zu werden, ist das Problem brennender denn je. Überall in der Welt suchen Christen heute nach Möglichkeiten das Christentum mit der jeweiligen Kultur zu versöhnen (»Inkulturation«). In *Südamerika* ist die Auseinandersetzung mit der sozialen Not dominierend. Dort möchte die »Theologie der Befreiung« die Kirche auf eine Option für die Armen festlegen. Sie fordert mit Nachdruck, dass sich die Kirche nicht zur Komplizin der Reichen machen darf und gegen alle Formen der Gewalt und Ausbeutung kämpfen muss. In zahlreichen »Basisgemeinden« stehen Christen auf der Seite des Volkes und versuchen Wege aus dem Elend zu zeigen. In *Afrika* sucht das

Christentum nach Anknüpfungsmöglichkeiten an einheimische Sitten und Bräuche. Die christliche Liturgie öffnet sich dort für neue Feiern, Lieder und Tänze, wodurch sie an Lebendigkeit und Faszination gewinnt. Von daher strömt ein neuer geistlicher Reichtum in die Kirchen. Demgegenüber ist die landesübliche Polygamie bis heute ein Hindernis für die Ausbreitung des Christentums. In *Asien* erschließen sich den Christen im Kontakt mit dem Hinduismus und Buddhismus neue Formen der Meditation und Spiritualität. Die kosmischen Dimensionen des Christentums werden hier besser verständlich. Aus seinem Glauben an Gottes Schöpfung lernt das Christentum hier einen neuen Sinn für die Schönheit der Welt, eine neue Verbundenheit mit der Natur, ein neues Verständnis für die Kräfte der Erde. Schon jetzt lässt sich erkennen, dass sich die Gestalt des Christentums in der Begegnung mit den Religionen und Kulturen Asiens, Afrikas und Amerikas stark wandeln wird.

Nur wenn das Christentum auch in Zukunft der Botschaft Jesu treu bleibt, kann es seine *Identität* wahren. Nur wenn das Christentum auf die kulturellen und sozialen, auf die religiösen und ethischen Formen der Menschen weltweit eingeht, kann es die Frohe Botschaft Jesu wirksam verkünden.Darin wird es so *plural* sein müssen, wie unsere Welt plural ist.

Viel Licht ...

In der Geschichte der Christenheit gibt es viel Licht. Zu allen Zeiten war die Kirche eine heilige Kirche, die den Menschen den Weg zu Gott und zu mehr Menschlichkeit gezeigt hat. Ohne die Christenheit wäre die Menschheit ärmer.

Christen zählen zu den positiven Seiten ihrer Religion wichtige Grundbestandteile ihrer *Lehre*: den Gottesglauben, ihr Verständnis von Welt und Mensch, das biblische Ethos der Hoffnung und Liebe. In Jesus Christus sehen sie eine Identifikationsgestalt, von der unermesslicher Segen auf die Menschen ausgegangen ist.

Große Zustimmung und Bewunderung hat immer die Aufforderung Jesu gefunden sich auf die Seite der *Armen* und *Schwachen* zu stellen und ihr Leid mitzutragen. Dies haben zahllose Christen/innen auch von Anfang an getan. Im Römischen Reich kamen zuerst vorwiegend kleine Leute, unter ihnen viele Sklaven, zum Christentum. Sie empfanden die Botschaft der Kirche als Befreiung. Viele bekannte Gestalten der Christenheit, z. B. Elisabeth von Thüringen, Franz von Assisi (→ S. 141 ff.) oder Vinzenz von Paul (→ S. 122) haben gerade diese Rolle des Christentums exemplarisch vorgelebt. Unzählige namenlos gebliebene Christen/innen sind ihnen darin gefolgt, wenn sie den Dienst an den Armen zu ihrer Lebensaufgabe machten.

Auch den *Frauen* bietet das Christentum oft mehr Würde und soziale Sicherheit, weil es Polygamie, Ehebruch und Scheidung verbietet. Durch dieses Ethos wird die sexuelle Freizügigkeit der Männer eingeschränkt, die in vielen Gesellschaften, z. B. im Römischen Reich, selbstverständlich war und ist. Es stärkt die Rolle der Frauen in Ehe und Familie. Außerdem hat das Christentum in vielen Ländern den Brauch, weibliche Neugeborene auszusetzen, scharf bekämpft.

Solange das Christentum besteht, kennt es eine *Praxis des Widerstands* gegenüber politischer Gewalt, totalitären Mächten, gefährlichen Ideologien und ökonomischer Herrschaft. Im Kampf gegen Unterdrückung und Zwang sind viele Christen/innen an den Rand der Gesellschaft gedrängt, verfolgt und zu Märtyrern geworden. Sie wussten sich dem Beispiel Jesu verpflichtet, der selbst in der Auseinandersetzung mit den Mächten seiner Zeit am Kreuz gestorben war. Die ersten blutigen Verfolgungen trafen die Christen schon wenige Jahrzehnte nach der Kreuzigung Jesu, als Kaiser Nero (54–68) ihnen die Schuld an dem Brand Roms im Jahr 64 zuschob, den er selbst gelegt hatte, um die Stadt glanzvoller aufbauen zu können. In den folgenden drei Jahrhunderten gab es im Römischen Reich viele blutige Ausschreitungen gegen die Christen vor allem deshalb, weil sie sich der Staatsideologie des Kaiserkults widersetzten. Die weitaus meisten Blutopfer erlitt das Christentum im 20. Jahrhundert. Viele Christen/innen wurden unter der Terrorherrschaft des Nationalsozialismus (→ S. 123; 142 f.) und des Kommunismus benachteiligt, verfolgt und getötet, weil sie sich aus innerer Überzeugung dem Regime nicht anpassten. Unter den verschiedenen Militärdiktaturen der Welt, z. B. Mexikos und Südamerikas, verloren zahllose Christen/innen ihren Beruf, ihren Besitz und ihr Leben, weil sie das Unrecht der Machthaber öffentlich anprangerten.

Aus dem Glauben der Christen ist im Lauf der Geschichte eine bewundernswerte *Kultur* entstanden. Zahllose Werke der Literatur und Philosophie, der Kunst und Musik sind vom Christentum inspiriert. In Wissenschaft und Brauchtum, in Politik, Recht und Sozialwesen finden sich starke christliche Wurzeln. Kirchen und Kathedralen, Spitäler und Schulen, Friedhöfe und Straßen sind in den Städten und Dörfern auch heute unübersehbare Zeugen des Christentums. Viele Menschen tragen noch immer die Namen christlicher Heiliger. Die Siebentagewoche mit dem Sonntag als Ruhetag, der Rhythmus der Jahresfeste mit Weihnachten, Ostern und Pfingsten, die Berechnung unserer Zeit »nach Christi Geburt« gehen auf das Christentum zurück. Nur wer wenigstens die Grundzüge des Christentums kennt, kann einen Zugang zu unserer Kultur und Geschichte finden.

- Wo sehen Sie die positiven Seiten des Christentums? (→ S. 182 ff.) Warum treten sie heute eher selten in den Blick? Wann können die Kirchen diese positiven Möglichkeiten in der Regel am besten entfalten?

… und viel Schatten

Von den Anfängen bis zur Gegenwart gab es in der Christenheit auch Schuld und Versagen. Nie hat die Kirche ihren hohen Idealen voll entsprochen, nicht selten stand sie im Gegensatz zu dem hohen Anspruch ihrer Botschaft. Als sündige Kirche ist sie ein Ärgernis, das den eigenen Glauben kompromittiert. Das hat ihrem Ansehen und ihren Wirkmöglichkeiten oft geschadet.

So stark das religiöse und humane Potential der christlichen *Lehre* auch ist, es hat nicht verhindern können, dass eben diese Lehre zum Kampfmittel gegen andere verwendet wurde. Als die kirchlichen Dogmen mit dem Anspruch alleiniger und allein selig machender Wahrheit versehen wurden, ließen sie sich gegen Einstellungen Einzelner und ganzer Gruppen verwenden, die sich auf andere Wahrheiten stützten. Eine Zeit lang hat die kirchliche Inquisition viele als *»Ketzer«* und *»Häretiker«* verfolgt, denen sie Abweichung vom rechten Glauben vorwarf. Meistens waren es Frauen und Männer, die sich ernsthaft um ein Leben aus christlichem Geist mühten und einem christlichen Ethos verpflichtet wussten. So wurden in Südfrankreich die Katharer und Waldenser im Mittelalter blutig verfolgt. Der böhmische Reformator Jan Hus kam trotz eines kaiserlichen Geleitbriefs während des Konzils von Konstanz 1415 auf den Scheiterhaufen. Im Mittelalter und noch in der Neuzeit starben viele Menschen, weil sie Lehren und Lebensformen für richtig hielten, die den Mächtigen der Kirche suspekt waren. Heute sind es vor allem *fundamentalistische Kreise*, die sich mit Berufung auf die Tradition gegen jede Neuerung wehren. In der Moderne sehen sie nur eine Verfallserscheinung, die es zu bekämpfen gilt.

Zu den negativen Seiten der Kirchen zählt auch die Tatsache, dass sie – gegen die ausdrücklichen Intentionen Jesu – oft im Bund mit *Macht* und *Reichtum* standen und dabei die Sache der Armen und Schwachen eher vergaßen. Dabei wurden sie oft das Opfer ihres eigenen Erfolgs. In der Antike wurde die Kirche nach einem stürmischen Wachstumsprozess, der von Zeiten der Verfolgung unterbrochen war, im 4. Jahrhundert von dem römischen Kaiser Konstantin schließlich als erlaubte Religion anerkannt. Noch im selben Jahrhundert wurde das Christentum Staatsreligion. Diese Entwicklung bot der Kirche einige Chancen. Das Christentum wurde von da an zu einer bestimmenden Kraft in Politik, Gesellschaft und Kultur. Aber damit verbunden waren erhebliche Gefahren. Die Kaiser, zuerst in Byzanz, seit Karl dem Großen auch im Abendland, waren nun christliche Herrscher, die sich von Gott erwählt glaubten. Sie traten auch mit ungeistlichen Mitteln wie Krieg und Zwangstaufe für das Christentum ein. Selbst Päpste und Bischöfe wurden weltliche Machthaber. Mit ihrer Machtfülle haben sie oft verheerend gewirkt. Viele christliche Herrscher setzten sich mehr für ihre weltlichen Interessen als für die Belange der Armen ein.

In der Neuzeit konnten die Kirchen ihre Macht nicht mehr ungehindert ausüben. Trotzdem traten sie oft in eine unheilige Verbindung mit den Mächtigen ihrer Zeit. Im Bund von Thron und Altar und im Konkordat zwischen Kirche und Militärregime ließen sich die Kirchen in Europa und Südamerika für die Zwecke der Herrscher einspannen und verliehen deren Tun die Aura des Religiösen. Selbst in der Nazi-Zeit gab es neben bewundernswertem Widerstand allzu viel kirchliche Anpassung an die brutale Ideologie und Politik.

Für Jahrhunderte war es an der Tagesordnung, dass christliche Völker selbst gegen andere christliche Völker Kriege führten. Päpste und christliche Kaiser bekämpften sich gegenseitig mit ideologischen Programmen und militärischen Mitteln. In manchen Zeiten glaubten Christen ihre Sache gewaltsam gegen andere Religionen durchsetzen zu müssen. Unheilige *Kriege* und *Kreuzzüge*, *Verfolgungen* und *Pogrome* zählen zu den Schandtaten der Kirche. Bei der Entdeckung und Eroberung Amerikas wurden die eingeborenen Völker nicht nur ausgeplündert, sondern weitgehend ausgerottet.

Während die *Frauen* einerseits vom Christentum erheblich profitierten, sahen sie sich andererseits einer jahrhundertelangen Diskriminierung ausgesetzt, die sich nicht auf die Einstellung Jesu zurückführen lässt. Als Töchter Evas galten sie vielfach als Quelle des Bösen und der Verführung. Zu wichtigen kirchlichen Ämtern waren sie nicht zugelassen. Eine Entfaltung ihrer Fähigkeiten war ihnen oft nicht erlaubt. Ein besonders dunkles Kapitel ist die Verfolgung von Frauen, die man der Hexerei verdächtigte. Sie wurden lange aus nichtigem Anlass angeklagt und gepeinigt. An die 50 000 Frauen wurden zwischen dem 15. und 18. Jahrhundert auf dem Scheiterhaufen verbrannt. Macht, Neid, Eifersucht und Männerüberheblichkeit feierten dabei üble Triumphe. Umso erstaunlicher ist die Tatsache, dass die Frauen eine starke Stütze der Kirche waren und in der Kirche ihre Heimat sahen. Das Kapitel der großen Leiden und der vielen Leistungen der Christinnen in der Geschichte der Kirche wird gerade erst geschrieben.

Manche Schatten lasten wie eine schwere Hypothek auf der Christenheit. Dazu gehören Kreuzzüge, Ketzerverbrennungen, Hexenverfolgungen, Inquisition und Anpassung an totalitäre Regime.

Links: Fränkische Kreuzritter im Kampf, Illustration aus dem 12. Jh. In den Kreuzzügen wurde das Kreuz Christi zum Zeichen der Gewalt.

Rechts: Hexenverbrennung, Holzschnitt, Datierung unbekannt. Vom 15. bis 18. Jahrhundert wurden viele Frauen beschuldigt über magische Kräfte zu verfügen, mit dem Teufel im Bund zu stehen und Menschen und Dinge zu »verhexen«. Viele von ihnen kamen auf den Scheiterhaufen.

Rechte Seite, links: Francisco de Goya (1746–1828): »Dieser Staub«, Radierung und Aquatinta aus den Caprichos, 1797–98. Ein Angeklagter hört in einem Inquisitionsprozess die Anklageschrift (→ S. 108; 127).

Rechts: Hitler begrüßt auf dem Reichsparteitag in Nürnberg 1934 den katholischen Abt Albanus Schachleiter und den evangelischen Reichsbischof Ludwig Müller. In beiden Kirchen gab es trotz grundsätzlicher Ablehnung des NS-Regimes auch Trends zur Anpassung und Mitläuferei.

- Heute ist die vielfältige Schuldgeschichte der Kirchen fast besser bekannt als ihre positiven Seiten. Was hat das für Konsequenzen?
- Wann war und ist die Kirche immer am meisten gefährdet?
- Zur Rolle der Frau in den Schöpfungserzählungen: → S. 113 f.; bei Jesus: → S. 65; zur feministischen Theologie: → S. 101.

Epochale Persönlichkeiten

Es gibt in der Geschichte der Kirche Frauen und Männer, die in entscheidenden Situationen Bewegungen in Gang gebracht haben, die in die Zukunft wiesen. Paulus hat am Anfang der Geschichte das Christentum aus der jüdischen Heimat herausgeführt und ihm die damalige hellenistische Welt eröffnet. Papst Johannes XXIII. hat am Ende der bisherigen Geschichte das Christentum aus seiner Bindung an die westliche Welt gelöst und es auf den Weg zu einer Kirche für die ganze Welt gebracht.

Die erfolgreiche Geschichte des Christentums, die unmittelbar nach der Zeit Jesu einsetzte, wäre nicht möglich gewesen ohne einen Mann, der aus jüdischer Tradition stammend das Evangelium weithin in der antiken Welt verbreitete und es in eine Sprache übersetzte, die auch außerhalb des Judentums verstanden werden konnte. *Paulus* (etwa 10–67 nC) war wohl der Mann, dem das Christentum in seinen Anfängen am meisten verdankte. Er war unter dem Namen Saulus in Tarsus (Zilizien, heute Türkei) geboren worden und hatte als Sohn dieser Stadt das römische Bürgerrecht, das ihm in seinem Leben wertvoll werden sollte. Als Pharisäer wurde er in der Liebe zur Thora erzogen. Jesus selbst hat er nicht persönlich erlebt. In jungen Jahren wandte er sich entschieden gegen die Anhänger Jesu, in deren Lehre er einen Abfall vom orthodoxen Judentum sah. An der ersten Verfolgung der Christen hatte er maßgeblichen Anteil. Mit Wut und selbst mit Morddrohungen ereiferte er sich gegen sie. Bei der Steinigung des ersten christlichen Märtyrers Stephanus war er anwesend. Doch dann hatte er um 35 ein Erlebnis, das ihn völlig aus der bisherigen Bahn warf. Die Apostelgeschichte erzählt, dass sich ihm auf dem Weg nach Damaskus Christus in einer Lichtvision offenbarte. Das ungewöhnliche Ereignis machte aus dem Verfolger der Kirche ihren tatkräftigsten Missionar. Saulus nannte sich nun Paulus, ließ sich taufen und predigte den Juden, dass in Jesus der Messias gekommen sei. Bald lernte er Petrus, das Haupt der jungen Gemeinde, kennen. Dieser nahm ihn mit einigem Misstrauen auf, das auch später immer wieder neue Nahrung erhielt, weil sich beide Männer in ihrem persönlichen Naturell und ihrer Auffassung des Christentums sehr unterschieden. Paulus war der leidenschaftliche Glaubenszeuge, der das Christentum aus dem Judentum herauslöste, ohne seine bleibende Verwurzelung im Judentum zu bestreiten. Überall in der Welt wollte er als Apostel für die Völker tätig werden. In Wort und Schrift suchte er neue Möglichkeiten für die Botschaft von Jesus, dem Christus. Er unternahm zwischen 46 und 58 drei große Missionsreisen, die ihn bis nach Griechenland, Rom und vielleicht sogar nach Spanien führten. An vielen Orten gründete er die ersten christliche Gemeinden. Im Jahr 58 wurde er verhaftet, saß lange im Gefängnis und wurde zwischen 64 und 67 während der Neronischen Verfolgung in Rom enthauptet. Ohne ihn, den glühenden Verehrer Jesu Christi und den unermüdlichen Kämpfer für das Evangelium, wäre das Christentum nicht denkbar.

Ein anderer großer Beweger des Christentums war in unserem Jahrhundert Angelo Giuseppe Roncalli (1881–1963), der 1958 zum Papst gewählt wurde und den Namen *Johannes XXIII.* annahm. Weil er bei der Übernahme des Amtes schon alt war, sah man in ihm zuerst einen Papst des Übergangs, von dem nicht viel Neues zu erwarten war. Aber schon bald tat er alles, um der Kirche den Übergang in eine neue Zeit zu ermöglichen. Er gab ihr neue Anstöße und erfüllte sie mit neuer Hoffnung. In aller Welt beeindruckten seine Güte und sein Humor. Genauso wichtig waren sein Mut, mit der er seine Ideen gegen viele Widerstände durchsetzte, und seine Offenheit, die alte Ausgrenzungen nicht mehr zuließ. Das hohe Amt repräsentierte er auf ganz unkonventionelle Art. Seine folgenreichste Entscheidung war die Einberufung des 2. Vatikanischen Konzils (1962–1965), das viele Reformen auf den Weg brachte. Die Kirche konnte sich endlich von alten Verkrustungen befreien und sich wieder als »Freude und Hoffnung« für die Christen und als »Licht der Völker« erweisen. Er setzte sich persönlich dafür ein, dass Anregungen aus aller Welt vom Konzil aufgenommen wurden. Eine vertiefte Auslegung der Bibel wurde angebahnt. Die Liturgie durfte nun statt in Latein in der Landessprache gefeiert werden. Die Gewissens- und Religionsfreiheit wurde proklamiert. Die Kirche erkannte ihre Mitschuld an der Spaltung der Christenheit an und nannte erstmals die anderen christlichen Konfessionen »Kirchen«. Zum ersten Mal in ihrer Geschichte sprach die offizielle Kirche auch ein gutes Wort über die Juden und bekannte mit dem Judentum geistlich verwandt zu sein. Die Kulturen der Dritten Welt wurden in ihrem Eigenrecht neu gewürdigt. Nach dem Konzil wurde die Stimme der Kirche überall in der Welt neu gehört. So veränderte ein alter Papst aus der Kraft seines Glaubens die Kirche und zeigte aller Welt, dass das Christentum jung ist und den Menschen auch in Zukunft etwas zu sagen hat. Als der Papst mitten während des Konzils starb, wurde er nicht nur von den Christen, sondern überall in der Welt betrauert.

Papst Johannes XXIII. (1958–1963) gab der Kirche mit seiner Heiterkeit und seinem Mut viele neue Impulse.

- Große Reden des Paulus sind in der Apostelgeschichte überliefert: → S. 40. Seine Briefe gehören zu den heiligen Schriften des Christentums: → S. 40; 49 f. Texte aus seinen Briefen: → S. 18; (32); 49; 50; 74; 91; 119; (128); 129; 153.
- Seine Stellung zum Judentum: → S. 18; 153.
- Warum ist Paulus im Judentum bis heute mehr umstritten als Jesus?

»Frische Luft für die Kirche«

Ein Bischof beklagte sich beim Papst, dass ihn die Last seines Amtes nicht mehr schlafen lasse. Der Papst antwortete ihm mitleidig und schalkhaft: »Mir ist es in den ersten Wochen als Papst genauso gegangen. Aber dann sah ich einmal im Traum Jesus, der mir zuflüsterte: Johannes, nimm dich nicht so wichtig! Seitdem schlafe ich wieder gut.«

Einmal wurde der Papst gefragt, welches Programm er für die Kirche habe. Der Papst ging ans Fenster und öffnete es: »Frische Luft für die Kirche – das ist mein Programm. Wir müssen den alten Staub, der sich seit langem auf den Papstthron gelegt hat, abschütteln.«

Anekdoten um Papst Johannes XXIII.

Verlorene Einheit

Durch die eine Christenheit gehen viele Risse. Sie ist nicht eins und nicht einig, wie sie es nach dem Willen Jesu sein sollte. Heftige Streitigkeiten unter Christen führten zum Verlust der Einheit. Ursache der Trennung waren oft *Fragen des Glaubens*, über die sich Christen nicht einigen konnten. Nicht selten führten auch *Probleme mit den Ämtern* und den Amtsträgern, mit der Kirchenordnung und der Kirchenpolitik zur Spaltung. Meistens kamen *menschliche Unzulänglichkeiten* der für die Kirche Verantwortlichen hinzu. Im Gefolge der Spaltungen kam es zu bitteren Auseinandersetzungen, zu Verketzerungen und Verleumdungen und gelegentlich sogar zu Kriegen. Die Spaltung der Christenheit ist ein Zeichen dafür, dass die Christen nicht so leben, wie es vom Evangelium gefordert ist.

Schon im Altertum gab es Abspaltungen, im Mittelalter und in der Neuzeit kamen andere hinzu. Die größten Kirchen, die nicht in voller Gemeinschaft miteinander leben, sind die *römisch-katholische Kirche*, die *orthodoxen Kirchen* des Osten und die *Kirchen der Reformation*. Neben diesen Kirchen und in ihnen gibt es nochmals viele verschiedene kirchliche Gemeinschaften und religiöse Bewegungen, die in wichtigen Fragen nicht völlig übereinstimmen.

Die Begriffe »katholisch« (»allumfassend«), »orthodox« (»rechtgläubig«) und »evangelisch« (»evangeliumgemäß«) sind zur Selbstbezeichnung der drei größten christlichen Kirchen geworden. Im Grund können die Kirchen aber diese Eigenschaften nicht exklusiv für sich beanspruchen. Katholizität, Orthodoxie und Orientierung am Evangelium sind nicht Prädikate einzelner Kirchen, sondern unaufgebbare Eigenschaften der einen Kirche Christi.

- Welche christlichen Kirchen und Gemeinschaften kennen Sie? Zahlenangaben zu den großen Konfessionen: → S. 17; zu den Aufgaben der Kirchen heute: → S. 151; 184 f.
- Wie erklären und beurteilen Sie die Tatsache, dass die eine Christenheit in viele Kirchen gespalten ist?
- Kennen Sie ähnliche Erscheinungen in den anderen Weltreligionen?

Alle sollen eins sein

Im Johannesevangelium bittet Jesus in der Rede vor seinem Tod Gott darum, dass die Seinen in einer mystischen Weise untereinander und mit dem Vater und ihm eins seien. Diese Einheit wird nicht pragmatisch damit begründet, dass Einigkeit stark macht.

Alle sollen eins sein; wie du, Vater, in mir bist und ich in dir bin, sollen auch sie in uns eins sein, damit die Welt glaubt, dass du mich gesandt hast.

aus dem Evangelium nach Johannes 17, 21

Die römisch-katholische Kirche

Die größte Kirche der Christenheit und darüber hinaus die größte Religionsgemeinschaft der Welt ist die römisch-katholische Kirche. Die Ortsbezeichnung weist auf ihr hierarchisches Zentrum in Rom hin. Das griechische Wort *»katholisch«* (»allumfassend«) ist ein Kennzeichen der Kirche, weil sie uneingeschränkt für alle Menschen da sein soll und für sich beansprucht die ganze Wahrheit des Glaubens zu verkünden. Katholizität ist der Kontrast zu aller religiösen Provinzialität, Kleinkariertheit und Borniertheit. Die katholische Kirche richtet sich an alle Völker und Kulturen. Sie kennt keine Ausländer. Überall in der Welt ist sie zu Hause. Mit der Selbstbezeichnung »katholisch« ist allerdings nicht eine schon bestehende Realität, sondern eine stets neue Aufgabe für alle Kirchen beschrieben.

Die römisch-katholische Kirche hat heute mit über einer *Milliarde Menschen* mehr Anhänger als der Islam. Ihr prozentualer Anteil an der Weltbevölkerung nimmt leicht ab. Hauptverbreitungsgebiet ist Mittel- und Südeuropa, Lateinamerika und die Philippinen. Das Schwergewicht verlagert sich in unserer Zeit von Europa auf die Dritte Welt in der südlichen Hemisphäre. Die katholische Kirche führt ihr Lehrgebäude, ihre Lebenspraxis und ihre wichtigsten Ämter

St. Peter in Rom mit dem Petersplatz, Vatikanstadt. Von hier aus wird die katholische Kirche regiert. In den Gebäuden hinter den Kolonnaden wohnt der Papst. Hier befindet sich auch die päpstliche Verwaltung.

Rechte Seite, oben: Eucharistiefeier. Sie ist für Katholiken die Mitte des religiösen Lebens. *Oben:* Wandlung. *Mitte:* Austeilung der Kommunion.

im Wesentlichen auf die Bibel zurück. Nach ihrem Selbstverständnis wurde sie von *Jesus Christus* gegründet. Das Heil, das er den Menschen vor Gott erwirkt hat, wird durch sie den Menschen vermittelt. Er selbst lebt in der Kirche auf geheimnisvolle Weise fort. In theologischer Bildsprache bezeichnet sie sich selbst als »mystischer Leib Christi«, an dem Christus das Haupt und die Glaubenden die Glieder sind. In anderen Bildern sieht sie sich als »Volk Gottes«, »Licht der Völker« sowie »Freude und Hoffnung für die Welt«.

Ihren historischen und institutionellen Mittelpunkt hat die katholische Kirche in *Rom*, wo ihr geistliches Oberhaupt, der *Papst*, im Vatikan residiert. Er versteht sich als Stellvertreter Christi auf Erden und Nachfolger des Apostels Petrus, dem Jesus in seinem Jüngerkreis eine herausragende Stellung eingeräumt hatte. Der Papst beruft sich für sein Amt auf ein Jesuswort, wonach Petrus der Fels ist, auf dem Jesus seine Kirche erbauen will (Mt 16,16). Von da leitet er seine geistliche Vollmacht als oberster Lehrer, Richter und Priester der Kirche ab. Seit früher Zeit hat der Papst das Leben der Kirche entscheidend geprägt. Das 1. Vatikanische Konzil hat ihm 1870 in Fragen des Glaubens und der Sitten Unfehlbarkeit zugesprochen, wenn er kraft seines Amtes für die ganze Kirche redet. Dann darf er sich auf den Beistand des Heiligen Geistes verlassen, so dass er die für die Kirche wichtige und richtige Wahrheit aussprechen kann. Die dem Papst hier verliehene Machtfülle ist in der Christenheit bis heute umstritten. Im 2. Vatikanischen Konzil wurde die Rolle der *Bischöfe* wieder aufgewertet und geklärt, dass der Papst und die Bischöfe zusammen die Weltkirche repräsentieren. Gewählt wird der jeweilige Papst vom Kollegium der *Kardinäle*, jener hohen geistlichen Würdenträger, die sich der Papst als seine besonderen Ratgeber und Mitarbeiter in der Leitung der Kirche bestellt.

Eine zentrale Aufgabe liegt für die katholische Kirche in der Verkündigung des Wortes Gottes. Die *Bibel* bestimmt zu einem großen Teil Predigt und Unterricht. Kennzeichnend für die katholische Kirche ist allerdings auch die Hochschätzung der mündlichen *Tradition*, d. h. der Kirchenlehre, die sich im Lauf der Geschichte entfaltet und entwickelt hat. Diese Tradition ist gleichsam das Mitspracherecht der Vergangenheit in der Gegenwart und Zukunft. Was einmal gültig war und sich bewährt hat, behält seinen Wert. Von daher erklärt sich ein stark beharrender Zug in der katholischen Kirche und ihre vorsichtige Reserve gegenüber Neuerungen.

Zu den Aufgaben der Kirche gehört die Spendung der *Sakramente*, jener sichtbaren Zeichen, in denen die Gnade Gottes zu den Menschen kommt. Im Konzil von Trient (1545–1563) hat die Kirche nach der Reformation die Siebenzahl der Sakramente verbindlich festgelegt. Sie führt die Sakramente auf Christus zurück, ohne dafür in jedem Fall ein Zeugnis aus dem Neuen Testament anführen zu können. Die Sakramente begleiten den Christen an wichtigen Stationen seines Lebens. Sie haben ihren

Platz (1) bei der Geburt (Taufe), (2) beim Eintritt ins Erwachsenenalter (Firmung), (3) beim gemeinschaftlichen Gottesdienst (Eucharistie), (4) bei Schuld (Buße), (5) bei ernster Krankheit (Krankensalbung), (6) in der Liebe von Mann und Frau (Ehe) und (7) im geistlichen Dienst in der Kirche (Priesterweihe).

Die katholische *Frömmigkeit* ist von bunter Pracht. Sie lebt in Kirchen, Häusern, im öffentlichen Leben und selbst noch auf dem Jahrmarkt (Kirmes = Kirchmesse). Der Ablauf des Alltags, viele Feste, Feiern und Spiele sind von ihr geprägt. Ohne das katholische Frömmigkeitsleben gäbe es weder die vielen Andachten noch die verschiedenen Wallfahrten, weder Karneval noch die beliebten Bräuche am Martins- und Nikolaustag. Katholisches Leben unterscheidet sich in den verschiedenen Ländern und Zeiten stark voneinander. Es ist in Deutschland verhaltener als in Spanien, Polen, Irland oder auf den Philippinen. Relikte aus vorchristlicher Zeit, Elemente der Folklore, regionale Besonderheiten und nicht selten auch Spuren des Aberglaubens verbinden sich in katholischem Brauchtum oft mit Themen der Bibel und dem Leben der Heiligen. Diese Kombination trägt dazu bei, dass die katholische Frömmigkeit volkstümliche Züge aufweist und in den Herzen der Katholiken tief verwurzelt ist.

Auffällig ist neben einer starken Marienfrömmigkeit (→ S. 121) die *Verehrung der Heiligen.* Sie sind die großen Gestalten der Kirche, die den Christen neue Perspektiven eröffnet haben und oft auch zum moralischen Vorbild geworden sind (→ S. 94 ff.; 121 f.; 141 ff.). Von einem Heiligen wie Antonius von Padua erwartet man gegen Zahlung einer kleinen Spende wirksamen Schutz und rasches Wiederfinden verlorener Dinge. St. Blasius sorgt dafür, dass einem keine Fischgräten im Hals stecken bleiben, und St. Florian ist der Beschützer vor Feuersbrunst. Von *Hölle, Fegefeuer und Himmel*, den »Letzten Dingen«, haben viele Katholiken – anders als die meisten katholischen Theologen heute – eine realistische Vorstellung. Sie sind ihnen Räume unaufhörlicher Qualen, zeitlicher Strafen und ewiger Freuden. Damit

Votivbild, Maria Hilf, Passau, 1708. Solche Bilder werden für erfahrene Hilfe gestiftet.

sind sie stete, wenn auch nicht immer wirksame Warnung vor der Sünde und eine Mahnung zur Tugend.

Nicht wegzudenken aus der katholischen Kirche sind die *Orden* und religiösen *Gemeinschaften* mit ihren vielen »Vätern« und »Brüdern«, »Müttern« und »Schwestern«. Die Ordensleute gehören zur katholischen Elite. Sie beachten drei besondere Regeln, wenn sie (1) in Armut leben, (2) freiwillig ehelos bleiben und (3) ihren Oberen gehorsam sind. Auf ungewöhnliche Weise zeigen sie, wie radikal die Nachfolge Jesu sein kann, wenn sie auf Reichtum, Ausübung der Sexualität und Selbstbestimmung verzichten, also den Werten, die in unserer Welt besonders geschätzt sind. In ihren täglichen Aufgaben unterscheiden sie sich erheblich. Manche Orden üben sich in Kontemplation und Meditation, andere betätigen sich aktiv in Krankenhäusern und Schulen, an sozialen Brennpunkten und wissenschaftlichen Instituten. Gerade von den Mönchen und Nonnen ist im Lauf der Geschichte viel Segen auf die Kirche gekommen. Einige der prägenden Gestalten der Christenheit waren Ordensleute, z. B. Benedikt von Nursia (→ S. 141), Hildegard von Bingen (→ S. 95), Franz von Assisi (→ S. 141 ff.), Teresa von Avila (→ S. 122), Vinzenz von Paul (→ S. 122) oder Edith Stein (→ S. 142 f.).

Die Bedeutung der *Laien* in der Kirche war in den verschiedenen Epochen unterschiedlich. Manchmal hatten sie großen, meist jedoch nur geringen Einfluss. Allzu oft behielten sich Hierarchie und Klerus die Entscheidung über die wichtigsten kirchlichen Bereiche vor. Seit dem 19. Jahrhundert engagieren sich viele Laien auf kulturellem, sozialem und politischem Feld. Dort nehmen sie ihren Dienst für die Welt wahr. In unserer Zeit suchen sie auch eine weitergehende Beteiligung an kirchlichen Aufgaben und Ämtern. Ohne ihr Engagement in den Pfarreien und kirchlichen Instituten wäre das gegenwärtige kirchliche Leben nicht möglich.

In der Gegenwart breitet sich in der Kirche, vor allem in den europäischen Ländern, eine gewisse *Resignation* aus. Sie kommt aus einer Enttäuschung darüber, dass die Reformansätze des 2. Vatikanischen Konzils (→ S. 160) nicht entschieden genug weitergeführt und teilweise sogar zurückgenommen werden. Von der Begeisterung über die Konzilszeit ist nicht viel übrig geblieben. Die Dynamik des Erneuerungswillens ist in den letzten Jahren zurückgegangen und die Kräfte der Restauration treten wieder stärker in Erscheinung. Selbst fundamentalistische Gruppierungen gewinnen an Einfluss. Wichtige kirchenamtliche Entscheidungen der letzten Zeit stoßen auf Unverständnis und Ablehnung. Die Akzeptanz der kirchlichen Hierarchie schwindet dahin. Viele Katholiken halten es nicht für richtig, jede nichtnatürliche Geburtenkontrolle (»Pille«) als Sünde auszugeben, allen wiederverheirateten Geschiedenen ohne jeden Unterschied den Zugang zu den Sakramenten zu verweigern und immer aufs Neue ein Sexualethos zu propagieren, das obsolet geworden ist. Sie erwarten endlich eine offene innerkirchliche Diskussion über den Zölibat der Weltpriester, der heute vielen zum Problem geworden ist, und über die Öffnung aller kirchlichen Ämter für Frauen. Viele Frauen protestieren gegen noch bestehende Benachteiligungen im kirchlichen Bereich.

Die verbreitete Unzufriedenheit darf nicht übersehen lassen, dass die katholische Kirche heute auch die große *Hoffnung* vieler Menschen ist. Sie hält die Gottesfrage in einer Zeit wach, die nicht viel von Gott hören will. Ihr kompromissloses Eintreten für das Leben steht im Konflikt mit manchen Verfallserscheinungen unserer Welt. Mit ihrem Engagement für Arme und Entrechtete hat sie auch heute viele Freunde. *Papst Johannes Paul II.* (seit 1978), der in Deutschland auf viel Kritik stößt, weil er die von vielen erwarteten Reformen nicht auf den Weg bringt und gegenüber theologischen Neue-

Petrus

Du bist Petrus und auf diesem Felsen will ich meine Kirche bauen und die Mächte der Unterwelt werden sie nicht überwältigen. Ich werde dir die Schlüssel des Himmelreiches geben; was du auf Erden binden wirst, das wird auch im Himmel gebunden sein, und was du auf Erden lösen wirst, das wird auch im Himmel gelöst sein.

aus dem Evangelium nach Matthäus 16, 16–19

rungen eher skeptisch ist, hat auf seinen Pastoralreisen vor allem in Osteuropa, in Afrika und Südamerika Begeisterung und Sympathie gefunden wie sonst niemand in der Welt. Unzählige Jugendliche haben ihm zugejubelt. Immer wieder hat er sich für die Bewahrung des Friedens eingesetzt. Diesem Papst aus Polen und seiner Kirchenpolitik schreiben viele Beobachter ein hohes Verdienst am Zusammenbruch des Kommunismus und Sozialismus in Osteuropa zu. Er ist zugleich ein Stein des Anstosses und der Fels der Kirche.

- Katholisch – was ist das? Versuchen Sie Annäherungen an diesen komplexen Begriff.
- Einzelheiten aus Geschichte und Gegenwart der katholischen Kirche: → S. 144 ff.; 180 f.

Die orthodoxen Kirchen des Ostens

Die Kirchen des Ostens nennen sich stolz *»Orthodoxie«*, d. h. »Kirche der rechten Lehre«. Damit verbinden sie den Anspruch, den Glauben der Bibel und der frühen Ökumenischen Konzilien getreu zu bewahren. Sie sind in einem langen historischen Prozess entstanden, durch den die Einheit der Kirche zum ersten Mal empfindlich gestört wurde und an dessen Ende die Spaltung der Christenheit in eine *Kirche des Westens und Ostens* stand.

Prozession im Kloster von Sagorsk, Russland. Die Geistlichen tragen Kreuze und Ikonen durch die Straßen.

Schon im 4. Jahrhundert, also in einer Zeit, in der das Christentum äußeren Verfolgungen nicht mehr ausgesetzt und selbst zu einem mächtigen politischen Faktor geworden war, liegen die ersten Voraussetzungen für diesen Bruch. Damals vollzog sich die politische Trennung des ehemals mächtigen römischen Imperiums in eine östliche und westliche Hälfte. Je mehr diese *Reichstrennung* wirksam wurde, umso mehr lebten sich auch die Christen in Ost und West auseinander. Zuerst noch langsam entwickelten sich zwei Kirchen, die bisweilen ihre Gemeinsamkeiten über ihren Streitfragen vergaßen. Die Kirche im Westen hatte ihren Mittelpunkt in *Rom*, wo der *Papst* die letzte Entscheidungsbefugnis in religiösen, aber ferner auch in disziplinarischen und politischen Fragen für sich in Anspruch nahm. Diese Stellung des Papstes führte zu Konflikten mit den Kirchen im Osten, die sich als gleichberechtigt und autonom ansahen und eine Überordnung des päpstlichen Amtes nicht hinnahmen. Der Patriarch von Konstantinopel (Byzanz) reklamierte für sich den gleichen Rang wie der Papst in Rom. Er argumentierte damit, dass *Byzanz* als Sitz des *Kaisers* an die Stelle von Rom getreten sei. Der Bischofssitz von Byzanz sei das »neue« oder »zweite« Rom. Auch die alten Patriarchate von Antiochien, Alexandrien und Jerusalem sahen selbstbewusst auf ihren apostolischen Ursprung und auf ihre missionarischen und theologischen Leistungen. Die Einheit des Glaubens brauchte für sie nicht die Stütze einer päpstlichen Institution in Rom. Ihnen genügte es, wenn die Kirchen in einem lockeren Verbund miteinander lebten.

Die Kaiser von Byzanz beanspruchten oft für sich das letzte Wort in weltlichen und kirchlichen Fragen. Sie bestimmten über die Einberufung von Konzilien und die Ernennung hoher kirchlicher Würdenträger. Das konnte die Kirche des Westens nicht akzeptieren. Als sich die Päpste vom 8. Jahrhundert an unter den Schutz der Franken stellten und als Papst Leo III. im Jahr 800 den Frankenkönig Karl in Rom zum Kaiser des Westens krönte, bedeutete das nicht nur den Verlust der politischen Reichseinheit. Auch die kirchliche Spaltung rückte näher.

Im Jahr *1054* kam es nach gehässigen gegenseitigen Anschuldigungen zu einer Trennung zwischen Ost und West, in der man den Anfang der *endgültigen Kirchenspaltung* sehen kann. Beide Seiten exkommunizierten sich gegenseitig und sprachen den Bann gegeneinander aus.

Es gibt auch *religiöse Differenzen* zwischen Ost und West. Sie erscheinen heute eher marginal, erregten aber damals die Gemüter sehr. Schon im 2. Jahrhundert konnten sich die Gemeinden in Ost und West nicht auf einen gemeinsamen Termin für das Osterfest einigen. Noch heute feiern die Kirchen in Ost und West die Auferstehung ihres Herrn nicht gleichzeitig.

Im Westen feiert man die Eucharistie mit ungesäuertem, im Osten mit gesäuertem Brot. Fanatische Christen beider Seiten traten gelegentlich die geweihten Brote der anderen mit Füßen. – Über das Verständnis des heiligen Geistes innerhalb der Trinität hatte man eine unterschiedliche Auffassung, die heute einem Nichttheologen kaum mehr verständlich zu machen ist. Nach östlicher Lehre geht der Heilige Geist allein vom Vater, nach westlicher Seite vom Vater und vom Sohn (»filioque«) aus. Darüber kam es zu bitteren gegenseitigen Vorwürfen. Die Differenzen sind bis heute nicht ausgeräumt. – Anders als die Priester im Westen dürfen die Priester im Osten heiraten, während auch in der Ostkirche die Patriarchen und Bischöfe ehelos leben. Sie werden meist aus dem Mönchsstand gewählt.

Seit der nun schon lange währenden Trennung ist *die Entwicklung in Ost und West* verschieden verlaufen. Zwar haben die Kirchen in Ost und West ein solides gemeinsames Fundament des Glaubens. Beide Seiten stützen sich auf die Bibel und die ersten 8 Ökumenischen Konzilien, die alle im Osten stattfanden. Dabei wurden vor allem die Lehren von der Menschwerdung Gottes (»Inkarnation«) und von der Dreifaltigkeit (»Trinität«) verbindlich festgelegt (→ S. 82 ff.). Aber im Kirchen- und Amtsverständnis, in Liturgie und Lebenspraxis haben sich Differenzen entwickelt, die die Kirchenspaltung eher vertiefen. – Im Frömmigkeitsleben setzen Christen in Ost und West verschiedene Akzente. Im Osten bestand seit der Antike die Neigung Jesus vor allem in seiner Göttlichkeit zu verehren und das Geheimnis der Menschwerdung zu betonen. Einige Theologen leugneten die alte Zweinaturenlehre, nach der Jesus eine göttliche und eine menschliche Natur hat. Stattdessen sei bei Jesus die menschliche Natur ganz von der göttlichen Natur aufgesogen worden, so dass bei ihm von nur einer Natur die Rede sein könne (»Monophysitismus«). Diese Lehre wurde zwar von dem 4. Ökumenischen Konzil in Chalkedon verurteilt, sie beeinflusst

Links: Kirche des Dreifaltigkeitsklosters in Sagorsk.

Rechte Seite: Ikone aus der Dionissi-Werkstatt, Christi Abstieg in das Reich des Todes, Moskau, 1502/03. Im Mittelfeld hat der lichte Christus, der sich von einem grünen Lebenskreis abhebt, das Tor des Todesreiches aufgebrochen. Er zieht Adam und Eva aus den Gräbern an sich. Andere Gestalten aus dem Alten Bund (→ S. 38) warten noch auf ihre Erlösung. Die Schilder der Engel sagen, was Christus bringt: Auferstehung, Leben, Liebe, Glück u. a. Die Dämonen unten in der Hölle verkörpern Hass, Bosheit und Tod. Zwei Engel binden den Satan. Im Leben der Ostkirche spielen die Ikonen eine große Rolle. Sie bringen den Gläubigen die Geheimnisse der Erlösung nahe.

aber dennoch die Frömmigkeit des Ostens stark, wenn in ihr vor allem die Göttlichkeit Jesu betont wird. Im Westen trat dagegen mehr das Menschsein Jesu mit den Einzelheiten seines Lebens und Sterbens in den Blick des Glaubens.

Die Theologie des Ostens orientiert sich weitgehend an den Kirchenvätern und den alten kirchlichen Traditionen, während sich die westliche Theologie in ständiger Auseinandersetzung mit den Strömungen der Zeit, mit der je gegenwärtigen Philosophie, mit den modernen Wissenschaften entwickelte. – In der Kunst des Osten sind die altehrwürdigen Traditionen der Ikonenmalerei allein bestimmend. Die *Ikonen* sind für die Gläubigen Fenster zum Himmel, durch die sie die Heiligen und auch Christus anschauen können. Auch umgekehrt gilt, dass die Gläubigen von den Ikonengestalten, von Christus, der Gottesmutter und den Heiligen, angeblickt werden. Die Schönheit der Ikonen liegt nicht in ihrer ästhetischen Qualität (Form, Farben, Aufbau), sondern in ihrer religiösen Dimension. In ihnen leuchtet die Wahrheit Gottes auf. Niemand hat das Recht bei der Neuanfertigung von Ikonen die alten Vorbilder zu ignorieren. Demgegenüber gibt es im Westen zwischen Kunst und Kirche ein lebhaftes Wechselverhältnis des Gebens und Nehmens, aus dem eine Fülle unvergleichlich großer Stile und Einzelwerke hervorgegangen ist. Die so verschiedenen Kunstepochen von Spätantike, Romanik, Gotik, Renaissance, Barock und Moderne mit ihren verschiedenen Gottes- und Christusbildern sind ohne die jeweils neue Theologie und Christologie im Westen nicht zu verstehen.

Der Glaube des russischen Volkes

Vom Volk wird Russlands Rettung ausgehen. Das Volk glaubt in unserer Weise und ein nichtgläubiger Staatsmann wird bei uns in Russland nichts ausrichten, mag er noch so aufrichtigen Herzens und genialen Geistes sein. … Das Volk wird auch dem Atheisten standhalten und ihn überwinden und es wird ein heiliges und rechtgläubiges Russland sein.

Fjodor Michailowitsch Dostojewski (1821–1881), russischer Dichter in seinem Roman »Die Brüder Karamasoff«

Es hat mehrere Versuche gegeben, die *Union der beiden Kirchen* wiederherzustellen. Zeiten der Einheit dauerten nicht lange, weil die gewachsenen Strukturen, aber auch Rechthaberei und Intoleranz stärker waren als der Wille zur Einheit.Im 20. Jahrhundert haben sich die Spannungen etwas entschärft. Papst Paul VI. und der Patriarch Athenagoras von Konstantinopel haben *1965* die gegenseitige Exkommunikation aufgehoben. Beide Kirchen lassen in Notfällen die eucharistische Tischgemeinschaft zu. Weitere Fortschritte stehen noch aus.

Die Kirchen können aus ihren unterschiedlichen Traditionen viel *voneinander lernen*. Die Ostkirche kann ihre ergreifende Liturgie, die Schönheit ihrer Ikonen und Gesänge, das mystische Verständnis Christi, der Heiligen und der Kirche und vor allem den tiefen Glauben ihrer Frauen und Männer in die Ökumene einbringen. Von den Kirchen des Westens kann sie lernen, wie sich der Glaube für Gerechtigkeit und Frieden einsetzen muss, welche Chancen und Risiken die Auseinandersetzung mit der modernen Welt mit sich bringt und wie der Glaube in der säkularen Welt leben kann, ohne sich in ein religiöses Getto zurückzuziehen.

Heute sind die Kirchen des Ostens vor allem *in folgenden Ländern verbreitet*: Griechenland, Russland, Armenien, Georgien, Türkei, Bulgarien, Serbien, Bosnien, Rumänien, Tschechien, Slowakei, Ungarn, Polen, Albanien, Finnland, Estland, Syrien, Irak, Iran, Ägypten, Äthiopien, Israel und USA. Insgesamt gibt es 14 selbstständige Patriarchate. »Ehrenprimas« ist der Patriarch mit Sitz in Istanbul.

Für die orthodoxen Kirchen in den *ehemals kommunistischen Ländern* ist eine neue Zeit der Freiheit angebrochen. Obwohl sich manche Amtsträger mit dem Vorwurf konfrontiert sehen, die Sache der Kirche zu stark in den Dienst des Kommunismus gestellt zu haben, lassen sich viele Menschen dort wieder auf ihre Botschaft ein. Vor allem junge Leute schließen sich der Kirche an. Der Gottesdienst erhält starken Zulauf. Die Zahl der Klöster und Kirchen hat sich vervielfacht. Andererseits zeigt die Russische Orthodoxe Kirche Tendenzen wieder wie vor 1917 Staatskirche zu werden und politischen Einfluss im Land zurückzugewinnen.

Alte Rivalitäten zwischen den verschiedenen orthodoxen Kirchen brechen neu auf und gefährden den Frieden zwischen ihnen. Andere christliche Kirchen und Religionen, auch das Judentum, werden manchmal diskriminiert. Aber es gibt auch starke Kräfte der Erneuerung, die die Kirche wieder zu einer geistlichen Kraft unserer Zeit machen wollen.

- Wer kann von einem orthodoxen Gottesdienst berichten, den er/sie besucht hat?
- Haben Sie einmal eine russische oder griechische Ikone genauer betrachtet?
- Welche Probleme gibt es heute bei den orthodoxen Kirchen in Russland und in der Ukraine?

Die Kirchen der Reformation

Im 16. Jahrhundert wurde die Kirche des Abendlandes erschüttert. Die Reformation, die als religiöse Bewegung zur Erneuerung der Kirche angetreten war, brachte es mit sich, dass die Einheit der Christen auch im *Westen* endgültig zerbrach. Viele Missstände in der Kirche haben den Boden für die Reformation bereitet.

Hans Baldung, genannt Grien (1484/85–1545): Luther mit der Taube des Heiligen Geistes, Holzschnitt, um 1522.

Schon im *späten Mittelalter* wurde der *Ruf nach einer Reform* der Kirche an Haupt und Gliedern laut. Papsttum und Kirche waren auf vielfache Weise diskreditiert. Zeitweise gab es mehrere Päpste gleichzeitig, die sich gegenseitig die Existenzberechtigung bestritten. Päpste und Bischöfe betrieben Machtpolitik wie weltliche Fürsten und kümmerten sich weniger um das Heil der Menschen als um kirchliche Finanzen, um Kunst und Wissenschaft, um ihre Mätressen und Kinder. Die allzu vielen Priester, Mönche und Ordensleute waren schlecht ausgebildet, lebten wenig vorbildhaft und waren kaum in der Lage die Botschaft Jesu glaubhaft zu verkünden. Aberglaube, Reliquienkult und Ablasshandel waren weit verbreitet. Mehrere Konzilien hatten vergeblich versucht eine Besserung der Kirche auf den Weg zu bringen.

Den wirksamsten Anstoß zur Erneuerung der Kirche gab *Martin Luther* (1483–1546). Als Mönch hatte er lange im Kloster darum gerungen einen gnädigen Gott zu finden. Er betete und fastete intensiv und erfüllte seine Mönchsgelübde genau, ohne seine Schuldgefühle vor Gott zu verlieren. Bei der Lektüre des Römerbriefs machte er 1517 eine Erfahrung, die sein Leben völlig veränderte. Er las: »Der Gerechte lebt aus dem Glauben« (Röm 1,17). Nun wusste er, dass der Mensch nicht durch seine eigenen Werke, sondern nur durch den Glauben gerechtfertigt wird. Er brauchte Gottes Gerechtigkeit nicht mehr als einen strengen Maßstab zur Beurteilung seiner Sünden zu fürchten. Sie wurde ihm zum Geschenk, mit dem Gott ihn gerecht machte. Nach dieser inneren Wende war Luther wie verwandelt. Er war nun von der befreienden Kraft der Gnade Gottes durchdrungen. Mit dieser Einsicht knüpfte er an die biblische Tradition an, stellte sich aber in Gegensatz zu vielen kirchlichen Praktiken seiner Zeit. Schon bald geriet er in Konflikt mit den Mächtigen in Kirche und Politik.

Es begann damit, dass er die Ablasspraxis seiner Zeit heftig kritisierte, die gegen Geld, das man für den Neubau von St. Peter in Rom stiftete, Nachlass der Sündenstrafen in Aussicht stellte. Als er überdies in reformatorischen

Schriften auf eine Erneuerung der Kirche und des christlichen Lebens zielte, verhängte der Papst über ihn den Kirchenbann, der Kaiser die Reichsacht. Trotzdem fand er in Deutschland weithin Gehör. Dazu trug vor allem seine sprachgewaltige Bibelübersetzung bei, die er 1522 auf der Wartburg begann und 1534 vollendete. Diese »Lutherbibel« (→ S. 34), die große Verbreitung erlangte, wurde zu einem wichtigen Band für seine Anhänger und beeinflusste die Entwicklung der deutschen Sprache. Luthers starke Frömmigkeit und sein Mut gegenüber geistlichen und weltlichen Autoritäten brachten ihm starken Zulauf. Einige Fürsten hielten die Hand über ihn, so dass Bann und Acht nicht wirksam werden konnten. So breitete sich die Reformation rasch aus. Innere Streitigkeiten unter den Reformatoren, z. B. über die Wiedertaufe oder das Abendmahl, konnten ihren Erfolg nicht verhindern. Bei Luthers Tod war die Kirchenspaltung, die er nicht gewollt hatte, besiegelt. Die evangelisch-lutherische Kirche geht auf ihn zurück.

Großen Anteil an Luthers Erfolg hatte *Philipp Melanchthon* (1497–1560), der Professor für griechische Sprache in Wittenberg war und mit Humanisten wie Erasmus von Rotterdam und Johannes Reuchlin in Kontakt stand. Schon früh trat er auf Luthers Seite. 1521 schrieb er eine erste Zusammenfassung der neuen Lehre, die wegen ihrer Systematik und Verständlichkeit hoch geschätzt wurde. Darin arbeitete er die Unterschiede zwischen Luthers Theologie und dem alten Glauben deutlich heraus. Später formulierte er die »Confessio Augustana« (d. h. das »Augsburger Bekenntnis«), die sich als Bekenntnisschrift der neuen Lehre bis heute durchgesetzt hat. Er war nach Luther die wichtigste Person der deutschen Reformation, war aber ruhiger, versöhnlicher und kompromissbereiter als sein großes Vorbild. Eines seiner Verdienste besteht darin, auch der Philosophie, gegen die Luther eine gewisse Abneigung hatte, in der Reformation einen Platz zu sichern. Um die Organisation der Schulen und Universitäten hat er sich wie keiner gekümmert. Seine Freunde haben ihn »Praeceptor Germaniae« (d. h. »Lehrer Deutschlands«) genannt.

Die reformatorische Entdeckung

Martin Luther berichtet, dass er das Wort »Die Gerechtigkeit Gottes wird im Evangelium offenbar« (Röm 1, 17) früher einmal gehasst hat, weil er diese Gerechtigkeit juristisch und aktiv interpretierte, d. h. eine Gerechtigkeit, mit der Gott straft.

Nach tage- und nächtelangem Nachsinnen erbarmte sich Gott meiner, dass ich den inneren Zusammenhang der beiden Stellen wahrnahm: »Die Gerechtigkeit Gottes wird im Evangelium offenbar«, wie geschrieben steht: »Der Gerechte lebt durch seinen Glauben«. Da fing ich an, die Gerechtigkeit Gottes als eine solche Gerechtigkeit zu begreifen, durch die »der Gerechte als durch Gottes Geschenk lebt«, d. h. also »aus Glauben«, und merkte, dass dies so zu verstehen sei: »durch das Evangelium wird die Gerechtigkeit Gottes offenbar«, nämlich die sogenannte »passive« d. h. die, durch die uns Gott aus Gnaden und Barmherzigkeit rechtfertigt durch den Glauben, wie geschrieben steht: »Der Gerechte lebt seines Glaubens«. Nun fühlte ich mich ganz und gar neugeboren: die Tore hatten sich mir aufgetan; ich war in das Paradies selbst eingetreten.

Martin Luther (1483–1546), Reformator
aus: Vorrede zum ersten Band der lateinischen Schriften (1545)

Huldrych Zwingli (1484–1531) führte die Reformation in Zürich ein. Luthers Auffassung von Bibel, Glaube und Rechtfertigung übernahm er und ließ nur das gelten, was sich auf die Bibel stützen kann. Er verwarf die sichtbare Kirche, das Papsttum, die Tradition, den Zölibat, die Messe, die Ordensgelübde, Fegefeuer, Ablass, Fasten und Feiertage. Vieles schaffte er ab, was bisher zum Erscheinungsbild der Kirche gehört hatte: Heiligenbilder, Klöster, Prozessionen, Orgelspiel, Gesang, Firmung, Krankensalbung und Messe. Sein Gottesdienst war nüchtern und karg. Zuerst ließ er nur Bibellesung, Gebet und Predigt zu. Mit Luther stritt er 1529 über das Abendmahl. Er glaubte, dass Brot und Wein nur auf symbolische Weise der Leib und das Blut Christi seien, nicht aber wirklich. Im Abendmahl sah er nur eine Gedächtnisfeier, nicht aber das Opfer Christi. Bis heute leben seine Anhänger in Zürich.

Neben Luther hat vor allem *Johannes Calvin* (1509–1564) erfolgreich einen eigenen Weg der Reformation beschritten. In ihm verbinden sich ernste Religiosität und zielbewusste Energie. 1533 musste er das katholische Paris verlassen, weil er sich offen zur Reformation bekannte. In Basel schrieb er sein theologisches Hauptwerk »Institutio christianae religionis« (d. h. »Unterricht in der christlichen Religion«), in dem er sich scharf vom Dogma, Sakrament und Kult des Katholizismus absetzt und die evangelische Lehre zusammenfasst. 1536 erhielt er in Genf ein kirchliches Amt. Er versuchte das Leben der Stadt mit strenger Kirchenzucht zu reformieren. Der ganze Alltag mit Politik, Schule und Wirtschaft sollte nichts als Gottesdienst sein. Er wollte das Leben der Urkirche wiederherstellen. Klarer französischer Geist und unbeugsamer Wille spricht aus der Kirchenordnung, die er der Stadt gab. Öffentliche Sünder wurden ermahnt, vom Abendmahl ausgeschlossen und auch mit Haft oder Verbannung bestraft.Der Arzt Michael Servet, der die Lehre von der Dreifaltigkeit leugnete, wurde 1553 auf Betreiben Calvins öffentlich auf dem Scheiterhaufen verbrannt. Manche nennen das Genf Calvins das »protestantische Rom« und seine Herrschaftsform »Theokratie«.

Calvins Lehre weicht in zwei Punkten von Luther ab. (1) Sein *Gottesbild* ist großartig und furchteinflößend zugleich. Gott ist für ihn die absolute Majestät, die sich selbst zur Ehre da ist und die Menschen nach unerforschlichem Ratschluss erwählt oder verwirft (»Prädestination«; → S. 94 f.). Zur Kirche gehören nur die Auserwählten. Sie dürfen sich ihres Heiles sicher sein, müssen aber alle sittlichen Kräfte anspan-

Linke Seite: Lucas Cranach d. Ä. (1472–1553): Luther predigt, Öl auf Holz, 1547. Der Reformator stellt den Hörern Christus, den Gekreuzigten, vor Augen.
Oben links: Huldrych Zwingli, Gemälde von H. Asper.
Daneben: Johannes Calvin, Bild eines unbekannten Malers.
Unten: Junge Leute werden von einem evangelischen Pastor konfirmiert.

Prädestination

Es ist offenkundig, dass es durch Gottes Willen geschieht, wenn den einen das Heil ohne ihr Zutun angeboten wird, den anderen dagegen der Zugang zu diesem Heil verschlossen bleibt. Hier erheben sich gleich große und schwere Fragen. Sie sind nicht anders zu lösen, bis die Frommen innerlich klar erfasst haben, was sie von der Erwählung und Vorherbestimmung wissen müssen. … Wir werden nie und nimmer so klar, wie es sein sollte, zu der Überzeugung gelangen, dass unser Heil aus dem Quell der unverdienten Barmherzigkeit Gottes herfließt, ehe uns nicht Gottes ewige Erwählung kundgeworden ist. Denn diese verherrlicht Gottes Gnade durch die Ungleichheit, dass er nicht unterschiedslos alle Menschen zur Hoffnung auf die Seligkeit als Kinder annimmt, sondern den einen schenkt, was er den anderen verweigert.

Johannes Calvin (1509–1564), Reformator, aus seiner Schrift »Unterricht in der christlichen Religion« III, 21,1

nen, um ihren Alltag zu heiligen. (2) Im *Abendmahl* werden Brot und Wein nicht wirklich zu Jesu Fleisch und Blut. Sie sind, ähnlich wie bei Zwingli, nur Zeichen des Leibes und Blutes Christi. Aber er erkennt mit Luther an, dass die Auserwählten himmlische Nahrung empfangen, während die Verworfenen nur Brot und Wein zu sich nehmen.

Die auf Calvin zurückgehende *reformierte Kirche* war im Kampf gegen die katholische Kirche aktiver als die evangelisch-lutherische. Von ihr sind wichtige Anregungen auf das neuzeitliche Denken in Politik und Wirtschaft ausgegangen. Zahlenmäßig wurde sie zur größten Kraft des Protestantismus.

Die Kirchen der Reformation werden unter dem Namen *»Protestantismus«* zusammengefasst. Der Ausdruck geht auf den Protest der Luther-Anhänger auf dem 2. Reichstag zu Speyer 1529 zurück, als diese sich einem Mehrheitsbeschluss widersetzten, der von ihnen forderte den alten katholischen Glauben wieder anzunehmen. Sie protestierten gegen die Anwendung des Mehrheitsprinzips in Glaubensfragen und erklärten, dass vor Gott jeder nur für sich selbst Rechenschaft ablegen könne. So war ihr Protest zugleich Widerstand gegen die kirchlichen und staatlichen Autoritäten und neues Bekenntnis zum Evangelium aufgrund der Entscheidung des eigenen Gewissens. Diese Einstellung, die vor allem von Laien getragen wurde, hat den Protestantismus bis heute stark geprägt.

Die *protestantische Theologie* weist gegenüber der herkömmlichen vier Kennzeichen auf.

(1) Sie lässt allein die *Bibel* (»sola scriptura«) gelten. Die Ansprüche der mündlichen Tradition und des kirchlichen Amtes haben zurückzutreten, wenn es um die Lehre geht. Das Wort Gottes ist das Fundament, auf dem die Kirche steht.

(2) Sie lässt allein den *Glauben* (»sola fide«) gelten und lehnt die guten Werke, die Messfeier und die Taten der Frömmigkeit als Voraussetzung zur Gerechtigkeit vor Gott ab.

(3) Sie lässt allein die *Gnade* Gottes (»sola gratia«) gelten und lehnt die Vorstellung eines Gottes ab, der seine Liebe als Lohn für menschliche Vorleistungen schenkt.

(4) Sie lässt allein *Christus* (»solus Christus«) gelten und lehnt die Vermittlerrolle der Kirche, Marias und der Heiligen ab.

Heute haben viele theologische Streitpunkte, die einst zur Reformation führten, ihre Bedeutung verloren. Manche Gegensätze von damals erweisen sich inzwischen als Scheingegensätze. Langsam bahnt sich ein Konsens an, dass die alten *Lehrunterschiede* zwischen Protestanten und Katholiken nicht kirchentrennend sein müssen. Kein Einvernehmen zwischen Protestanten und Katholiken gibt es heute noch bei folgenden Themen: Für Protestanten ist die Lehre von der Rechtfertigung des Menschen allein durch Gottes Gnade der Mittelpunkt ihres Bekenntnisses, während diese Lehre für die katholische Kirche eine neben anderen ist. Der Protestantismus lehnt das Amt des Papstes mit seinem Anspruch auf letztverbindliche Lehr- und Rechtsentscheidungen ab. Protestanten akzeptieren nicht, wie Katholiken, sieben Sakramente, sondern nur die Taufe und das Abendmahl. Protestanten betonen das allgemeine Priestertum aller Christen, während Katholiken und Orthodoxe zwischen geweihten Priestern und nichtgeweihten Laien einen religiösen Unterschied machen. Protestanten lassen die Wiederverheiratung Geschiedener unter bestimmten Bedingungen zu, Katholiken nicht.

Wichtiger als diese Lehrunterschiede, die von den Kirchenleitungen höher eingestuft werden als von den meisten Christen, sind die unterschiedlichen *Lebenswelten*. Nach der Trennung der Kirchen haben sich Gemeinde- und Familienleben, Predigt und Unterricht, Fest und Feier, Kunst und Kirchenbau jeweils anders entwickelt, so dass das Lebensgefühl von Protestanten und Katholiken einer raschen Einigung mehr im Weg steht als die theologischen Differenzen. Im Allgemeinen steht die Bibel bei Protestanten höher im Kurs. Sie ist die Grundlage der Predigt, des Unterrichts und vieler Kirchenlieder. Die Bibel gibt dem Protestantismus eine stärkere Wortbezogenheit. Bei den Katholiken spielen Messfeier, Sakramente, Bilder, Heiligenverehrung, Wallfahrten eine größere Rolle. Das Verhältnis der Protestanten zur Welt lässt eine klerikale Bevormundung nicht zu und ist stärker profan geprägt als bei Katholiken, deren Welt eher eine religiöse Färbung aufweist.

Es gibt auch viele *Gemeinsamkeiten* zwischen den Kirchen der Reformation und den anderen Kirchen. Sie gründen im Glauben an Gott und seine Zuwendung zu den Menschen in Jesus Christus. Alle Konfessionen stützen sich auf die Bibel und erwarten am Ende der Zeiten Gottes Gericht über die Welt und die Auferstehung der Menschen zu ewigem Leben. Die Kirchen müssen ständig zu Umkehr und Reform bereit sein.

Der Protestantismus hat ein reges *geistiges Leben* entfaltet. Die neuzeitliche Philosophie, Kunst und Wissenschaft wären ohne die Impulse der evangelischen Christen nicht denkbar. Das großartige musikalische Werk von Johann Sebastian Bach ist von protestantischer Frömmigkeit durchdrungen. Protestantische Universitäten und Schulen haben mit ihrem hohen Niveau das geistige Leben ihrer Umwelt geprägt. Mustergültige Anstalten für Kranke und Behinderte (Bethel), die ihre Entstehung protestantischem Geist verdanken, haben vielen Menschen aus großer Not geholfen. Die protestantische Theologie hat einen hohen Rang. Lange Zeit war sie in der Erforschung der Bibel bahnbrechend. Unser heutiges Verständnis der Bibel ist vor allem den überragenden evangelischen Exegeten des 19. und 20. Jahrhunderts zu verdanken.

Heute sind die Kirchen der Reformation vor allem in Nordeuropa, Nordamerika, Australien und in Teilen von Afrika verbreitet. Sie weisen eine weitaus größere *Pluralität* auf als die katholische oder orthodoxe Kirche. Organisatorisch existieren sie in unterschiedlichen Formen, vor allem in Landeskirchen (Reformierte, Lutheraner, Unierte) und in Freikirchen (z. B. Methodisten, Quäker, Baptisten). Die Evangelische Kirche Deutschlands (»EKD«) besteht heute aus 24 Landeskirchen mit ca. 29 Millionen Mitgliedern. Eine institutionelle Einheit kennt der Protestantismus nicht. In religiösen und theologischen Fragen gibt es viele Differenzen. Sie reichen von biblischem Fundamentalismus bis zu aufgeklärtem Liberalismus. Nicht einmal die Einheit eines gemeinsamen Bekenntnisses ist möglich. Letztlich versteht sich der Protestantismus bei allem Pluralismus als eine geistlich-religiöse Einheit, die sich immer neu im Hören auf das Wort Gottes bewähren muss.

● Weitere Texte von Martin Luther: → S. 103; 105; 123. Texte protestantischer Theologen: → S. 99; 103 f.; 124.

Ökumenische Bewegung

Das griechische Wort *»Ökumene«* bezeichnet die ganze bewohnte Welt. Es ist sinnverwandt mit dem Wort »katholisch« (»allumfassend«), hat aber heute eine kirchenübergreifende Bedeutung. Die ökumenische Bewegung versucht, das Bewusstsein der Zusammengehörigkeit aller Christen auf der ganzen Welt zu fördern. Sie hat sich als Nahziel ein besseres gegenseitiges Verständnis der Kirchen und als Fernziel eine neue Einheit der Christen gesetzt.

Nach den jahrhundertelangen Streitigkeiten zwischen den Kirchen bzw. Konfessionen entstand seit dem 19. Jahrhundert zunächst nur innerhalb des *Protestantismus* die ökumenische Bewegung, die 1910 auf der Weltmissionskonferenz in Edinburgh zum ersten Mal öffentlich in Erscheinung trat. Wichtige weitere Stationen wurden die 1925 von dem schwedischen Erzbischof Nathan Söderblom initiierte Weltkonferenz für Praktisches Christentum in Stockholm und die erste Weltkonferenz für Glaube und Kirchenverfassung 1927 in Lausanne, an der alle Konfessionen außer der römisch-katholischen vertreten waren. Diese war damals noch der Auffassung, Ökumene könne nur die Rückkehr der anderen Konfessionen zur katholischen Kirche bedeuten, da sie allein in der Wahrheit des Glaubens stehe. Organisatorisch konzentriert sich die ökumenische Bewegung im »Ökumenischen Rat der Kirchen« (»ÖRK«), der 1948 gegründet wurde. 1996 gehörten 332 christliche Gemeinschaften zum ÖRK. Bis heute ist die römisch-katholische Kirche nicht Mitglied.

Für die *römisch-katholische Kirche* brachte erst der reformfreudige Papst Johannes XXIII. (→ S. 160) einen Umschwung. Er richtete 1960 das »Sekretariat zur Förderung der Einheit der Christen« ein und regte das 2. Vatikanische Konzil (1962–1965) zu mutigen Reformschritten an. Damals erkannte die katholische Kirche ihre Mitschuld an der Kirchenspaltung an, nannte die anderen christlichen Gemeinschaften nun offiziell »Kirchen«, wies auf die Gemeinsamkeiten aller Christen hin und forderte eine intensivere Zusammenarbeit aller Kirchen. Von einer »Rückkehr« der anderen Kirchen zur katholischen Kirche, die früher immer als Vorbedingung der Einheit angesehen wurde, war nun nicht mehr die Rede. Noch weiter ging die Enzyklika »Ut unum sint« (d. h. »Dass sie eins seien«; → Joh 17, 21) Johannes Pauls II. aus dem Jahr 1995, in der der Papst den berechtigten Wünschen der anderen Kirchen weit entgegenkommt, die Stellung des Papsttums in der Kirche nicht nur rhetorisch als »Diener der Diener Gottes« formuliert, auf die menschlichen Schwächen des Petrus und der Päpste hinweist und die anderen Kirchen um Verzeihung für schmerzliche Erfahrungen mit dem Papsttum bittet. Er möchte eine zeit- und situationsgemäße Form des Papstamtes finden, ohne auf das Wesentliche dieses Amtes zu verzichten. Dabei denkt er an eine Gemeinschaft aller Teilkirchen mit der Kirche von Rom, die »den Vorsitz in der Einheit und in der Liebe« führt.

Die *orthodoxen Kirchen* stehen der Ökumene weithin skeptisch gegenüber, da sie hier die fragwürdigen Ideen des Liberalismus auf dem Vormarsch sehen. Sie fürchten von der Ökumene ein Schwinden des Glaubens und einen Verlust ihrer Identität. Die Relativierung der Gottheit Christi, wie sie von manchen westlichen Theologen propagiert wird, ist für sie nicht akzeptabel. Vor allem sperren sie sich dagegen das Priesteramt für Frauen zuzulassen, wie es die Kirchen der Reformation schon teilweise tun. Ihre religiöse Abwehr wird durch eine antiwestliche Haltung bestärkt, die sich vor allem gegen das westliche Wirtschaftssystem richtet, das sie für die ökologische Krise und die globale Ungerechtigkeit verantwortlich machen. Darum beschränken viele orthodoxe Kirchenfürsten ihre ökumenische Mitarbeit eher auf ethische und soziale Problemfelder.

Trotz aller Schwierigkeiten hat die ökumenische Bewegung inzwischen beachtliche *Erfolge* erzielt. In Deutschland gibt es an vielen Orten gemeinsame Aktivitäten der Kirchen und der konfessionsverschiedenen Christen. In den Gemeinden finden ökumenische Bibellesungen statt. Kulturelle und soziale Aufgaben vor Ort werden gemeinsam angegangen. Ökumenische Gottesdienste sind nicht nur auf Kirchen- und Katholikentagen längst eine Selbstverständlichkeit. In der fachtheologischen Arbeit der Universitäten und Hochschulen gibt es viele gemeinsame Projekte, in den meisten wissenschaftlichen Fragen kaum mehr einen Dissens. Die Kirchenleitungen sind mit wichtigen Erklärungen zum Asylrecht oder zu Fragen der sozialen Gerechtigkeit (→ S. 138 f.) gemeinsam an die Öffentlichkeit getreten.

Aber auch die *Schwierigkeiten* auf dem Weg zur Einheit sind immer noch unübersehbar. Dabei spielen an der kirchlichen Basis die Lehrunterschiede, die einmal zur Kirchentrennung geführt haben, kaum mehr eine Rolle. Sie werden weithin kaum mehr verstanden und fast nur noch in Fachzirkeln diskutiert. Demgegenüber bemängeln Christen in allen Kirchen, dass ihre Kirchen nicht noch entschiedener aufeinander zugehen und ihre eigenen Ansprüche nicht genug relativieren. Viele Katholiken verstehen nicht die theologischen Gründe dafür, dass ihre Kirche den anderen Kirchen immer noch das Abendmahl verweigert.

Gemeinsame christliche Abendmahlsfeier bei der Vollversammlung des ÖRK in Vancouver, 1983.

Die ökumenische Bewegung strebt heute keine Einheit mehr an, die auf Konsens in allen Fragen beruht und die jegliche Verschiedenheit der Kirchen in Lehre und Amt nivelliert. Die verschiedenen historisch gewachsenen Strukturen, die unterschiedlichen Lebenswelten und das Grundgefühl der Gläubigen sollen, so weit sie sich nicht gegenseitig ausschließen, in der Einheit bewahrt bleiben. Ökumenische Pluralität darf nicht länger als Mangel, sie muss als Reichtum angesehen werden. Ziel ist heute eine Kirchengemeinschaft, die *»Einheit in der versöhnten Verschiedenheit«* lebt.

Es würde genügen, wenn sich die neue Kircheneinheit zunächst auf die Grundwahrheiten des Christentums stützt, wie sie in der Bibel und in den alten christlichen Glaubensbekenntnissen formuliert sind. Die anderen Differenzpunkte könnten für eine weitere Erörterung offen gehalten werden. Gegenseitige Verurteilungen müssten aufgehoben und eine neue Gemeinsamkeit in Gottesdienst, Predigt und Eucharistiefeier hergestellt werden.

Die *Glaubwürdigkeit* des Christentums und sein Gewicht in der zukünftigen Welt hängen nicht zuletzt davon ab, ob die Kirchen ihre alten Streitigkeiten beenden und sich auf ihre wesentlichen Aufgaben in der Welt besinnen. Die Einheit der Christen könnte ein wirksames Korrektiv zu allem Zwiespalt und Streit in unserer Welt sein. Darin könnte die eine Kirche in ihrer pluralen Vielfalt ein Zeichen für die Menschheit werden.

Hindernisse für die Ökumene

Joseph Kardinal Ratzinger nimmt in der Hierarchie der katholischen Kirche einen hohen Rang ein. Als Präfekt der Glaubenskongregation steht er in Rom einem der wichtigsten und einflussreichsten Ämter vor. Manche seiner Entscheidungen sind gerade in Deutschland umstritten. Zur Ökumene hat er sich oft geäußert.

Die Frage nach den Prognosen des Ökumenismus ist letztlich eine Frage nach den Kräften, die heute in der Christenheit wirksam sind und als zukunftsprägend angesehen werden dürfen. Zweierlei steht der Verwirklichung der kirchlichen Einheit entgegen: auf der einen Seite ein konfessioneller Chauvinismus, der sich letztlich nicht an der Wahrheit, sondern an der Gewohnheit orientiert und in der Fixierung auf das Eigene vor allem gerade auch auf dem besteht, was gegen die anderen gerichtet ist. Auf der anderen Seite eine glaubensmäßige Gleichgültigkeit, die in der Wahrheitsfrage ein Hindernis sieht, Einheit an der Zweckmäßigkeit misst und sie zu einem Bündnis im Äußerlichen macht, das fortwährend den Keim neuer Spaltungen in sich trägt.

Joseph Kardinal Ratzinger (geb. 1927), Theologe,
Präfekt der Glaubenskongregation in Rom,
Mitglied der Académie Française

Die Unterschiede werden anders

Michael N. Ebertz sieht aus soziologischer Sicht in der Bundesrepublik einen Prozess von der ehemaligen Konfessionalisierung zur Entkonfessionalisierung.

Die konfessionellen Konturen sind nicht verschwunden, aber sie sind blasser und unschärfer geworden. Auch die Konfessionskirchen selbst tragen dazu bei, dass die Unterschiede feiner werden. Aus dem ehemaligen Über-, Unter- und Gegeneinander der Konfessionen (im 19. Jahrhundert) ist, salopp formuliert, (seit der Abschaffung der Staatskirche in der Weimarer Republik und der Erfahrung in der NS-Zeit) ein Nebeneinander und schließlich ein Miteinander, ja auch ein »Durcheinander« geworden.

Michael N. Ebertz (geb. 1953), Soziologe (→ S. 182)

- Was wissen Sie von der Ökumene in der Schule, in der Gemeinde, in der Stadt, im Land? Können Sie Vertreter der Kirchen zu einem Gespräch in den Unterricht einladen?
- Welche Rolle spielen in Ihrem Religionsunterricht Konfessionalität und Ökumene? Welche Probleme sehen Sie für »Mischehen«, d. h. Ehen von konfessionsverschiedenen Partnern?
- Denken Sie über die Gründe der katholische Kirche nach, Christen anderer Konfessionen nicht am Abendmahl teilnehmen zu lassen: (1) Fortbestehen wichtiger Lehrdifferenzen beim Abendmahl (→ S. 171); (2) Eine eucharistische Gemeinschaft ist erst nach der vollen Einheit der Kirchen möglich.
- Welche Phänomene und Gründe lassen sich in unserer Gesellschaft für den Prozess von der früheren Konfessionalisierung zur heutigen Entkonfessionalisierung anführen?

Auf dem Weg in die Zukunft

Zukunft als Problem

Das Christentum ist nicht allein von seiner Vergangenheit her zu verstehen. Es ist immer auch auf dem Weg in die Zukunft. Was wie eine Selbstverständlichkeit klingt, wirft viele Probleme auf. Christen müssen sich Fragen wie diese stellen: Wie wird die Zukunft der Welt aussehen, in der das Christentum lebt und wirken will? Welche zukünftige(n) Gestalt(en) braucht das Christentum? Welchen Einflüssen wird es ausgesetzt sein? Welche Einflüsse wird es ausüben? Was muss das Christentum aus der Vergangenheit in die Zukunft mitnehmen? Worauf kann es verzichten?

In unserer Gesellschaft gibt es viele Versuche schon heute zu erfahren, was die Zukunft morgen bringt. Überall werden Prognosen angestellt. Es gibt Schätzungen über künftiges Wählerverhalten und den Verbrauch wichtiger Rohstoffe. Man glaubt jetzt schon sagen zu können, wie viele Kinder in den nächsten Jahren geboren werden, welche Erfindungen das Leben verändern und wie sich die heute noch unheilbaren Krankheiten besiegen lassen. Vergleichbare Schätzungen über die Kirchen liegen ebenfalls vor. Sie sind, was die Mitgliederzahl angeht, weltweit nicht besorgniserregend, für die Bundesrepublik eher enttäuschend.

Wichtiger als Vermutungen über Einzelerscheinungen sind die Grunderwartungen an die Zukunft, weil sie die Menschen in ihrem Denken und Fühlen zutiefst bestimmen. Auch die *Zukunftserwartungen* sind, wenn man in die Geschichte blickt, nicht konstant, sondern einem ständigen Wandel unterworfen.

- Schon in der Bibel gibt es die *apokalyptische Angst vor den Katastrophen* und die Erwartung eines nahen Endes (→ S. 20; 66).
- Platon (427–347 vC), der griechische Philosoph, hat die faszinierende *Utopie einer besseren Welt* entwickelt, in der Weise und nicht Machthaber die Politik bestimmen. An der Stelle von Gewalt soll dann die Gerechtigkeit herrschen.
- Andere Philosophen wie Thomas Morus (1480–1535) oder Georg Friedrich Wilhelm Hegel (1770–1831) haben an eine *Entfaltung der Gleichheit, Freiheit und Menschenwürde* als Ziel der Geschichte gedacht.
- Immanuel Kant (1724–1804; → S. 97 ff.) sieht in einem *ewigen Frieden* das letzte Ziel der Völkergemeinschaft und betont die Pflicht alles zu tun, um diesem Ziel näher zu kommen.
- Der französische Soziologe Auguste Comte (1796–1857) hat eine Entwicklung in *drei Stadien* von der Religion über die Philosophie zur Wissenschaft behauptet.
- Unzählige Menschen haben mit Karl Marx (1818–1883) und dem Kommunismus von einer *klassenlosen Gesellschaft* geträumt, in der alle sozialen Unterschiede aufgehoben sind.
- Für Hindus und Buddhisten bewegt sich die Zeit nicht linear von einem Anfang zu einem Ende, wie es das Christentum lehrt, sondern *zyklisch im Kreis*. Auch bei uns beschäftigen sich mehr und mehr Leute mit diesen Vorstellungen der ostasiatischen Religionen. Für Friedrich Nietzsche (1844–1900) gibt es eine ewige Wiederkehr des Gleichen, so dass unsere Zukunft auch schon Vergangenheit war und unsere Vergangenheit nach langen Zeiträumen wiederkehren wird.
- Lange war bei uns aufgrund der Entwicklung der Wissenschaften und der Technik von *»Fortschritt«* als Zukunftsperspektive die Rede, von dem man eine Sicherung der Ernährung, eine Besiegung der Krankheiten und Wohlstand für alle erhoffte. Doch der »Fortschritt« brachte auch neue globale Bedrohungen der Menschheit mit sich. Ein möglicher Atomkrieg, die Zerstörung der Natur, große Migrationswellen und neue unheilbare Krankheiten führten im 20. Jahrhundert erneut zu *apokalyptischen Zukunftsszenarien*.
- Alle diese Bestimmungen der Zukunft bestehen in der Moderne nebeneinander. Sie sind aber auch fragwürdig geworden. An ihre Stel-

le ist eine andere Einstellung zur Zukunft getreten. Zukunft wird bei vielen nun nur noch als ein *leerer Raum von Möglichkeiten* gesehen. Sie gilt als der Ort unübersehbaren und stetigen Wandels, der für vieles offen ist, ohne dass man wissen kann, wohin die Geschichte führt.

- Was können wir von der Zukunft wissen? Welche Erwartungen haben Sie, hat unsere Zeit an die Zukunft? Diskutieren Sie Begriffe wie Utopie, Prophetie, Prognose, Vision, Wahrsagerei, Vermutung u. a. Was sagen die Philosophen zur Zukunft?
- Angst vor der Zukunft – Hoffnung auf die Zukunft – Gleichgültigkeit im Blick auf die Zukunft. Welches Lebensgefühl ist heute dominant?
- Wer von der Zukunft redet, kann an den nächsten Tag, das nächste Jahr und das nächste Jahrhundert denken. Dabei hat er einen Zeitpunkt im Auge, der sich in der Geschichte bewegt und der selbst einmal Vergangenheit wird (»relative Zukunft«). Mit Zukunft kann man aber auch den Zustand meinen, der aller Zeit und Geschichte ein Ende setzt (»absolute Zukunft«). Das ist das Thema der Religionen in ihrer »Eschatologie«, wenn sie von »Ewigem Leben«, »Paradies«, »Unsterblichkeit«, »Auferstehung der Toten« oder »Nirwana« sprechen. Was wissen Sie darüber? Zur Eschatologie des Christentums: → S. 73 f.; 88.
- Welche Chancen geben Sie dem Christentum für seine »relative Zukunft«? Wie kann das, was man »Zukunftsfähigkeit« nennt, für das Christentum aussehen?
- Diskutieren Sie die These, unsere Zeit bringe nicht das Ende der Religion, wie es früher oft prognostiziert wurde, sondern den Beginn des Dialogs zwischen den Religionen.

Modernität – Legitimität des Wandels

Nicht mehr Vorsehung und Güte eines Schöpfungsgottes, noch das Sein des Seienden, noch das Ziel der Geschichte bieten einen Rahmen die Welt als Einheit zu begreifen, sondern wenn es noch etwas allem Gemeinsames gibt, so ist es die Bewegung, die Veränderlichkeit. Dementsprechend definiert die französische Encyclopaedia Universalis 1972 Modernität als »morale canonique du changement«, als die moralische Legitimität des Wandels, der Veränderlichkeit. Reflexes modernes Bewusstsein rechnet mit der Vorläufigkeit seiner Ordnungsmuster und begründet seine Selbstbehauptung durch Lernprozesse. Die Zukunft ist nicht mehr – wie im Fortschrittsbegriff – als kollektive Verheißung, sondern nur noch als Raum des Möglichen gewiss.

Franz Xaver Kaufmann (geb. 1932), Soziologe

Die unübersichtliche Gegenwart

Wer von der Zukunft des Christentums spricht, muss seine Gegenwart kennen. Nur von ihr aus lassen sich Prognosen verantworten. Dabei lassen sich mit einiger Vereinfachung *drei Thesen* entfalten:

(1) Die gegenwärtige Situation der Kirchen ist unübersichtlich, kompliziert und komplex, so dass Verallgemeinerungen problematisch sind.

(2) Es gibt eine Vielzahl von Fakten, die es zulassen von einer Kirchenkrise nie geahnten Ausmaßes zu sprechen.

(3) Es gibt eine Reihe von Fakten, die zeigen, dass das Christentum auch heute eine starke Kraft ist, große Dynamik entfaltet und die Menschen in vieler Hinsicht inspiriert.

Jede verallgemeinernde Aussage über das Christentum wird sofort angesichts der komplexen Situation des Christentums problematisch. Kaum eine Institution der Welt weist heute eine solche *Pluralität* auf. Niemandem ist es möglich einen genauen Überblick auch nur über seine wichtigsten Erscheinungen zu haben.

Ein soziologisches Grunddatum besteht darin, dass die Kirchen, die in vielen Ländern und Kulturen vertreten sind, mit dem Problem der *Ungleichzeitigkeit* zu tun haben. Sie müssen auf Christen Rücksicht nehmen, die in ganz verschiedenen Gesellschaften leben und die von ihrem Lebensgefühl her nicht Zeitgenossen sind. Die *Koexistenz des Heterogenen* bestimmt heute das Bild der Kirchen. Es gibt die »vormodernen« Christen der Dritten Welt, die oft noch Analphabeten in einer alten Kultur sind und die weder Computer noch Telefon kennen. Und es gibt die »postmodernen« Christen der Ersten Welt, denen der Umgang mit moderner Wissenschaft und Kommunikation in einer Welteinheitskultur selbstverständlich ist. Es gibt die kirchlich Engagierten, die Mitläufer und die Randchristen, die nicht einfach abgeschrieben werden sollten. Es gibt das fromme Mütterchen, das kirchliche Reformschritte nicht versteht, und es gibt die emanzipierte Frau, die der Kirche Vorwürfe macht, weil Reformen zu langsam in Gang kommen. Es gibt fromme, wundersüchtige, unmündige, naive, aufgeklärte, nachdenkliche, skeptische und ungläubige

Christen. Die Identifikation der Getauften mit der Kirche weist viele Stufen auf. Im Extremfall wird sie völlig bejaht oder total verneint. Es gibt sogar ein Christentum außerhalb der Kirchen. Die soziale, kulturelle und ökonomische Pluralität unserer Welt ist weithin auch die Pluralität des Christentums. Es ist nicht möglich für alle diese Christen in einer einheitlichen Sprache zu sprechen. Gemeinsame Zeichen und Symbole lassen sich für die verschiedenen Mentalitäten kaum finden. Die Universalität der Kirche, die Regionalität der Kirchen und die Differenzierung der Christen wird zu einem Problem, das es so in der Vergangenheit kaum gegeben hat. Wenn die Kirchen hier nicht kluge und unkonventionelle Schritte auf dem Weg zu einer kirchlichen Integration tun, werden sie in Zukunft erheblich an Zustimmung ihrer Mitglieder verlieren. Andererseits könnten kirchliche Modelle der Verständigung auch zu Anregungen für die Völkergemeinschaft (»UNO«) werden.

- Welche verallgemeinernden Aussagen über die Kirchen sind im Umlauf? Diskutieren Sie deren Berechtigung.
- Warum ist die innerkirchliche Pluralität und Komplexität für die Kirchen Gefahr und Chance zugleich?
- Es gibt heute viele Einstellungen gegenüber den Kirchen, z. B. volle Zustimmung, partielle Identifikation, kritische Solidarität, heftige Ablehnung, kühle Gleichgültigkeit. Welche sind Ihrer Meinung nach unter jungen Leuten vorherrschend?

Guido Muer (geb. 1927): Das Leiden des Volkes Gottes an der Kirche, Öllasur, 1985. Die Kirche wird hier doppelt repräsentiert: Als starrer, blutleerer Greis und als Volk Gottes unter dem Kreuz.

Symptome einer Krise

Vor allem aus deutscher Perspektive ist das Christentum heute in eine tiefe *Krise* geraten.

- Seit 1968 haben sich viele Menschen von den Kirchen abgewandt. Manche sind aus Protest *aus den Kirchen ausgetreten*, manche wollten die Kirchensteuern sparen, bei nicht wenigen vollzog sich der Auszug aus den Kirchen lautlos und unauffällig. Viele Menschen, die sich den Kirchen einmal verbunden fühlten, wenden sich von ihnen ab, weil sie ihre Grundlehren nicht mehr verstehen, ihr Ethos in wichtigen Punkten für überholt halten, die kirchlichen Ämter als anachronistisch ansehen und sich vom Leben in der kirchlichen Gemeinschaft nicht viel versprechen. Die Vitalität und Spontaneität, die das Christentum in früheren Zeiten so anziehend machte, ist heute erheblich geschwächt.
- Die Zahl der *Konfessionslosen* beträgt im vereinten Deutschland ein Viertel der Gesamtbevölkerung (→ S. 17). Die Konfessionslosen im Westen sind oft noch religiös geprägt, während die Konfessionslosen im Osten meist keinerlei religiöse Erziehung erfahren haben. Bei den Konfessionslosen im Westen überwiegt eine Ablehnung der Kirchen, die aber verbunden ist mit einem gewissen Interesse an Religion überhaupt. Demgegenüber lehnen die meisten Konfessionslosen im Osten alle Religion und Religiosität scharf ab.
- Ein Großteil der *Jugend* interessiert sich nicht mehr für das Christentum. Es erscheint jungen Leuten eher eine Sache der Alten zu sein. Kirchen- und Jugendsprache haben kaum mehr Berührungspunkte. Die kirchlichen Vorstellungen, z. B. über Sexualität, gelten als weltfremd und nicht lebbar. In ähnlicher Weise hat eine Distanzierung der *Frauen* zu

den Kirchen stattgefunden, wie sie noch vor wenigen Jahrzehnten undenkbar gewesen wäre.

- Wenn man auf die letzten Jahrzehnte zurückblickt, muss man einen *Traditionsbruch* feststellen, für den es in der Geschichte kaum eine Parallele gibt. Ehemals stark katholisch oder evangelisch geprägte Milieus in der Bundesrepublik haben sich aufgelöst. Die Familien, die früher die Weitergabe des Glaubens besorgten, sind zu dieser Aufgabe kaum mehr in der Lage. Der traditionelle Kirchenbesuch ist bei uns stark rückläufig. Ein Wissen über das christliche ABC ist kaum mehr vorhanden. Die Bibel ist weithin ein völlig unbekanntes Buch, von dem man annimmt, es sei langweilig und veraltet. Viele Leute haben keine Ahnung, warum Feste wie Ostern, Pfingsten, der Reformationstag oder Fronleichnam im Kalender stehen. Die Bilder in den Kirchen und Kathedralen gehören für sie zu einer fremden Welt. Altes christliches Brauchtum ist überall in der modernen Gesellschaft vom Aussterben bedroht. Alles in allem ist dies nicht nur Zeichen eines religiösen Verfalls, sondern auch ein kulturelles Desaster.
- Das Leben in vielen christlichen Gemeinden verkümmert oft zu einer *bürgerlichen Religion*, in der bestimmte Vorstellungen, Sitten und Gebräuche festgeschrieben sind, die dem Leben den Charakter von Ordnung und Wohlanständigkeit geben, ohne dass das Christentum hier seine Kraft zur Erneuerung des Lebens und zur Bekämpfung des Bösen noch entfalten könnte.
- Innerhalb der Kirchen gibt es zwischen den verschiedenen Richtungen *Auseinandersetzungen*, die oftmals heftiger und leidenschaftlicher sind als zwischen den Konfessionen und Religionen. Dabei geht es meistens um unterschiedliche Auffassungen darüber, was in der modernen Welt von den Kirchen zu tun sei. Die Frage, wie weit die Kirchen ihr eigenes Profil bewahren müssen und wie weit sie sich modernen Strömungen anpassen dürfen, löst heute schwere Konflikte aus. Das *Dilemma*, vor dem die Kirchen dabei stehen, sieht so aus: Einerseits dürfen sich die Kirchen nicht radikal von allen neuen Ideen und Lebensgewohnheiten abschotten, wenn sie der Gefahr entgehen wollen nicht mehr verstanden zu werden und als antiquiert zu gelten. Andererseits dürfen sie ihre Botschaft auch nicht so dem Zeitgeist anpassen, dass sie sich von diesem nicht mehr unterscheiden und darum am Ende überflüssig werden. Die Kirchen müssen ihren Weg zwischen notwendiger *Anpassung an die Moderne* und notwendiger *Bewahrung ihrer eigenen Identität* suchen. Nur wenn sie zugleich die Fundamente ihres Erbes schützen und immer zu Reformen bereit sind, werden sie Chancen für die Zukunft haben. Es ist schwer, auf diesem Weg die richtige Balance zu halten.
- Bei dieser epochalen Auseinandersetzung gibt es verschiedene Gruppen, deren Vertreter nur unzureichend als »Fundamentalisten«, »Konservative« oder »Progressive« bezeichnet werden, weil sie meist nicht in idealtypischer Klarheit, sondern eher in Mischformen vorkommen. *»Fundamentalisten«* wären dann die, die alle kirchlichen Reformen als unzulässige Modernisierungen ablehnen und sich dagegen aggressiv wehren; die *»Konservativen«* stimmen manchen Reformen zu, warnen aber vor Übertreibungen; den *»Progressiven«* gehen die heutigen Reformversuche nicht weit genug, sie werden ihnen zu langsam und vorsichtig auf den Weg gebracht. Die Streitigkeiten dieser Richtungen spielen sich oft in den Gemeinden ab, sie bestimmen auch die Arbeit der Kirchenleitungen und der Bischofskonferenzen. Es ist zur Zeit nicht abzusehen, auf welcher Seite die stärkeren Kräfte stehen.

- Zur wichtigsten Krise der Kirchen heute, der »Gotteskrise« (J. B. Metz): → S. 88.
- Soziologische Befunde besagen, dass es in den letzten Jahrzehnten in unserer Gesellschaft einen Bruch mit den kirchlichen und christlichen Traditionen gegeben hat. Man spricht von »Entkirchlichung« und »Entkonfessionalisierung«. Wie erklären Sie sich diesen Befund? Wie wurde er im vereinten Deutschland nach 1989 verstärkt? (→ S. 17)
- Was bedeutet es, wenn die Kirche die Jugend verliert? Was bedeutet es, wenn die Jugend die Kirche verliert?
- Die Einstellung der Frauen zur Kirche: → S. 101; 158.
- Was versteht man unter »bürgerlicher Religion« und »Service-Kirche«?
- Fundamentalismus – was meint der Begriff in Politik, Kirche und anderen Religionen?

Punkte der Kritik

Es gibt viele *Gründe für die Kirchenkrise* der Gegenwart, die in den Kirchen selbst liegen. Dabei ist schwer zu sagen, ob das Gewicht dieser Gründe in der katholische Kirche größer ist als in den Kirchen der Reformation, da sie den Traditionen oft mehr verhaftet und Neuerungen gegenüber eher vorsichtig ist. Andererseits sind viele kirchliche Krisensymptome, wie sie sich vor allem in Deutschland und in Westeuropa zeigen, nicht konfessionsspezifisch. Sie laufen quer durch die Konfessionen und stoßen dort auf vergleichbare Reaktionen. Heute verstehen sich fundamentalistische Katholiken und Protestanten religiös besser miteinander als mit den reformerischen und progressiven Kräften der eigenen Konfession. Fremdheit der Christen untereinander ist immer weniger eine Sache der Konfession. Sie hängt hingegen mehr mit religiöser Mentalität und Einstellung zur Moderne zusammen.

Die Kritik, die innerhalb der Kirchen geäußert wird, weist auf folgende Gründe für die Kirchenkrise hin:

- In der Vergangenheit haben sich die Kirchen oft zu sehr nur mit sich selbst befasst und dabei ihre Aufgaben für die Welt in den Hintergrund treten lassen. Sie erweckten den Eindruck, als seien die Menschen für die Kirche da und nicht die Kirche für die Menschen. Die Bedeutung der Ämter, die Rolle der Priester, das konfessionelle Profil, die Richtigkeit der Dogmen, die kirchliche Sexualmoral wurden zu zentralen Themen der kirchlichen Verkündigung, während die Befindlichkeiten der Menschen weniger interessierten. Bescheidenheit in der Selbsteinschätzung war oft kein auffälliges kirchliches Kennzeichen. Manche sprechen von *kirchlicher Nabelschau* und vermissen das leidenschaftliche Bemühen um die großen Perspektiven Jesu und seiner Botschaft für die Welt.
- Auch wenn man die vielen guten Momente in der Botschaft und Geschichte des Christentums nicht übersieht, lässt sich nicht leugnen, dass das Christentum sich selbst immer wieder kompromittiert hat. Seine eigene *Schuldgeschichte* lastet als eine schwere Hypothek auf ihm. Nicht immer sind die Kirchen ihrem eigenen Programm gefolgt, das ihnen in der Bibel gegeben ist. Der kirchliche Absolutheitsanspruch auf Wahrheit, die Intoleranz der Kirchen gegeneinander und gegenüber den anderen Religionen haben viele Menschen abgeschreckt. Weil diese Schuldgeschichte in den Kirchen noch zu wenig aufgearbeitet wird, entsteht der Eindruck, dass die Kirchen, die andere ständig zur Buße aufrufen, selbst nicht bußfertig sind.
- Viele Christen sehen in der *weltlichen Macht*, im *politischen Einfluss* und im *Reichtum* der Kirchen einen Grund für ihre heutige Schwäche. Sie fragen sich, ob die Kirchen ähnlich wie in der Vergangenheit auch im 3. Jahrtausend noch Anteil daran haben sollen oder nicht. Für beides gibt es gute Gründe. In der Gratwanderung zwischen Einfluss und Machtlosigkeit liegt ein Strukturproblem für die Zukunft des Christentums. Paradoxerweise werden die Kirchen reicher, wenn sie ärmer werden. Jedenfalls werden sie danach trachten müssen noch mehr auf Seiten der Armen und Leidenden zu stehen, um nicht durch Teilhabe an Macht und Reichtum an deren schlimmer Situation mitschuldig zu werden.
- In der Neuzeit haben sich die Kirchen oft ängstlich gegen Erkenntnisse der *Wissenschaften* gewehrt. Im Kampf gegen Galileis Weltbild, Darwins Evolutionslehre und Freuds Psychologie haben sie wertvolle Kräfte falsch eingesetzt und viel Kredit verspielt. Erst spät haben sie gemerkt, dass sich die Wissenschaften durch autoritären Einspruch nicht beeindrucken lassen. Die kirchlichen Fehleinschätzungen der Vergangenheit haben dazu geführt, dass viele Wissenschaftler auch heute allen Einsprüchen der Kirche gegenüber reserviert sind, auch wenn diese z. B. in ethischer Hinsicht unabweisbar sind.
- In der Proklamation der Menschenrechte sahen die Kirchen eine Zeit lang nur eine säkulare Ideologie. Mit der *Demokratie* als politischem Konzept haben sie erst spät ihren Frieden geschlossen. Lange wurden andere autoritäre Staatsformen »von Gottes Gnaden« favorisiert. Die Kirchenleitungen haben oft nicht erkannt, dass die Demokratie mit ihrer Achtung der Menschenrechte, mit Gewaltenteilung und Minderheitenschutz, mit Parteien und Wahlen, mit

dem Gegenüber von Regierung und Opposition ein politisches Modell darstellt, das trotz vieler Mängel am ehesten das Leben großer Gesellschaften regulieren kann. Erst spät kam ihre Zustimmung zur politischen Demokratie im westlichen Verständnis. Aber auch heute noch wehrt sich die katholische Kirche vehement gegen eine »Demokratisierung« ihrer Struktur mit dem Argument, die Wahrheit der Offenbarung dürfe nicht von Mehrheitsbeschlüssen abhängig gemacht werden. Dabei wird die Frage umgangen, ob diese Wahrheit in einer hierarchischen und autoritären Struktur besser aufgehoben ist. Wenn die Kirchen, die sich in ihrer Geschichte mit fast allen Staatsformen liiert haben, nicht mehr demokratische (»synodale«) Grundformen für ihre Strukturen akzeptieren, wird ihr Einfluss in demokratischen Ländern weiter abnehmen. Viele Christen werden ihr kirchliches Engagement in Frage stellen, weil sie die Diskrepanz zwischen demokratisch verfasster Gesellschaft und hierarchisch strukturierter Kirche auf Dauer nur schwer ertragen.

• Von der Entwicklung der *Kunst* und *Philosophie* haben sich die Kirchen in der Neuzeit weitgehend abgeschottet, weil sie die Autonomie von Kunst und Philosophie ablehnten oder fürchteten. Stattdessen haben sie in Kunst (z. B. »Neugotik«) und Philosophie (z. B. »Neuscholastik«) längst überholte Traditionen neu zu beleben versucht oder zweitrangige Arbeiten (»Kunstgewerbe«, »Kitsch«) in Haus- und Kirchenbau favorisiert. So vermochten die Kirchen das geistige Bild ihrer Zeit nicht mehr zu prägen. Ihre Kunst und Philosophie fand nur mehr im innerkirchlichen Bereich, nicht aber in der ganzen Gesellschaft Anerkennung und Beachtung. Die Leistungen der zeitgenössischen Kunst und Philosophie wurden fast immer zuerst verkannt und bestenfalls im Nachhinein von einigen mutigen Christen entdeckt und in ihrer Eigenständigkeit gewürdigt.

• Fast alle modernen Bewegungen wurden zuerst als »Modernismus« verurteilt. Apologetik wurde in der Neuzeit zu einem herausragenden Bestandteil kirchlicher Aktivität. Dieser *Modernitätsrückstand* hindert die Kirchen daran, das Lebensgefühl heutiger Menschen in größerem Maß ansprechen zu können und auch im 20. Jahrhundert »Salz der Erde« zu sein. Eine weltfremde Sprache in der Verkündigung und der ängstliche Rückzug in ein Kirchengetto macht den Kirchen Zeitgenossenschaft schwer.

- Oftmals entzündet sich die Kirchenkritik konkret an Personen: Kindergärtnerin, Gemeindehelferin, Pfarrer, Pastor, Bischof, Papst. Kennen Sie Beispiele? Wie sind sie zu beurteilen?
- Zur Schuldgeschichte des Christentums: → S. 152 ff.; 157 ff.
- Der polnische Philosoph Leszek Kolakowski (geb. 1927) meint, das Christentum sei immer in der Krise, weil es schwierig sei seinen hohen Ansprüchen zu genügen. Es fordere die Aufdeckung des Bösen in sich selbst. Damit seien die meisten Christen überfordert. Aber gerade darum sei das Christentum so wichtig und brauche seinen Untergang nicht befürchten. Was halten Sie von dieser These?

Heutiges Lebensgefühl

Es wäre falsch die heutige Christentumskrise allein auf Fehler der Kirchen und auf das Versagen der Christen/innen zurückzuführen. In unserer Zeit gibt es weit verbreitete Grundeinstellungen, die mit der Botschaft der Kirche unvereinbar sind. Sie würden auch dann das Christentum bedrohen, wenn die Kirchen alle Reformvorschläge schon verwirklicht hätten und ihrem eigenen Ideal weitgehend entsprächen. Aus diesen Grundeinstellungen hat sich ein Lebensgefühl entwickelt, das im Widerspruch zu christlicher Theologie, Anthropologie und Ethik steht. Es hat sich nicht nur in Einzelfragen weit von religiösen und kirchlichen Vorstellungen entfernt.

• Es gibt eine *Warenmentalität*, die das ganze Leben zum Konsumprozess macht. Alle Freuden des Lebens hängen davon ab, ob man sie sich kaufen kann oder nicht. In dieser Perspektive wird sogar Religion zu einem Artikel, den man wie auf einem Markt wählen kann oder nicht. Ob man an Gott glaubt oder nicht und was man für und von Gott hält, hat den gleichen Rang wie die Entscheidung für ein bestimmtes Hobby oder für eine Mode. – Ein Christentum, das die Sache Gottes für die wichtigste Sache des Menschen erklärt, erscheint da anachronistisch.

• Verwandt damit ist ein *Hedonismus*, der alles danach bemisst, ob es »Spaß macht« und »etwas bringt«. Lebensfreude und Glück, gewiss auch im christlichen Verständnis hohe Werte, verkommen zu Konsumgütern, die rasch genossen werden. Der abwechslungsreiche Konsum von Vergnügungen wird zum höchsten Daseinszweck. Das Lustprinzip gilt weithin als Maxime des Handelns. – Ein Christentum, das auch Askese, Verzicht und Kreuzesnachfolge fordert, hat da wenig Chancen.

• Es gibt einen *Pluralismus*, der andere Standpunkte beliebig gelten lässt, ohne einen eigenen zu haben oder zu wollen. Das postmoderne Beliebigkeitsgefühl, oft als Toleranz deklariert, in Wirklichkeit Standpunktlosigkeit, dominiert weithin. – Es steht im Gegensatz zu der von Christen geforderten Entschiedenheit und ist mit dem Ernst der Anforderungen des Christentums unvereinbar.

• Wir finden einen Relativismus, der jede feste Geltung von Werten ablehnt. Die Vielfalt der Moralen und der ständige Wertewandel in der Geschichte werden zum Kronzeugen für das Prinzip: »Jeder möge handeln, wie er es für richtig hält und mag.« An die Stelle eines verbindlichen Imperativs ist unverbindliche Orientierung getreten. – Ein Glaube, der für wichtige Lebensfragen klare Maßstäbe hat, erscheint da fehl am Platz. Überzogener Relativismus und christliches Ethos widersprechen sich.

• Wir finden einen *Subjektivismus*, der alles auf das eigene Ich (»Ego«) bezieht. Es kommt darauf an, wie man sich fühlt, wie man sich erfährt, wie man sich selbst verwirklicht. Alles wird vom Subjekt her beurteilt. Was nicht mein Problem ist, interessiert mich nicht. – Eine Kirche, die das Eingebundensein der Person in soziale Bezüge betont und die zur Verantwortung gegenüber der Welt und den Menschen aufruft, hat in einer Ego-Gesellschaft wenig Chancen.

Jeder sein eigener Theologe und Priester

Michael N. Ebertz (→ S. 175) beschreibt in seinen soziologischen Untersuchungen, wie die Kirchen nur noch neben anderen »Anbieter« und »Dienstleister« in Sachen Religion sind. Dieser Pluralismus hat die Kirchen und die Kirchgänger verändert.

Indem Lebensberater, Sozialarbeiter, Ärzte, Lehrer für Gymnastik, Ausdruckstanz und fernöstliche Sportarten, Psychologen und Psychotherapeuten, Fernsehstars und -produzenten sowie Künstler mit dem geistlichen Amtsträger alten Schlags in Konkurrenz treten, tragen sie zur »Entgrenzung« des religiösen Feldes bei und darüber zu einer – zumindest partiellen – Entdifferenzierung der Lebensbereiche. Im Effekt kann dann jede(r) nicht nur eine »Sekte« sein, sondern auch ein »Theologe« und »Priester« und jede(r) seine eigene »Sekte«, sein eigener »Theologe« und sein eigener »Priester«. Man kann sich nur noch nicht selbst beerdigen…

Michael N. Ebertz, Soziologe

- Warum ist wirkliche Toleranz nicht identisch mit Standpunktlosigkeit?
- Zur Rollenverteilung in unserer Gesellschaft und zur Rolle der Kirchen: → S. 151.

Eine positive Bilanz

In der heutigen Krise erinnert sich das Christentum daran, dass ihm in seiner langen Geschichte schon mehr als einmal das Ende prognostiziert wurde. Doch ist es den Christen/innen immer wieder gelungen die Krise abzuwenden und aufs Neue Lebenskraft zu finden. Diese Hoffnung ist auch für die Gegenwart nicht unbegründet, wenn man nicht nur die negativen, sondern auch die positiven Seiten der heutigen Kirchen-Bilanz in Betracht zieht.

• Wie nie zuvor entfaltet die katholische Kirche eine ungeheure *Dynamik* in Südamerika, Afrika und Asien. In den Kirchen der Reformation findet eine beachtliche geistige Auseinandersetzung mit den Strömungen der Moderne statt. Die orthodoxen Kirchen erleben in den ehemals kommunistischen Ländern einen starken Zulauf.

• Auch in den Ländern Europas gibt es *Zeichen eines christlichen Aufbruchs*, der auch junge Leute fasziniert. Dafür nur zwei Beispiele:

Nach dem 2. Weltkrieg hat Roger Schutz, ein calvinistischer Mönch, in *Taizé* (Burgund) eine religiöse Gemeinschaft begründet, die moderne Formen der Meditation einübt und Impulse für den Kampf gegen das Unrecht in der Welt gibt. Die Mönche versuchen ohne Wohlstandsgüter zu leben und das, was sie haben, brüderlich zu teilen. Damit wollen sie ein Zeichen für unsere Zeit sein. Seit langem gehören auch Lutheraner, Orthodoxe und Katholiken zur Gemeinschaft. Für unzählige Jugendliche war und ist Taizé ein Anziehungspunkt. Hier beten sie, reden miteinander, singen, schweigen und feiern sie. Sie denken darüber nach, wie sie ihr eigenes Leben führen sollen und welche Aufgaben sie als Christen/innen haben. Durch junge Leute sind die Ideen Taizés in vielen Ländern, gerade auch in Deutschland, bekannt geworden (→ S.13).

Auf katholischer Seite ist die *Fokolar-Bewegung* zu nennen, die von der Italienerin Chiara Lubich (geb. 1920) gegründet wurde und inzwischen über 100 000 Mitglieder im engeren Kreis und an die zwei Millionen Anhänger im weiteren Sinn hat. Menschen in 160 Nationen gehören der Bewegung an, die 1943 im zerbombten Trient entstand und sich seitdem ohne organisierte Strategie rasch ausbreitete. Zu den Mitgliedern zählen Frauen und Männer, auch ganze Familien mit Kindern sowie Bischöfe, Priester und Ordensleute. Der Name leitet sich von dem norditalienischen Wort »focolare«, d. h. »Herdfeuer« ab, das als Treffpunkt der Familie ein Symbol für Zusammengehörigkeit ist. Die charismatisch begabte Gründerin hofft auf eine geeinte Welt, die ganz im Zeichen der Liebe steht. Die Mitglieder leben im Alltag aus der frohen Botschaft Jesu, knüpfen gute Beziehungen zu anderen Konfessionen und Religionen und zeigen durch ihr Tun, welche Lebensfreude von Glaube, Hoffnung und Liebe auf unsere Welt ausgeht.

- Die *Kraft des Evangeliums* wird heute in vielen Teilen der Welt aufs Neue erfahren. In der Öffentlichkeit erheben die Kirchen ihre Stimme, wenn Menschenrechte verletzt, der Friede bedroht und soziale Ungerechtigkeiten vertuscht werden. Damit füllen die Kirchen ein Wächteramt aus, zu dem es nur wenig Vergleichbares in der Welt gibt. Sie geben den Leidenden eine Stimme, die nicht für sich selbst reden können. Unzählige Menschen verdanken ihr Leben und ihre menschenwürdige Existenz dem Engagement einzelner Christen/innen und Gemeinden. An Brennpunkten staatlicher Ideologie und politischen Terrors (heute z. B. in Südamerika, Sudan, Pakistan oder Indonesien) befinden sich Christen, die den Mächten des Bösen öffentlich widerstehen, in schwierigster Situation für die Unterdrückten eintreten und dafür mit Verfolgung und sogar Ermordung rechnen müssen (→ S. 155).
- Der Wille zur *Kirchenreform* ist nicht nur bei vielen Christen, sondern auch in den Kirchenleitungen vorhanden. Tatsächlich sind im 20. Jahrhundert in den Kirchen so große Veränderungen eingetreten wie kaum einmal in der Vergangenheit. So sind die Kirchen auf der ständigen Suche nach zeitgemäßen Formen des Gottesdienstes. Die *Liturgie* ist in vieler Hinsicht erneuert worden, alte Formen, die heute schwer nachvollziehbar sind, sind aufgegeben worden.
- Originalität und Phantasie entfalten sich vielerorts an der *Basis der Kirchen*. Hier werden neue Formen menschlichen Zusammenlebens eingeübt und zahlreiche soziale Dienste geleistet. In vielen Gemeinden gibt es die Arbeit mit Kindern, jungen Leuten, Leidenden, Einsamen, Berufstätigen, allein erziehenden Müttern, Alten, Ausländern, Muslimen, Straffälligen, Drogenabhängigen usw. Viele Engagements wären ohne die Beteiligung von Laien nicht möglich. Ihre Arbeit ist oft ehrenamtlich. Staat und Kirche könnten sie heute nicht bezahlen.
- *Frauen* haben heute bessere Möglichkeiten im kirchlichen Dienst als früher. In der evangelischen Kirche können sie bereits Pastorin und Bischöfin werden.
- Die *ökumenische Bewegung* hat ein besseres Klima zwischen den Konfessionen hergestellt (→ S. 173 ff.).
- Das Verhältnis zu den *Weltreligionen* ist auf eine andere Grundlage gestellt worden. Ihre Anhänger gelten nicht mehr als »Heiden«, die missioniert werden müssen, sondern als Menschen, die wie Christen auf dem Weg zu Gott sind. Ein interreligiöser Dialog hat begonnen. Eine »Pluralistische Religionstheologie« geht von der Vielfalt der Religionen aus und versucht zu bedenken, was diese Tatsache für das Christentum bedeutet.
- Im Verhältnis zum *Judentum* ist eine radikale Wende eingetreten, insofern die Juden nicht mehr als »Gottesmörder« und »Verstockte«, sondern als »Gottes erste Liebe« angesehen werden (→ S. 152 ff.).
- Die Kirchen treten heute engagiert für *Religionsfreiheit* ein.
- Die *Theologie* der christlichen Kirchen bewegt sich im 20. Jahrhundert mindestens partiell auf einem hohen Niveau. Viele evangeli

sche und katholische Theologen werden auch außerhalb der Zunft gehört. Vor allem die Bibelwissenschaften (→ S. 36 ff.) haben Neuland betreten. In der Auseinandersetzung mit den geistigen Strömungen der Gegenwart sind beachtliche theologische Entwürfe entstanden, die zu den bedeutenden geistigen Leistungen der Zeit zählen (→ S. 99 ff.; 136 ff.).

• Das Verhältnis der Kirchen zu den *Wissenschaften* hat sich weitgehend entkrampft. In der Beurteilung wissenschaftlicher Ergebnisse sind die Kirchen zu Recht vorsichtiger geworden. An die Stelle rascher Verurteilung ist die Bereitschaft zum Zuhören und Nachdenken getreten. Weitgehend hat sich heute die Vorstellung durchgesetzt, Wissenschaft und Religion, Vernunft und Glaube, stünden nicht in einem Gegensatz zueinander, sondern müssten sich ergänzen. In kirchlichen Akademien wird ein intensives Gespräch mit Wissenschaftlern geführt. Allerdings wird da, wo die Wissenschaften die Menschenwürde zu gefährden drohen, der Protest der Kirchen laut.

• Auch heute verfügen die Kirchen über ein erhebliches Kapital an *Anhänglichkeit* und *Zutrauen* überall in der Welt. Unzählige Menschen bekennen sich engagiert zum christlichen Glauben. Unter ihnen sind Menschen, die in der Sozialordnung unten stehen, und herausragende Gestalten aus Wissenschaft, Kultur und Politik. Sie alle sind dankbar der Gemeinschaft der Christen anzugehören.

- Wie sähe die heutige Welt politisch – sozial – kulturell – religiös ohne das Christentum aus?
- Ein Beispiel christlichen Engagements heute: Die Kirchen wehren sich entschieden gegen die Versuche von Wirtschaft und Politik den Sonntag zum Arbeitstag zu machen. Alle ökonomischen Gründe können sie nicht überzeugen. Wie argumentieren beide Seiten? Was steht auf dem Spiel?
- Wieviel ehrenamtliche Arbeit wird heute in den christlichen Gemeinden geleistet? Was ist sie wert?

Aufgaben für morgen

Heute sind viele Christen/innen davon überzeugt, dass das Christentum gute *Zukunftsperspektiven* hat und ein wichtiger Faktor im Leben der Menschen sein wird. Es gibt Stimmen, die sagen, dass die Zeit des Christentums nicht abgelaufen sei, sondern gerade erst begonnen habe. Für sie ist nicht skeptischer Pessimismus, sondern hoffnungsvoller Optimismus angezeigt. Diese Zuversicht kann sich auf die guten Ansätze der kirchlichen Arbeit heute stützen. Erst recht erwächst dieses Vertrauen aus religiösen Gründen, da den Christen/innen die Verheißung auf Dauer bis an das Ende der Tage gegeben ist (Mt 28, 20).

• Am wichtigsten wird es sein, dass die Kirchen der weit verbreiteten Erosion des Gottesglaubens entgegenwirken und zu einem überzeugenden Sprechen von *Gott* finden. Nur wenn sie gleichsam den Himmel offen halten, können sie verhindern, dass die Menschen ihr Leben auf Erden als sinnlos empfinden. Dazu müssen die Kirchen die Botschaft von Gott, der Liebe und Freiheit will, auch unter den Bedingungen der Moderne glaubhaft verkünden und zugleich die ständige Suche nach Gott in heute verständlichen Worten und bescheidenem Schweigen einüben. Es ist Sache der Kirche zu verhindern, dass der Gottesglaube zum Sektenmerkmal verkommt und zum Ausstieg und zur Flucht aus dem Haus der heutigen Welt führt. Er kann nur Fundament dieses Hauses sein. Christen, die die Freude des Glaubens überzeugend leben und die Frage nach Gott auch angesichts der großen Leiden unserer Zeit offen halten, werden das Christentum am ehesten in die Zukunft führen.

• Die Kirchen werden sich in Zukunft noch mehr zum *Anwalt der Menschen* machen müssen. Im politischen Raum ist entschiedener Widerstand gegen alle Totalitarismen, Fundamentalismen und Ideologien gefordert. Sie werden auf die Gefahr hinweisen müssen, die bei uns von der Priorität des Ökonomischen in allen Lebensbereichen, von der Macht des Geldes (→ S. 89) oder von der Vorherrschaft des Lustprinzips ausgeht. Gegen Tendenzen, die die Würde des Menschen zu beschädigen oder zu zerstören drohen, müssen Christen wirksamen Protest anmelden.

• Die positive Bedeutung des Glaubens für das *alltägliche Leben* muss wieder erkennbar werden. Wenn die Kirchen weniger die Sünden der Einzelnen anklagen als deren Leiden wahrnehmen, werden sie Zustimmung finden. Sie kön-

nen den Weisungen Jesu folgen, indem sie Ängste abbauen, Verletzungen heilen, Hoffnung geben, Lebensfreude fördern, Freiheitsräume eröffnen und in einer lebendigen Gemeinschaft einen Gegenpol zu Angst und Vereinsamung bilden.

- Sache der Christen ist es, gegen die unvorstellbaren *Katastrophen* zu kämpfen, die das Leben bedrohen: Rassismus, Korruption der Macht, Ausbeutung, Bevölkerungsexplosion, mangelnde Ausbildungsmöglichkeiten, Missbrauch der Wissenschaften und der Technik, Arbeitslosigkeit, Hunger, Sexismus, Drogen, Aids, Intoleranz usw. Im Kampf gegen diese Bedrohungen können die Kirchen die Kraft des Evangeliums erweisen. Mit der Bewahrung der Schöpfung, auch der Tiere, mit dem Kampf für Gerechtigkeit und Frieden, für die Gleichberechtigung von Frauen und Männern setzen sie sich für die Sache Gottes ein.
- In Zukunft wird es zunehmend wichtiger werden den Menschen *Hoffnung über den Tod hinaus* zu geben, weil diese Hoffnung nicht mehr so selbstverständlich ist wie in der Vergangenheit. Die Verheißungen von einer messianischen Zeit und einer neuen Welt, von der Auferstehung der Toten und von Ewigem Leben können ein Kontrastprogramm zu aller innerweltlichen Hoffnungslosigkeit und Verzweiflung sein.
- Die christlichen Kirchen werden zeigen müssen, dass sie miteinander noch mehr auf dem Weg der Verständigung vorankommen (*Christliche Ökumene*) und auch mit den anderen Religionen (*Ökumene der Religionen*) einen Dialog führen, in dem eigene Absolutheitsansprüche zurücktreten und die Bedeutung der Religion für die heutige Menschheit erfahrbar wird. Sie werde daran mitwirken, dass ein Weltethos (→ S. 140) und eine Welttheologie entstehen, die von allen akzeptiert werden können.

Entscheidend für die *Zukunftsfähigkeit* des Christentums wird nicht in erster Linie sein dogmatisches Programm oder sein ethisches Profil sein, sondern die konkrete *Lebenspraxis der Christen.* Wenn der Glaube an Gott, wenn die gute Botschaft Jesu Christi, wenn die Hoffnung für die Welt, wenn die Weisung der Liebe zu Gott, dem Nächsten und sich selbst von Christen glaubhaft gelebt werden, hat das Christentum die Chance auch für die Welt von morgen unverzichtbar zu sein.

● Diskutieren Sie den Satz Karl Rahners (→ S. 100 f.): »Der Christ der Zukunft wird ein Mystiker sein oder er wird nicht sein.«

Friedensgebet in Assisi im Jahr 1986. Papst Johannes Paul II. hatte dazu Vertreter der verschiedenen Religionen eingeladen. Links von ihm sitzen Repräsentanten anderer christlicher Kirchen, rechts neben ihm der Dalai Lama und Vertreter der ostasiatischen Religionen. Auf der Tafel steht das Wort »Friede« in 14 Sprachen.

Von Abba bis Zölibat – Glossar

In das Glossar sind bis auf wenige Ausnahmen nur Begriffe aus der Welt der Bibel und des Christentums aufgenommen worden. Die meisten kommen in diesem Arbeitsbuch vor. Geographische Bezeichnungen sind nicht berücksichtigt. Bei den Begriffen, die eine vielfache Bedeutung haben, wird meist nur der christlich/kirchliche Sprachgebrauch erwähnt.

Abba: »Vater«, jüdische Gebetsanrede Gottes, die auch Jesus benutzt hat

Aberglaube: Erwartung, dass mit bestimmten Worten und Riten ungewöhnliche Hilfen gewonnen und die Zukunft entschlüsselt werden kann; dabei werden oft materielle Erscheinungen wie Amulette, Karten, Pendel oder Sterne befragt, verehrt und benutzt

Agape: Liebe, Liebesmahl

Agnostizismus: Einstellung, die religiöse Fragen letztlich für unentscheidbar und nicht beantwortbar hält; lehnt Gotteserkenntnis und Atheismus gleichermaßen ab, da beide die Grenzen menschlicher Vernunft überschreiten; christlicher A. verbindet den Glauben an Gott mit dem Wissen von der Unerkennbarkeit Gottes

Allegorie: eine tiefere, verborgene Bedeutung hinter dem wörtlichen Sinn eines Textes, z. B. die Rede vom Weinstock und Reben als Bild der Verbundenheit der Christen mit Christus

Anathema: Bann, Verfluchung

Antichrist: Gegenchristus, der in der Endzeit auftritt, um die Menschen zu verführen; Teufel; Gegner des Christentums

Anthropologie: Lehre vom Menschen; es gibt eine naturwissenschaftliche, philosophische und theologische A.

anthropomorph: Aussage, die von Gott wie von einem Menschen spricht, z. B. Gott sieht oder ist Vater

Apokalypse: »Enthüllung«, »Offenbarung«; religiöse Schrift über die Katastrophe und Erlösung der Endzeit; z. B. die jüdische Henoch-A. oder die neutestamentliche A. des Johannes

Apokalyptik: jüdische und christliche Strömung aus der Zeit um 200 vC bis 100 nC, die sich auf Weissagungen, Träume, Visionen und Auditionen stützt, durch die die Geheimnisse Gottes für die Endzeit offenbart werden; danach wird die Geschichte alsbald von Gott ihrem Ende zugeführt; Katastrophen der Gegenwart wie Kriege, Erdbeben, Hungersnöte sind Vorboten des Endes, in denen sich die Gerechten bewähren können

Apokryphen: »geheime« Schriften, die nicht in den Kanon der Heiligen Schrift aufgenommen wurden, aber dem Titel nach den Anspruch darauf erheben, z. B. das Thomas-Evangelium mit Erzählungen von der Kindheit Jesu

Apologetik: systematische Verteidigung und Rechtfertigung des Glaubens

Apostasie: Abfall vom Christentum; der »Apostat« ist ein Abtrünniger

Apostel: die von Jesus zur Verkündigung des Evangeliums Berufenen; vor allem die »Zwölf«, aber auch Paulus und andere Männer und Frauen

apostolisch: mit der Lehre der Apostel übereinstimmend; Kennzeichen der Kirche

Arianismus: nichtorthodoxe Lehre des Priesters Arius, der zu Beginn des 4. Jh. in Alexandrien lehrte, dass Christus nicht Gott gleich, sondern nur Gott ähnlich sei. Diese Lehre wurde im Jahr 325 auf dem ersten ökumenischen Konzil zu Nikaia verurteilt, ist aber in ähnlicher Form immer wieder bis heute vertreten worden

Askese: religiös motivierter freiwilliger Verzicht auf Dinge, die man haben kann und darf, z. B. Essen, Ausübung der Sexualität und Besitz

Atheismus: Einstellung, die aus theoretischen oder praktischen Erwägungen die Existenz Gottes leugnet; der methodische A. verzichtet auf Gott als Erklärungsprinzip in den Wissenschaften, ohne Gott generell zu leugnen

Bann: Ausschluss von den Sakramenten und kirchlichen Ämtern

Bekenntnis: öffentliche Äußerung des Glaubens in Wort und Tat

Bilderverbot: Verbot des Dekalogs sich von Gott ein Bild zu machen

Charisma: ungewöhnliche Gnadengabe Gottes, z. B. Einsicht, Autorität oder Redebegabung

Chiliasmus: Erwartung eines tausendjährigen Gottesreiches auf Erden

Christologie: theologisch-systematische Lehre von Jesus Christus; »C von oben« geht von seiner göttlichen Würde, »C von unten« vom historischen Jesus aus

Christus: »Gesalbter«; griechische Übersetzung des hebräischen Wortes »Messias«; religiöser Titel Jesu von Nazaret

Credo: »Ich glaube«; kirchliches Glaubensbekenntnis

Dämonen: böse Geister, Mächte des Bösen, die körperliche und seelische Leiden verursachen können

Deismus: Lehre vor allem zur Zeit der Aufklärung, dass Gott die Welt erschaffen hat, aber in die Schöpfung nicht eingreift und sie ihren eigenen Gesetzen überlässt

Dekalog: die Zehn Worte/Gebote vom Sinai

deontologische Ethik: beurteilt die Richtigkeit oder Falschheit einer Handlung nicht nach den Folgen (Lust, Glück, Erkenntnis, Nutzen), sondern ausschließlich danach, ob sie der Pflicht (den Geboten, den sittlichen Werten) entspricht. Demnach wäre eine Falschaussage immer verboten, auch wenn sie ein Menschenleben fordert. Gegensatz: teleologische Ethik

Diaspora: die für eine religiöse Minderheit fremde Umwelt

Dogma: Glaubenssatz, der meist in einer bestimmten Situation, z. B. zur Abwehr einer Häresie, von der Kirche formuliert wurde, z. B. Jesus ist wahrer Gott und wahrer Mensch

Dogmatik: theologisch-systematische Darstellung des christlichen Glaubens

Doketismus: Lehre, nach der Jesus Christus nur einen Scheinleib hatte und nur zum Schein litt und starb

Dualismus: Auffassung, nach der die Wirklichkeit letztlich aus zwei Prinzipien besteht, z. B. einem guten und einem schlechten oder einem geistigen und materiellen Bereich; der anthropologische D. besagt, dass der Mensch aus Leib und Seele besteht

Ekklesiologie: theologisch-systematische Lehre von der Kirche

Eklektizismus: Auswahl religiöser Elemente verschiedener Herkunft zu einem neuen Ganzen, z. B. finden sich in manchen Formen heutiger Esoterik christliche, medizinische und buddhistische Elemente

Entmythologisierung: theologisches Programm, das die biblischen Mythen in ein heute mögliches Verständnis zu übersetzen sucht; danach gehören z. B. die Wunder Jesu zu einem veralteten mythischen Weltbild, haben aber eine wichtige Botschaft für heute; so fordert die Brotvermehrung Jesu dazu auf, wie Jesus das Brot mit anderen zu teilen

Episkopat: Amt des Bischofs, Kollegium der Bischöfe

Erbsünde: Schuld- und Unheilsituation, in die jeder Mensch hineingeboren wird, ohne dafür persönlich verantwortlich zu sein

Erlösung: Befreiung des Menschen aus dem Zustand des Leidens, des Bösen, des Todes, der Gottferne; endgültige Befreiung zu Glück, Leben, Gerechtigkeit, Frieden und Gottesnähe; Jesus Christus ist für den christlichen Glauben der »Erlöser«

Eschatologie: theologisch-systematische Lehre von den »letzten Dingen«, d. h. vom Reich Gottes, von der Wiederkunft Christi, vom Ende der Welt, vom Gericht Gottes, von Hölle, Fegefeuer und Himmel, von der Vollendung der Welt, vom Ewigen Leben bei Gott; wird heute theologisch als Bestimmung von Welt und Mensch durch Gott und nicht primär zeitlich gedeutet

eschatologisch: auf das Ende, auf die Vollendung bezogen

Ethik: Lehre vom richtigen menschlichen Handeln; es gibt eine philosophische E., die sich auf vernünftige Reflexionen stützt, und theologische E., die darüber hinaus auch Quellen des Glaubens, z. B. die Bibel, einbezieht

Eucharistie: von Jesus eingesetztes Abendmahl, kirchliches Sakrament, in dem der Glaubende unter den Gestalten von Brot und Wein Christi Fleisch und Blut zu sich nimmt und mit ihm eins wird; in den Kirchen gibt es unterschiedliche Deutungen, z. B. die realistische und symbolische

Evangelium: frohe Botschaft, gute Nachricht; der Begriff kommt schon im AT vor und wird im Altertum auch von Herrschern/Kaisern im politischen Leben benutzt; Jesus macht ihn zum Programm seiner Lehre; 4 Schriften des NT tragen den Titel E.: Mt, Mk, Lk und Joh

evangelisch: am Evangelium orientiert; Selbstbezeichnung der Kirche der Reformation

evangelische Räte: der dreifache Rat Jesu zu Armut, Ehelosigkeit und Gehorsam, Grundprinzipien christlicher Orden

ewig: Eigenschaft Gottes, die besagt, dass er nicht der Zeitlichkeit und Vergänglichkeit unterliegt; daher ist Ewigkeit nicht eine unendlich lange Zeit, sondern ein zeitenthobener Zustand

Exegese: Auslegung und Erforschung der Bibel; es gibt viele Methoden der E.

Exkommunikation: Kirchenbann, Ausschluss aus der kirchlichen Gemeinschaft

Exodus: Auszug der Kinder Israels aus Ägypten; Symbol für erhoffte Befreiung durch Gott

Exorzismus: Beschwörung, Austreibung böser Geister und Dämonen

Feminismus: Bewegung, die in der Kirche dieselben Rechte, die Männer haben, für Frauen einfordert, z. B. in kirchlichen Ämtern, Priestertum; die feministische Theologie wendet sich gegen eine Theologie, die einseitig in männlichen Begriffen spricht, z. B. Gott als Vater oder Bruder

Freiheit: fundamentale Fähigkeit des Menschen zur Selbstbestimmung; seine (begrenzte) Möglichkeit, so oder anders zu handeln und wählen zu können; F. ermöglicht/bedingt Verantwortung und begründet die menschliche Würde, kann sie aber auch verletzen

Fundamentalismus: religiöse Strömung, die sich gewaltsam oder gewaltfrei gegen die Moderne wendet und alle Versuche, Tradition und Neuzeit zu versöhnen, ablehnt; reform-unwillig und reformfeindlich

Fundamentaltheologie: Grundlegung der Theologie in Auseinandersetzung mit den Wissenschaften, der Philosophie, dem Lebensgefühl und anderen Religionen

Geheimnis: im Unterschied zu einem Rätsel, das sich lösen lässt, die stets unerkennbar bleibende Wirklichkeit Gottes

Geist: Seinsweise Gottes und des Menschen, die nicht mit der räumlich ausgedehnten und in der Zeit sich verändernden Materie (»Körper«) zusammenfällt; der Heilige G. ist die dritte Person der Trinität; wirkt dynamisch in Welt und Kirche

Gesinnungsethik: beurteilt die sittliche Qualität einer Handlung allein nach der Gesinnung, nicht nach den Folgen einer Handlung, lässt keine Kompromisse zu; so darf man nie selbst Gewalt benutzen, auch wenn man dadurch ungerechte Gewalt gegen andere verhindern könnte

Gewissen: die zentrale Instanz des Menschen, in der er sich seiner Freiheit bewusst wird und die ihm sagt, was gut und böse ist. Der Christ hat immer seinem Gewissen zu folgen, selbst wenn es objektiv irrt. Er hat die Pflicht sein Gewissen an den Weisungen Gottes zu bilden

Gnade: ungeschuldete und unverdiente Hilfe und Liebe Gottes, die den Menschen befähigt, unabhängig von eigener Leistung das Heil zu erlangen und das Gute zu tun, das Böse zu lassen

Gnosis: im orthodoxen Sinn: »Erkenntnis« als Moment des Glaubens; nicht orthodox: »Erkenntnis« als Auflösung und Ersatz des Glaubens

Güterabwägung: Überlegung, welchem Wert man bei einem Wertkonflikt den Vorzug geben soll, z. B. durch den Bau einer Fabrik Arbeitsplätze schaffen oder durch Verzicht auf diesen Bau die Umwelt schonen

Häresie: Irrlehre, Ketzerei

Hedonismus: schon in der griechischen Philosophie beschriebene ethische Lehre bzw. Einstellung, die in der sinnlichen und geistigen Lust das höchstes Ziel des Menschen sieht

heilig: primär: Eigenschaft Gottes: seine Faszination, Würde und Unnahbarkeit; sekundär: ein Kennzeichen der Kirche und ihrer Mitglieder, das Anteilnahme am Leben Gottes bedeutet; h. ist nicht eine moralische Qualität, sondern Ausdruck einer göttlichen Berufung

Hermeneutik: Lehre von den Regeln, die für die Auslegung von Texten gelten; wichtig für das Verständnis der Bibel und kirchlicher Dokumente

Heterodoxie: von der Orthodoxie abweichende Irrlehre

Hierarchie: heilige Herrschaft, System abgestufter Ämter besonders in der kath. Kirche, z. B. Papst, Kardinäle, Bischöfe, Priester, Diakone

historischer Jesus: die Person Jesu in ihrer geschichtlichen Dimension, z. B. die Daten seines Lebens und Sterbens; der »Christus des Glaubens« ist die Gestalt Jesu in ihrer religiös-theologischen Bedeutung, z. B. als Messias, Gottes Sohn, Erlöser

Humanismus: vieldeutiger Begriff, der anzeigt, dass es um den Menschen geht; christlicher H. sieht die Würde des Menschen in seiner Geschöpflichkeit und Gottebenbildlichkeit begründet

Ikone: religiöses Bild mit der Darstellung Christi, Heiliger und heiliger Ereignisse; wichtig in der Liturgie der orthodoxen Kirche

Inkarnation: »Fleischwerdung«, Menschwerdung Gottes in Jesus Christus

Inquisition: kirchliches Verfahren zur Unterdrückung der Häresie und zur Reinerhaltung des Glaubens; im Mittelalter wurden viele Häretiker von der I.- Behörde aufgespürt und verurteilt und dann der weltlichen Obrigkeit zur Bestrafung übergeben; seit dem 19. Jh wurde die I. nach und nach aufgehoben

Inspiration: Einfluss des Geistes Gottes auf das Entstehen der Bibel, sie bewirkt, dass diese in den Punkten, die den Glauben und das menschliche Heil betreffen, irrtumslos ist

Interkommunion: Abendmahlsgemeinschaft der christlichen Kirchen, heute noch umstritten

JHWH (Jahwe): Name Gottes im Alten Testament, der nicht ausgesprochen werden darf; das »Tetragramm« (vier Buchstaben), Bedeutung: »Ich bin der für euch da ist«

Jurisdiktion: Gerichtsbarkeit; kirchliche Regierungsgewalt

Kanon: Richtmaß, Sammlung der zur Heiligen Schrift gezählten Bücher des Alten und Neuen Testaments; kirchlicher Rechtssatz

kanonisch: zur Heiligen Schrift gehörig; dem Kirchenrecht entsprechend

Kardinal: hoher kirchlicher Würdenträger, der vom Papst zur Teilnahme an der Regierung der Kirche berufen wird; hat das Recht auf Teilnahme an der Papstwahl

Katechismus: kirchlich anerkanntes Lehrbuch der christlichen Unterweisung

Katechumene: Taufbewerber

katholisch: allumfassend; Kennzeichen aller Kirchen, die die ganze Wahrheit allen Menschen zu allen Zeiten verkünden sollen; Selbstbezeichnung der römischen Kirche

Kirche: Gemeinschaft der Gläubigen; das Wort umfasst mehrere Bedeutungen: (1) die Gesamtkirche, (2) eine Teil- oder Ortskirche, (3) eine Konfessionsgemeinschaft, (4) ein Gotteshaus

Klerus: der durch Weihen von den Laien abgesonderte geistliche Stand

Klerikalismus: Haltung, die einseitig die Interessen des Klerus vertritt

Konfession: Bekenntnis; eine unter mehreren christlichen Kirchen/Gemeinschaften

Konkordat: völkerrechtlicher Vertrag zwischen dem Heiligen Stuhl (Papst, kath. Kirche) und einem Staat oder Bundesland

Konsistorium: Verwaltungsbehörde einer evangelischen Landeskirche

Konvertit: ein zu einer anderen Glaubensgemeinschaft/ Kirche Übergetretener

Konzil: offizielle Zusammenkunft kirchlicher Würdenträger, um über Fragen des Glaubens, der Sitten und des Rechts zu beraten und zu entscheiden; in der kath. Kirche haben 21 Ökumenische Konzilien neben und unter dem Papst die höchste Autorität

Laie: Christ, der ohne ein geistliches Weiheamt Aufgaben in Kirche und Welt wahrnimmt

Laizismus: Forderung nach größeren Rechten der Laien in der Kirche; Einstellung, die eine Trennung von Kirche und Staat betreibt und jeden kirchlichem Einfluss auf öffentlich-gesellschaftliche Verhältnisse zu unterbinden sucht

Lehramt: Vollmacht der Kirche den Glauben zu verkünden und verbindlich auszulegen; in der katholischen Kirche übt der Papst zusammen mit dem Bischofskollegium das oberste L. aus

Liturgie: der Gottesdienst der Kirche, z. B. die Eucharistiefeier, die Spendung der Sakramente, das Chorgebet der Mönche

Logos: »Wort«, »Rede«, »Vernunft«; Bezeichnung Jesu Christi

Magie: Versuch übernatürliche Kräfte durch Riten und Formeln für sich verfügbar zu machen

Mariologie: kirchliche Lehre von Maria, der Mutter Jesu

Martyrium: Tod um des Glaubens willen

Messe: in der kath. Kirche die mit einem Wortgottesdienst verbundene Feier der Eucharistie

Messias: »Gesalbter«, jüdische Heilsgestalt; Titel Jesu Christi

Metaphysik: philos. Lehre von den erfahrungsjenseitigen Gründen der Dinge und von den Prinzipien von Welt und Mensch, z. B. das Problem des Seins oder die Fragen nach Gott, Unsterblichkeit und Freiheit

Metropolit: hoher kirchlicher Würdenträger, Bischof einer »Mutterstadt«

Mission: kirchliche Aussendung auf Grund des Auftrags Jesu den Menschen in aller Welt das Evangelium zu verkünden

Monotheismus: die Lehre von dem Einen Gott; religiöse Grundlage des Judentums, des Christentums und des Islam

Moraltheologie: systematische Lehre vom richtigen christlichen Handeln; oft synonym mit theologischer Ethik

Mysterium: göttliches Geheimnis, das anders als ein auflösbares Rätsel der menschlichen Vernunft nicht zugänglich ist, weil Gott alle menschlichen Begriffe übersteigt

Mystik: religiöse Strömung in allen Religionen; zielt auf eine unmittelbare Vereinigung des Menschen/der Seele mit Gott durch innere Schau oder durch Hören, durch Gebet oder Bibellesung, auch durch Leid

Mythos: Göttersage; Erzählung, die weltliche Vorgänge durch das Eingreifen göttlicher Kräfte erklärt; Mythen versuchen in einer Symbolsprache die Welt zu verstehen, das Leben zu ordnen und das Verhalten zu regeln; sie stellen dar, »was niemals war und immer ist«; die Erzählung vom Paradies und der Erschaffung von Adam und Eva ist ein biblischer M.

negative Theologie: geht davon aus, dass man von Gott nur sagen kann, was er nicht ist, nicht aber, was er ist; z. B. Gott ist nicht endlich, nicht sterblich, nicht zeitlich

Norm: Regel für menschliches Verhalten (Sitte, Brauch, Vorschrift, Gesetz, Gebot), die in einer Gesellschaft in Geltung ist

Offenbarung: das Sich-Kundtun, die Selbstmitteilung Gottes, vor allem in der Geschichte des Volkes Israel und im Christusgeschehen, aber auch in der Natur

Ökumene: die ganze bewohnte Welt, die Gesamtheit aller christlichen Kirchen und Gemeinschaften

ökumenische Bewegung: Einigungsbewegung der christlichen Konfessionen im 20. Jh., die auf die Einheit/Zusammengehörigkeit der christlichen Kirchen hinwirkt

Orden: christliche Mönchs- oder Nonnengemeinschaft in der Nachfolge Jesu, z. B. die Benediktiner/innen oder Franziskaner/innen; Befolgung der drei evangelischen Räte

Orthodoxie: Rechtgläubigkeit, die richtige Lehre; Selbstbezeichnung der Ostkirche

Orthopraxis: das richtige, dem Glauben entsprechende Handeln

Pantheismus: Allgottlehre; Glaube dass das Göttliche mit allem, was ist, identisch ist; wer »Natur« sagt, sagt »Gott« und umgekehrt

Papst: Bischof von Rom, Nachfolger des Apostels Petrus; nach kath. Auffassung Stellvertreter Jesu Christi auf Erden, Oberhaupt der Kirche, unfehlbar, wenn er kraft seines Amtes in Fragen des Glaubens und der Sitten für die Kirche eine Entscheidung trifft

Parusie: endzeitliche Wiederkunft Jesu Christi

Passa oder **Pesach:** jüdisches Fest zur Erinnerung an den Exodus; Name auch für das christliche Abendmahl, das Jesus an Pesach vor seinem Tod mit seinen Freunden gefeiert hat

Patriarch: Titel der Bischöfe von Rom, Konstantinopel, Alexandrien, Antiochien und Jerusalem; heute auch Symbolgestalt für Männerherrschaft

Perikope: Bibelabschnitt

Pflichtenkollision: das Aufeinanderstoßen verschiedener Pflichten in einer konkreten Situation, z. B. der Beruf eines Mannes oder einer Frau und die Sorgepflicht für die Kinder

Polytheismus: der Glaube an viele Götter

positive Theologie: macht – anders als die negative Theologie – auch positive Aussagen über Gott, z. B. Schöpfer, Erlöser, Liebe, Einer, Vater, Geist, ohne dabei zu vergessen, dass die aus unserer Sprache auf Gott angewandten Begriffe bei Gott anders gelten und insofern unzulänglich sind

Prädestination: der Glaube, dass Gott alles Geschehen in der Welt und somit auch das Handeln der Menschen vorherbestimmt; wirft das Problem auf, wie menschliche Freiheit dann möglich ist

Präexistenz: Daseinsweise vor der Existenz in Raum und Zeit; Jesu Dasein bei Gott vor seiner Menschwerdung

Priester: in der katholischen und orthodoxen Kirche geistlicher Amtsträger, der das Sakrament der Priesterweihe erhalten hat; die Kirchen der Reformation sprechen von einem allgemeinen Priestertum aller Gläubigen

Primat: Vorrang des römischen Bischofs/Papstes über die Gesamtkirche

Protestantismus: Gesamtheit der aus der Reformation des 16. Jh. entstandenen Glaubensgemeinschaften und Kirchen

Rechtfertigung: Heilstat Gottes, in der er den Menschen unabhängig von seinen Werken/Leistungen allein durch den Glauben gerecht macht; theologische Mitte des Protestantismus; auch in den anderen Kirchen von hoher Bedeutung

Reformation: kirchliche Erneuerungsbewegung; die R. Luthers, Calvins und Zwinglis führte im 16. Jh zur Bildung verschiedener Konfessionen

Reich Gottes: Zentralbegriff in der Verkündigung Jesu; er umfasst einen Aufruf zur Umkehr, die Verheißung von der Erneuerung der Welt und die Hoffnung auf Gottes Entschlossenheit zum Heil

Religion: das Verhältnis des Menschen zu Gott, Göttern und numinosen Mächten bzw. zu dem, was heilig ist; R. äußert sich in Anbetung, Dank und Verehrung, Gebet und Opfer, Ritus und sozialem Engagement, in Glaube, Hoffnung und Liebe; sie kann auch pervertiert und missbraucht werden

Religionsphilosophie: Disziplin, die über Fragen der Religion reflektiert ohne einen Glauben vorauszusetzen, wie es die Theologie tut; für sie ist z. B. die Bibel ein religiöses Dokument, für die Theologie ist sie Wort Gottes

Säkularisierung: Prozess, in dem der Mensch besonders seit der europäischen Aufklärung begonnen hat, sich selbst und seine Welt nichtreligiös zu erklären; dabei wird z. B. die Welt nicht mehr als Schöpfung Gottes verstanden, sondern als gottlose Natur; aus einer Kirche wird ein Museum, aus einem Kreuz ein Schmuckstück

Sakrament: Symbolhandlung, die in einem äußeren Zeichen (z. B. Wasser oder Brot) Gottes Gnade vermittelt; in der kath. Kirche gibt es sieben S.: Taufe, Firmung, Eucharistie, Buße, Krankensalbung, Priesterweihe, Ehe; in den Kirchen der Reformation zwei: die Taufe und das Abendmahl

Sakrileg: Religionsfrevel

Schisma: Kirchenspaltung nicht wegen Fragen des Glaubens (»Häresie«), sondern des Kultes oder der Verfassung

Schoa: (hebr. »Vernichtung«, »Katastrophe«), der von den Nazis geplante und organisierte Völkermord, bei dem ca. 6 Millionen Juden den Tod fanden; sie ist eine epochale Herausforderung für die Christenheit (Schuldfrage) und eine Anfrage an die Theologie (Theodizee)

Scholastik: christliche Schulphilosophie und -theologie besonders des Mittelalters

Soteriologie: theologisch-systematische Lehre von der Erlösung und Rechtfertigung des Menschen

Sünde: freie und darum zu verantwortende Entscheidung des Menschen gegen die Gebote Gottes bzw. sein Gewissen bzw. die Liebe

Symbol: materielles Zeichen für etwas, das man nicht sehen kann, z. B. ist Licht ein S. für Gott, die Rose ein S. für Liebe, das Kreuz ein S. für Erlösung

symbolische Sprache: Sprache in Bildern, Gleichnissen, Allegorien und Typologien; unverzichtbar für jede Religion

Synode: kirchliche Versammlung, die über Fragen des Glaubens, der Sitten und des Rechts berät und entscheidet; in der Ostkirche neben dem Patriarchen stehende oberste Kirchenbehörde; die Synodalverfassung ist die Grundform evangelischer Kirchen

Synkretismus: Vermischung unterschiedlicher geistiger Strömungen, z. B. die Aufnahme der griechischen Philosophie in den biblischen Glauben

Synoptiker: die drei Evangelien nach Mt, Mk und Lk, die in vielen Stellen übereinstimmen

Taufe: Sakrament der Aufnahme in die Kirche

teleologische Ethik: beurteilt in einem Wertkonflikt die Richtigkeit oder Falschheit einer Handlung nach ihren Folgen; danach wäre z. B. eine Falschaussage erlaubt, wenn sie menschliches Leben rettet. Gegensatz: deontologische Ethik

Theismus: Sammelbegriff für jede Auffassung, die im Gegensatz zum Atheismus die Existenz Gottes bejaht

Theodizee: der Versuch Gott dafür zu rechtfertigen, dass in seiner guten Schöpfung so viele Leiden und Übel Platz haben; als Gründe werden diskutiert: Strafe Gottes, Prüfung des Menschen, Freiheit des Willens, Verzicht Gottes auf seine Allmacht; die T. ist Kernproblem und Herausforderung für das Christentum

Theokratie: Herrschaft im Namen Gottes

Theologie: systematische Lehre von Gott; es gibt eine philosophische T., die rational vorgeht, und eine christliche T. die sich auf die Quellen des Glaubens (Bibel) stützt

theozentrisch: Gott in den Mittelpunkt stellend

Tradition: die Gesamtheit aller auf Christus und die Apostel zurückgehenden Weisungen und Lehren; die T. soll von der Kirche bewahrt und weitergegeben werden

Transsubstantiation: die Wandlung von Brot und Wein in Leib und Blut Christi

Transzendenz: Seinsweise Gottes jenseits der empirischen Realität, die sich nicht der sinnlichen Erfahrung, wohl aber der philosophischen Reflexion erschließt

Trinität: Dreifaltigkeit Gottes: Vater, Sohn und Geist

Typologie: Erklärung einer Person/Sache in Gegenüberstellung zu einem Urbild (Typos), z. B. das vom Pharao verfolgte Mosekind ist Urbild für das von König Herodes verfolgte Jesuskind; das jüdische Pesachmahl ist Typos für das christliche Abendmahl

Utilitarismus: ethische Theorie, nach der der größtmögliche Nutzen möglichst vieler Menschen der Maßstab für sittliches Handeln sein soll

Verantwortungsethik: beurteilt sittliches Handeln nicht allein nach der moralischen Qualität des Wollenden, sondern auch nach den Folgen, die zu verantworten sind. Danach wäre z. B. Gewaltlosigkeit nicht richtig, wenn sie wehrlose Opfer sich selbst überlässt. Gegensatz: Gesinnungsethik

Vatikan: Amtssitz des Papstes in Rom; heute souveräner (Klein-)Staat

Wunder: ein außergewöhnliches Ereignis, in dem der Glaube eine unerwartete, meist hilfreiche Tat Gottes sieht, z. B. Krankenheilung, Rettung aus Gefahr; ein W. muss nicht gegen die Naturgesetze verstoßen

Zölibat: Ehelosigkeit der Mönche, der katholischen Priester und der orthodoxen Hierarchen

Literaturverzeichnis

Aus der umfangreichen Literatur werden nur die Titel genannt, denen der Autor bei der unmittelbaren Vorbereitung dieses Buches Anregungen verdankt.

Ebertz, M. N.: Kirche im Gegenwind, Freiburg/Basel/Wien 1997
Frankemölle, H.: Matthäuskommentar 1 und 2, Düsseldorf 1994 und 1997
Fries H.: Fundamentaltheologie, Graz/Wien/Köln 1985
Gabriel, K.: Christentum zwischen Tradition und Postmoderne, Freiburg/Basel/Wien 1992
Gnilka, J.: Jesus von Nazaret, Freiburg/Basel/Wien 1994
Gross, W., Kuschel, K.-J.: »Ich schaffe Finsternis und Heil«, Mainz 1992
Kasper, W.: Jesus der Christus, Mainz 1975
ders.: Einführung in den Glauben, Mainz 1983
Kaufmann, F.X., Metz, J.B.: Zukunftsfähigkeit, Freiburg/Basel/Wien 1987
Kehl, M.: Die Kirche, Würzburg 1993
König, F.: Der Weg der Kirche, Düsseldorf 1986
Küng, H.: Christsein, München/Zürich 1974
ders.: Das Christentum, München/Zürich 1994
ders.: Projekt Weltethos, München/Zürich 1990
Lexikon für Theologie und Kirche, Freiburg/Basel/Rom/Wien, 2. Auflage ab 1957, Neuauflage ab 1993
Metz, J. B.: Zur Theologie der Welt, Mainz 1968
ders.: Zeit der Orden, Freiburg/Basel/Wien 1977
ders.: Glaube in Geschichte und Gesellschaft, Mainz 1977
ders. u. a.: Gottesrede, Münster 1996
Moltmann, J.: Theologie der Hoffnung, München 1964
Müller, K.: Studien zur frühjüdischen Apokalyptik, Stuttgart 1991
Mussner, F.: Traktat über die Juden, München 1979
Rahner, K.: Schriften zur Theologie, Einsiedeln/Zürich/Köln ab 1954
ders.: Grundkurs des Glaubens, Freiburg 1976
ders.: Praxis des Glaubens, Freiburg 1982
ders.: Politische Dimensionen des Christentums, München 1986
Rahner, K., Vorgrimler, H.: Kleines Konzilskompendium, Freiburg 1966
Ratzinger, J.: Einführung in das Christentum, München 1977
ders.: Zur Lage des Glaubens, München 1985
ders.: Vom Wiederauffinden der Mitte, Freiburg/Basel/Wien 1997
Rendtorff, R., Henrix, H.H.: Die Kirche und das Judentum, Paderborn/München 1988
Schillebeeckx, E.: Jesus, Freiburg/Basel/Wien 1974
ders.: Christus und die Christen, Freiburg/Basel/Wien 1977
ders.: Erfahrungen aus Glauben, Freiburg/Basel/Wien 1984
Schnackenburg, R.: Die Person Jesu Christi im Spiegel der vier Evangelien, Freiburg/Basel/Wien 1993
Stemberger, G.: 2000 Jahre Christentum, Herrsching 1983
Trutwin, W.: Die gute Nachricht, Bonn 1970
ders.: Messias Meister Menschensohn, Düsseldorf 1978
ders.: Wege zum Licht, Düsseldorf 1996
Verweyen, H.: Gottes letztes Wort, Düsseldorf 1991
Waldenfels, H.: Kontextuelle Fundamentaltheologie, Paderborn/München/Wien 1985
Zenger, E. u .a.: Einleitung in das Alte Testament, Stuttgart 1995
ders.: Die Schöpfung, Augsburg 1996

Textverzeichnis

12 Walter Kasper, zit. n. Emma Brunner-Traut, Die fünf großen Weltreligionen, Herder Verlag, Freiburg 1991, 110.
14 Gotthold Ephraim Lessing, zit. n.: Karl-Josef Kuschel, Vom Streit zum Wettstreit der Religionen. Lessing und die Herausforderung des Islam, Patmos Verlag, Düsseldorf 1998, 11. • Friedrich Nietzsche, zit. n.: Nietzsches Werke in zwei Bänden, Salzburg 1952, Bd. 2, 1014 f.
15 Friedrich Heiler, Die Religionen der Menschheit in Vergangenheit und Gegenwart (1958), Reclam Verlag, Stuttgart 1962, 781 f.
33 Martin Luther, zit. n.: Kurt Aland (Hg.), Luther Deutsch, Bd. 4, Stuttgart/Göttingen 1964, 304.
35 Karl Jaspers, Rechenschaft und Ausblick, zit. n.: F. Leist, Seine Rede geschah zu mir, Manz Verlag, München 1965, 23.
56 Albert Schweitzer, Geschichte der Leben-Jesu-Forschung, Tübingen 1913, 631 f.
66 Johann Baptist Metz, Wie rede ich von Gott angesichts der säkularen Welt?, in: Zentralkomitee der deutschen Katholiken (Hg.), Die Gottrede von Juden und Christen unter den Herausforderungen der säkularen Welt, Bonn 1996, 22.
76 Platon, Der Staat, hg. v. Karl Vretska, Reclam Verlag, Stuttgart 1958, 124. • Friedrich Nietzsche, zit. n.: Sämtliche Werke, Kritische Studienausgabe, dtv/de Gruyter, München/Berlin 1980, Bd. 5, 224 ff.
76/77 Karl Jaspers, Die maßgebenden Menschen, Piper Verlag, München 1967, 184.
77 Schalom ben Chorin, Jüdische Fragen um Jesus Christus, in: Juden – Deutsche – Christen, hg. v. H. J. Schultz, Kreuz Verlag, Stuttgart 1961, 150. • Der Koran, aus dem Arabischen übertragen von Max Henning. Einleitung und Anmerkungen von Annemarie Schimmel, Reclam Verlag, Stuttgart 1973. • Mahatma Gandhi, zit. n.: Helmuth von Glasenapp, Indische Geisteswelt, Emil Vollmer Verlag, Wiesbaden o. J., 280. • Daisetz Teitaro Suzuki, Der westliche und der östliche Weg, aus dem Amerikanischen von Liselotte und Walter Hilsbecher, Ullstein Verlag, Frankfurt a. M./Berlin 1988.
79 Gustav Janouch, Gespräche mit Kafka, Fischer Taschenbuchverlag, Frankfurt/Hamburg 1961, 111.
87/88 Friedrich Nietzsche, zit. n.: s. Anm. zu 14, 599 f.
88 Johann Baptist Metz, Gotteskrise. Versuch zur »Geistigen Situation der Zeit«, in: Diagnosen zur Zeit, Patmos Verlag, Düsseldorf 1994, 72 f.
93 Karl Rahner, Praxis des Glaubens, hg. von Karl Lehmann und Albert Raffelt, Benziger/Herder, Zürich/Freiburg 1982, 443.
95 Hildegard von Bingen, Wisse die Wege. »Scivias«, übertr. u. bearb. von Maura Böckeler, Otto Müller Verlag, Salzburg [6]1981, 11.
96 Thomas von Aquin, S. th. I, 2,3, zit. n.: Martin Grabmann, Thomas von Aquin, Kösel-Verlag, München 1946.
98 Immanuel Kant, Die Religion innerhalb der Grenzen der bloßen Vernunft. Drittes Stück, Allgemeine Anmerkung (Von den Geheimnissen), zit. n.: Felix Meiner Verlag, Leipzig 1950, 156.
99 Karl Barth, Kirchliche Dogmatik, Bd. II, 1 (1940), 499; Theologischer Verlag Zürich, Zürich [6]1982.
100 Karl Rahner, Quelle unbekannt.
101 Catharina J. M. Halkes, Gott hat nicht nur starke Söhne, Gütersloher Verlagshaus Gerd Mohn, Gütersloh 1982.
103 Nikolaus von Kues, aus dem »Gespräch über den verborgenen Gott« (1945), zit. n.: Der verborgene Gott, Übertragung u. Nachwort von Franz Stippel, Erich Wewel Verlag, Freiburg 1952, 15 f. • Martin Luther, zit. n.: Quellenbuch zur Kirchengeschichte, Frankfurt a. M./ Berlin/Bonn 1958, 96. • Sören Kierkegaard, Die Tagebücher, augew. und übersetzt von Theodor Haecker, Brenner-Verlag, Innsbruck 1923, Bd. 1, 291.

103/104 Rudolf Bultmann, Glauben und Verstehen, Bd. I, Verlag J.C.B. Mohr, Tübingen [6]1966, 26.
104 Dorothee Sölle, zit. in: Ulrich Becker u.a., Orientierung Religion, Diesterweg Verlag, Frankfurt a.M. 1973, 13. ● Johann Baptist Metz, s. Anm. zu 66, 31.
105 Martin Luther, zit. n.: Evangelisches Gesangbuch, Nr. 362. ● Dietrich Bonhoeffer, Widerstand und Ergebung, Christian Kaiser Verlag, München [3]1987.
106 Christian Morgenstern, Alle Galgenlieder, Frankfurt a.M. 1947, 198. ● Rainer Maria Rilke, Das Stundenbuch, in: Sämtliche Werke, Bd. 1, Frankfurt a.M. 1955, 319 f. ● Erich Fried, Warngedichte, Hanser Verlag, München 1963/64. ● Ulla Hahn, Freudenfeuer, Deutsche Verlagsanstalt, Stuttgart 1985, 71. ● Kurt Marti, Abendland, Hermann Luchterhand Verlag, Darmstadt u. Neuwied 1980. ● Günter Kunert, Stilleben, Hanser Verlag, München/Wien 1983, 53. ● Ernst Jandl, Der gelbe Hund, Hermann Luchterhand Verlag, Darmstadt u. Neuwied 1980.
107 Matthias Claudius, Der Wandsbecker Bote, Frankfurt a.M. 1975, 331.
123 Inge Scholl, Die weiße Rose, Fischer Taschenbuchverlag, Frankfurt a.M. 1987, 96 ff i.A.
124 Blaise Pascal, Gedanken, übers. von Wolfgang Rüttenauer, Dieterich'sche Verlagsbuchhandlung, Wiesbaden o.J., 148, 59, 91,47. ● Karl Rahner im Gespräch, Bd. 2, Kösel-Verlag, München 1983, 82. ● Jürgen Moltmann, Umkehr zur Zukunft, Gütersloher Verlagshaus Gerd Mohn, Gütersloh 1977, 94 f. ● Catharina J.M. Halkes, Das Antlitz der Erde erneuern, übers. v. Andrea Blome, Gütersloher Verlagshaus Gerd Mohn, Gütersloh 1990.
137 General-Anzeiger, Bonn, 10.09.1998, 3.
137/138 Johann Baptist Metz, s. Anm. zu 88, 82 f.
139/140 Reinhard Loew u.a., Bioethik, Communio, Verlag für christliche Literatur, Köln 1990, 7 f.
140 Hans Küng, Projekt Weltethos, Piper Verlag, München/Zürich 1990, 13–15 i.A.
143 Der Sonnengesang, zit. n. Walter Nigg, Gebete der Christenheit, München/Hamburg 1971, 44 f. ● Bericht über Edith Stein, zit. n.: Porträts engagierter Christen. Edith Stein. Informationszentrum Berufe der Kirche, Freiburg o.J.
149 Papst Johannes XXIII., zit. n.: Herderkorrespondenz 17, 1962/63, 86.
151 Ernst Wolfgang Böckenförde, Recht, Staat, Freiheit. Studien zur Rechtsphilosophie, Staatstheorie und Verfassungsgeschichte, (stw 914) Suhrkamp Verlag, Frankfurt a.M. 1991, 112.
153 Erich Zenger, Das Erste Testament, Patmos Verlag, Düsseldorf 1991, 12–16 i.A.
160 Nach: Kurt Klinger, Ein Papst lacht, Herder Verlag, Freiburg 1963, 72 f.
170 Martin Luther, zit. n.: s. Anm. zu 103, 98.
172 Johannes Calvin, Institutio Christianae. Unterricht der christlichen Religion III, 21, 1, übers. u. bearb. von Otto Weber, Neukirchener Verlag, Neukirchen-Vluyn [6]1997.
175 Joseph Ratzinger, Vom Wiederauffinden der Mitte, Herder Verlag, Freiburg/Basel/Wien 1997, 193. ● Michael N. Ebertz, Kirche im Gegenwind, Herder Verlag, Freiburg/Basel/Wien [2]1998, 29.
177 Franz Xaver Kaufmann/Johann Baptist Metz, Zukunftsfähigkeit. Suchbewegungen im Christentum, Herder Verlag, Freiburg/Basel/Wien 1987, 30.
182 Michael N. Ebertz, s. Anm. zu 175, 148 f.

Abbildungsnachweis

Titelbild, 19, 55 (o.l.), 59, 72, 80, 83, 86, 89, 99, 108 (o.r.), 108 (u.), 117, 135, 149 © VG Bild-Kunst, Bonn 1999.

2, 69 © Arnulf Rainer, Wien.
7 © Georg Baselitz, Derneburg 1999.
10/11 ZEFA, Düsseldorf.
13 (u.l.) Sabine Leutenegger, Wil.
13 (o.r.) 148, 185 KNA-Bild, Frankfurt.
32 Dietrich Steinwede.
34 (o.l.) Z. Radovan/Verlag Katholisches Bibelwerk, Stuttgart.
37 Farah Mébarki/Verlag Katholisches Bibelwerk, Stuttgart.
50, 54 (o.l.) © Gemeinnützige Stiftung Leonard von Matt, CH - Buochs.
55 (o.r.) © Ernst und Hans Barlach Lizenzverwaltung, Ratzeburg.
55 (u.), 87, 91, 109 (o.l.), 115 © Herbert Falken, Stolberg.
63, 64 Albert Hirmer und Irmgard Ernstmeier-Hirmer, München.
76, 127 (u.) © Succession Picasso/VG Bild-Kunst, Bonn 1999.
79 © beim Künstler.
109 (r.) © The Munch Museum/The Munch Ellingsen Group/VG Bild-Kunst, Bonn 1999
109 (u.l.) © Pechstein/Hamburg-Tökendorf.
111 Biblioteca Apostolica, Vaticana.
120 © Succession H. Matisse/VG Bild-Kunst, Bonn 1999.
122 (o.l.) Foto: Helmut Nils Loose. Verlag Herder, Freiburg 1980.
123 (2x) dpa, Frankfurt.
131 (2x) © The Estate of Keith Haring, New York.
138, 139 © Johannes Schreiter, Langen.
146 Rainer Gaertner, Bergisch Gladbach.
147 (u.M.) Bildarchiv Preußischer Kulturbesitz, Berlin.
148 (o.) B. Oehmen/laenderpress, Mainz.
153 (2x) Rheinisches Bildarchiv, Köln.
159 (o.r.) Bayerische Staatsbibliothek, München.
162 Francesco del Priore.
163 (o.l., M.l.) foto-present, Essen.
163 (u.r.) Wulf Brackrock, Hamburg.
165, 166 Norbert Kuchinke, Unkel.
171 (u.) Pressefoto Lachmann, Monheim.
175 WCC Photo Oikoumene/Peter Williams, Genf.
178 © Guido Muer, Münster.

Auflage 6 5 4 / 08 07

Umschlaggestaltung: butenschoendesign.de
Druck und Verarbeitung: Grafo, S.A., Basauri (Spanien)

ISBN 978-3-491-75632-8
www.patmos.de